평화로운 삶

평화로운 ___ 삶

사랑, 치유, 연민의 삶을 위한
비폭력대화 365일 명상

이
재
석
옮김

메
리
매
켄
지
지음

PEACEFUL
LIVING

한국NVC출판사

나의 부모님

존 매켄지와 뮤리엘 매켄지에게

사랑의 마음을 담아

이 책을 바칩니다.

차례

들어가며

수업의 모든 참가자가 크게 놀랐습니다. 뼈저리게 깨달은 바가 있었기 때문입니다. 그날 비폭력대화 지도자는 우리 참가자들이 자신의 가장 중요한 욕구를 찾아보도록 안내했습니다. 그렇게 알게 된 사실에 우리 모두 충격을 받았습니다. 우리는 자신의 가장 중요한 욕구를 충족하기 위해 어떻게 행동하고 있는지 살폈지만 욕구 충족에 도움이 되는 행동을 하나도 찾지 못했습니다! 사실 우리는 욕구를 충족하지 못할 게 뻔한 행동만을 하고 있던 것입니다.

그 순간 나는 깨달았습니다. 나와 사람들 사이에 둘러친 벽으로 나 자신을 방어하며 살고 있었다는 사실을요. 나는 사람들에게 방어적이고 공격적으로 대응하고 있었습니다. 내가 둘러친 두터운 외벽 때문에 사람들의 사랑이 내 안에 들어올 여지는 조금도 없었습니다. 그때 나의 행동은 어느 것이나 보호에 대한 나의 욕구를 충족하는 방법이었습니다. 그러나 그 때문에 나의 더 중요한 욕구들, 예컨대 사랑, 양육, 돌봄, 공동체, 소속감, 친밀감에 대한 욕구는 충족되지 못했습니다. 그날의 비폭력대화 지도자가 아니었다면 나의 행동이 불행을 자초하고 있었다는 사실을 결코 알아채지 못했을 것입니다.

비폭력대화는 '연민의 대화'라고도 합니다. 책에서는 두 단어를 번갈아 사용할 것입니다. 연민의 대화는 나에게 현재 순간에 존재하는 법을 가르쳐 주었습니다. 현재 상황에서 나의 근원적인 욕구를 알아보고, 그 욕구를 충족해 주는 행동을 의식적으로 선택하게 하였습니다. 지금은 내가 한때 꿈꾸던 것보다 더 진실하고 솔직하게, 더 큰 사랑과 평화의 마음으로 살고 있습니다. 가족, 친구, 사업 동료와의 관계에서 한때 느꼈던 슬픔이 더는 기억나지 않을 정도로 인간관계가 크게 향상되었습니다. 비폭력대화를 실천하면서 내 삶의 경로는 평화로운 방향으로 바뀌었습니다. 이것에 대해 진심으로 고마움을 느낍니다.

이 책에 담은 매일의 명상은 영감을 주는 인용구와 비폭력대화의 다양한 측면에 관한 정보들, 그리고 비폭력대화 원칙을 일상에 적용하는 실천 지침으로 되어 있습니다.

이 매일 명상으로 당신 자신과 당신에게 중요한 가치에 튼튼히 중심을 잡고 그것과 연결된 상태로 하루를 시작했으면 합니다. 비폭력대화 과정을 처음 배우는 이들에게는 이 책에 담긴 매일의 메시지가 자신의 가장 깊은 가치와 욕구를 향해 나아가는 새로운 도구가 되기를 바랍니다. 한편, 비폭력대화에 익숙한 이들에게는 이 명상이 비폭력대화 기법을 튼튼히 다지고, 이미 알고 있는 것을 심화시키는 계기가 되기를 바랍니다. 우리 함께, 이 세상에서 모든 사람의 욕구가 똑같이 존중받는 새로운 존재 방식을 일구어 가기를 소망합니다.

한 사람, 한 사람이 자신에게 중요한 가치와 조화를 이루며 살 때 우리가 바라는 세계 평화에 한걸음 가까이 다가갈 수 있을 것입니다. 하룻밤에 가능한 일은 아니지만 한걸음씩 내딛을 때마다, 자녀와 마트 점원에게 소리 지르지 않기로 할 때마다, 다른 사람의 욕구를 배려할 때마다 세계 평화는 조금 더 가까워질 것입니다. 반드시 그렇게 됩니다.

당신의 여정에 평화와 축복이 함께하길 기원합니다.

• 메리 매켄지

느낌 및 욕구 목록

비폭력대화에서는 느낌과 욕구를 인식하는 것이 가장 중요합니다. 아래 표는 마셜 B. 로젠버그가 쓴 『비폭력대화: 생명의 언어』에서 인용한 것으로, 당신을 느낌 언어와 욕구 언어로 안내할 것입니다. 지금 바로 아래 표를 훑어보며 익숙해져도 좋고, 이 책의 매일 명상을 하나씩 읽어가는 과정에서 조금씩 참조해도 좋습니다.

모든 사람이 가진 기본 느낌

욕구가 충족되었을 때 드는 느낌

놀라운 / 기쁜 / 편안한 / 감동받은 / 자신 있는 / 낙관적인 / 열정적인 / 뿌듯한 / 열정적인 / 편안한 / 충만한 / 자극받은 / 즐거운 / 희망찬 / 고마운 / 영감을 받은 / 흥미로운 / 믿음이 넘치는

욕구가 충족되지 못했을 때 드는 느낌

화난 / 희망이 없는 / 마음이 불편한 / 초조한 / 혼란스러운 / 짜증나는 / 걱정되는 / 외로운 / 실망한 / 불안한 / 낙담한 / 압도당하는 / 괴로운 / 난처한 / 당혹스러운 / 주저하는 / 좌절하는 / 슬픈 / 어쩔 줄 모르는 / 불편한

모든 사람이 가진 기본 욕구

자율성

자신의 꿈, 목표, 가치를 선택하기
자신의 꿈, 목표, 가치를 실현하는 계획을 선택하기

축하

생명의 탄생과 꿈의 실현을 축하하기

(사랑하는 사람, 꿈 등의) 상실을 축하하기(애도)

전체성

진실성 / 창의성 / 의미 / 자기 가치

상호의존

수용(받아들임) / 감사 / 친밀 / 공동체 / 배려 / 풍요로운 삶에 기여 /

정서적 안전 / 공감 / 정직(자신의 한계에서 배움을 얻는, 힘 있는 정직함) /

사랑 / 확신 / 존중 / 지지 / 신뢰 / 이해

신체적 돌봄

공기 / 음식 / 신체 움직임, 운동 / 생명을 위협하는 것들(바이러스,

박테리아, 곤충, 맹수)로부터 보호 받는 것 / 휴식 / 성적(性的) 표현 / 거주처 /

접촉 / 물

놀이

재미 / 웃음

영적 교감

아름다움 / 조화 / 영감 / 질서 / 평화

1
월
명
상

·→ ·→ ·→ ·→ 1월 1일 ←· ←· ←· ←·

자신이 화난 상태에서 세계 평화를 노래하는 것은 무의미하다.

우선 각자가 평화를 배워야 한다. 이것은 연습할 수 있으며,

연습한 다음에 사람들을 가르쳐야 한다.

• 달라이 라마

새해 목표 세우기

올해 당신이 집중하고 싶은 목표는 무엇인가요? 당신의 목표와 희망, 꿈은 무엇인가요? 목표를 구체적으로 세우는 것이 중요합니다. 지금보다 행복했으면 좋겠다고 막연히 말하기보다 당신의 삶이 구체적으로 어떻게 달라졌으면 좋겠는지 생각해 보세요. 예컨대 당신의 삶을 평화롭게 삶으로써 세계 평화에 기여하는 것이 당신의 목표라면 그렇게 할 수 있는 구체적인 방법을 떠올려 보세요. 비폭력대화를 배워 볼 수도 있고, 분노를 다스리는 법에 관한 강의를 들을 수도 있을 것입니다. 12단계 프로그램(알코올의 존 치료 프로그램)을 연습할 수도 있고, 상담사를 찾아갈 수도 있습니다. 세계 평화에 기여한다는 당신의 목표를 달성하기 위해서는 특정하고 구체적인 행동을 취해야 합니다. 이때 당신이 바라지 않는 것이 아니라 바라는 것에 초점을 맞춰 보세요. 예컨대 직장 내 갈등이 아니라 직장 내 조화에 초점을 맞추는 것입니다. 목표가 구체적이고 그것을 긍정적인 언어로 표현할 때 목표 실현의 첫걸음을 뗄 수 있습니다. 이 간단한 과정만으로 성공적인 목표 달성이 크게 앞당겨집니다.

오늘은 올해 당신이 세운 목표를 적어 보는 시간을 가져 보세요. 목표를 설정하는 것은 꿈을 실현하는 첫걸음입니다.

1월 2일

비폭력대화 과정을 통해 우리는 힘겨운 상황에서도
인간다움을 지킬 수 있다. 비폭력대화는 우리가 이미 알고 있는 것,
즉 사람들이 서로 관계를 맺으며 살아갈 수밖에 없다는 사실을
상기시켜 주고, 이를 구체적으로 실천하며 살아갈 수 있도록 도와준다.

• 마셜 B. 로젠버그 박사

비폭력대화

비폭력대화는 40여 년 전에 마셜 B. 로젠버그 박사가 개발한 대화 프로세스이자 삶의 모형으로 현재 전 세계 35개국에서 사용하고 있습니다. 비폭력대화를 이루는 주요 요소는 두 가지입니다. 첫째, 비폭력대화는 모든 사람의 욕구를 똑같이 존중하는 삶을 살기 위한 과정입니다. 자기만 옳다고 여기거나 상대를 이기기보다, 사람들과의 연결을 더 중시하는 삶을 살기 위한 과정입니다. 둘째, 비폭력대화는 이것을 실천하도록 돕는 일련의 도구입니다.

우리들 대부분은 불신과 자기방어를 조장하는 삶의 방식

을 배우며 자랐습니다. 반면, 비폭력대화는 마음을 열고 자신이나 타인과 연결하는 과정입니다. 자신에게 진실한 삶을 사는 것이며, 어떤 상황에서도 연민과 인간다움으로 응대하는 것입니다. 비폭력대화는 바로 여기에 진정한 안전이 있다고 가르칩니다. 비폭력대화 과정은 우리로 하여금 매일매일 평화로운 삶을 살게 합니다.

 오늘은 당신의 행동과 태도가 연민과 인간애가 아닌, 불신과 자기방어를 불러일으키는 때가 없는지 살펴보세요.

⇢·⇢·⇢·⇢·⇢·⇢ **1월 3일** ⇠·⇠·⇠·⇠·⇠·⇠

나는 마음의 눈으로 신을 보며 물었다.
"당신은 누구십니까?" 신이 말했다. "바로 그대이다."
• 알 할라즈

비폭력대화란 무엇인가

'연민의 대화'라고도 부르는 비폭력대화는 서로의 다름을 평화적으로 해결하는 데 도움이 되는 소통의 흐름을 촉진하는 상호작용 방식이다. 비폭력대화는 우리가 인간으로 가진 공통의 가치와 욕구에 초점을 맞춘다. 선의를 북돋는 언어를 사용하도록 권장하며, 원망을 키우고 자존감을 떨어뜨리는 언어를 사용하지 않도록 권한다. 비폭력대화는 우리가 두려움과 죄책감, 비난과 수치심 때문이 아니라 삶을 풍요롭게 하는 목적으로 행동할 때 가장 만족스러운 동기부여가 된다고 본다. 비폭력대화는 자신이 내린 선택에 스스로 책임질 것을 강조하며, 관계의 질을 개선하는 것을 주요 목표로 한다. 비폭력대화는 상대가 이에 대해 잘 모르는 경우에도 효과를 발휘한다.

• 마셜 B. 로젠버그 박사

비폭력대화를 구성하는 네 가지 요소는 다음과 같습니다.

관찰 도덕주의적 판단이나 진단을 내리지 않고, 상황을 있는 그대로 관찰하는 것을 말합니다.

느낌 자신과 상대를 탓하거나 비난하지 않으면서 자신이 느끼는 바를 상대에게 표현하는 것을 말합니다.

욕구 당신이 가진 보편적인 욕구 가운데 충족되지 않은 것이나 충족하기 원하는 것을 상대에게 표현하는 것을 말합니다.

부탁 당신의 욕구를 충족하기 위해 상대에게 구체적이고 실행 가능한 요청을 하는 것을 말합니다.

 오늘은 적어도 두 차례 대화에서 자신과 상대에 대한 도덕주의적 판단을 내리지 않고 상황을 관찰하는 것에 초점을 맞춰 보세요.

⤳ ⤳ ⤳ ⤳ ⤳ ⤳ 1월 4일 ↞ ↞ ↞ ↞ ↞ ↞

나는 쉽게 무서워하지 않는다.

용감해서가 아니라 사람을 상대하고 있음을 알기 때문이다.

사람의 어떤 행동이든 그것을 이해하고자 최선을 다하면 된다는

사실을 알기 때문이다.

• 에티 힐레줌, 홀로코스트 생존자

관계 향상을 주요 목표로 삼기

연민의 대화는 관계의 질을 향상시키는 것을 주요 목표로 합니다. 비폭력대화에서는 자신이나 상대와 연결하는 것을 중요시합니다. 자신이 옳음을 증명하거나 상대를 이기거나 돈을 많이 벌거나 사람들에게 잘 보이는 것보다, 상대와의 연결이 더 중요하다고 봅니다. 깊은 연결을 통해 관계의 질을 향상하는 데 초점을 맞추면 당신이 처한 삶의 상황도 자연스럽게 더 나아질 것입니다. 당신의 삶에서 평화와 사랑이 커질 것이며, 자신에 대해 더 좋은 느낌을 가질 것입니다.

나는 개인적인 경험을 통해 이 사실을 깨달았습니다. 나와 함께 일한 사업 동료가 있었습니다. 그런데 시간이 지나면서 우리 둘의 관계는 삐걱거렸습니다. 마침내 개인적으로 전혀 연결이 없을 정도에 이르렀습니다. 우리의 관계는 최악이었습니다. 나는 나의 어떤 행동 때문에 둘의 관계가 틀어졌는지 들여다보았습니다. 그러자 내가 옳음을 증명하거나 논쟁에서 이기려 한다는 걸 알았습니다. 그때부터 나는 그렇게 하지 않고, 사람들과 연결하

는 데 초점을 맞추었습니다. 얼마 지나지 않아 동료는 나의 변화하는 모습이 얼마나 멋져 보이는지 이야기했습니다. 또 나와의 관계가 더 즐거워졌다고 했습니다. 우리 두 사람은 이전의 행동에 대해 슬픔을 표했으며, 지금은 여러 프로젝트에서 함께 일하는 친한 동료가 되어 서로를 스스럼없이 '친구'로 부릅니다.

상대와의 연결을 중시하는 쪽으로 초점을 옮겨 보세요. 그러면 당신의 삶과 관계의 질이 향상할 것입니다. 이렇게 초점을 옮기면 당신과 인연을 맺는 모든 사람이 이로움을 얻습니다. 반드시 그렇게 됩니다.

 오늘은 상대와의 연결이 아니라 상대를 이기고 당신이 옳음을 증명하려 하는 때가 없는지 살펴보세요. 그런 다음, 상대와 연결하는 방향으로 초점을 옮겨 보세요.

❯·❯·❯·❯ 1월 5일 ❮·❮·❮·❮

성공하는 사람이 되려고 하지 말고 가치 있는 사람이 되도록 노력하라.

• 알버트 아인슈타인

기린 의식

연민의 대화에서는 기린을 일종의 상징으로 사용합니다. 육상 포유동물 가운데 가장 큰 심장(가슴)을 가지고 있기 때문입니다(무게가 무려 11킬로그램!). 기린은 우리가 '가슴'에서 우러나 서로 연결하도록 일깨웁니다. 또 목이 긴 기린은 멀리까지 보는 것을 상징하는 비유이기도 합니다. 우리가 어떤 말과 행동을 할 때 그것이 가져올 잠재적이고 장기적인 영향을 의식해야 한다는 의미입니다. 우리는 자신의 모든 말과 행동이 그에 상응하는 작용을 일으킨다는 사실을 알고, 그것에 온전히 책임질 수 있어야 합니다. 연민과 평화, 조화의 태도로 삶에 응대하겠다고 의식적으로 선택해야 합니다. 그렇게 할 때 이런 긍정적인 마음에 대한 우리의 욕구를 충족할 수 있습니다.

 오늘은 당신과 사람들의 행동 가운데 기린 의식을 드러내는 행동을 찾아보세요.

→ ·→ ·→ ·→　1월 6일　←· ←· ←· ←·

오직 사랑만이 적을 친구로 바꿀 수 있다.
• 마틴 루터 킹 주니어

자칼은 당신의 선생님

연민의 대화(비폭력대화)에서 자칼은 상대를 비난하고 평가하며 자기만 옳다고 우기는 우리 내면을 상징하는 비유입니다. 자칼의 이미지를 택한 이유는 무엇일까요? 그것은 자칼이 바닥에 잔뜩 웅크린 채 순간의 만족에 탐닉하기 때문입니다. 자칼은 자기 행동이 미칠 영향에 대해 생각하지 않습니다. 우리 안의 자칼은 이렇게 말합니다. "네 주제에? 넌 그거 못해! 넌 너무 … 하다고. 넌 너무 진지해. 넌 너무 징징거려. 아니면 너무 약해빠졌어."

당신에게서 자칼의 이런 모습이 보이나요? 아니면 당신만의 자칼 버전이 있을지도 모르겠군요. 어쨌든 나의 경우, 내면에서 들려오는 자칼의 목소리를 자주 무시하고는 했습니다. 그 목소리가 너무 못됐고 비정하다고 느꼈거든요. 그럼에도 나는 자칼의 말에 자주 공감하려고 노력했습니다. 그러자 마침내 내 안의 자칼이 내게 필요한 지혜를 갖고 있음을 깨달았습니다. 자칼이 "넌 너무 진지해"라고 말하면 그것은 상대의 거절로부터 나를 보호하려는 노력임을 알게 되었습니다. "넌 그거 못해!"라는 자칼의 말은 나를 실패와 좌절에서 지켜 주려는 시도임을 알았습니다. 자칼의 이런 말하기 방식이 썩 마음에 들진 않았지만 나를 진심으로 위한다는 사실만은 알 수 있었습니다.

내 안에서 들려오는 자칼의 말을 무시한다고 해서 치유가 일어나지 않습니다. 무시하면 할수록 자칼은 더 크고 사납게 울어댈 것입니다! 당신 내면의 자칼은 당신의 행복에 진심으로 관심을 갖고 있습니다. 그러니 자칼의 말에 귀 기울여 공감하면서 녀석이 어떤 의도를 갖고 있는지 알아보세요. 그러면 당신의 욕구를 충족하는 더 적절한 방법을 찾을 수 있을 것입니다. 이것은 당신과 당신 내면의 자칼에게 자기 돌봄과 사랑, 양육과 치유로 가득한 여정이 될 것입니다.

오늘은 당신 내면의 자칼이 당신에게 무엇을 알려 주려 하는지 귀 기울여 들어 보세요.

<h2 align="center">1월 7일</h2>

말은 그 사람의 영혼을 비추는 거울이다. 말이 곧 그 사람이다.
• 푸빌리우스 시루스

충족되지 못한 욕구의 비극적 표현

연민의 대화를 창안한 마셜 B. 로젠버그 박사는 "충족되지 못한 욕구의 비극적 표현"이라는 말을 자주 사용했습니다. 이것은 우리가 평소 자신의 욕구를 충족하는 데 도움이 되지 않는 행동을 많이 한다는 사실을 보이는 말입니다. 당신은 복사기가 뜻대로 움직이지 않을 때 어떻게 하나요? 복사기를 세게 치며 고함을 지릅니다. 복사기에 기대한 편리함과 예측 가능성의 욕구가 충족되지 못해 짜증이 났기 때문입니다. 그러나 복사기를 치며 고함을 지른다고 이 욕구가 충족될까요? 복사기뿐이 아닙니다. 당신이 사람들과 소통하는 방식은 어떤가요? 가령 남편이 3주째 깜빡 잊고 자동차 엔진오일을 갈지 않았다고 합시다. 이때 당신은 이렇게 말합니다. "당신 아직도 그거 안 했어요? 나 혼자 모든 걸 다 해야 해요?" 이때 당신은 화가 나고 혼란스럽습니다. 마음의 평안과 남편의 도움, 평등한 부부관계를 원했기 때문입니다. 또 누군가 당신에게 전화로 버럭 소리를 질렀다고 합시다. 이때 당신은 화가 나고 마음이 상하고 무섭기도 해서 입을 닫은 채 아무 말도 하지 않습니다. 그러나 입을 닫는다고 이해와 배려, 존중이라는 당신의 욕구가 충족될까요? 입을 꾹 닫는 소통 방식은 당신의 욕구를 충족하는 데 도움이 되지 않습니다. 당신의 소통 방식이 '틀렸다'고 말하는 것이 아닙니다. 당신의 욕구를 충족하는 데 도움이 되지 않는다는 점에서 '비극'이라고 말하는 것입니다.

이런 단순한 깨달음은 나를 완전히 변화시켰습니다. 이 일로 나의 행동은 욕구를 충족시키는 방향으로 바뀌었습니다. 다음번에 당신이 상처받거나 분노하거나 슬프거나 실망하는 경우에 자신이 어떻게 행동하는지 살펴보세요. 그리고 그 행동이 어떤 결과를 가져올지 생각해 보세요. 과연 당신의 욕구를 충족하는 데 도움이 되는 행동인지 헤아려 보세요. 만약 도움이 되지 않는 행동이라면 당신의 욕구를 충족하는 더 적절한 방식을 찾아보세요.

 오늘 하루, 당신의 욕구를 충족하는 데 도움이 되지 않는 행동을 얼마나 자주 하는지 관찰해 보세요. 그러면서 욕구를 충족하는 더 적절한 방법을 찾아보세요.

1월 8일

누구도 제대로 꽃을 보지 않아. 시간이 없다면서 말이야.
그러나 작은 꽃을 보려면 시간이 필요하지.
친구를 사귀려면 시간이 필요하듯 말이야.

• 조지아 오키프

공감은 강력한 치유자

아무리 말해도 부족한 사실이 있습니다. 우리가 상대의 말에 귀 기울이며 진심으로 이해하고자 노력하는 일이 드물다는 사실입니다. 그러나 상대의 말을 들어주고 상대에게 온전히 집중하는 공감만으로 놀라운 치유가 일어날 수 있습니다. 상대의 말 이면에 자리 잡고 있는 그 사람의 느낌과 욕구에 귀 기울여 보세요. 결코 쉬운 일은 아니지만 그 결과는 놀랍습니다.

예컨대 당신의 자녀가 이렇게 말했다고 합시다. "우리 가족은 내가 하고 싶은 것에 조금도 관심이 없어요." 만약 부모가 아이가 내뱉은 말에만 꽂혀 있거나 대부분의 시간을 아이를 돌보는 데 쓰고 있다고 여긴다면 아이의 이 말을 그냥 듣고 있기 힘들 것입니다. 이때는 숨을 깊이 들이쉬며 아이가 지금 어떤 욕구를 갖고 있는지 귀 기울여 보세요. 이때 아이의 욕구는 자신을 존중해 주는 것, 그리고 가족의 의사결정에서 더 큰 발언권을 갖는 것일지 모릅니다. 그렇다고 부모가 아이의 말에 '동의'해야 하는 것은 아닙니다. 아이의 관점을 이해하려고 노력하는 것으로 충분합니다. 이때 부모는 아이에게 이렇게 답할 수 있습니다. "그래서 답답한가 보구나. 우리 가족이 결정을 내릴 때 네가 발언권을 더 갖고 싶은 거지?"

바로 이것입니다! 아이의 느낌과 욕구에 귀를 기울이는 한편으로, 이제 부모 자신의 느낌과 욕구를 표현하면서 대화를 이어가 보세요. 가령 다음과 같이 대화를 끌어가는 겁니다. "네, 언제나 엄마 마음대로만 하잖아요." "그러니까 네가 원하는 걸 배려하지 않고 엄마 하고 싶은 대로만 한다고 생각하는 거지?" "네." "네 말을 들으니 엄마는 안타깝구나. 엄마는 엄마가 하고 싶은 건 제쳐두고 네가 원하는 걸 해 주는 데 시간을 많이 쓴다고 생각하거든. 그런데 엄마와 네가 똑같이 바라는 게 하나 있는 것 같아. 바로 관계의 균형과 서로에 대한 존중의 마음이야. 서로의 욕구를 존중하는지 알고 싶은 것 말이야. 너도 그렇게 생각하니?" "네, 그런 것 같아요." "그러면 엄마와 네가 함께 원하는 걸 오늘 저녁에 얘기해 볼까? 그걸 얻는 방법도 함께 고민해 볼까?" "네, 좋아요."

겉으로 내뱉는 말에만 꽂혀 있으면 자칫 중요한 것을 놓칠 수 있습니다. 상대가 당신에게 전달하려는 욕구에 귀를 기울여 보세요. 서로가 서로를 이해하면 문제는 생각보다 쉽게 풀릴 수 있습니다.

 오늘은 적어도 한 사람에게 공감하려고 노력해 보세요.

사람들이 고통 받는 이유는 특정한 상황 때문이 아니다.
그 상황을 바라보는 자신의 관점 때문이다.
• 에픽테토스

자극 vs. 원인

당신이 느끼는 느낌은 타인의 행동이 불러온 결과가 아니라, 당신의 욕구가 충족되거나 충족되지 못한 결과입니다. 믿기 어렵나요? 친한 친구가 팔을 툭 치며 당신에게 인사를 합니다. 이때 어떤 일이 일어날까요? 만약 당신에게 재미와 우정, 연결이라는 욕구가 있었다면 팔을 치며 인사하는 친구가 반가울 것입니다. 그런데 전날 팔을 다친 당신에게 친구가 팔을 치며 인사합니다. 친구를 만나 기쁘긴 해도, 친구의 인사는 당신에게 통증을 일으킬 것입니다. 몸을 보호하고 통증을 덜고 싶은 욕구를 가진 당신은 친구의 인사가 불편합니다. 두 경우에 당신에게 주어진 자극은 동일했습니다. 친구가 당신의 팔을 치며 인사한 것입니다. 그러나 당신의 욕구가 충족되었느냐 충족되지 못했느냐에 따라 당신에게 일어나는 느낌이 달라졌습니다. 이처럼 타인의 말과 행동이 당신의 느낌을 일으키는 자극으로 작용할 수는 있어도, 느낌의 실제 원인은 아닙니다. 느낌을 일으키는 진짜 원인은 충족되거나 충족되지 못한 당신의 욕구라는 사실을 알아야 합니다.

오늘은 당신에게 일어나는 느낌이 당신의 욕구가 충족되거나 충족되지 못한 결과라는 점에 대해 생각해 보세요.

⇢ ·⇢ ·⇢ ·⇢ **1월 10일** ⇠· ⇠· ⇠· ⇠

사람은 자신이 가진 의견에 가장 크게 속는다.

• 레오나르도 다빈치

도덕주의적 판단

도덕주의적 판단이란 나의 가치 기준에 맞지 않게 행동하는 사람들에 대해 '틀렸다', '나쁘다'는 평가를 내리는 것을 말합니다. 우리는 자신이 느끼는 안전 속도보다 빠르게 운전하는 사람을 보고 '미친 운전자'라고 부릅니다. 또 내 기준에 비해 느리게 말하는 사람에게 '지루한 사람'이라는 딱지를 붙입니다. 우리는 타인만이 아니라 자신에게도 도덕주의적 판단을 내립니다. 원하는 것보다 몸무게가 더 나가면 자신을 '뚱뚱하다'고 하고, 이미 내뱉은 말을 후회하면서 스스로를 '나쁜 사람'으로 여기기도 합니다. 자신이든 타인이든 '나쁘다' '틀리다'고 판단할 때마다 우리는 도덕주의적 판단을 내리고 있는 것입니다.

그런데 도덕주의적 판단을 내리지 않은 채로 현재 상황을 바라보는 방법도 있습니다. 그 일이 지금 나에게 어떤 영향을 주고 있는지 솔직히 표현하는 방법이 그것입니다. 가령 내가 느끼는 안전 속도보다 빠르게 운전하는 사람을 보며 나는 이렇게 말할 수 있습니다. "저렇게 빠르게 운전하는 사람을 보면 무서워. 도로가 더 안전했으면 좋겠어."라고 말하는 것입니다. 또 불어난 체중 때문에 실망하는 경우에는 "아, 몸무게 때문에 정말 힘들어. 10킬로그램만 빼면 변화의 희망이 보일 텐데."라고 말할 수 있습니다. 상황에 대해 도덕주의적 판단을 내리면 거리감과 상처받은 느낌만 커집니다. 그보다는 자신의 느낌을 알아본 뒤 충족되지 못한 자신의 욕구와 연결해 보세요(위의 경우 '안전' '희망'이라는 욕구와 연결). 그러면 자신이나 타인과 연결되면서 치유가 일어날 가능성이 커집니다.

 오늘은 당신이 사람들에 대해 얼마나 자주 도덕주의적 판단을 내리고 있는지 관찰해 보세요. 그리고 판단을 내릴 때마다 어떤 느낌이 드는지도 알아차려 보세요.

> → → → → 1월 11일 ← ← ← ←

당신에게 이로운 일을 고통으로 여기지 말라.

• 에우리피데스

판단 내려놓기

당신은 어떤 일이 순간적으로 매우 고통스러운 나머지 '나쁜 일'

이라 여겼다가 바로 다음 순간 최상의 결과로 이어지는 일을 경험한 적이 있나요? 나는 이런 일을 수도 없이 경험했습니다.

내가 경제적으로 최악이었을 때 타던 차가 완전히 망가지는 일이 있었습니다. 나는 그 상황이 최악이라고 생각했습니다. 그때 아버지에게 전화가 왔습니다. 새 차를 구입했으니 당신이 타던 차를 가져가겠냐고 하셨죠. 나의 사정이 나아지면 차 값을 갚으면 된다고 하셨습니다. 아버지가 타던 차는 내 차보다 상태가 훨씬 좋았습니다. 그때 나는 내 차가 망가진 일을 오히려 다행으로 여겼습니다.

한번은 우리 회사에 아주 적합해 보이는 사람을 고용하려 했습니다. 그 사람은 우리의 고용 제안을 받아들인 바로 이틀 뒤에 전화로 거절 의사를 알렸습니다. 나는 '나쁜 일'을 당했다고 여겼습니다. 그 일이 있은 2년 뒤, 그녀가 입사한 회사의 간부와 이야기 나눌 기회가 있었습니다. 당시 그 회사는 그녀의 해고 절차를 밟고 있었고 소송을 준비 중이라고 했습니다. 간부는 그녀가 회사에서 많은 사람을 힘들게 했으며, 그녀 때문에 직원들의 사기가 크게 떨어졌다고 했습니다. 그러자 그녀가 처음에 우리 회사의 고용 제안을 거절한 것이 오히려 '잘 된 일'이라고 생각되었습니다.

살면서 우리에게 일어나는 모든 일에 대해 '좋은 일', '나쁜 일'로 판단해야 할까요? 판단을 내리기보다 우리가 행복과 고통을 느끼는 때를 그저 알아볼 수는 없을까요? 그러면서 충족되거나 충족되지 못한 자신의 욕구와 연결할 수는 없을까요? 그러면서 나머지는 우주가 정리해 줄 거라고 믿을 수 없을까요? 살면서 일어나는 모든 일에 사사건건 판단을 내리는 것은 치유와 연결, 조화에 도움이 되지 않습니다. 그런 판단은 오히려 혼란과 고통, 걱정을 키울 뿐입니다.

 오늘 하루만큼은 '좋은 날', '나쁜 날'로 판단하지 않겠다고 다짐해 보세요. 판단을 내리는 대신, 지금 당신의 느낌과 욕구를 알아차려 보세요. 나머지는 우주에 맡겨 보세요.

⇢ ⇢ ⇢ ⇢ 1월 12일 ⇠ ⇠ ⇠ ⇠

서 있는 곳이 조금만 바뀌어도 보이는 풍경이 완전히 달라진다.

• 멜로디 비티

적 이미지

당신은 사람들에 대해 부정적인 생각을 품고 있지 않나요? 사람들에 대해 가진 부정적인 느낌 때문에 그들과 즐거운 관계를 맺고 효과적으로 소통하는 데 방해가 되고 있지 않나요? 사람들의 자질구레한 결점이 자꾸 눈에 들어오나요? 그렇다면 사람들에 대한 원망과 분노가 커져 연민의 마음으로 그들과 연결하기 어려울 것입니다. 그럴 때는 당신의 충족되지 못한 욕구가 무엇인지 살펴보면 어떨까요? 당신의 충족되지 못한 욕구를 알아볼 때 진정한 치유가 시작됩니다. 또 사람들이 그들의 행동을 통해 충족하려는 욕구가 무엇인지 알아보면 어떨까요? 그렇게 하면 그들에 대한 연민의 마음이 커질 것입니다. 사람들이 어떤 욕구를 가졌는지 알고자 해 보세요. 그들에 대한 원망과 분노를 키우는 판단에서 벗어나 그들을 향한 연민과 연결을 키우는 이해로 나아갈 수 있을 것입니다.

 오늘은 당신이 사람들에게 품고 있는 적 이미지를 의식해 보고, 당신을 편안하게 하는 이미지로 바꿔 보세요.

⤳ ⤳ ⤳ ⤳ 1월 13일 ⬳ ⬳ ⬳ ⬳

사랑은 소유물이 아니다. 신성한 에너지 흐름이다.

• 스와미 치드빌라사난다

상대의 말 깊이 듣기

사랑과 연민은 옳고 그름, 좋고 나쁨을 구분하지 않습니다. 당신은 지금 맺고 있는 관계 때문에 힘이 드나요? 그렇다면 그 관계에 대해 '옳다, 그르다', '좋다, 나쁘다' 하고 판단하기보다 두 사람이 바라는 것에 초점을 맞춰 보세요.

두 사람의 말과 행동의 이면에 자리 잡고 있는 중요한 것이 무엇일까 생각해 보세요. 상대가 이렇게 말합니다. "당신은 나를 조금도 배려하지 않는군요.” 이때 상대가 정말로 바라는 것은 무엇일까요? 아마 자신을 소중히 여겨 주고, 자신에게 신경 써 주는 일일 것입니다. 자신의 욕구를 헤아려 달라는 것일 수도 있습니다. 만약 겉으로 내뱉은 상대의 말에만 초점을 맞춘다면 당신이 지금껏 상대를 ‘배려한’ 모든 일이 떠오를 것입니다. 그러면서 당신이 그를 얼마나 배려했는지를 놓고 다툼을 벌이게 될 것입니다. 그러나 이런 다툼은 상대에게 더 큰 분노와 경멸을 일으킬 뿐입니다. 다툼 자체가 당신이 상대의 말에 귀 기울이지 않고, 상대를 배려하지 않고 있다는 사실을 말하기 때문입니다.

이때 당신이 할 수 있는 효과적인 대응법이 있습니다. 상대의 말 이면에 자리 잡은 욕구를 알아보는 데 초점을 맞추는 것입니다. “당신은 내게 화가 나고 실망했군요. 내가 당신을 소중히 여기고 있는지 알고 싶은 거죠?” 이때 상대의 대답에 반드시 동의해야 하는 것은 아닙니다. 그러지 않아도 됩니다. 지금 우리가 하고자 하는 것은 상대의 느낌을 알아보고 그것과 연결하는 것입니다. 상대의 말에 귀 기울이고 있다고 상대가 느끼면 어떤 이야기든 나눌 수 있는 기회가 마련됩니다. 그러면 문제를 더 수월하게 해결할 수 있습니다.

 오늘은 적어도 한 사람을 정해 그 사람의 느낌과 연결하고자 노력해 보세요.

1월 14일

가던 길을 멈추지 않는 한, 얼마나 천천히 가는가는 문제가 되지 않는다.

• 공자

모든 사람의 욕구 소중히 여기기

친구가 내게 전화를 걸어 남편과 헤어졌다고 말했습니다. 친구 남편은 지난 몇 년간 친구와의 결혼생활에 대한 불만족한 느낌으로 힘이 들었다고 합니다. 그동안 아내에게 결혼생활의 불만을 이야기한 적이 한 번도 없었다는군요. 실제로 친구는 남편과 헤어지는 그 날에야 불행한 결혼생활을 이어 왔다는 남편의 말을 처음 듣고는 충격을 받아 크나큰 실의에 빠졌습니다.

나는 사람들이 자신뿐 아니라 다른 사람의 욕구도 소중히 여기는 세상에 살기를 바랍니다. 또 서로에 대한 헌신과 사람 사이의 연결을 중요하게 여기는 세상에서 살았으면 합니다. 그래서 인지 나는 친구가 처한 상황이 무척 안타까웠습니다. 헌신과 연결이라는 가치에 따라 사는 것은 결코 쉬운 일이 아닙니다. 대화로 일을 풀어가는 것은 때로 수고스럽고 고통스럽습니다. 하지만 그것 말고 다른 방법이 있을까요? 대화로 풀지 않으면 당신이 맺고 있는 관계가 사라질지 모릅니다. 당신은 지금 개인적인 관계나 직장 내 관계에서 불행하다고 느끼나요? 그렇다면 그 관계가 당신에게 얼마나 소중한지 헤아려 보세요. 혼자 불행을 감당하며 관계를 끝낼 위험에 맞닥뜨려 있지 않나요? 그렇게 하는 것이 그만한 가치가 있을까요? 아니면 문제를 해결해 보고 싶나요? 상대와 대화를 나눈다고 당신이 원하는 해결책이 나타난다는 보장은 없습니다. 하지만 대화를 나누지 않으면 불행은 어지없이 계속될 것입니다.

 지금 행복하지 않은 관계를 맺고 있는 상대가 있나요? 그렇다면 오늘은 그의 욕구와 당신의 욕구를 연결하면서 대화를 나눠 보세요.

⟩ ⟩ ⟩ ⟩ 1월 15일 ⟨ ⟨ ⟨ ⟨

인생은 짧지만 예의를 갖출 시간은 언제나 충분하다.

• 랄프 왈도 에머슨

강요 vs. 부탁

당신은 상대방에게 어떤 것을 강요한 적이 있나요? 그렇다면 상대는 당신의 강요에 복종하거나 반항하는 두 가지 선택밖에 할 수 없습니다. 즉, 당신이 말한 것을 하거나 하지 않는 것 외에 다른 선택이 없습니다. 그런데 문제는 강요가 종종 '부탁처럼' 보인다는 점입니다. 가령 당신이 남편에게 "여보, 오늘 잔디 좀 깎아줄래요?"라고 말합니다. 이 말은 겉으로 볼 때 '부탁'처럼 보입니다. 그러나 남편은 "아니, 오늘은 안 돼요. 피곤해서 쉬고 싶어요."라고 대답합니다. 이때 당신에게 어떤 일이 일어나는지 보면 당신의 말이 강요인지 부탁인지 알 수 있습니다. 즉, 당신이 남편의 대답에 화가 나지 않고 판단이 일어나지 않는다면 처음 당신이 했던 말은 부탁입니다. 반면에 '얼마나 더 쉬어야 하는 거지? 왜 저렇게 게을러 터졌어!'라고 생각한다면 당신은 애당초 부탁이 아니라 강요를 한 것입니다.

그렇다면 어떤 일을 강요가 아니라 부탁으로 하는 방법은 무엇일까요? 그것은 당사자 모두의 욕구를 '똑같이' 존중하는 것입니다. 당신은 남편의 휴식 욕구를 진정으로 존중하나요? 혹시 당신의 정리정돈 욕구를 더 중시하고 있지 않나요? 당사자 모두의 욕구를 '똑같이' 존중할 때 쌍방에 만족스러운 해결책에 기꺼이 다가갈 수 있습니다. 위의 경우에 남편이 잔디를 깎지 않고 싶다고 대답했다면 다음의 대화는 이렇게 전개될 수 있습니다.

"그러니까 당신, 오늘은 정말 쉬고 싶은가 보군요. 이해해요. 이번 주가 특히 더 힘들었죠." "맞아요, 고마워요." "여보, 나도 당신이 충분히 쉬었으면 해요. 그런데 내일 부모님이 오실 때까지 잔디를 깎지 못할까봐 걱정이 되기도 해요. 말끔히 정돈된 집을 보여드리고 싶거든요. 내일 아침 부모님이 오실 때까지 잔디를 깎고 당신도 쉴 수 있는 방법이 없을까요?"

이 사례에서 아내는 남편의 휴식 욕구를 알아봐 주는 동시에 부모님이 오기 전에 잔디를 깎고 싶은 자신의 부탁도 분명히 전하고 있습니다. 아내는 지금 해결책을 내세우지 않습니다. 다만, 자신의 욕구를 분명히 표현하고 있을 뿐입니다. 이 경우 구체적인 해결책은 예컨대 부부가 이웃에게 약간의 사례금을 주고 잔디를 깎도록 요청할 수 있습니다. 아니면 내일 아침 일찍 남편이 잔디를 깎을 수도 있고, 그도 아니면 아내가 잔디를 깎는 대신 남편은 부모님 방문을 준비하는 다른 일을 할 수도 있습니다. 만약 아내가 요지부동으로 남편이 그날 반드시 잔디를 깎아야 한다고 고집했다면 이런 선택지를 떠올리기 어려웠을 것입니다. 강요는 다양한 가능성의 폭을 좁히고 사람과 사람 사이를 멀어지게 만듭니다. 진정으로 당사자 모두의 욕구를 '똑같이' 존중하는 부탁을 할 때 가능성의 폭이 넓어지고 서로 연결되어 있다는 느낌도 더 커집니다.

 오늘은 상대의 부탁이 강요로 들릴 때 당신에게 어떤 느낌이 일어나는지 관찰해 보세요. 상대의 말에 복종하거나 반항하는 것 외에 어떤 반응을 떠올릴 수 있을지 보세요.

↷ → ↷ → **1월 16일** ↶ ← ↶ ←

어떤 생각에 동의하지 않더라도
그것을 음미하고 즐길 수 있다면 교양인이다.
• 아리스토텔레스

공감과 동의는 다르다
사람들은 동의하기 어려운 말을 하는 상대에게는 공감할 수 없다고 말합니다. 가령 십대 딸이 부모가 자기를 배려하지 않는다며 투덜거립니다. 또 당신은 제시간에 온 듯한데 친구는 당신이 늦었다고 불만입니다. 그러나 공감이란 상대의 느낌이나 욕구와 함께 머무는 것이란 점을 기억하세요. 공감은 상대방이 지금 어떤 경험을 하고 있는지 알아보는 것입니다. 상대의 경험에 반드시 동의해야 하는 것은 아닙니다. 상대와 의견이 다르더라도 그에게 먼저 공감할 수 있습니다. 그런 다음 상황과 관련된 당신의 느낌과 욕구를 표현할 수 있습니다. 자신을 배려하지 않는다며 투덜거리는 십대 딸에게 부모는 이렇게 말할 수 있습니다. "마음이 상했니? 엄마가 바라는 것만이 아니라 네가 원하는 것에도 신경 써 줬으면 하는 거지?" 엄마는 딸의 대답을 끝까지 듣고 이렇게 말할 수 있습니다. "네 얘기를 듣고 엄마는 좀 놀랐어. 슬프기도 하고. 왜냐면 엄마는 너를 진짜 사랑하거든. 널 뒷바라지하느라 온 신경을 곤두세우며 엄마 자신을 까맣게 잊을 때도 있어. 지금 엄마의 말을 네가 들은 대로 다시 들려줄 수 있겠니?"

 오늘은 상대에게 공감한다 해서 반드시 그의 생각에 동의해야 하는 것은 아니란 점을 생각해 보세요.

·→·→·→·→ 1월 17일 ←·←·←·←·

대개 가장 모르는 사람이 아는 척을 가장 많이 한다.
• 토머스 풀러, MD

관찰, 비폭력대화의 첫 번째 요소

다섯 살짜리 아이가 벽에 크레파스로 그림을 그렸습니다. 당신은 이렇게 생각합니다. "아이가 내게 뿔이 나서 나를 골탕 먹이려 하는군." 또는 남편이 이번 주 세 차례나 정해진 시간보다 늦게 귀가합니다. 당신은 이렇게 생각합니다. "저 이는 늦게 귀가하면 내가 어떤 느낌일지 조금도 배려하지 않아." 당신에게 익숙한 생각인가요? 사람들은 흔히 상대방과 대화를 나누기도 전에 그 일이 일어난 이유를 속으로 정해 버립니다. 위의 예에서 다음처럼 이유를 정해 놓습니다. '애가 나한테 뿔이 나서 나를 골탕 먹이려 해.' '저 사람은 나의 느낌에 전혀 신경을 안 써.'

그러나 위 상황에서 당신이 아는 유일한 사실은 벽에 크레파스 그림이 그려져 있다는 사실(만약 아이가 벽에 그리는 장면을 실제로 봤다면 그 '예술가'의 정체를 알았을 테지요), 그리고 남편이 이번 주에 세 차례 늦게 귀가했다는 사실입니다. 비폭력대화에서는 이것을 '관찰'이라고 합니다. 관찰은 우리가 보거나 들은 사실입니다. 그 것은 특정 상황에서 일어난 일을 찍은 순간포착 사진과 비슷합니다. 또는 상대방의 말을 그대로 녹음한 음성과 같습니다. 관찰에는 그 일이 일어난 이유에 관한 관찰자의 생각과 판단이 들어 있지 않습니다.

관찰을 하면 상대방과 깊이 연결하는 가능성이 열립니다. 가령 늦게 귀가한 남편에게 당신은 이렇게 말할 수 있습니다. "당신, 이번 주에 6시 넘어 귀가한 게 오늘이 세 번째예요. 나는 어리둥절하고 마음이 불편해요. 오늘은 5시 30분까지 온다고 약속했다고 알고 있었거든요. 당신도 그렇게 알고 있지 않았나요?" 어떤 상황에서든 대화에 다가가는 방법은 얼마든지 있습니다. 핵심은, 이야기를 시작할 때 어떤 일이 일어난 이유에 관하여 당신이 미리 정해둔 생각을 끼워 넣지 않는 것입니다. 그럴 때 상대방과 연결하면서 당신의 욕구를 충족할 수 있는 더 좋은 기회가 열립니다.

 오늘은 상대의 말과 행동을 있는 그대로 관찰해 보세요. 그러면서 그 일이 일어난 이유에 관한 당신의 추정은 잠시 멈춰 보세요.

·﹥·﹥·﹥·﹥ **1월 18일** ﹤·﹤·﹤·﹤

단호하게 자신을 찾으라. 그러면 불행에서 벗어날 수 있다.

• 매튜 아놀드

느낌, 비폭력대화의 두 번째 요소

우리는 느끼는 법이 아니라 생각하는 법을 배우며 자랐습니다. 다른 사람의 느낌을 배려하라고 배웠지만 정작 자신의 느낌을 살피라고 배운 적은 없습니다. 다른 사람과 함께 있을 때 '내가' 어떻게 느끼는지, 어떤 일을 할 때 '내가' 어떤 느낌인지, 어떤 것을 좋게 느끼려면 '내가' 어떻게 해야 하는지처럼 '나의' 느낌을 살피는 법은 제대로 배우지 못했습니다. 이렇게 나의 느낌이 아니라 상대의 느낌을 생각하는 데 집중해 있으면 자신과의 연결이 약해지면서 급기야 자신을 부정하는 데까지 이를 수 있습니다. 그래서 자신의 느낌과 연결하고 그것을 주변 사람에게 표현하라고 하면 그것이 얼마나 어려운지 알고 사람들은 놀랍니다. 자신의 느낌을 적절히 표현하지 못하면 상처받기 쉬워집니다. 늘 다른 사람의 반응을 살피는 데 빠져 있으니 자신의 느낌을 그저 알아보는 것마저 벅찬 일이 됩니다.

처음엔 자신의 느낌을 알아보는 일이 벅차고 위험해 보일 수 있습니다. 또 쉽게 상처받을 수도 있습니다. 하지만 자신의 느낌을 알아보는 일은 그만큼의 보상으로 돌아옵니다. 당신의 '느낌말' 목록이 확장되고 어떤 일에 대해 당신이 어떻게 느끼는지 어렵지 않게 알아볼 수 있습니다. 그러면서 지금까지와 다른 결정을 내릴 수 있게 됩니다. 즉, 상대의 느낌에 대한 당신의 생각이 아니라 당신의 느낌에 바탕을 둔 결정을 내릴 수 있습니다. 지금껏 당신이 즐겁지 않은 일을 하고 있었음을, 또는 좋아하지 않는 사람들과 지내고 있었음을 문득 깨닫게 될 수도 있습니다. 자신의 느낌을 알아볼 때 삶에 커다란 변화를 가져오는 과정이 시작됩니다.

오늘은 어떤 일에 대해 당신이 어떻게 느끼는지 관찰해 보세요. 만약 습관처럼 다른 사람의 느낌에 자꾸 신경이 쓰인다면 부드럽게 당신 자신의 느낌으로 초점을 옮겨 보세요.

⤳ → ⟶ → 1월 19일 ← ⟵ ← ⤦

세상에 소리의 종류가 많으나 뜻 없는 소리는 없나니
• 고린도전서 14장10절

욕구, 비폭력대화의 세 번째 요소

연민의 대화(비폭력대화)에서는 욕구를 보편적인 것으로 봅니다. 즉 모든 사람이 사랑, 지지, 살 곳, 음식, 기쁨, 돌봄 등의 동일한 욕구를 갖는다고 봅니다. 다만 욕구를 충족하기 위해 선택하는 방법은 사람마다 다를 수 있다고 봅니다. 가령 나는 이동에 대한 욕구 때문에 차를 갖기로 선택합니다. 그런데 장거리를 이동할 때는 비행기를 타며 종종 기차를 타기도 합니다. 어떤 이동수단을 택하든 나의 욕구는 '이동'이라는 한 가지 욕구입니다. 차와 비행기, 기차는 이동의 욕구를 충족하는 수단 또는 방법에 불과합니다. 나의 여자형제 중 하나가 시애틀의 위험한 동네에 살았습니다. 동생은 안전에 대한 욕구 때문에 '오히려' 동네 갱단과 친구로 지냈습니다. 갱단은 언제든 동생 집에 와서 놀다 갔습니다. 동생은 그들이 자유롭게 드나들 수 있도록 문도 잠그지 않았습니다. 이런 방법이 우리에게는 적절해 보이지 않아도 안전에 대한 '동생'의 욕구는 완벽히 충족하였습니다.

우리가 가진 보편적인 욕구와 그 욕구를 충족하기 위해 선택하는 방법을 구분할 필요가 있습니다. 그렇게 하면 인간관계에서 벌어지는 많은 문제가 명료해집니다. 당신과 친구가 휴가지를 놓고 옥신각신하고 있습니다. 그러나 적절한 휴가지를 선택하는 것은 두 사람의 욕구를 충족하기 위한 방법입니다. 이때 두 사람이 휴가를 통해 충족하려는 욕구는 무엇일까요? 당신이 재미있고 신나는 휴가에 관심이 있다면 친구는 충분한 휴식을 취하는 것이 더 중요할 수 있습니다. 모든 사람이 당신과 같은 욕구를 가졌다고 지레짐작해서는 안 됩니다. 두 사람의 욕구를 함께 고려해야 합니다. 그런 다음 그 욕구를 충족할 수 있는 휴가지를 상의해 보세요. 대화의 초점을 욕구로 옮기면 당사자 모두의 욕구를 배려하고 충족시키는 평화로운 해결책에 이를 수 있습니다.

 오늘은 모든 사람이 가진 보편적인 욕구와 그 욕구를 충족하기 위해 선택하는 방법이 어떻게 다른지 인식해 보세요.

1월 20일

두려움 때문에 희망을 좇는 일이 방해 받아서는 안 된다.

• 존 F. 케네디

부탁, 비폭력대화의 네 번째 요소

지난 며칠간 연민의 대화(비폭력대화)를 구성하는 세 가지 요소인
관찰, 느낌, 욕구에 대해 살펴보았습니다. 오늘 소개할 것은 연민
의 대화의 네 번째 요소인 부탁입니다. 부탁은 자신의 욕구를 충
족하기 위해 어떻게 해야 하는지 자신과 주변 사람에게 분명히
알린다는 점에서 반드시 필요합니다. 엄마가 십대 딸에게 이렇게
말하는 장면을 떠올려 봅시다. "지난 몇 주간 얼굴 보기 힘들었구
나? 엄만 좀 슬퍼. 너를 보고 싶고, 너랑 많은 시간을 함께하고 싶
거든." 그런데 구체적인 부탁이 따르지 않으면 딸은 엄마가 무엇
을 원하는지 추측해야 합니다. 딸은 엄마가 긴 시간을 자기와 함
께하고 싶어 한다고 추측할지 모릅니다. 사실 엄마는 이번 주의
하룻저녁 두 시간 정도만 딸과 함께 보내고 싶은데 말입니다. 아
니면 딸은 엄마의 말을 자신에 대한 비난으로 받아들일 수도 있
습니다. 엄마보다 친구를 더 소중히 여긴다며 자신을 비난하는
것이라고요. 어쩌면 딸은 아무리 많은 시간을 엄마와 함께해도
엄마에겐 부족하다고 생각할지도 모릅니다. 한편, 구체적인 부탁
을 하면 대화가 명료해지고 편안해지면서 상황에 감도는 긴장감
이 확 줄어듭니다. 위 사례에서 엄마는 이렇게 부탁할 수 있습니
다. "지난 몇 주간 얼굴 보기 힘들었구나? 엄만 그게 좀 애석해.

너를 보고 싶고, 너랑 함께 시간을 보내고 싶거든. 이번 주 중 저녁에 시간을 내볼까? 두 시간 정도 같이 보내는 건 어때? 엄마와 함께 즐길 만한 게 뭐가 있을지 생각해 보자." 실제로 딸이 엄마의 부탁을 들어주지 않을 수도 있습니다. 그러나 부탁을 통해 당신이 원하는 것을 분명하게 표현한다면 쌍방이 모두 만족할 가능성이 커집니다.

 오늘은 누군가에게 구체적이고 실행 가능한 부탁을 적어도 한 가지 해 보세요.

⤳ ⤳ ⤳ → 1월 21일 ← ⬳ ⬳ ⬳ ⬳

지금 상황은 중요하다. 그러나 심각할 필요는 없다.
• 소니아 쇼켓

평가 vs. 느낌

누군가 당신에게 이렇게 말했다고 합시다. "당신은 나를 조금도 배려하지 않는군요!" "당신은 솔직하지 않은 것 같아요." "당신에게 조종당하고 배신당하고 판단 받는 기분이에요." 이것은 모두 상대에 대한 평가가 담긴 말입니다. 그런데 "당신은 나를 조금도 배려하지 않는군요!"라는 말은 실은 상대가 화가 났거나 감정이 상했거나 두려워서 하는 말인지 모릅니다. "당신은 솔직하지 않은 것 같아요."라는 말은 상대가 걱정스럽거나 혼란스럽다고 느긴 나머지 그렇게 말하는 것일 수 있습니다. "이용당하고 배신당하고 판단 받는 기분이에요."라는 말은 상대가 슬프거나 상처받았거나 화가 났다는 의미일 수 있습니다.

자신의 느낌을 분명하게 표현하는 것이 중요합니다. 느낌을 분명하게 표현할 때, 상대의 잘못이라고 여기는 행동에 대해 그 사람을 탓하지 않으면서 자신의 느낌에 오롯이 책임질 수 있습니다. 또 느낌을 분명하게 표현하면 그 문제가 당신에게 얼마나 중요한지 상대가 더 잘 알 수 있습니다. 평가하기보다 당신의 지금 느낌을 진실하게 표현해 보세요. 그렇게 하면 말하는 사람과 듣는 사람 모두 상황을 분명하게 이해할 뿐 아니라 더 깊은 차원에서 서로 연결될 수 있습니다.

 오늘은 당신이 느낌을 말하려 했지만 평가가 담긴 생각을 말해 버린 경우가 없는지 살펴보세요.

⟩·⟩·⟩·⟩ **1월 22일** ⟨·⟨·⟨·⟨

비판을 받지 아니하려거든 비판하지 말라.
너희가 하는 그 비판으로 너희가 비판을 받을 것이요.
• 마태복음 7장 1절

판단이란 무엇인가

많은 사람이 역효과를 일으키는 대화 방식을 배우며 자랍니다.

그런 대화 방식 중 하나가 다른 사람에 대한 판단의 말입니다. 우리는 자존감을 높이기 위해, 또는 받아들임과 소속감의 욕구를 채우기 위해 상대를 판단하는 말을 자주 내뱉습니다. 하지만 결과는 종종 그와 반대로 나타납니다. '게으르다', '멍청하다', '옷을 못 입는다', '이기적이다', '배려심이 없다'처럼 상대방을 판단할 때마다 나와 상대방 사이에 거리감이 생기고 장벽이 높아집니다. 이런 도덕주의적 판단은 어느 것이나 나를 다른 사람과 분리시킵니다. 그렇게 되면 내가 원했던 자존감, 수용, 소속감의 욕구를 충족하기도 어려워집니다.

다른 사람의 행동이나 당신이 본 어떤 일에 대해 판단을 내리기보다 지금 당신이 어떻게 느끼고 있는지 알아차려 보세요. 스키를 타는 중에 당신 앞에 불쑥 끼어드는 사람을 '얼간이, 미치광이'로 판단하기보다 당신이 지금 무서움을 느끼고 있음을 단순히 알아차려 보세요. 그러면서 스키 슬로프가 안전했으면 좋겠다는 당신의 바람과 욕구를 의식해 보세요. 다른 사람을 판단하는 데서 그들의 행동이 지금 나에게 어떤 영향을 주고 있는지 알아차리는 쪽으로 방향을 바꿔 보세요. 이렇게 조금만 방향을 바꾸어도 평화롭게 사는 당신의 능력은 크게 향상될 것입니다.

 오늘은 당신이 사람들에 대해 도덕주의적 판단을 내리는 때를 의식해 보세요. 그러면서 의식적으로 당신의 느낌과 욕구를 알아차리는 방향으로 전환해 보세요.

→ → → → → **1월 23일** ← ← ← ← ←

새들은 폭풍우가 지나간 자리에서 즐겁게 지저귀는데
사람들은 왜 자신에게 주어진 것을 마음껏 즐기지 못할까?

• 로즈 케네디

다른 사람과 비교하기

자신을 다른 사람과 비교하는 것도 판단의 일종입니다. 주위를 둘러보면 나보다 잘난 사람, 나보다 지적이고 현명한 사람을 얼마든지 볼 수 있습니다. 마찬가지로 나보다 똑똑하지 않은 사람, 나보다 운전 실력이 못한 사람, 나보다 재치가 모자란 사람도 수없이 많습니다. 그러나 다른 사람과 비교하는 순간, 자신을 괴로움과 낙담으로 몰아가게 됩니다. 비교는 상대방 역시 괴로움과 낙담으로 몰고 갑니다. 나와 상대방 사이에 높은 벽이 세워집니다.

할 수 있는 최선을 다해 다른 사람과 비교하는 것을 멈춰 보세요. 비교하는 대신, 사람들의 장점과 약점에 대해 '당신'이 어떻게 느끼는지 알아차려 보세요. 가령 이웃집 여자가 나보다 예뻐 보이면 속으로 그녀와 나를 비교하기보다 그녀의 예쁜 외모를 즐겨 보세요. 그러면서 아름다운 외모를 갖고 싶은 당신의 욕구도 알아봐 주세요. 더 바람직한 것은, 이웃집 여자의 아름다움을 음미하는 동시에 당신의 아름다운 점도 떠올려 음미하는 것입니다. 비교하지 않을수록 다른 사람과 더 깊이 연결하는 기회가 열립니다.

 오늘은 당신을 다른 사람과 비교하는 때를 자각해 보세요.

⤳ ⤳ ⤳ ⤳ 1월 24일 ⤝ ⤝ ⤝ ⤝

진정한 자유란 형제가 걸친 속박의 사슬을 함께 지는 것.
다른 이의 자유를 위해 가슴과 손으로 노력하는 것!

• 제임스 러셀 로웰

감정적 해방의 3단계

우리는 누구나 감정적 성숙을 향해 나아가는 단계를 밟습니다. 비폭력대화에서는 감정적 성숙에 이르는 과정을 세 단계로 구분합니다. 그 마지막 단계가 감정적 해방 또는 감정적 자유라고 하는 것입니다.

많은 사람이 감정적 자유에 이르는 단계 중 1단계에서 출발합니다. 1단계에서는 다른 사람의 느낌에 대해 나에게 책임이 있다고 여깁니다. 이 단계에서는 상대가 괴로워하면 그것이 나 때문이라고 생각합니다. 내가 상대에게 상처를 주지 않았는지 걱정합니다. 감정적 자유의 1단계에서 우리는 다른 사람의 행복을 위해 자신의 행복을 외면합니다.

감정적 자유에 이르는 2단계는 자신의 행복을 외면하며 삶을 낭비했음을 알고는 애통해 하는 단계입니다. 2단계에 있는 사람들은 종종 화를 내며 주변에 원망을 퍼붓습니다. 그러면서 그동안 돌보지 못한 자신의 욕구를 채우는 데 급급해 합니다. 2단계에 있는 사람들은 이렇게 말합니다. "그건 당신 문제예요. 당신이 그렇게 느끼는 건 내 책임이 아니에요."

다음 3단계는 앞의 두 단계가 하나로 통합되는 단계입니다.

누구나 자신의 느낌에 스스로 책임져야 한다는 점을 깨닫는 동시에 다른 이의 고통을 자극했다면 나에게도 일정한 책임이 있다는 사실을 인식합니다. 상대의 욕구만을 살피거나 자신의 욕구만을 돌보지 않습니다. '모든 사람'의 욕구를 함께 존중합니다. 모든 사람의 욕구를 똑같이 존중할 때 세상은 더 풍요로워집니다. 이제 나는 모든 사람의 느낌과 욕구를 나의 책임으로 떠맡지 않으면서도 그것을 배려할 수 있습니다. 자신뿐 아니라 많은 사람을 연민과 사랑으로 대할 수 있게 됩니다. 이렇게 우리는 감정적 해방, 감정적 자유에 이르게 됩니다.

 지금 당신이 감정적 성숙의 어느 단계에 있는지 잠시 생각해 보세요. 3단계가 아니어도 현재 단계의 자신을 축하하고 격려해 주세요. 당신은 감정적 해방을 향해 나아가는 중입니다.

→·→·→·→ **1월 25일** ←·←·←·←

증오의 느낌은 소중한 것을 사라지게 만든다.
• 호세 오르테가 이 가세트

분노의 뇌관을 제거하는 3단계

사람들은 화내는 것을 두려워합니다. 분노를 제대로 표현하는 법을 모르기 때문입니다. 우리는 특정 상황에서 자신의 욕구를 충족하거나 마음의 짐을 덜어내는 방식으로 분노를 표현하는 법을 배우지 못했습니다. 화가 나서 욕을 퍼붓거나 다른 사람을 때리거나 문을 쾅 닫고 나가는 사람들이 있습니다. 이 모든 것이 그들이 분노를 표현하는 방법입니다. 하지만 이런 행동으로 그들의 마음이 편안해질까요? 이런 식의 분노 표현은 충족되지 못한 자신의 욕구를 비극적으로 표현하는 것에 불과합니다. 이런 방법으로는 결코 욕구를 충족할 수 없다는 점에서 그것은 비극입니다. 이와 다르게 분노를 다루는 법을 생각해 보면 어떨까요. 당신이 느끼는 분노를 온전히 표현하되 편안함과 경청, 이해에 대한 당신의 욕구도 함께 충족하는 방식으로 말입니다.

　무엇보다 당신의 분노에 대해 당신 외의 누구도 책임질 수 없다는 사실을 인식하는 데서 출발해야 합니다. 당신이 일으킨 분노는 상대가 '지금보다 더 잘해야 한다'며 당신이 머릿속으로 판단을 내린 결과일 가능성이 높습니다. 아니면 그 사람에 대한 당신의 기대 때문일 수도 있습니다. 뜨거운 분노에 휩싸이면 자신이 어떤 판단을 내리고 있는지 알지 못합니다. 그럼에도 당신의 분노에 대한 책임은 온전히 당신에게 있음을 알아야 합니다.

　분노의 뇌관을 제거하는 첫 번째 단계는 잠시 멈춰 숨을 쉬는 것입니다. 아무 말도 하지 않고 지금 일어난 분노의 책임이 전적으로 나에게 있음을 떠올립니다. 그리고 상대방에 대한 비난은 역효과를 낳는다는 사실도 떠올립니다. 그런 다음 머릿속에 일어나는 비난과 판단을 관찰합니다. 비난하고 판단하는 생각들을 소리 내어 말하지 말고 가만히 속으로 관찰합니다. 가령 이런 생각이 일어날 수 있습니다. "욕심쟁이 돼지 같으니. 자기밖에 모르는군. 정말 어처구니가 없어." 분노의 뇌관을 제거하는 두 번째 단계는 지금 충족되지 못한 당신의 욕구가 무엇인지 알아보는 것입니다. 그것은 주변 사람의 지지와 사랑일지 모릅니다. 아니면 편안함일 수도 있습니다. 다음으로 분노의 뇌관을 제거하는 세 번째 단계는 당신의 느낌과 충족되지 않은 욕구를 상대방에게 표현하는 것입니다. 가령 "나는 지금 너무 화가 나요. 왜냐하면 우리 둘이 함께 만족할 만한 해결책을 정말로 찾고 싶거든요!" 상대방의 결점이 아니라 자신의 느낌과 충족되지 못한 욕구에 초점을 맞추어야 합니다. 당신에게 일어난 분노의 감정을 해소하려면 지금 느끼고 있는 느낌과 충족되지 못한 당신의 욕구에 초점을 두어야 합니다. 느낌과 욕구를 통해 분노를 드러내면 문제 해결의 가능성이 높아집니다.

 오늘은 화가 났을 때 상대에게 즉각 반응하기보다 당신에게 지금 어떤 느낌이 일어나는지, 당신의 충족되지 못한 욕구가 무엇인지 알아보는 시간을 가져 보세요.

⇝ ⇝ ⇝ ⇝ 1월 26일 ⇜ ⇜ ⇜ ⇜

말에 모든 진실을 담을 수는 없다. 우리는 누구나 알고 있다.
입이 한 가지를 말하는 순간, 마음은 다른 것을 말하고 있다는 사실을.

• 캐서린 마셜

정직에 대한 욕구 충족하기

상대가 정직하지 않다며 비난하는 말을 자주 듣습니다. 그러나 진실에 대한 지나친 집착은 우리를 오랜 시간 괴롭히기도 합니다. 한때 나는 진실이 아닌 것을 말하지만 않으면 정직한 것이라고 생각했습니다. 설령 진실의 일부를 자기 안에 숨겨놓고 드러내지 않는다 해도요. 그러다가 진실의 일부를 말하지 않는다면 그것은 정직하지 못한 행위라는 생각이 들었습니다. 이처럼 정직이란, 때에 따라 다르게 생각될 수 있습니다. 나의 경우, 상대방의 눈을 똑바로 보며 진실을 말해야만 정직에 대한 욕구가 충족되는 때가 있는가 하면, 진실을 숨기지 않고 말하는 게 오히려 해롭다고 판단될 때 정직에 대한 욕구가 충족되기도 합니다.

걸끄러운 문제가 걸려 있는 사람을 마트에서 우연히 보고는 진열대 뒤로 숨을 때 정직에 대한 나의 욕구는 충족되지 못합니다. 또 내가 말한 것을 두고 사람들이 따로 만나 확인하는 것이 불편할 때 정직에 대한 나의 욕구가 충족되지 못합니다. 당신은 살면서 정직에 대한 욕구가 충족되고 있나요? 이것은 당신 스스로 판단해야 하는 문제입니다. 또 사람들의 행동이 정직에 대한 당신의 욕구를 충족시키는지도 당신 스스로 판단해야 합니다. 진실을 찾는 데 너무 많은 시간을 보내지 마세요. 그보다 정직에 대한 당신의 욕구가 충족되고 있는지에 집중해 보세요. 정직의 욕구가 충족되면 더 자유로운 삶을 살 수 있습니다.

 오늘은 정직에 대한 당신의 욕구가 얼마나 충족되고 있는지 의식해 보세요.

⤳ ⤳ ⤳ ⤳ 1월 27일 ⬳ ⬳ ⬳ ⬳

아이들은 부모와 소통하면서 자신과 부모, 인간의 본성,
주변 세계에 대한 이해를 형성한다. 다른 아이의 장난감을 빼앗은 아이에게
"빼앗으면 안 돼"라며 장난감을 다시 빼앗는 부모는 '힘센 사람은 빼앗아도
좋다'고 가르치는 것과 다름이 없다. 십대 자녀의 귀가시간을 일방적으로
정하는 부모는 자녀 스스로 삶에서 제대로 된 결정을 내리지 못한다는
뜻을 전하는 것과 마찬가지다. 그 대신, 부모는 말과 행동으로 다음의
두 가지 핵심 생각을 자녀에게 전해야 한다. 첫째, 모든 사람의 욕구가
소중하다는 것. 둘째, 서로 깊이 연결되면 당사자 모두에게 유익한
욕구 충족의 방법을 찾을 수 있다는 것.

• 인발 카슈탄

자녀와 소통하기

아이들은 상대방의 느낌과 욕구에 귀 기울이는 공감 프로세스를
어른들보다 더 잘 수행합니다. 한번은 여섯 살과 세 살 남자아이
가 일주일 동안 우리 집에 와 있었습니다. 어느 날 여섯 살 게리
가 세 살 동생의 배를 걷어차며 비키라고 소리를 질렀습니다. 동
생은 깜짝 놀라 어리둥절했습니다. 나도 놀랐습니다. 게리가 심
술이 난 것처럼 보이지 않았거든요.

나는 울고 있는 동생에게 먼저 공감을 시도했습니다. "방
금 일어난 일 때문에 무섭고 어리둥절하지?" "네." "형이 화가 난
걸 다른 식으로 말해 주었으면 했는데, 그러지 못해 상처 받았구
나?" "네. 형은 심술쟁이예요." "게리야, 왜 그랬니?" (동생을 향해)
네가 구슬을 깔고 앉았잖아. 하나밖에 없는 내 구슬을!"

나는 바로 형에게 공감했습니다. "게리야, 네가 원하는 대로 동생이 게임에 집중하지 않아 답답했구나?" "네, 쟤는 항상 게임을 엉망으로 해요. 할 거면 제대로 하던지, 아니면 다른 걸 하던지 둘 중 하나만 하면 좋겠어요." "그러니까, 넌 동생이 게임을 할 거면 너처럼 제대로 했으면 하는구나." "네." 그렇게 우리는 두 아이의 욕구를 함께 충족하는 해결책을 찾을 수 있었습니다.

공감은 아이들에게 커다란 배움의 기회를 제공합니다. 공감해 주면 아이들의 느낌 어휘와 욕구 어휘가 확장됩니다. 그리고 모든 사람의 욕구를 똑같이 존중할 때 모두가 바라는 결과를 얻을 수 있다는 사실도 깨닫게 됩니다.

부모는 자녀의 연령과 학습 능력에 적합한 어휘를 사용해야 합니다. 아이들이 쉽게 이해하는 느낌말에는 이런 것들이 있습니다. '슬픈, 기쁜, 신나는, 자랑스러운, 재미있는, 화난, 어리둥절한, 피곤한, 무서운'. 또 아이들이 쉽게 알아듣는 욕구 말에는 이런 것들이 있습니다. '안전, 음식, 사랑, 비밀, 재미, 놀이, 선택, 휴식'.

 오늘은 자녀에게 공감 프로세스를 보여 줄 기회를 마련해 보세요.

1월 28일

느낌은 그 순간 우리가 가진 욕구와 기대, 그리고 상대방의 말과 행동을
어떻게 받아들이는가에서 비롯한다.

• 마셜 B. 로젠버그 박사

느낌은 충족되거나 충족되지 못한 욕구에 대한 반응

대학에서 일할 때 나는 하루에 약속이 네댓 개나 있었습니다. 스케줄이 예측 가능하길 바랐던 나는 상대방이 약속시간에 늦으면 쉽게 짜증을 냈습니다. 그러다 간혹 내가 상대방이 늦게 오길 바란다는 걸 알았습니다. 상대가 약속시간에 늦으면 잠시나마 쉴 수 있으니까요. 우리는 자신에게 일어나는 느낌을 쉽게 다른 사람의 탓으로 돌리고는 합니다. 하지만 진실은, 느낌이란 자신의 욕구가 충족되거나 충족되지 못한 결과물이라는 것입니다. 남자친구가 당신에게 "아름답다"고 말합니다. 남자친구의 이 말은 수용(받아들임)과 애정에 대한 당신의 욕구를 충족해 줄 것입니다. 한편, 직장 상사가 당신에게 "아름답다"고 말했다면 어떨까요? 많은 사람에게 있어 상사의 이런 말은 존중과 신뢰에 대한 욕구를 충족해 주지 못할 것입니다. 두 경우에 자극은 같았습니다. 누군가 당신에게 "아름답다"고 말한 것입니다. 그러나 각각의 경우에 우리가 충족하려고 하는 욕구는 다릅니다. 만약 상처받거나 슬프거나 화나거나 실망하는 일이 생긴다면 당신의 충족되지 못한 욕구가 무엇인지 생각해 보세요. 그리고 그 욕구를 충족하는 방법을 찾아보세요. 당신의 느낌을 다른 사람 탓으로 돌리지 않도록 최선을 다해 보세요.

 오늘은 당신의 욕구가 어떻게 느낌에 영향을 주는지 알아차려 보세요.

1월 29일

살아 있는 한 언제라도 선택의 여지가 있다.
선택은 남고 나머지는 모두 사라진다.

• 뮤리엘 루카이저

'해야 할 일'에서 벗어나기

당신은 '해야 할 일' 목록을 잔뜩 가지고 있나요? 문득 스스로에게 이렇게 말하고 있는 자신을 보게 되나요? "출근해야 해." "집에 가서 강아지 산책시켜야 해." "어서 가서 가족의 저녁식사를 준비해야 해." 그러나 어떤 것을 '해야 한다'고 스스로에게 말할 때마다 충족하고자 하는 당신의 욕구와 단절될 수 있습니다. 그러면서 삶의 기쁨이 줄어들고 말지요.

그런 때는 '해야 할 일'을 당신이 충족하려는 욕구로 변환해 보세요. "출근해야 해"를 "가족의 생계를 책임지는 일이 나에겐 중요하고 의미 있는 일이니까 출근하는 거야."로 바꾸면 더 힘이 날 것입니다. 마찬가지로 "우리 집 강아지가 행복하길 바라니까 산책시키는 거야." "가족들이 건강한 음식을 먹길 바라니까 맛있는 저녁을 준비하는 거고."라고 말하면 그 일을 하면서 더 큰 기쁨이 일어날 것입니다. 당신이 충족하고자 하는 욕구와 먼저 연결해 보세요. 그러면 그 일에 임하는 당신의 마음자세도 달라질 것입니다. 강아지를 산책시키는 일이라면 이웃집 아이에게 부탁하는 방법도 있습니다. 사실, 당신의 진짜 욕구는 쉬는 것이었는지 모릅니다. 아니면 지금 맡은 프로젝트를 마무리하는 것이거나 친구와 시간을 보내는 것일 수도요. 어떤 때는, 행동을 통해 충족하려는 당신의 욕구가 무엇인지 알아보는 것만으로 '해야 할 일'의 지긋지긋한 강박에서 벗어날 수 있습니다.

 오늘은 '해야 할 일' 목록 가운데 두 가지를 당신의 욕구로 변환해 보세요. 그렇게 했을 때 그 일에 임하는 당신의 마음자세가 어떻게 달라지는지 보세요.

⇢·⇢·⇢·⇢ 1월 30일 ⇠·⇠·⇠·⇠

'함께 있는다'는 것이 무엇인지 까마득히 잊어버리는 때가 있다.

• 루미

생기 없는 대화에 생명력 불어넣기

새로 가족이 된 처남이 저녁식사 자리에서 당신이 관심도 없고 받아들이기도 어려운 말을 끊임없이 내뱉고 있습니다. 당신은 당장 일어나 자리를 뜰 수도 있고, 자리에 앉은 채로 새 처남은 '참으로 따분한 사람'이라고 생각할 수도 있습니다. 처남의 외모에서 흠을 잡으려 애쓸 수도 있고, 맞은편에 앉은 아버지에게 짜증의 눈길을 보낼 수도 있습니다.

그런데 당신은 대화에 생명력을 불어넣는 일을 스스로 떠맡을 수도 있습니다. 가장 좋은 방법은 상대방의 열정과 느낌, 소망을 알아보고 그것과 연결하는 것입니다. 이 방법으로 상대에게 고통을 안기지 않으면서 그와의 연결이라는 당신의 욕구도 충족할 수 있습니다. 한번 해 보세요. "우와, 에릭. 개미의 이동에 관한 역사가 정말 재미있나 봐. 오랫동안 공부한 것 같아. 개미 공부에 시간을 쏟게 된 결정적인 계기가 있었어?" 이렇게 하면 '개미의 이동'이라는 대화 주제를 '개미의 이동에 대한 처남의 열정'으로 변환할 수 있습니다. 이제 당신은 처남과 연결을 맺습니다. 또 다른 방법은 이렇게 말하는 것입니다. "에릭, 개미의 이동에 관한 역사가 정말 재미있나 봐. 이 공부가 처남의 삶에 어떤 영향을 줄 것 같아? 처남의 삶이 어떻게 달라질 것 같아?" 나와 상대방의 인간적인 면과 연결하면 대화에 생명력을 불어넣을 수 있습니다. 한번 시도해 보세요. 얼마나 효과가 있는지 알면 놀랄 것입니다.

 오늘은 상대방의 느낌, 열정, 소망과 연결해 생기 없는 대화에 생명력을 불어넣어 보세요.

→ → → → 1월 31일 ← ← ← ←

옳고 그름 너머의 넓은 들판에서 당신을 만나고 싶다.
• 루미

연민의 마음으로 자기를 대하기

당신은 부정적인 혼잣말에 빠져 있지 않나요? 가령 이런 것입니다. "멍청한 짓을 하고 말았어." "그렇게 하지 말았어야 해!" "난 너무 뚱뚱해." 자신을 비난할 때마다 우리는 수치심과 죄책감을 느낍니다. 수치심과 죄책감은 우울함과 침울함을 키웁니다. 생각해 보세요. 스스로를 수치스럽게 느끼면서 어떻게 긍정적인 변화를 일으킬 수 있을까요?

이와 다른 방법으로 자신의 부족한 점을 다룰 수 있습니다. 행동으로 충족되지 못한 나의 욕구(또는 가치)가 무엇인지 알아보는 것입니다. 예컨대 "멍청한 짓을 하고 말았어."라는 혼잣말은 이렇게 바꿀 수 있습니다. "그 행동은 나의 진실성 욕구를 충족하지 못해 마음이 무척 불편해."라고 말입니다. "그렇게 하지 말았어야 해!"라는 말은 "나 자신을 더 신뢰할 수 있었으면 했는데 그러지 못해 뿔이 났어."라는 말로 바꿀 수 있습니다. "난 너무 뚱뚱해."라는 혼잣말은 "나를 소중히 돌보고 싶은데 몸무게가 10킬로그램이나 더 나가 슬퍼."라는 말로 바꿀 수 있습니다.

부정적인 혼잣말을 이렇게 바꾸면 수치심과 죄책감을 느끼지 않으면서 당신이 충족하고자 하는 근원적인 욕구와 깊이 연결할 수 있습니다. 그러면 변화를 일으킬 수 있는 더 좋은 기회가 만들어집니다.

 오늘은 자신에게 부정적인 혼잣말을 하는 때를 알아차려 보세요. 그러면서 그 문제와 관련해 충족되지 못한 당신의 욕구가 무엇인지 생각해 보세요.

2 월 명상

·➤·➤·➤·➤ 2월 1일 ◄·◄·◄·◄·

비폭력대화에서 애도란 불완전한 자신의 모습 때문에 일어나는 느낌,
그리고 충족되지 못한 자신의 욕구와 충분히 연결하는 과정이다.

• 마셜 B. 로젠버그 박사

실망감 애도하기

애도란 당신이 후회하는 일과 관련해 으레 일어나게 마련인 수
치심과 죄책감을 느끼지 않으면서 자신의 충족되지 못한 욕구와
느낌을 알아보는 것을 말합니다. 수치심과 죄책감을 느끼지 않으
면서 충족되지 못한 자신의 욕구와 느낌을 알아볼 때 자신의 행
동이 어떤 식으로 삶에 부정적인 영향을 주는지 알 수 있고, 그
러면 다음번에는 기꺼이 다른 식의 행동을 시도할 것입니다. 반
면에 자신이 저지른 행동 때문에 스스로에게 '나쁘다', '틀렸다'
고 속삭인다면 수치심과 죄책감이 일어날 수밖에 없습니다. 이런
느낌들은 우울감과 무력감을 키울 뿐 긍정적인 변화로 이어지지
못합니다. 애도는 자신의 후회되는 행동 때문에 일어나는 느낌과
욕구를 알아보는 과정입니다.

　당신이 휴대전화 서비스 문제로 통신사에 연락한 상황을 가
정해 봅시다. 전화를 걸어 첫 상담사와 통화하자니 10분을 기다려
야 합니다. 겨우 연결된 상담사는 당신을 다른 상담사에게 연결합
니다. 다시 5분을 기다립니다. 이런 일이 세 번 더 일어납니다. 당
신은 간간이 짤막한 통화를 하며 모두 30분을 기다렸습니다. 이윽
고 '진짜' 담당자와 연결이 되었습니다. 그러나 이제 당신에게 예의

는 온데간데없습니다. 당신은 분노에 차 소리를 지릅니다. 전화 저편의 담당자는 말합니다. "저는 도움을 드리려는 겁니다, 고객님."

당신은 이미 일이 벌어지고 말았다는 걸 압니다. 그렇더라도 잠시 자신을 살피는 시간을 가져야 합니다. 그러면서 이 상황에서 당신에게 일어나는 느낌과 당신이 가진 욕구가 무엇인지 자신에게 물어야 합니다. 당신은 아마 짜증이 확 났을 겁니다. 수월한 일처리를 바라는 욕구가 있었기 때문이지요. 또 기계처럼 답하는 담당자가 아니라 진짜 살아 있는 사람과 문제를 해결하고 싶었습니다. 이걸 보면 당신에게 연결의 욕구도 있었던 듯합니다. 이처럼 자신의 느낌과 욕구를 알아보는 것만으로 한결 기분이 좋아진다는 사실을 알면 놀랄 것입니다. 정말로 도움을 주려던 젊은 담당자에게 쏘아붙인 일이 여전히 마음에 걸린다면 당신은 이렇게 말할 수 있습니다. "도움을 주신다니 고맙습니다(도움 주시려는 걸 잘 알겠습니다). 내가 분을 못 참아 버럭 쏘아붙였군요. 전화기를 들고 30분을 기다렸거든요. 그 사이 담당자가 네 명이나 바뀌었고요. 앞으로는 이 과정이 좀 더 수월해지면 좋겠습니다. 이제 제 문제를 도와주시겠어요?"

애도는 자신의 말과 행동을 후회하고 있음을 알아보고 인정하는 것입니다. 그러자면 힘든 감정을 처리할 시간과 공간을 자신에게 부여하는 과정이 필요할 수도 있습니다. 그런데 충족되지 못한 자신의 욕구를 그저 알아보는 것만으로 충분한 때도 있습니다. 어쨌든 충족되지 못한 자신의 욕구를 충분히 애도하면 마음이 한결 편해질 것입니다.

오늘은 당신의 행동과 관련해 충족되지 못한 욕구와 느낌에 어떤 것이 있는지 알아보는 시간을 가져 보세요.

·›·›·›·› **2월 2일** ‹·‹·‹·‹·

나는 죄책감, 수치심, 증오에 시달리는 사람이 건설적으로 성장하고
변화하는 것을 보지 못했다.
• 윌리엄 골드버그

자신을 용서하기

우리가 하는 모든 말과 행동은 자신의 욕구를 충족하기 위한 노력입니다. 예를 들어 봅시다. 아침식사 중에 친구에게서 전화가 왔습니다. 통화하는 동안 시리얼이 점점 흐물흐물해집니다. 당신은 조바심이 나 이렇게 말합니다. "나 전화 오래 못해. 괜찮은 거지? 혼자 해결할 수 있지?" 그렇게 전화를 끊고 나자 후회가 밀려옵니다.

특정 상황에서 충족하려 했던 자신의 욕구가 무엇인지 알아볼 때 스스로에 대한 용서가 시작됩니다. 자기 용서는 자신의 행동을 합리화하는 것이 아닙니다. 충족하고자 했던 자신의 욕구와 단순히 연결하는 것입니다. 위의 예에서 아침식사에 대한 나의 욕구는 음식의 특정한 질감이나 맛일 수 있습니다. 또 음식을 낭비하고 싶지 않다는 특정한 가치와 관련된 욕구일 수도 있

습니다. 먼저 당신의 욕구와 연결해 보세요. 그러면 당신이 욕구를 충족하려 하고 있음을 알고 마음이 한결 편안해질 것입니다. 그런 다음 자신의 행동을 후회하고 있음을 알아보면서 다음번엔 어떻게 다르게 행동할 수 있을지 생각해 보세요. 이것은 자신의 두 가지 모습을 인정하는 것입니다. 즉 욕구 충족을 위해 노력하는 자신의 모습, 그리고 후회하는 행동을 한 자신을 모두 인정하는 것입니다. 이렇게 자신을 향해 연민의 마음을 보낼 때 변화를 일으키는 효과적인 동기부여가 됩니다. 다음번에는 이 상황에서 친구에게 이렇게 말하면 어떨까요. "콘플레이크가 점점 눅눅해지고 있어. 음식을 버릴까 걱정되는데 괜찮으면 내가 시리얼을 다 먹은 뒤에 통화할까?"

 오늘은 당신의 모든 행동이 욕구 충족의 시도라는 점에 대해 생각해 보세요. 만약 욕구 충족을 위해 당신이 선택한 방법이 후회된다면 그 후회도 알아봐 주세요.

↱ ↱ ↱ ↱ **2월 3일** ↰ ↰ ↰ ↰

여자는 달랑거리는 밧줄처럼 팔을 흔들면 안 된다고 한다.
이리저리 몸을 흔들어도 안 되며 소리를 질러도 안 된다고 한다.
면사포를 쓴 채 담배를 피우면 안 되는 건 물론이다.

•에밀리 포스트

욕구와 가치

비폭력대화에서 욕구와 가치는 동의어입니다. 모든 사람이 욕구와 가치를 가졌다는 점에서 그것은 보편적입니다. 위에 인용한 에밀리 포스트의 말 역시 여성에 대한 존중과 존엄, 진실성이라는, 그녀에게 중요한 가치에서 비롯했을 것입니다. 나 역시 그것을 나에게 중요한 가치로 똑같이 지니고 있습니다. 다만 그 가치를 구현하기 위해 선택하는 방법이 다를 뿐입니다. 나는 여성에 대한 존중과 존엄, 진실성이라는 가치를 구현하기 위해 진실을 말하고, 내가 말한 대로 실천하며 내 몸의 필요를 존중하는 방식을 취합니다. 새로운 정보가 유입되고 사회가 변화하면서 자신에게 중요한 가치에 따라 살아가는 방식도 바뀌게 마련입니다. 하지만 마음속 깊은 곳에 자리 잡은 가치는 변하지 않습니다. 행동은 최신으로 업데이트 하더라도 당신에게 중요한 가치에는 진실해야 합니다. 가치는 당신이 어떤 사람인지, 당신의 핵심 정체성을 보여줍니다.

 오늘은 당신을 행동하게 만드는 마음속 깊이 간직한 가치가 무엇인지 알아보세요.

2월 4일

세상을 내 몸처럼 여기는 자, 세상의 운행 방식을 믿는 자,

세상을 내 몸처럼 사랑하는 자, 그런 사람에게 세상을 맡겨야 한다.

• 『도덕경』

사람들의 비슷한 점 보기

우리는 모두 하나입니다. 지구상 모든 생명체는 하나입니다. 모든 사람이 사랑, 돌봄, 양육, 친밀감, 지지라는 동일하고 보편적인 욕구를 지니고 있습니다. 자신을 분리된 존재로 보지 않는다면 당신은 분리되지 않을 것입니다. 이 단순한 원리를 꼭 붙잡고 놓지 마세요. 우리 모두가 하나라는 사실을 진정으로 믿는다면 당신의 말과 행동이 그에 맞게 따라올 것입니다. 가령 배우자의 욕구보다 당신의 욕구를 더 소중히 여긴다면 배우자의 욕구를 배려하지 않게 됩니다. 그러면 배우자가 하기 싫어하는 일을 강요하게 됩니다. 자신의 욕구만을 소중히 여기는 행동은 다른 생명체와의 연결을 잊게 만듭니다. 그러면 계속해서 자신을 분리시키는 행동을 하게 됩니다.

 오늘은 모든 생명체가 하나라는 믿음을 마음속 깊이 지니고 행동해 보세요.

⋅→⋅→⋅→⋅→ 2월 5일 ←⋅←⋅←⋅←

우리는 오랫동안 지나치게 지성을 강조해 왔다.
때로 지성도 필요하지만 가장 참된 인식의 방법은 아니다.
가장 참된 인식은 우리의 가슴에서 비롯한다.

• 소니아 쇼켓

듣기 힘든 메시지를 듣는 법

당신은 집에서 자기만의 공간에서 평화롭게 책을 읽고 텔레비전을 보고 있습니다. 막 귀가한 남편이 샤워하러 가면서 이런 말을 툭 던집니다. "아직 설거지도 안 했어요? 지저분한 집에 들어오는 것도 이젠 지긋지긋해요!" 당신은 이런 일을 겪은 적이 있나요? 이 상황에서 당신은 깜짝 놀라 충격을 받을 것입니다. 어떻게 해야 할지 몰라 당황스러울 것입니다.

이때는 이렇게 말하며 남편에게 공감해 보면 어떨까요. "집이 깔끔하길 바라는데 집에 와보니 설거지도 되어 있지 않아 마음이 불편한 거군요?" "그래요! 피곤하고 짜증나요. 회사에서 힘들게 일하고 집에 돌아왔을 때 집안이 좀 깨끗하면 좋겠어요." "힘든 하루를 보내고 왔는데 설거지도 쌓여 있고요." "그래요, 오늘은 회사에서 정말 힘들었어요." "회사에서 얼마나 짜증이 났는지 알겠어요. 당신이 샤워하는 동안 내가 설거지를 할게요. 그런 다음 설거지 하는 것에 대해 얘기를 나눠 볼까요? 내가 설거지를 잘 안 한다는 걸 나도 알아요. 그래서 당신이 바라는 만큼 자주 설거지를 못하는 것 같아요. 정리정돈에 대한 당신의 욕구를 정말 채워 주고 싶지만 한편으로 편안함과 재미에 대한 내 욕구도 중요하거든요. 샤워를 끝내고 더 대화를 나눠 볼까요?" "그러죠."

여기서 중요한 것은 아내가 먼저 남편의 느낌과 욕구에 귀 기울여 공감했다는 점입니다. 아내는 남편의 말을 충분히 들은 뒤 자신이 원하는 바를 요청하면서 두 사람의 욕구를 함께 충족하는 법에 대해 이야기를 나누었습니다. 남편은 아내가 자신의 욕구를 충분히 들어 주었다고 확신했습니다. 또 두 사람의 욕구를 함께 존중한다고 믿었습니다. 그랬기에 대화를 이어가는 데 기꺼이 동의할 수 있었습니다.

우리의 고통을 자극하면서 자기를 표현하는 사람과는 말다툼의 유혹에 빠지기 쉽습니다. 하지만 그런 유혹에 빠지지 않도록 노력해 보세요. 말다툼은 두 사람 모두에게 상처를 입히고 좌절감을 안깁니다. 말다툼이 아니라 공감을 하면 두 사람 모두 편안해지는 평화로운 해결책에 이를 가능성이 높아집니다.

 오늘은 화난 사람과 말다툼을 벌이기보다 그에게 공감하는 기회를 찾아보세요. 그렇게 공감했을 때 당신의 문제 해결 능력이 어떻게 달라지는지 보세요.

2월 6일

세상이 변화하는 걸 보고 싶다면 당신 자신이 그 변화가 되어야 한다.

• 마하트마 간디

평화는 나로부터

세상에 일어나는 불화와 반목은 때로 우리가 감당하기 버거운 일로 다가옵니다. 세계 평화는 도저히 불가능한 일로 보입니다. 그럴 때는 정말 모든 걸 포기하고 싶어집니다. 그러나 우리 한 사람, 한 사람이 자기 삶을 평화롭게 사는 데 전념할 때 세계 평화는 실현될 수 있습니다. 평화는 각각의 '나'로부터 시작합니다. 만약 당신이 분노와 후회, 증오에 빠져 있다면 세상의 폭력을 키우는 것과 다름이 없습니다. 반대로 조화와 포용, 연민을 키우는 데 전념한다면 세상의 평화를 진작하는 일이 됩니다. 마트 직원에게 갑질을 하거나 자녀와 배우자에게 고함을 지르는 등 다른 이에게 해를 입히는 행동을 삼가고, 그들에게 공감을 전한다면 그때마다 당신은 세상의 평화를 일구는 데 기여하는 것입니다. 각자가 자신의 일상에서 연민과 평화를 키우는 일이야말로 세계 평화를 이루는 데 있어 우리 각자의 역할을 충실히 다하는 것이 됩니다.

 오늘은 당신의 태도와 행동이 어떤 식으로 세상의 평화(또는 불화)를 키우고 있는지 의식해 보세요.

→·›·→·›·→ **2월 7일** ←·‹·←·‹·←

사람을 죽이는 행위는 겉으로 드러난 현상에 불과하다.

• 마셜 B. 로젠버그 박사

분노를 온전히 표현하는 법

어떤 사람은 분노를 드러내는 방법으로 때리기, 고함, 욕설, 험담 등 여러 유형의 폭력을 사용합니다. 그러나 연민의 대화(비폭력대화)에서는 폭력을 사용해 분노를 표현하는 것은 효과가 없는 피상적인 분노 표현법으로 봅니다. 어쨌거나 폭력으로 얻을 수 있는 것이 무엇이 있을까요? 상대의 복수심뿐입니다. 한편 분노를 참거나 '속으로 삼키는' 것도 효과가 없긴 마찬가지입니다. 분노의 짐을 계속 지고 다녀야 한다는 점에서 그렇습니다. 분노의 목소리를 들어 주고 해소해 주지 않는 한, 분노의 당사자는 안도감을 느끼기 어렵습니다.

분노를 온전히 표현하는 다른 방법을 배워 보면 어떨까요? 그러면 분노가 일어나더라도 마음이 편안하고 더 나은 해결책을 찾을 수 있을 것입니다. 무엇보다 상대가 '나쁘다'거나 '틀렸다'고 비난하고 판단하는 데서 분노가 일어난다는 사실을 기억하세요. 따라서 분노를 온전히 표현하는 첫 단계는 내가 느끼는 분노의 책임이 상대에게 있다는 생각을 내려놓는 것입니다. 나의 느낌에 대한 책임은 온전히 나에게 있습니다. 두 번째 단계는, 충족되지 않은 나의 욕구가 무엇인지 확인하는 것입니다. 거기에는 지지와 돌봄, 존중 등의 욕구가 있을 수 있습니다. 세 번째는 나의 느낌을 알아보고 인정하는 단계입니다. 마지막 네 번째는 충족되지 않은 나의 욕구를 충족하기 위해 다른 사람과 자신에게 부탁을 하는 단계입니다.

아들이 고양이털을 엉망으로 밀어 당신이 화가 났다고 합시다. 분노는 판단에서 일어난다는 사실을 떠올려 보면 이 경우 당신은 아들이 둔감하고 괴팍하며 자기밖에 모르는 녀석이라는 판단을 내렸을 것입니다. 화가 난 당신은 아들에게 소리를 지릅니다. 그러나 이 방법으로는 당신의 분노가 가라앉거나 해소되지 않습니다. 이때는 당신의 충족되지 않은 욕구가 무엇인지 살펴보세요. 그것은 살아 있는 생명체에 대한 돌봄과 존중이라는 가치일 수도 있고 모든 이의 욕구를 배려했으면 하고 바라는 마음일 수도 있습니다. 짜증이 나고 화가 나고 마음이 상처받고 겁이 나더라도 충족되지 않은 자신의 욕구를 알아보는 즉시 마음이 편안해짐을 느낄 것입니다. 만약 당신이 느끼는 고통이 매우 크다면 지금껏 살면서 아들이나 다른 이와의 관계에서 위의 욕구가 충족되지 못한 경우들이 떠오를 수 있습니다. 그 기억들이 새록새록 떠오를 때마다 당신의 충족되지 못한 욕구와 느낌이 무엇인지 알아봅니다. 그렇게 해서 분노가 가라앉는 느낌이 들면 이제 그 욕구를 충족하기 위해 지금 무엇을 할 수 있을지 자신에게 물어보세요. 당신이 가진 욕구를 알아보는 것만으로 충분할 수도 있고, 아들이나 다른 사람에게 부탁을 해야 하는 수도 있습니다. 어느 경우든 충족되지 못한 자신의 욕구와 의식적으로 연결할 때 욕구를 충족하는 데 필요한 부탁도 더 잘 할 수 있습니다.

당신이 느끼는 화가 다른 이를 비난하고 판단한 결과라는 점을 알아볼 수 있나요? 그런 다음 충족되지 못한 당신의 욕구와 연결해 보고, 그렇게 해서 마음이 편안해지는지 보세요.

2월 8일

멋진 곳에 오르는 길은 예외 없이 구불구불한 계단으로 되어 있다.

• 프랜시스 베이컨

삶에 도움이 되는 방식으로 분노 활용하기

당신이 화난 이유에 상대가 귀를 열기 전에 당신이 먼저 상대에게 공감해야 하는 때가 있습니다. 어떤 분노이든, 충족되지 못한 욕구가 겉으로 드러난 것이라는 사실을 떠올려 보세요. 상대의 행동이 아니라 그가 가진 욕구에 초점을 맞춘다면 상대와 연민으로 연결할 가능성이 커집니다. 가령 아들이 고양이 털을 제멋대로 밀었다면 이때 아들의 충족되지 못한 욕구는 무엇일까요? 부모의 관심을 끄는 것일까요? 재미 또는 모험일 수도 있을 것입니다. 당신의 판단에 걸려들지 말고 아들에게 공감해 보세요. 이렇게 말해 보세요. "네가 고양이 털 깎은 걸 보고 엄마는 깜짝 놀랐어. 살아 있는 생명체를 배려하고 존중하는 게 엄마에겐 아주 중요하거든. 궁금하구나. 모험을 하고 싶었니? 아니면 재미를 원했던 거니?"

아들이 그 행동으로 채우려 한 욕구와 연결해 보세요. 누군가에게 공감한다고 해서 반드시 그의 행동을 좋아하고 존중하고 동의해야 하는 것은 아닙니다. 그저 상대가 어떤 욕구 때문에 그렇게 행동했는지 이해하려고 노력하는 것뿐입니다. 일단 상대의 욕구와 연결하면 상대는 그 상황에서 당신이 겪는 고통에도 귀를 열 것입니다. 그러면서 모든 이의 욕구를(고양이의 욕구까지도!) 존중하는 해결책을 찾고자 할 것입니다.

 오늘은 상대의 분노에 공감하는 기회를 가져 보세요.

⇢·⇢·⇢·⇢ 2월 9일 ⇠·⇠·⇠·⇠

불같이 화가 난 채로는 어떤 것도 하지 말라.
폭풍우 속에서 바다에 뛰어드는 것과 같다.

• 토마스 2풀러 M.D.

분노를 경고 신호로 활용하기

지금 분노를 느끼고 있다면 당신은 충족되지 못한 당신의 욕구를 경험하고 있는 중입니다. 분노를 경고 신호로 인식한다면 삶에 도움을 주는 유용한 도구로 사용할 수 있습니다. 분노가 일어났을 때 거기에 즉각 반응해야 하는 것은 아닙니다. 분노를 표현하는 시한이 정해져 있는 것도 아닙니다. 그러니 당신이 일으킨 분노에 즉각 반응하기보다 찬찬히 그것을 들여다보면 어떨까요. 그러면서 분노를 일으킨 판단 속에 들어 있는 당신의 충족되지 못한 욕구가 무엇인지 알아보는 시간을 가져 보세요. 그렇게 하면 모든 사람이 만족하는 식으로 문제를 해결할 기회가 생길 것입니다.

 오늘은 당신에게 일어나는 분노를, 충족되지 못한 당신의 욕구를 알리는 신호로 받아들여 보세요. 그러면서 분노에 즉각 반응하는 것을 멈춰 보세요.

+ → · + · → · → **2월 10일** ← · ← · ← · ←

모든 것에는 나름의 아름다움이 있다.
그러나 모든 사람이 그것을 알아보는 것은 아니다.

• 속담

아름다움은 보는 사람의 눈에 있다

아름다움에 대한 욕구를 충족해 주지 못하는 어떤 것을 보았을 때 당신은 어떻게 하나요? 그것을 '아름답지 않다'고 판단하는 경향이 있지 않나요? 딸이 눈썹 피어싱을 하고 집에 들어왔다고 합시다. 당신은 피어싱 때문에 딸의 외모가 추해졌다고 생각하나요, 아니면 딸의 피어싱 때문에 아름다움에 대한 '당신의' 욕구가 충족되지 못했다고 생각하나요? 싸구려 평상복을 입고 온 데이트 상대를 멍청하다고 생각하나요, 아니면 그의 옷 선택으로 아름다움에 대한 '당신의' 욕구가 충족되지 못했다고 생각하나요? 14킬로그램이나 과체중인 친구가 미니스커트를 입고 나타나면 한심하다고 생각하나요, 아니면 그녀의 옷차림 때문에 아름다움에 대한 '당신의' 욕구가 충족되지 못했다고 생각하나요?

사소한 차이처럼 보일 수도 있지만 상대를 '멍청하다'거나 '추하다'고 판단하는 것과 아름다움에 대한 '당신의' 욕구가 충족되지 못했다고 인정하는 것은 크게 다릅니다. 전자는 상대와의 거리를 멀어지게 만드는 반면, 후자는 단순히 당신의 욕구를 알아보는 것입니다. 진실은, 우리가 내리는 모든 판단은 우리를 상대로부터 멀어지게 만든다는 사실입니다. 판단을 내리면 '우리 대 그들'이라는 대결 구도가 형성됩니다. 그러니 판단을 내리기보다 자신의 욕구를 알아볼 수 있어야 합니다. 욕구를 알아보는 것은 단순히 지금 내 안에 어떤 일이 일어나고 있는지 아는 것입니다. 자기 안에 일어나는 일을 알면 상대와도 더 잘 연결할 수 있습니다.

 오늘은 당신이 아름다움에 관해 판단을 내리는 때를 알아차려 보세요. 또 그런 판단이 당신을 사람들로부터 얼마나 멀어지게 만드는지 보세요.

⇢ ⇢ ⇢ ⇢ **2월 11일** ⇠ ⇠ ⇠ ⇠

정직만큼 풍요로운 유산은 없다.

• 윌리엄 셰익스피어

구체적인 부탁이 열쇠

당신은 살면서 상대에게 구체적으로 부탁하기가 어색하고 난처했던 경우가 없었나요? 그럴 때 당신은 상대가 '알아서' 해 주기만을 바라며 마음을 태우지 않았나요? 가령 아내가 남편에게 이렇게 말합니다. "집안일을 더 도와주면 좋겠어요." 이런 말을 들으면 나는 위에 말한 심리적 역동이 눈에 보입니다. 아내에게 이 말을 들은 남편은 이렇게 말합니다(아니면 속으로 생각합니다). "무슨 말이오? 내가 집안일을 얼마나 많이 하는데!" 대부분의 사람은 상대의 삶에 긍정적으로 기여하고 싶어 합니다. 만약 당신의 욕구가 충족되지 않고 있다면 상대가 당신의 욕구를 충족하거나 두 사람의 욕구를 함께 충족하는 법을 모르기 때문일 수 있습니다.

이럴 때는 다음과 같이 분명하게 부탁해 보세요. "나는 지금 집안일과 각종 청구서 처리, 자동차 관리에 저녁시간과 주말 대부분을 쓰고 있어요. 이런 상황이 힘들어요. 당신이 더 도와주면 좋겠어요. 청구서 처리와 우리 둘의 자동차 관리는 당신이 맡아주면 어때요?" 자신의 욕구를 알아본 뒤에는 구체적이고 실행 가능한 부탁이 따라야 욕구를 충족할 가능성이 높아집니다. 구체적이고 실행 가능한 부탁은 당신의 삶에 기여하고 싶은 상대의 욕구를 충족해 주는 가장 좋은 방법이기도 합니다.

오늘은 당신의 욕구를 인식하는 순간, 상대에게 구체적이고 실행 가능한 부탁을 해 보세요.

⤳ ⤳ ⤳ ⤳ 2월 12일 ⬿ ⬿ ⬿ ⬿

가장 먼 여행은 머리에서 가슴에 이르는 40센티미터의 여행이다.
• 익명

가슴으로 연결하기

당신은 사람들과 솔직하고 열린 대화, 진심 어린 대화보다 지적인 대화를 나누는 게 더 편한가요? 당신만 그런 것이 아닙니다. 많은 사람이 친밀감을 갈망하면서도 여전히 그것을 껄끄럽게 여깁니다. 친밀감은 우리가 가진 가장 강력한 욕구입니다. 15년간 대학에서 일한 나는 지적인 관점에서 나누는 대화가 무엇보다 안전하다는 걸 잘 압니다. 우리의 지성과 시야를 넓혀 주는 똑똑하고 박식한 사람들과 나누는 대화를 나 또한 진심으로 좋아합니다. 지적인 대화는 배움과 도전, 정신적 자극에 대한 나의 욕구를 채워 주지요. 그러나 여기서 초점을 이동해 (상대가 나를 싫어할 수 있음을 알면서도) 가슴으로 상대와 연결하면서 당신의 솔직한 느낌을 드러낼 필요도 있습니다. 이것을 위해서는 용기가 필요하지만, 나에게 커다란 만족감을 주었습니다. 내가 경험한 친밀감 중에 사람들과 깊은 연결을 맺는 것보다 강력한 것은 없었습니다. 사람들과의 연결이라는 욕구에 초점을 맞추자 내 삶은 오히려 더 자유로워졌습니다. 더는 어떤 것 뒤에 숨거나 다른 것으로 나를 가장하고 정당화할 필요가 없어졌기 때문입니다. 지금 나는 사랑하는 사람들에 둘러싸여 있습니다. 이 자유는 내 마음의 문을 열어 주었고 그러자 연민과 사랑이 나로부터 흘러나왔습니다. 이것은 축복입니다.

 오늘은 단 한 사람이라도 진심을 다해 솔직히 대해 보세요. 친밀감에 대한 당신의 욕구를 충족하는 기회를 가져 보세요.

➤·➤·➤·➤ **2월 13일** ◄·◄·◄·◄

사랑의 이야기는 중요하지 않다.
중요한 것은 우리에게 사랑의 능력이 있다는 사실이다.
사랑하는 순간, 우리에게 허락된 영원을 잠깐 엿볼 수 있다.

• 헬렌 헤이즈

자아를 확장해 주는 사랑

사랑을 느낄 수 있고 줄 수 있다는 것은 얼마나 다행스러운 일인가요! 한때 나는 누군가를 사랑하면 나를 잃는다고 생각했습니다. 그래서 나는 사랑을 할 수 없는 사람이라고 여겼습니다. 또 누군가를 사랑하면 어떤 식으로든 그에게 상처를 입힌다는 생각도 있었습니다.

그러나 이제는 압니다. 자신에게 진실한 삶을 살고자 결심한다면 누구라도 커다란 사랑의 능력을 가질 수 있다는 사실을요. 사랑에 규칙과 판단을 덧붙이거나, 싫은 일을 해야 한다고 스스로에게 강요하는 순간, 우리가 가진 사랑의 능력은 쪼그라들고 맙니다. 자신의 감정 욕구를 보살펴 줄 때 사랑을 주고받는 당신의 능력은 폭발적으로 확장될 것입니다.

 오늘은 정해진 규칙에 얽매이지 말고 당신의 사랑을 솔직히 표현해 보세요.

··›· ·›· ·›· ·›· **2월 14일** ‹·· ‹·· ‹·· ‹··

우리가 받은 첫 번째 선물은 삶, 두 번째 선물은 사랑, 세 번째 선물은 이해.
• 마지 피어시

사랑의 욕구 충족하기

"당신이 날 사랑해 줬으면 좋겠어요." 얼마나 많은 사람이 이런 말을 상대에게 들었거나 했을까요? 사랑에 대한 당신의 욕구가 충족된다는 건 구체적으로 어떤 모습인가요? 상대가 "널 사랑해" 하고 말하는 것인가요? 상대가 매주 당신에게 꽃을 사다주는 것인가요? 아니면 상대가 시간을 내어 당신의 하루 이야기에 귀를 기울이는 것인가요? 그도 아니면 이것들이 한데 뒤섞인 모습인가요? 대부분의 사람은 "글쎄요, 나라면 어떤 것도 다 좋아요!" 라고 생각할 것입니다. 당신은 어떤 모습이 가장 좋은가요?

사람들은 인생을 살면서 사랑의 욕구를 채워 줄 누군가를 기적처럼 만날 거라고 기대합니다. 그러나 사랑이 반드시 기적 같은 우연의 만남일 필요는 없습니다. 지금 만나는 상대가 있다 면 그 사람이 어떻게 하면 사랑에 대한 당신의 욕구를 채워 줄 수 있을지 생각해 보세요. 또 상대는 어떤 욕구를 가졌는지 생각해 보세요. 상대가 느낌에 닿기 힘들어할 때 당장 느낌에 연결하라 고 요구하는 것은 바람직하지 않습니다. 상대가 어떤 사람이고, 당신이 어떤 사람인가에 따라 사랑에 대한 욕구를 충족하는 방 법도 달라집니다. 무엇보다 구체적으로 표현하는 것이 중요합니 다. "그냥 날 사랑해 주면 좋겠어요." "내게 더 관심을 기울여줘 요. 내 말을 더 잘 들어줘요."처럼 두루뭉술한 말은 사랑의 욕구 를 채워 주지 못합니다. 상대는 이미 당신에게 충분히 관심을 기 울인다고 생각할지 모릅니다. '관심을 기울인다'는 것이 당신에 게는 구체적으로 어떤 모습인가요? 상대는 자신이 당신에게 관 심을 기울이고 있다는 것을 어떻게 알까요? 우리는 누구나 서로 의 삶에 도움을 주기를 바랍니다. 관계 속의 상대가 행복하지 않 다면 당신 혼자 행복할 수 없습니다. 주변 사람이 사랑에 대한 당 신의 욕구를 충족하도록 돕는 것 또한 당신이 할 일입니다.

지금 맺고 있는 특별한 관계가 없다면 어떤 것으로 사랑에 대한 당신의 욕구를 채울 수 있을지도 생각해 보세요. 여러 방법 이 떠오르겠지만 그중 무엇이 당신에게 가장 적합한지 상상해 보세요. 이런 상상으로 사랑에 대한 당신의 욕구를 채울 가능성이 높아지며, 마침내 그것은 현실로 나타날 것입니다.

 오늘은 사랑에 대한 당신의 욕구를 충족해 주는 것들을 구체적인 목록으로 만들어 보세요.

›·›·›·›·› **2월 15일** ‹·‹·‹·‹·‹

삶은 그 자체로 해롭지 않은 폭식이다.

• 줄리아 차일드

내가 원하는 사랑 방식 알려주기

몇 년 전 부모님 댁을 찾았을 때 엄마는 환영의 선물로 사탕을 주었습니다. 나는 당시에 당분 섭취를 자제하던 터라 엄마의 사탕 선물을 받을 때마다 마음이 불편했습니다. 그런데 한번은 엄마의 사탕 선물이 엄마 나름의 사랑 표현법이라는 생각이 들었습니다. 그렇다면 내게 좀 더 편안하고 기분 좋은 사랑의 표현 방식을 엄마에게 알려 주었다면 어땠을까요?

다음번 부모님 댁을 찾았을 때도 엄마는 내게 사탕을 주었습니다. 괜찮다는 나의 대답에 엄마는 실망스런 표정을 지었습니다. 그때 내가 말했습니다. "엄마, 내가 지금 꼭 필요한 게 있어요. 속옷이에요. 속옷 선물은 어때요?" 엄마는 기뻐했습니다. 얼굴이

환해지며 말했습니다. "그래? 지금 바로 사러 가자꾸나." 우리는 서둘러 코트와 지갑을 챙겨 집을 나섰습니다. 쇼핑몰에서 나의 속옷과 엄마에게 필요한 몇 가지 물건을 산 뒤 우리는 점심을 먹으며 웃고 떠들었습니다. 그렇게 더없이 즐거운 하루를 보냈습니다. 내 속옷은 내가 사면 되지 않느냐고요? 물론입니다. 그때 내 나이 서른다섯이었지요. 그렇지만 자식을 애지중지 아끼는 엄마는 자식에게 도움이 되고 싶었습니다. 실제로 나는 속옷이 필요하기도 했고요. 서른다섯 딸의 속옷을 사 주려는 엄마가 처음엔 조금 당황스러웠지만 엄마의 얼굴에서 순수한 기쁨을 보았습니다.

사랑하는 사람들에게 우리는 선물 같은 존재입니다. 그들이 우리에 대한 사랑을 표현하는 방법을 찾도록 도와줄 필요도 있습니다. 우리 삶에 기여하려는 그들의 욕구를 충족할 기회를 주지 않는다면 그것 또한 안타까운 일이니까요.

 오늘은 주변을 둘러보며 나에게 사랑을 표현하려고 애쓰는 사람을 찾아보세요. 그리고 나와 그가 함께 기뻐하는 방식으로 사랑을 표현하도록 도와주세요.

·→·→·→·→ 2월 16일 ←·←·←·←

키스를 잘하는 사람이면 나는 누구에게든 관심이 있다.

• 쉐어

'관계를 방해하는 다섯 가지'

나의 친구는 '관계를 방해하는 다섯 가지'에 대해 모든 사람이 알아야 한다고 말합니다. 친구에 따르면 행복한 관계를 맺으려면 누구나 이 다섯 가지를 확인해야 한다고 합니다. 마찬가지로 사람들은 종종 다음과 같은 식으로 자신의 관계를 제약하고는 합니다. "그 사람이 정원 가꾸는 일을 좋아했으면 해. 요리도 잘하고, 높은 연봉의 직장에 다녀야 해." 그러나 사람들이 말하는 이런 조건들은 사실 욕구 충족을 위한 수단에 불과합니다. 수단 대신 당신이 충족하고자 하는 욕구를 찾아보세요. 그리고 욕구를 충족하는 다양한 방법에 마음을 열어 보세요. 상대의 겉모습보다 관계에서 당신이 진정으로 원하는 것에 초점을 맞춰 보세요. "그 사람이 사랑, 예의, 지지, 공평함, 배려, 풍요, 재미에 대한 나의 욕구를 채워 주었으면 해."라고 말해 보세요. 세상에는 욕구를 충족할 방법이 무궁무진하다는 사실을 인식해 보세요. 가령 풍요에 대한 당신의 욕구는 반드시 높은 연봉의 직장을 가진 사람이 아니어도 충족될 수 있습니다. 스스로 부를 일군 사람이 채워 줄 수도 있습니다. 방법과 수단으로부터 욕구 자체로 당신의 초점을 이동해 보세요. 그렇게 했을 때 세상이 당신에게 무엇을 가져다주는지 알면 기쁨과 놀라움을 느낄 것입니다.

오늘은 지금과 이후의 인간관계에서 당신이 충족하고자 하는 다섯 가지 욕구를 소리 내어 말하고 종이에 적어 보세요.

⇝·→·→·→ 2월 17일 ←·←·←·↜

새로운 방식을 제안한다. 있는 그대로의 나를 온전히 받아들이는 것이다.

지금 상태 그대로 즐겨라.

• 사크

신체 이미지

당신은 거울을 보고 이렇게 생각하나요? "아, 어쩌다 이 지경이 됐지?" 마음에 들지 않는 자신의 신체 부위에 당신은 예민하게 반응하나요? 자신에 대해 부정적인 이미지를 가지면 수용과 소속에 대한 욕구는 더욱 커집니다. 지금의 모습으로는 수용과 소속의 욕구를 충족할 수 없다고 여기는 나머지, 당신은 신체의 외모를 바꾸는 방법을 택합니다.

그러나 나는 위에 인용한 사크의 말처럼, 나 자신을 있는 그대로 온전히 받아들이고자 합니다. 나는 매일 아침 비누칠로 몸 곳곳을 어루만지며 지금의 내 몸에 고마워하는 이유를 하나하나 소리 내어 말합니다. 톨텍 문화에서는 이것을 푸자(Puja)라고 합니다. 푸자는 자신의 몸에 경의를 표하는 신성한 행위입니다. 소리 내어 감사의 말을 전하면 뇌가 몸을 인식하는 방식에도 변화가 생깁니다. 뇌는 우리가 전하는 내용을 그대로 믿고 증명하려고 합니다. 뇌는 진실을 창조합니다. 나의 외모가 불만스럽다고 말하면 뇌는 그것을 나의 진실로 받아들일 것입니다. 자신을 바라보는 방식을 바꿀 때 진실을 바꿀 수 있습니다. 그러면 수용과 소속에 대한 당신의 욕구도 충족할 수 있습니다. 한 번 시도해 보고, 어떤 변화가 일어나는지 보세요. 나에게 '푸자'는 명상만큼 중요하고 강력한 아침 루틴입니다.

 앞으로 2주 동안 매일 아침 푸자로 당신의 몸에 경의를 표해 보세요.

⤳ ⤳ ⤳ ⤳ 2월 18일 ⬿ ⬿ ⬿ ⬿

남자든 여자든 가장 중요한 것은 어떤 것을 배우는 것이 아니라
배운 것을 내려놓는 일이다.

• 글로리아 스타이넘

본래의 자기로 돌아가기

우리는 연민의 마음을 가지고 태어났습니다. 서로 연민을 주고받으려는 바람은 우리의 타고난 존재 방식입니다. 그러니 우리가 지금부터 할 일은 타고난 우리의 본성과 다르게 오랜 시간 배워온 것을 내려놓는 일입니다. 즉, 원하는 것을 얻기 위해, 옳음을 위해, 승리를 위해 싸우라는 지금까지의 가르침을 내려놓는 일입

니다. 오랜 가르침을 내려놓는 일이 처음엔 어색할 것입니다. 그러나 어색하다 해서 그것이 우리의 타고난 본성이 아니라는 의미는 아닙니다. '어색하다'는 것은 지금까지 배워 온 우리의 방식이 우리의 타고난 본성과 달랐다는 의미일 뿐입니다. 우리는 연민의 마음으로 살기보다 상대를 이기는 것을 더 중요하게 여기는 환경에서 자랐습니다. 그런 나머지 지금까지 배워 온 것을 내려놓는 일이 어색하게 느껴집니다. 이제 당신에게 중요한 가치를, 연민을 키우는 방향으로 옮겨 보면 어떨까요. 마치 고향에 돌아온 것처럼 마음이 편안해질 것입니다.

 오늘 하루는 우리의 본성인 연민의 마음으로 지내겠다고 의식적으로 다짐해 보세요.

↷ ↷ ↷ ↷ 2월 19일 ↶ ↶ ↶ ↶

나는 당신이 우리에게 그 일을 하도록 허락한 당신 안의 신에 입 맞춘다.

• 나페즈 아세일리

감사 표현하기

진심이 담긴 감사란, 상대의 행동이 내 삶에 어떤 영향을 주었는지 표현하는 감사입니다. 진심 어린 감사는 상대를 판단하는 것이 아니라, 상대의 행동을 어떻게 받아들이는가 하는 것입니다. 친구가 회사에 하루 휴가를 내고 당신을 병원에 데려다 주었습니다. 당신은 친구에게 이렇게 말합니다. "병원에 데려다 줘서 고마워. 넌 정말 좋은 친구야." 좋은 말이시만 이것은 당신이 그를 '좋은 친구'로 판단하고 있음을 나타내는 말이기도 합니다. 당신의 이 말은 친구의 행동이 고맙다는 뜻 외에 다른 정보를 전달하지 않습니다.

한편, 당신은 이렇게 말할 수도 있습니다. "회사에 하루 휴가를 내고 나를 병원에 데려다 줘서 얼마나 고마운지 몰라. 혼자 병원 갈 일이 걱정이었는데 네가 같이 있어 줘서 훨씬 편안하고 마음이 놓였어." 이 말은 친구에게 더 많은 정보를 전합니다. 친구가 당신에게 어떤 도움을 주었는지 알려 주는 것입니다. 이때 두 사람의 연결은 더 깊어집니다.

연민의 대화에서는 감사를 표현하는 세 단계를 밟습니다. 첫째, 상대의 행동에 대해 말합니다(친구가 휴가를 내고 당신을 병원에 데려다 주었습니다). 둘째, 당신의 느낌을 표현합니다(당신은 친구에게 고마움을 느낍니다). 셋째, 당신의 어떤 욕구가 충족되었는지 말합니다(안전, 지지, 편안함이라는 당신의 욕구가 채워졌습니다). 누군가의 행동이 당신의 삶에 어떤 영향을 주었는지 그가 제대로 알았으면 하나요? 그러면서 그와 더 깊이 연결하고 싶은가요? 그렇다면 연민의 대화에서 사용하는 감사 표현의 세 단계를 통해 고마움을 표현해 보세요.

 오늘은 연민의 대화에서 사용하는 감사 표현의 세 단계를 통해 주변의 한 사람에게 고마움을 전해 보세요.

·›·›·›·→ 2월 20일 ←·‹·‹·‹·

받는 법을 모르면 가치 있는 것을 주는 법도 알지 못한다.

• 해브록 엘리스

감사 받기

많은 사람이 상대가 전하는 감사를 어떻게 받아야 할지 몰라 불편해합니다. 흔히 우리는 상대방이 전하는 감사에 대해 내가 잘 낫다며 오만한 태도로 응대하고는 합니다. 아니면 반대로 "아무것도 아니에요." "이거요? 늘 하던 일인데요, 뭘." 하면서 상대의 감사를 별것 아닌 것으로 만들어 버리고는 합니다. 어느 경우든 상대방이 전하는 감사를 제대로 받고 있지 못하다는 사실은 분명합니다.

상대의 감사를 받는 가장 좋은 방법은 겸손함일 것입니다. 당신의 행동으로 상대의 삶이 변화되었음을 알아봐 주세요. 그러면서 그의 삶에 도움이 되었을 때 느껴지는 따뜻함을 느껴 보세요. 내가 진행한 워크숍이 좋았다고 칭찬하는 사람에게 나는 이렇게 말합니다. "그렇게 말해 줘서 고마워요. 내 워크숍이 당신의 필요(욕구)를 채워 주었다니 나도 기쁘군요." 나는 상대의 칭찬에 "난 역시 탁월한 강사야!"라고 생각하지 않습니다. 상대의 삶을 조금 더 풍요롭게 해 주었음을 알고 거기서 일어나는 따뜻함을 느낄 뿐입니다.

 오늘은 당신이 상대의 삶을 풍요롭게 해 주었다는 말을 상대로부터 들었을 때 어떤 느낌이 드는지 보세요. 그러면서 상대가 전하는 감사를 받아들여 보세요.

· → · → · → · → 2월 21일 ← · ← · ← · ←

나에게 풀잎 하나는 별들의 운행보다 사소하지 않다
• 월트 휘트먼

우리들 각자는 세상에 기여하고 있다

최근 어느 인디언 여성이 자기 부족의 이야기를 들려주었습니다. 그녀에 따르면 그 부족 공동체는 구성원 한 사람, 한 사람이 각자의 방식으로 부족에 기여하는 목적이 있다고 보았습니다. 그 목적이 분명해 보이는 때가 있는가 하면 어떤 때는 부정적인 영향을 주는 사람도 있는 것처럼 보인다고 합니다. 그렇더라도 그녀는 그 사람이 기여한 부분을 제대로 알아보기까지 시간이 걸리는 것뿐이라고 하였습니다. 그리고 그것 때문에 그 사람을 탓하는 일은 없다고 했습니다. 그들은 모든 구성원이 나름의 방식으로 부족의 발전에 기여한다고 믿었습니다.

어느 모임에서 들은 말입니다. "신은 실수하는 법이 없다." 지금 나는 이 말을 믿습니다. 이 말은 나를 편안하게 해 줍니다. 한때 나는 내가 '신이 저지른 실수'라고 생각했습니다. 나는 정말 이 세상에 태어날 가치가 없는 존재라고 믿었습니다. 그때는 이 세상에 '나의 자리'가 없다고 여겼습니다. 그런 생각으로 살자니 늘 슬프고 상처받고 혼란스럽고 절망했습니다. 나는 어딘가에 속하고 싶었고, 소중한 존재로 대우받길 원했습니다. 그러나 이제는 마음이 편안합니다. 내가 어딘가에 속해 있음을 알기 때문입니다. 당신도 마찬가지입니다. 우리는 각자 나름의 방식으로 지구상 모든 존재의 행복에 기여하고 있습니다. 당신도 당신만의 방식으로 세상에 기여하고 있습니다. 그것에 감사드립니다.

 오늘은 당신을 포함한 지구상의 모든 사람이 나름의 목적을 가지고 존재한다는 사실을 의식해 보세요. 그리고 이것을 알아볼 때 일어나는 평화로움을 느껴 보세요.

>·>·>·>·> **2월 22일** <·<·<·<·<

가장 좋은 탈출구는 그대로 통과하는 것이다.

• 로버트 프로스트

스스로 선택할 때 힘이 생긴다

우리는 '해야 한다'는 생각으로 어떤 일을 밀어붙이는 경우가 있습니다. 그러나 그것은 죄책감과 수치심으로 자신을 길들이는 것과 다름이 없습니다. '해야 한다'는 생각으로 일을 하면 어떤 느낌이 들까요? 아마도 버겁고 답답한 느낌이 들 것입니다. 실제로 가슴에 무거운 짐을 진 것처럼 느낄 수도 있습니다. 이제는 다른 방식을 시도해 보세요. 당신이 사용하는 단어 목록에서 '해야 한다'를 빼고, 당신이 중요하다고 여기는 일만 해 보세요. 당신은 이렇게 생각할지 모릅니다. "말도 안 돼. 반드시 해야 하는 일들이 있는 거잖아!"

당신의 직업에 대해 한번 생각해 볼까요. 당신은 아침에 그저 의무감으로 직장에 출근하나요, 아니면 정말 원해서 일터에 가나요? 당신이 일을 하는 이유가 있을 것입니다. 돈이 필요할 수도 있고, 지금 살고 있는 작은 동네가 마음에 들지만 괜찮은 일자리가 없어서일 수도 있습니다. 아니면 배우자의 학비를 대려고 일을 하는지도 모르지요. 이유야 어떻든 당신은 자신의 삶을 풍요롭게 하기 위해 일을 하고 있습니다. 당신이 일을 하는 목적과 연결해 보세요. 그러면서 당신이 사용하는 말을 이렇게 바꿔 보세요. "내가 출근하는 이유는 좋아하는 작은 동네에 계속 살고 싶기 때문이야." "직장에서 번 돈으로 내가 하고 싶은 여러 가지를 할 수 있다는 게 좋아." 당신의 행동에 동기를 부여하는 에너지를 바꿔 보세요. 그러면 당신의 삶에 기쁨과 활력이 넘칠 것입니다.

 오늘은 어떤 일을 '해야 한다'고 자신에게 말하는 때를 주목해 보세요. 그리고 그 행동으로 충족하고자 하는 당신의 깊은 욕구가 무엇인지 생각해 보세요.

⟩ ⟩ ⟩ ⟩ **2월 23일** ⟨ ⟨ ⟨ ⟨

세계 평화는 한 사람, 한 사람의 내면에서 시작한다.
'당신의 평화'가 중요하다. 당신이 평화의 씨앗이 되기를!
• 매켄지 조던

내 삶의 평화가 세계 평화를 이루는 길

원하는 것에 집중하면 그것이 삶에 모습을 드러냅니다. 나는 18년 전에 영혼의 깨달음 여정에 나섰습니다. 당시 나는 감정적으로 커다란 고통에 빠져 있었습니다. 그래서 나에게 평화가 찾아오리라고는 생각도 하지 못했습니다. 내가 세계 평화에 도움이 될 수 있다고는 꿈에도 생각하지 못했습니다. 그때 나는 나의 지난 행동을 곱씹으며 끝없는 후회에 빠져 있었습니다. 내가 내린 결정에 대해 괴로워했습니다. 내가 아무것도 하지 못하고 있다는 생각이 들었습니다. 많은 일을 실행하며 노력하고 애썼지만 행복하지 않았습니다. 그때만 해도 사람들과의 관계와 나의 내면에서 평화에 초점을 맞추면 의식이 변화한다는 사실을 알지 못했습니다. 그러나 돌아보면 후회로 가득한 순간들조차 나의 자기 파괴적 행동을 의식함으로써 나의 더 큰 목적에 도움이 되었습니다. 실제로 그때의 알아차림과 행동 하나하나, 모든 순간이 나의 성장에 밑거름이 되었습니다.

커다란 고통을 짊어진 채 깨달음의 여정에 나서는 사람은 평화를 실현하는 데 오랜 시간이 걸릴 수 있습니다. 그러나 평화를 실현하는 일은 누구에게나 가능합니다. 놀라운 것은 자신의 삶이 평화로워지면 세계 평화에도 도움이 된다는 사실입니다. 잔잔한 연못에 던진 작은 조약돌의 이미지를 떠올려 보세요. 조약돌이 일으킨 잔물결은 연못 가장자리까지 퍼져 나갑니다. 작은 조약돌 하나도 주변에 영향을 미치듯이, 당신도 마찬가지입니다. 당신의 삶에서 평화를 실현하는 데 집중해 보세요. 그러면 당신의 의식이 변화하면서 그 영향이 온 세상에 퍼져 나갈 것입니다.

 오늘은 당신이 세상에서 가장 원하는 것에 집중하는 노력을 의식적으로 기울여 보세요.

⇢ ·⇢ ·⇢ ·⇢ **2월 24일** ⇠· ⇠· ⇠· ⇠

무엇이 당신을 행복하게 하는가?

이것은 간단하지만 커다란 의미가 담긴 질문이다.

무엇이 당신을 행복하게 하는지 묻고 답하고 그에 따라 행동하라.

그러면 그것이 당신의 길이 된다. 그것은 당신을 다음 단계로 인도하는

길이자 당신의 최선의 이익을 위한 길이다.

• 멜로디 비티

부탁이 중요하다

약속 시각보다 30분 늦게 나타난 친구를 식당에서 기다린 적이 있나요? 식당에 들어오는 친구를 보며 당신은 연민의 대화(비폭력대화)에서 배운 것을 최대한 활용해 이렇게 말합니다. "왔어? 약속 시간보다 30분 늦었네? 그런데 난 마음이 계속 불편했어. 내가 점심시간이 짧거든. 먼저 주문해야 할지 더 기다려야 할지 몰라서 말이야."

그런데 당신의 말에는 부탁이 들어 있지 않습니다. 그저 당신의 불만사항만 늘어놓았습니다. 부탁이란 당신의 욕구를 충족

하는 구체적인 행동을 상대에게 요청하는 것입니다. 부탁에는 두 종류가 있습니다. 하나는 상대의 행동에 대한 부탁입니다. 30분 내에 설거지를 끝내는 등의 구체적인 행동을 부탁하는 것을 말합니다. 다른 하나는 상대와의 연결에 대한 부탁입니다. 당신이 말한 것을 상대가 되짚어 주도록 부탁하는 것, 또는 당신의 말에 상대가 어떤 느낌이 드는지 말해 주도록 부탁하는 것을 말합니다. 나와 상대가 연결하는 데 도움이 되는 것을 부탁하는 것입니다. 어느 경우든 구체적으로 부탁하지 않으면 상대는 나의 욕구를 어떻게 충족해야 할지 추측하거나 궁금해 하는 수밖에 없습니다. 구체적인 부탁이 없으면 어떤 방법으로든 나의 욕구를 충족할 가능성이 줄어듭니다.

지금부터는 다음과 같은 부탁으로 대화를 마무리해 보세요. "왔어? 약속보다 30분 늦었네? 기다리는 동안 마음이 계속 불편했어. 내가 점심시간이 짧거든. 먼저 주문해야 할지 더 기다려야 할지 몰라서 말이야. 다음부터는 10분 이상 늦을 것 같으면 전화해 줄래?" 아니면 이렇게 부탁할 수도 있습니다. "늦은 이유를 내가 이해할 수 있도록 말해 줄래?" 부탁은 어떤 것이든 대화의 미흡한 부분을 채워 줌으로써 당신이 무엇을 원하는지 상대가 정확히 알도록 해 줍니다.

 오늘은 당신이 원하는 것을 얻도록 상대에게 구체적으로 부탁하는 기회를 가져 보세요.

→ →˙ →˙ →˙ **2월 25일** ←˙ ←˙ ←˙ ←

어떤 일에 대해 추정할 때마다 우리는 문제를 자초한다.
우리는 추정하고 오해하고 감정적으로 받아들이면서
별것 아닌 일을 거대한 일로 키운다.

• 돈 미겔 루이스

오직 사실만을

어떤 사람이 말하고 행동한 이유에 대해 판단과 평가, 이야기를 덧붙이지 않고, 있는 그대로 관찰해야 합니다. 관찰은 사람들과 연결하며 비폭력대화의 정신으로 살아가는 데 반드시 필요합니다. 우리가 경험한 사실과 그에 관해 우리가 지어내는 이야기 사이에는 종종 커다란 간극이 존재합니다.

　　제한속도를 시속 30킬로미터나 넘겨 차를 모는 운전자를 보았다고 합시다. 한때 나는 이런 사람을 보면 이런 판단을 내렸습니다. '뭐 저런 놈이 다 있어?' 사실, 그때 내가 가진 정보는 그 운전자가 제한속도를 시속 30킬로미터 넘겨 운전했다는 사실뿐이었습니다. 그 밖에 운전자의 다른 사정에 관하여 나는 아무것도 알지 못했습니다. 자동차 액셀이 고장 났을 수도 있고, 위독한 어머니를 급히 병원에 이송하는 중이었는지도 모릅니다. 아니면 그저 스피드를 즐기고 싶었는지도요. 이 상황에서 관찰은 '그 운전자가 제한속도를 시속 30킬로미터 넘겨 운전하고 있었다'는 것입니다. 만약 이렇게 관찰하지 않고, 운전자에게 욕을 퍼부으며 그 상황에 대해 판단을 내린다면 나는 그에게 현존하면서 그를 한 사람의 인간으로 대할 수 없습니다. 단순하게 상황에 현존하면서 객관적인 사실만을 관찰할 때 그 운전자에 대한 판단을 적게 내리는 동시에 나 자신과 더 평화로운 관계를 맺을 것입니다.

 오늘은 당신이 내리는 판단이 어떻게 관찰을 방해하는지 의식해 보세요.

·⇢·⇢·⇢·⇢ 2월 26일 ⇠·⇠·⇠·⇠

생명의 아름다움을 알아보고 존중할 때 현재에 깊이 머물며
모든 생명을 돌보는 노력을 기울일 수 있다.

• 틱낫한

욕구와 수단 구분하기

욕구가 모든 사람이 가진 보편적인 것이라면 수단은 개별적이고 특수하다는 점을 기억하는 것은 때로 쉽지 않습니다. 수단은 욕구를 충족하기 위해 사용하는 방법입니다. 욕구에 초점을 맞추면 우리가 사는 세상이 무한한 가능성으로 가득한 풍요로운 곳임을 느낄 수 있습니다. 한편, 특정 수단을 고집하면 세상은 무엇이든 부족한 곳으로 보입니다. 수단을 놓고 다툼을 벌일 때 갈등이 일어납니다. 모든 이의 욕구를 소중히 여기며 함께 만족하는 해법을 모색할 때 비로소 갈등이 해소됩니다. 간단해 보여도 우리는 욕구를 충족하는 수단이 무수히 많다는 사실을 보지 못하는 경

우가 꽤 많습니다. 이 점에서 특정 수단을 고집하는 태도를 내려놓는 것은 그 자체로 '패러다임의 전환'이라고 할 만한 것입니다.

당신이 친구에게 전화를 걸어 영화 보러 가자고 합니다. 피곤한 친구는 밖에 나가고 싶지 않습니다. 그러면 당신은 "알았어, 잘 쉬어." 하고는 바로 전화를 끊을 건가요? 이때 다른 대안이 있습니다. 당신과 친구, 두 사람 모두의 욕구에 초점을 맞추는 것입니다. 지금 당신의 욕구는 재미 또는 친구와 연결하고 싶은 느낌이겠지요? 친구의 욕구는 휴식 또는 느긋한 이완이 아닐까요? 이 상황에서 두 사람의 욕구를 함께 충족하는 방법은 없을까요? 가령 당신이 영화 한 편을 골라 맛있는 저녁거리를 사들고 친구 집을 찾아가는 건 어떨까요? 그 사이 친구는 목욕을 하고 잠옷으로 갈아입은 뒤 잠깐 눈을 붙이는 겁니다. 당신이 처음 계획한 저녁 스케줄과 다르겠지만 이렇게 하면 당신과 친구의 욕구가 함께 충족되지 않을까요? 앞으로 마음에 상처를 입거나 슬프거나 실망하거나 연약한 느낌이 들 때는 당신의 욕구에 초점을 맞춰 보세요. 그러면 당신이 사는 세상이 수많은 가능성으로 열리는 것을 볼 것입니다. 만약 처음에 선택한 것 외의 다른 방법이 떠오르지 않는다면 이에 대해 상대에게 솔직하게 말한 뒤 도움을 구해 보세요.

 오늘은 당신의 욕구를 충족하는 몇 가지 방법을 간단한 목록으로 만들어 보세요.

옳은 것보다, 이기는 것보다 상대방과 연결되는 것이 내겐 더 중요해.

• 매리 매켄지

연결, 연결, 연결이 중요하다

혹시 당신은 '옳은 싸움'을 벌이고 있지 않나요? 옳은 싸움이란, 내가 옳다는 걸 보이기 위해, 그리고 상대방을 이기기 위해 다툼을 벌이는 것을 말합니다. 그러나 옳은 싸움을 벌이면 상대와 연결을 맺기 어렵습니다. '내가 옳은 것'이 이 싸움의 본질이자 목적이기 때문입니다. 그렇다면 우리는 왜 '옳은 싸움'을 벌일까요? 많은 사람에게 '옳은 싸움'은 안전과 수용, 이해에 대한 욕구를 충족하려는 시도입니다. 그러나 옳은 싸움의 결과로 실제 얻는 것은 불만과 불화, 좌절뿐입니다.

우리는 자신이 옳음을 보이거나 상대를 이기기보다 상대와의 연결을 더 바랄 수는 없을까요? 만약 그렇게 한다면 어떤 일이 일어날까요? 이것은 내가 개인적으로 품고 있는 화두이기도 합니다. 우리는 '옳은 싸움'에 익숙한 나머지 감정이 격해지는 다툼을 벌일 때면 '상대와 연결한다'는 목적을 잊어버리기 쉽습니다. 이런 때는 자신에게 이런 질문을 던지며 스스로 중심을 잡아 보면 어떨까요. "내가 이 대화에서 바라는 건 뭘까? 내가 이기고, 내가 옳다는 걸 보여서 충족하고 싶은 욕구는 뭘까?" 상황이 어떠하든 이 질문에 "상대와 연결하는 것"이라고 답하며 이렇게 물어보세요. '지금 내 혀끝에 맴도는 이 말이 상대와 연결하는 데 과연 도움이 될까?' 답은 언제나 '아니다'일 것입니다. 이런 간단한 질문을 자신에게 던지면 스스로 중심을 잡는 데 도움이 됩니다. 그런 다음 당신의 욕구를 충족하는 다른 방법을 찾아보세요. 그러면 상대에게 더 공감할 수 있고 지금 당신이 느끼는 느낌도 연민의 마음으로 표현할 수 있을 것입니다. 그 결과 당신 자신과 타인에 대해 판단하는 일이 줄면서 더 깊고 의미 있는 관계를 누릴 수 있을 것입니다.

 오늘은 당신이 '옳은 싸움'에 말려드는 때를 관찰해 보세요. 그러면서 상대와 연결을 맺는 것으로 초점을 옮겨 보세요.

⸱⸱→ ·→ ·→ ·→ 2월 28일 ←· ←· ←· ←·

충분한 것 그 이상을 알 때까지 얼마만큼이 충분한지 결코 알 수 없다.

• 윌리엄 블레이크

당신의 '충분하다'는 어떤 의미?

지금 당신은 끊임없이 일을 하고 있나요? 그럼에도 '성공'이 구체적으로 어떤 모습인지 모르겠다고요? 오래 전에 나는 최고가 되려고 엄청난 에너지를 쏟고 있는 자신을 보았습니다. 하지만 최고가 되려는 나의 목표는 달성할 수 없었습니다. '최고'가 무엇인지 제대로 알지 못했으니까요. 언제나 나보다 잘난 사람들이 있었습니다. 배워야 하는 것은 늘 있었고, 해야 할 일은 계속 생겼습니다. 그것은 불가능한 목표를 한도 끝도 없이 좇아가는 것이나 마찬가지였습니다. 그런 노력은 내 삶에 커다란 고통과 낙담을 가져왔습니다.

　이윽고 나는 '얼마면 충분한지' 스스로 찾아보기로 했습니다. 그렇게 찾은 결과, 나에게 있어 '충분하다'는 것은 삶의 모든 순간에 최선을 다하는 것이란 사실을 알았습니다. 나에게는 매 순간 최선을 다하는 것으로 '충분'했습니다. 물론 지치거나 아플 때면 푹 쉬었습니다. 그런 때는 건강한 때만큼 최선을 다하지 않는 것처럼 보였습니다. 또 내가 이룬 일이 한심해 보일 때도 있었습니다. 그런 때에도 그 순간 내가 최선을 다하고 있는지 자신에게 물었습니다. 이미 최선을 다하고 있다는 답이 나오면 마음이 편안해졌습니다. 또 그 상황에서 내가 할 수 있는 일이 더 있는지 스스로에게 물었고, 있다면 그것을 했습니다. 예전처럼 이상적이고 막연한 성공 기준에 맞추려고 애쓰지 않았습니다. 어떤 상황에서든 내 능력의 범위 안에서 최선을 다하면 그것으로 나에게 '충분'했습니다. 당신의 '충분하다'는 어떤 의미인가요? 얼마만큼의 돈이면 당신에게 충분한가요? 집은 얼마나 커야 충분한가요? 당신의 '충분하다'를 찾아보고 그것을 이루기 위해 지금 무엇을 할 수 있을지 떠올려 보세요. 당신의 '충분하다'를 이미 이루었다면 그것에 대해 축하해 주세요!

 오늘은 당신의 한 가지 목표를 정한 다음, 그것을 이루는 데 필요한 일을 해 보세요.

⟶ ⟶ ⟶ ⟶ 2월 29일 ⟵ ⟵ ⟵ ⟵

인간의 가장 깊은 욕구는 분리된 상태를 넘어
혼자라는 감옥에서 나오려는 욕구이다.

• 에리히 프롬

친밀감에 마음 열기

얼마 전 나는 2천 명의 군중이 모인 자리에 있었습니다. 그날 슬픔에 빠져 예민하고 외로웠던 나는 모르는 사람들에 섞여 혼자 있기로 했습니다. 순간, 군중 사이에서 내 이름을 부르는 소리가 크게 들려 왔습니다. 친구들이 자기들 곁에 앉으라며 나를 부르는 소리였습니다. 친구들은 수천 명의 웅성거림 속에 소리 높여 나를 불렀습니다. 그렇지만 나는 앉은 자리에 계속 혼자 있기로 했습니다. 예민한 상태였던 나는 그냥 혼자 있고 싶었습니다.

나중에 친구 중 하나와 그날 일에 대해 이야기할 기회가 있었습니다. 친구가 말했습니다. "매리, 내가 장담해. 그날 넌 분명 혼자 있고 싶지 않았어. 네가 슬프고 예민해도 우리가 널 사랑한다는 걸 넌 믿지 못했어. 우리와 친구가 되려면 늘 재미있어야 한다고 생각하는 거니? 그리고 우리의 불만을 무조건 들어 주어야 좋은 친구라고 생각하는 거니?" 친구의 말은 내게 커다란 깨달음으로 다가왔습니다. 그 순간, 내가 살아오면서 줄곧 기대어 온 패턴이 눈에 보였습니다. 나는 외롭거나 예민할 때면 혼자 있겠다며 늘 고집을 피웠습니다. 그러나 정말 혼자 있고 싶어 그랬던 건 아니었습니다(솔직히 말해, 혼자 있는다고 해서 외로움이 덜어지지 않았습니다). 그보다는 힘들어하는 나를 친구들이 사랑해 줄 거라는 믿음이 없었기 때문입니다. 실제로, 친구들과 함께했다면 그들의 도움으로 혼자 지냈을 때보다 수월하게 그날 저녁의 힘든 경험에서 벗어났을 것입니다.

연약함과 슬픔을 느낄 때 대부분의 사람은 친밀감을 원합니다. 친밀감을 못 느끼도록 가로막는 당신의 행동 패턴이 있나요? 그것은 어떤 것인가요? 자신이 연약하다고 느낄 때 우리는 친밀감을 원하면서도 스스로 그것을 가로막고는 합니다. 당신이 가진 친밀감의 욕구를 알아봐 주세요. 그런 다음, 당신을 사랑한다고 믿을 수 있는 사람을 주변에서 찾아보세요.

 오늘은 당신의 어떤 행동 때문에 친밀감에 대한 당신의 욕구가 충족되지 않는지 살펴보세요.

3
월

명
상

·→ ·→ ·→ ·→ 3월 1일 ←· ←· ←· ←·

우리의 영혼을 불러오려면 몸에 머물며 대지에 뿌리를 내린 채
우주의 에너지를 끌어와야 한다.

• 다이앤 메리차일드

자신과 연결하기

상대와 대화를 나누려 했지만 온전히 대화에 집중하기 어려웠던
적이 있었나요? 혹은 상대와 갈등을 해결하려 애쓰면서도 머릿
속 수다 때문에 힘들었던 적은요? 나의 경험으로 볼 때 이런 경
우에 우리는 대개 자신의 머릿속 재잘거림에 걸려들고 맙니다.
그러나 그렇게 되면 치유도, 문제 해결도 어려워집니다. 나는 이
문제로 오랜 시간 무척 힘들었습니다. 그러다 비폭력대화의 자기
공감을 익히고 나서야 이 문제에서 어느 정도 풀려날 수 있었습
니다. 처음에는 자기 공감이란 영원히 끝날 것 같지 않은 과정으
로 생각되었습니다. 그런데 자기 공감을 통해 알게 된 사실이 있
었습니다. 그동안 알아보지 못하고 치유하지 못한 나의 문제들
이 내 안에 오랜 시간 묵혀 있었다는 사실입니다. 나는 꾸준한 자
기 공감을 통해 나 자신에게 온전히 현존할 수 있을 정도로 치유
가 되었습니다. 그러자 사람들과의 관계에도 온전히 현존할 수
있었습니다. 그러면서 머릿속 재잘거림도 잠잠해졌습니다. 나 자
신과, 살면서 만나는 사람들에게 온전히 현존할 때 마음은 매우
편안해집니다. 자신과 연결하며 스스로를 치유할 때 사람들과의
관계 또한 좋아진다는 사실을 많은 사람이 알았으면 합니다.

자기 공감의 네 단계를 소개합니다.

자칼 쇼 즐기기   특정 상황에서 내가 어떤 판단을 내리고 있는지 알아봅니다('자칼 쇼 즐기기'는 '3월 5일' 참조).

느낌   이때 느껴지는 느낌과 연결합니다.

욕구   그 상황에서 충족되지 않은 나의 보편적인 욕구와 연결합니다.

부탁   나의 욕구를 충족해 주는 것을 상대에게 부탁합니다.

자기 공감을 통해 당신과 다른 사람들에게 더 현존할 수 있습니다.

 오늘은 자신에게 공감하는 시간을 가져 보세요. 그렇게 했을 때 어떤 느낌이 일어나는지 관찰해 보세요.

· ﹥· ﹥· ﹥ · ﹥   **3월 2일**   ﹤· ﹤· ﹤· ﹤·

가르침을 얻는 데 필요한 것은 물어 본 다음 귀 기울여 듣는 것이 전부이다.

• 사나야 로만

'당신의 진실'은 무엇인가요

많은 사람이 다른 이의 의견에 기대어 자신의 행동을 판단합니다. 가령 어떤 사람은 사무실의 펜을 집에 가져가도 상관없다고 여깁니다. 다들 그렇게 한다는 이유에서입니다. 또는 마트 계산원이 실수로 더 내어준 잔돈을 그냥 가져도 좋다고 생각합니다. 내 잘못이 아니라 계산원의 실수라면서요. 그런데 우리에게는 진실성이라는 욕구가 있습니다. 나에게 중요한 가치와 어긋나지 않게 일상에서 그 가치를 실천하며 사는 것을 말합니다. 나는 우리 집 개를 발로 걷어차지 않습니다. 설령 이웃은 그렇게 한다 해도요. 나는 부모님이 나에게 했다는 이유로 우리 아이들에게 등짝스매싱을 날리지 않습니다. 나는 나에게 중요한 가치에 부합하는 행동이 어떤 것인지 스스로 결정하고 그에 따라 행동하고자 합니다. 그때 비로소 진실성에 대한 나의 욕구가 충족됩니다. 이런 점에서 사회에서 정한 일반적인 기준은 더 이상 내게 의미가 없습니다. 그것은 나에게 영향을 주지 못합니다. 나에게 중요한 가치에 따라 나의 행동을 결정하고 선택하는 것이 무엇보다 중요합니다. 당신에게 중요한 가치는 무엇인가요? 지금 당신은 그 가치와 조화되는 행동을 하고 있나요?

 오늘은 당신에게 중요한 가치에 부합하는 행동을 하고 있는지 살펴보세요.

아는 것만으로 부족하다. 활용해야 한다.

의지만으로 부족하다. 실천해야 한다.

• 괴테

감사를 마음껏 표현하기

많은 사람이 상대에게 고마운 마음을 표현하는 것을 주저합니다. 상대에게 알랑거리는 것처럼 보일까 봐, 또는 상대가 내 말에 관심이 없을 거라고 단정해 버리기 때문입니다. 원하는 걸 얻기 위한 교묘한 전략으로 감사를 사용하는 것은 분명 감사를 잘못 사용하는 것입니다. 그렇지만 상대가 내 삶을 어떤 식으로든 풍요롭게 해 주었다면 그것에 대해 표현하는 것이 좋습니다. 내가 표현하는 감사가 그 사람의 하루를 환히 밝혀 주는 선물이 될지도 모르니까요.

몇 년 전 내가 진행한 워크숍에 참석한 여성에게 전화를 받았습니다. 그녀는 전화상으로 그 워크숍이 자신의 인생을 바꿔 놓았다며 감동에 차 울먹였습니다. 그녀는 몇 년 간 경험하지 못한 희망과 기쁨으로 넘쳐 있었습니다. 우리 두 사람은 전화상으로 함께 울었습니다. 그녀는 사랑으로 가득 차 울었고, 나는 내가 그녀의 삶을 크게 변화시켰다는 그녀의 말이 고마워 울었습니다. 나는 살면서 상대의 삶에 기여하는 것을 좋아하지 않는 사람을 한 사람도 보지 못했습니다. 또 자신의 삶에 도움을 준 상대방의 이야기를 듣고 싶어 하지 않는 사람도 본 적이 없습니다.

오늘은 적어도 한 사람에게 당신이 느끼는 고마움을 표현해 보세요.

·→·→·→·→   3월 4일   ←·←·←·←

자신의 느낌을 분명하고 구체적으로 지칭하고 알아보는 느낌말을 만들면
상대와 더 쉽게 연결할 수 있다. 감정을 솔직하게 표현하면
상대와 갈등을 해소하는 데도 도움이 된다.

• 마셜 B. 로젠버그 박사

느낌을 표현하는 법

어떤 것에 대한 나의 느낌을 표현할 때 상대는 그것이 나에게 얼마나 중요한지, 내가 어떻게 느끼는지 알게 됩니다. 가령 내가 살짝 마음이 언짢은지, 단단히 화가 났는지, 아니면 깊은 상처를 입었는지 분명히 알 수 있습니다. 상대가 나의 목소리 색깔만으로 이것을 구분할 수 있다고 생각할지 모릅니다. 하지만 상처받은 느낌, 화난 느낌, 두려운 느낌, 후회의 느낌은 목소리 색깔만으로 구분하기 어렵습니다. 가령 두려움과 흥분이 우리 몸에 미치는 영향은 비슷하며 그것을 표현하는 몸짓언어도 크게 다르지 않습니다. 다른 사람이 나의 느낌을 알아봐 줄 거라고 막연히 기대하기보다 자신을 온전히 표현하는 것이 더 중요합니다. 그것은 누구도 아닌 당신이 해야 하는 일입니다. 나를 분명하게 표현할 때 욕구를 충족할 가능성도 더 커집니다.

오늘은 특정 상황에서 당신이 느끼는 느낌을 적어도 한 사람에게 충분히 표현해 보세요.

⤳ ⤳ ⤳ ⤳ **3월 5일** ⬳ ⬳ ⬳ ⬳

삶의 일부가 변하면 다른 부분도 함께 변한다.

• 글로리아 카핀스키

자칼 쇼 즐기기

감정적으로 예민한 상태가 되면 나의 머릿속 뇌가 재잘거림을 시작합니다. 뇌가 재잘거리면 눈앞의 상황에 집중하기가 어려워집니다. 연민의 대화(비폭력대화)를 배우기 전에 나는 머릿속 뇌가 재잘거리기 시작하면 그것을 무시하려 애썼습니다. 아니면 속으로 이렇게 생각하며 재잘거림에 검열을 가했습니다. "오, 매리, 그렇게 느끼면 안 돼. 참을성을 좀 가져봐. 친구는 오늘 상태가 안 좋다고. 알면서 왜 그래." 이런 '자기 검열' 때문에 나는 줄곧 우울하고 불안했습니다. 그러나 이제는 다릅니다. 내 안의 자칼이 목소리를 높여도 녀석을 그냥 둡니다. 그러면서 지금 녀석이 무엇을 필요로 하는지 가만히 귀를 기울입니다. 그러면 즉시 마음이 편안해집니다. 비폭력대화에서는 이것을 '자칼 쇼를 즐긴다'고 합니다. 이때 '즐긴다'는 것은 친구와 아이스크림을 먹을 때 누리는 즐거움이 아닙니다. 평화와 마음의 평온, 명료함을 느끼는 데서

오는 즐거움입니다.

　얼마 전 몸이 아픈 친구가 내게 자신의 우편물을 우체국에 가져다 줄 것을 부탁했습니다. 그러면서 친구는 지역 우편물과 역외 우편물을 구분하는 법, 그리고 각각의 우편물을 어느 우편함에 넣어야 하는지 일일이 설명했습니다. 그날 힘든 하루를 보냈던 나는 편안함이 필요했습니다. 친구가 시시콜콜 지시하려 들자 내 안의 자칼이 비난의 목소리를 내기 시작했습니다. '마흔여섯 살인 나를 뭘로 보는 거야? 나만 그렇게 생각할까? 나 혼자서 수천 번도 넘게 우편물을 보내 봤다고. 저렇게 매사 시시콜콜 통제하려 드니 안 아픈 게 오히려 이상하지!' 내 안의 자칼은 아주 신랄하고 비판적이었습니다. 나는 녀석의 말을 몇 분 간 들은 뒤 이런 생각으로 나 자신에게 공감했습니다. '메리, 너 지금 지쳤구나. 편안함을 원하는 거지? 짜증이 나고, 친구가 네 문제 해결력을 존중해 줬으면 하는 거지?' 이런 식으로 나 자신과 연결하는 데는 단 몇 초밖에 걸리지 않았습니다. 그러자 나는 그 상황에 더 현존할 수 있었습니다. 즉 병에 걸린 친구와, 편안함에 대한 나의 욕구에 더 집중할 수 있었습니다. 나는 친구에게 말했습니다. "내가 지금 좀 지쳤어. 그래서 이 상황에서 좀 편안해지고 싶거든. 가르쳐 주지 않아도 나 혼자 우편물을 보낼 수 있으니까 날 믿어 줄래?" 친구가 대답했습니다. "오! 물론이지." 그 즉시 나는 우체국으로 갔습니다. 여전히 피곤했지만 불편한 마음은 훨씬 줄었습니다.

　'자칼 쇼를 즐긴다'는 것은 자칼이 지금 당신에게 하는 말에 온전히 귀 기울이는 것입니다. 그 말에는 자칼이 지금 충족하려

고 하는 당신 마음 밑바닥의 욕구도 포함됩니다. 귀를 기울인다면
자칼은 우리에게 필요한 지혜와 편안한 마음을 선사할 것입니다.

 오늘은 당신 내면의 자칼이 떠드는 소리를 의식해 보고, 녀석이 당신에게 말
하려 하는 마음 밑바닥의 욕구에 귀 기울여 보세요.

⇢ ⇢ ⇢ ⇢ 3월 6일 ⇠ ⇠ ⇠ ⇠

몸에 박힌 가시처럼 오래된 감정과 신념이 독이 되어 우리 내면에 박혀 있다.
이제 그것을 빼낼 시간이다.

• 멜로디 비티

생명력에서 단절된 대화

우리는 누구나 자라면서 사람들에게서 멀어지는 대화 패턴을 익
힙니다. 판단과 비판, 비난의 형태로 나타나는 이런 대화 패턴이
지금 우리 사회에 만연해 있습니다. 각각의 경우에 말하는 이는
도덕주의적 판단에 빠져 듣는 이와 자신을 분리시킵니다. 타인을
'좋다/나쁘다', '옳다/그르다'의 범주로 구분 짓습니다. 자신과 상
대를 비교하며, 자신의 행동과 선택에 책임지지 않습니다. 상대
에게 강요하며, 상대가 응하지 않을 경우 비난과 처벌을 가합니
다. 비폭력대화 과정을 창안한 마셜 B. 로젠버그 박사는 이런 대
화 패턴을 두고 '생명력에서 단절된 채 자신의 충족되지 못한 욕

구를 비극적으로 표현한 것'이라고 말했습니다. 어느 경우든 우리가 하는 모든 행위는 자신의 욕구를 충족하기 위해서입니다. 하지만 위에 말한, 우리가 자라며 익힌 대화 기법 때문에 우리는 자신의 욕구를 제대로 충족하지 못하게 되었습니다.

우리는 생명력에서 단절된 대화에 익숙한 나머지, 그것이 때로는 더 수월해 보입니다. 하지만 익숙한 만큼 결과는 고통스럽습니다. 생명력에서 단절된 대화를 할 때 우리는 돌봄, 사랑, 양육, 정직, 친밀감 등 우리가 가진 다양한 욕구들을 충족할 기회를 잃고 맙니다.

 오늘은 당신이 사람들에 대해 판단하고 비교하며 자기 행동에 책임지지 않는 때를 의식해 보세요. 그러면서 이런 대화 패턴이 사람들과의 연결에 어떤 영향을 주는지 살펴보세요.

> → → → → **3월 7일** ← ← ← ←

사랑을 마스터하는 방법은 사랑을 실천하는 것 말고는 없다.

• 돈 미겔 루이스

모든 분노에 담긴 '부탁해요' 메시지

때로 기억하기 어려울 수 있지만, 어떤 사람이 분노와 좌절에 휩싸여 말하고 행동하고 있다면 그는 분명코 "부탁해요!" 메시지를 전하고 있음을 알아야 합니다. 당신의 자녀가 이렇게 말합니다. "우리 가족은 내가 하고 싶은 걸 하는 적이 한 번도 없어요!" 이 때 아이는 이렇게 말하고 있는 것입니다. "부탁해요. 나는 공평함과 재미를 원해요. 엄마가 내 욕구를 배려하고 있다는 걸 알고 싶어요." 집에 들어오는 당신을 보며 아내가 이렇게 말합니다. "어디 있었어요? 한 시간이나 기다렸다고요!" 아내는 지금 말의 이면에서 이렇게 말하고 있습니다. "부탁해요. 예측가능성과 존중, 신뢰에 대한 내 욕구를 배려해 줄 수 없나요?"

좋습니다. 이건 매우 명백한 사례들입니다. 그렇다면 상사의 이런 말에서도 '부탁해요' 메시지를 찾을 수 있나요? "이번 프레젠테이션은 정말 한심했어. 컴퓨터도 버벅거렸고 그래픽도 유치했어. 타이밍도 맞지 않았고. 이런 프레젠테이션을 이사회에 보이려니 정말 창피하군. 다시는 이런 일이 없어야 해." 상사는 지금 수준 높은 프레젠테이션과 이사회에 좋은 이미지를 유지할 것을 '부탁하고' 있습니다.

다음번에 누군가 당신에게 실망과 좌절, 분노를 드러낼 때는 잠시 그의 말 이면에 담긴 '부탁해요' 메시지를 찾아보세요. 그러면 갈등을 평화적으로 해결하는 더 좋은 기회가 만들어질 것입니다.

 오늘은 상대가 듣기 힘든 말을 할 때 그 이면의 '부탁해요' 메시지를 찾아보세요. 상대의 말 속에서 '부탁해요'를 들었을 때 당신의 느낌이 어떻게 바뀌는지 보세요.

고국에서 자유를 버린다면 외국에서 자유를 지킬 수 없다.

• 에드워드 R. 머로

상호의존 vs. 의존/독립

비폭력대화 프로세스에서 상호의존이란 모든 사람을 자율적인
존재로 간주하는 것을 말합니다. 이것은 모든 사람의 욕구를 똑
같이 존중하는 의식(意識)이며, 모든 사람이 자신의 행동에 선택
권을 갖는 동시에 책임도 진다는 사실을 인식하는 의식입니다.
또 상호의존은 결핍이 아니라 풍요에 초점을 맞추는 의식입니다.
자율적인 인간들이 서로 함께하는 이유는, 그렇게 할 때 더 큰 풍
요로움과 힘이 생긴다는 사실을 알기 때문입니다. 이것은 친밀한
관계, 사업, 교회 그룹 등 큰 목표를 달성하기 위해 함께하는 모
든 사람에게 적용됩니다.

한편, 의존의 패러다임은 우리가 완벽해지려면 다른 사람이
필요하다고 가정합니다. 반대로 독립의 패러다임은 다른 사람이
전혀 필요하지 않다고 가정합니다. 이런 패러다임은 우리가 행복
해지려면 다른 사람에 의존해야 한다는 생각을 키웁니다. 또 상
대의 행동과 느낌에 대한 책임이 우리에게 있다는 생각을 키웁니
다. 그리고 풍요로움보다 결핍에 초점을 둔다는 생각을 키웁니
다. 상호의존의 의식을 유지할 때 우리의 모든 관계에서 가능성
이 더 넓게 확장됩니다.

오늘은 자율적으로 살기로 결심해 보세요. 그리고 어떤 상황에서 상호의존의 의식을 유지하기가 어려운지 살펴보세요.

3월 9일

다른 사람에 대한 판단과 비난, 진단과 해석은 어느 것이나 자신의
충족되지 못한 욕구를 겉으로 드러낸 것이다.
"당신은 절대 나를 이해 못해요."라고 말하는 사람은
이해 받고 싶은 자신의 욕구가 충족되지 못했음을 알리고 있다.

• 마셜 B. 로젠버그 박사

욕구에 초점 맞추기

일을 마치고 직장에서 돌아온 아내에게 당신이 춤을 추러 가자고 제안합니다. 아내가 대답합니다. "아, 여보. 오늘 저녁은 안 되겠어요. 긴 한 주를 보냈더니 무척 피곤해요." 지금 아내는 휴식과 이완이 필요해 보입니다. 그러나 이때 당신의 욕구는 재미와 신체적 활동일 수 있습니다. 오늘 저녁 당신과 아내, 두 사람의 욕구를 함께 충족하는 방법은 없을까요? 당신이 헬스장에서 운동을 마치고 영화와 저녁식사를 준비해 집에 돌아오면 어떨까요? 아니면 오늘은 두 사람 모두 집에서 쉬면서 내일 저녁에 춤추러 가기로 약속을 잡을 수도 있습니다. 또는 아내가 잠시 눈을 붙인 뒤, 침대에서 사랑을 나누며 그날 저녁을 보낼 수도 있을 것

입니다. 욕구를 충족하는 방법은 무수히 많습니다. 춤을 추러 갈 것이냐 말 것이냐를 두고, 즉 방법을 놓고 다툼을 벌인다면 갈등이 일어납니다. 당사자 모두의 욕구를 적극 존중할 때 열림이 생기고 관계에 더 깊은 연결이 일어납니다.

 오늘은 적어도 한 사람과 얽혀 있는 문제를 해결하기 위해 각자의 욕구에 초점을 맞춰 보세요.

·ᐳ·ᐳ·ᐳ·ᐳ 3월 10일 ᐸ·ᐸ·ᐸ·ᐸ

들판의 풀이 비둘기 가슴처럼 더 없이 부드럽고 사랑스러운데,

왜 장갑을 끼고 들판을 걷는가?

• 프랜시스 컴포드

'아니오' 이면의 '예' 듣기

누군가 우리에게 '아니오'라고 말할 때 우리는 그 말을 거절의 의사로 받아들이기 쉽습니다. 그러나 상대의 거절에 초점을 맞추면 마음에 상처를 입어 상대에게 무슨 일이 일어나고 있는지 이해하는 시간을 갖지 못합니다. 한편, 상대의 느낌과 욕구에 초점을 맞추면 그가 무엇을 원하는지, 무엇 때문에 상대가 부탁을 들어주지 않는지 알 수 있습니다.

당신이 남편에게 주말여행을 떠나기 전에 트럭을 정리해 달

라고 부탁합니다. 남편이 말합니다. "안 돼요. 시합이 막 시작하려고 해요. 꼭 봐야 해요." 당신은 남편의 말을 당신의 부탁에 대한 거절로 받아들일 수도 있고, 남편의 '아니오' 이면에서 그의 '예'를 들을 수도 있습니다. 가령 당신은 이렇게 말할 수 있습니다. "이번 주 내내 이번 시합을 목 빠지게 기다렸죠?" "맞아요. 이번 시합만큼은 조금도 방해받지 않고 보고 싶어요. 혼자만의 시간을 갖고 싶어요." 당신이 말합니다. "편안하게 쉬고 싶은 당신 마음을 이해해요. 나도 당신이 혼자 편안한 시간을 가졌으면 좋겠어요. 그런데 나는 우리가 여행가기 전에 해야 할 일을 처리할 수 있을지 걱정도 돼요. 시합이 끝나면 트럭 정리할 방법을 나와 함께 찾아보겠어요?"

상대가 '아니오'라고 말하는 부분(이 경우, 시합을 보지 말고 트럭을 정리하는 것)보다 '예'라고 답하는 부분(시합을 보면서 느긋한 오후를 보내는 것)에 귀를 기울일 때 나와 사랑하는 사람이 각자의 욕구를 충족할 가능성이 높아집니다. '아니오' 이면의 '예'를 듣는 것은 상대의 욕구를 나의 욕구만큼 존중하는 방법이자 갈등을 해결하는 효과적인 도구입니다.

 오늘은 적어도 한 번, 상대가 말하는 '아니오' 이면의 '예'를 듣는 기회를 가져보세요.

불만을 드러내거나 남을 험담하는 데 말을 사용하지 말라.
진실과 사랑의 방향으로 말이 가진 힘을 사용하라.

• 돈 미겔 루이스

모든 메시지를 듣는 네 가지 방법

당신은 다른 사람의 말을 어떻게 듣고 있나요? 비폭력대화에서는 상대가 전하는 어떤 메시지든 그것을 듣는 방법에 네 가지가 있다고 봅니다.

상대를 판단하거나 비난하기 "넌 내 욕구를 생각하는 적이 한 번도 없구나." "넌 항상 늦어."

자신을 판단하거나 비난하기 "나는 사람들을 더 사랑하고 배려해야 해." "그의 말이 맞아. 난 정말로 항상 늦어."

자신에게 공감하기 "나는 슬프고 마음에 상처를 받았어. 내가 무엇 때문에 늦었는지 그가 이해해 줬으면 좋겠어." "내가 약속보다 늦게 도착했을 때 슬프고 실망했어. 친구가 날 믿어 줬으면 했거든."

상대에게 공감하기 "내가 네 욕구를 나의 욕구만큼 존중한다는 걸 알고 싶어서 실망했구나? 내가 약속한 시간에 나타날 거라는 확신이 있었으면 해서 너는 화가 났구나?"

모든 상호작용에서 우리는 이 네 가지 방식 중 하나로 대응할 선택권을 갖고 있습니다. 목표는, 자신의 대응을 의식적으로 선택하는 것입니다. 자신과 자신의 욕구에 현존할수록 자신이 가진 선택권을 더 잘 알아볼 수 있습니다.

 오늘은 상대의 말을 들었을 때 당신이 가진 선택지에 어떤 것이 있는지 떠올려 보세요.

↝ ↝ ↝ ↝ **3월 12일** ↜ ↜ ↜ ↜

어떤 주제를 이미 다뤘다고 여길지 몰라도 그것은 계속 다시 나타날 것이다.
똑같은 것이 모습만 조금 바뀐 채로.

• 뮤리얼 루카이저

욕구 정의하기

연민의 대화에서는 '욕구'를 생명이 자신을 유지하는 데 필요한 자원으로 정의합니다. 우리의 신체적 안녕은 공기, 물, 음식, 휴식, 거처 등의 욕구가 충족되느냐에 의존합니다. 또 우리의 심리적, 정서적 안녕은 지지, 사랑, 양육, 정직, 돌봄 등의 욕구가 충족되는 데 의존합니다. 모든 인간은 동일한 욕구를 갖습니다. 인종, 영적인 성장 배경, 삶의 방식, 사는 곳에 상관없이 누구나 자신의 생명을 유지하기 위해 동일한 욕구를 갖습니다. 차이는, 욕구를 충족하는 방법과 수단에 있습니다. 가령 우리는 누구나 놀이에 대한 욕구를 갖고 있습니다. 그러나 놀이의 욕구를 충족하는 방법은 서로 다릅니다. 나는 놀이의 욕구를 충족하기 위해 말을 타고, 하이킹을 하며, 영화를 보는 것을 좋아합니다. 다른 사람은 놀이의 욕구를 충족하기 위해 익스트림 스포츠, 뜨개질, 스쿠버 다이빙을 즐길 수도 있습니다. 어느 경우든 놀이라는 욕구는 동일합니다. 욕구를 충족하는 방법이 다를 뿐입니다.

　　욕구는 보편적입니다. 모든 사람이 동일한 욕구를 갖습니다. 한편, 욕구를 충족하는 방법은 사람마다 다릅니다. 우리는 각자 고유한 방법으로 자신의 욕구를 충족합니다. 욕구를 방법과 분명히 구분할수록 갈등을 더 원만히 해결할 수 있습니다.

 오늘은 당신의 욕구와 그 욕구를 충족하는 방법이 어떻게 다른지 의식해 보세요.

↠·→·→·→　**3월 13일**　←·←·←·↞

당신이 내리는 모든 선택에서,
그것이 당신의 어떤 욕구를 충족하는지 의식해 보라.
• 마셜 B. 로젠버그 박사

판단 없이 고맙다고 말하기

연민의 대화에서는 우리가 하는 모든 말과 행동이 '부탁해요' 또는 '고맙습니다'의 뜻을 전하고 있다고 봅니다. 그런데 우리 문화권에서 '고맙습니다'라는 말로 감사의 뜻을 전하는 경우에 대개 상대에 대한 판단과 평가를 내립니다. 그러나 판단과 평가는 관계에서 단절과 긴장을 일으킬 수 있다는 사실을 기억해야 합니다. 상대를 좋게 평가하든 나쁘게 평가하든 이것은 진실입니다. 정원 잔디를 깎은 아들을 보고 당신은 이렇게 말합니다. "우리 아들, 착하구나." 이 말에서 당신은 아들을 '착하다'고 평가하면서 당신의 고마움을 표현하고 있습니다. 한편, 당신을 아들과 연결시켜 주는 더 분명한 감사의 표현 방식은 이러합니다. "아들, 약속한 대로 잔디를 깎았을 때 엄마는 마음이 놓이고 무척 고마웠어. 자기가 한 말을 지키고, 상대가 그것을 신뢰하는 것이 엄마에겐 무척 중요하거든."

 오늘은 상대에게 '고맙다'는 말을 들었을 때 당신의 어떤 행동이 그의 삶을 풍요롭게 해 주었는지 의식해 보세요. 그리고 그 점을 의식했을 때 당신의 기분이 어떻게 달라지는지 보세요.

⇢ ⇢ ⇢ ⇢ 3월 14일 ⇠ ⇠ ⇠ ⇠

나는 더 이상 폭풍우가 두렵지 않다.
배를 모는 법을 알기 때문이다.
• 루이자 메이 알코트

안전 구하기

나는 살면서 다른 사람에게서 나의 안전을 구하느라 많은 시간을 보냈습니다. 이런 태도 때문에 나는 상대가 안전한 사람인지, 혹시 나를 이용하거나 학대할 사람은 아닌지 아는 데 많은 시간을 썼습니다. 그리고 상처받고 실망할 때면 상대를 비난하는 데 많은 시간을 허비했습니다. 그러나 그 결과로 내가 느낀 것은 두려움이었습니다. 나의 안전을 다른 사람에게 기댄 상태여서 스스로 삶의 주도권을 쥐었다고 느끼지 못했기 때문입니다. 비폭력대회에서 '안전'이란 다른 사람이 줄 수 있는 것이 아니라고 봅니다. 비폭력대화에서는 스스로를 돌보는 자신의 능력을 신뢰할 때 안전에 대한 자신의 욕구를 가장 잘 충족할 수 있다고 봅니다. 비폭력대화에서는 각자가 자신의 욕구를 충족하는 법을 터득할 때, 그리고 내가 불행하고 걱정된다고 솔직히 상대에게 말할 때, 또한 자신의 본능을 신뢰할 때 비로소 안전이 확보된다고 봅니다. 내가 나를 신뢰할 때 나에게 힘이 생깁니다. 그러면 다른 사람에 기대 안전을 구하는 일도 줄어듭니다.

 오늘은 다른 사람에게 의지해 안전을 구하는 때가 없는지 살펴보세요.

≫·≫·≫·≫·≫ 3월 15일 ≪·≪·≪·≪·≪

당신의 몸을 살펴보라.

그러면 지금 맺고 있는 관계가 좋은 관계인지 바로 알 수 있다.

• 사크

공감과 동정

동정(sympathy)과 공감(empathy)은 다릅니다. 동정은 상대방의 이야기를 자신과 결부시킵니다. 가령 상대의 말에 당신이 이렇게 반응한다면 공감이 아니라 동정을 하고 있는 것입니다. "그래, 그느낌 나도 알아. 지난주에 그 사람, 나한테도 그랬거든." 아니면 당신은 이렇게 말합니다. "괜찮을 거야. 너무 걱정 마. 나도 겪어봐서 다 알아. 다음 주면 괜찮아질 거야." 한편, 공감은 상대방의 느낌과 욕구를 되짚어 주는 것입니다. 공감할 때 우리는 이렇게 말합니다. "정말 걱정되겠다. 어서 해결책을 찾고 싶은 거지?" 또는 "깜짝 놀랐겠구나. 왜 그런 일이 일어났는지 분명히 알고 싶을거야." 공감과 동정 모두 나름의 가치가 있습니다. 그러나 비폭력대화에서는 공감을 동정보다 더 중요시합니다. 왜냐하면 공감을 통해 자신과 상대의 고통에 더 깊이 연결할 수 있으며, 명료하고 수월하게 문제를 해결할 수 있기 때문입니다. 공감은 강력한 치유 기법입니다.

 오늘은 당신이 공감이 아니라 동정을 하는 때가 없는지 살펴보세요.

어떤 생각이든 자신만의 고유한 방식으로 표현할 때 새로운 생각이 된다.
• 보브나르그 후작

자연스러운 연민의 대화 vs. 형식을 갖춘 연민의 대화

당신은 연민의 대화를 구성하는 네 요소를 형식에 맞춰 사용하는 것이 종종 어색하게 느껴지나요? 관찰, 느낌, 욕구, 부탁의 네 요소는 상대방과 연결을 맺고 연민의 마음을 일으키는 방식으로 소통하게 해 주는 도구입니다. 이들 도구를 형식에 맞춰 사용하면 연민의 대화를 처음 배우는 사람에게 매우 유용합니다. 그러나 연민의 대화를 떠받치는 참 바탕은 모든 이의 욕구를 소중하게 여기는 의식을 지속적으로 유지하는 것입니다. 만약 연민의 대화를 구성하는 네 요소를 사용하지 않고도 그 의식을 유지할 수 있다면 얼마든지 그렇게 하십시오. 가령 관찰, 느낌, 욕구, 부탁을 형식에 맞게 사용하는 대화는 이런 모습입니다. "당신이 설탕을 넣은 사과소스를 만들면 나는 마음이 불편하고 혼란스러워요. 나는 설탕에 알레르기가 있고, 무엇보다 건강을 중요하게 생각하거든요. 나를 위해 설탕을 넣지 않은 사과소스를 만들어 주겠어요?" 한편 자연스러운 연민의 대화라면 이렇게 말할 수 있습니다. "어, 사과소스에 설탕이 들었네요? 설탕이 없는 사과소스를 기대했는데 좀 실망이에요. 난 설탕을 먹으면 몸이 아프거든요. 날 위해 설탕을 넣지 않은 사과소스를 만들어 줄래요?"

오늘은 당신이 연민의 대화를 자연스럽게 사용하는 때와 형식을 갖춰 사용하는 때를 구분해 보세요.

⟶ ⟶ ⟶ ⟶ **3월 17일** ⟵ ⟵ ⟵ ⟵

몽유병 환자처럼 살기란 얼마나 쉬운가.

우리는 진실은 절반만 말하고, 귀는 반만 열어둔다.

반쯤 잠든 상태로 차를 운전하며 절반만 주의를 기울이며 산다. 깨어나라!

● 사크

솔직함이 열쇠다

당신은 솔직하게 말하는 것이 어려운가요? 뭔가 할 말이 있는데 상대가 어떻게 받아들일지 몰라 걱정이 되나요? 그러나 비폭력 대화에서는 솔직한 자기 표현은 '진정한 나'라는 선물을 상대에게 주는 것으로 봅니다. 솔직하게 자기를 표현하는 것은 상대가 나의 욕구를 충족하도록 돕는 기회가 된다는 점에서 그렇습니다. 솔직하게 나를 표현할 때 상대와의 관계는 더 풍요롭고 깊어집니다. 솔직하게 자기를 표현하지 않으면 나에게는 후회와 원망이, 상대에게는 판단과 평가가 일어날 것입니다. 그러면 두 사람의 관계에 불화가 생기고 감정적 거리감이 생깁니다. 나를 솔직하게 표현하는 데 필요한 네 가지 요소는 다음과 같습니다.

관찰 실제 일어난 일을 말합니다.

느낌 그때 느꼈던 느낌을 말합니다.

욕구 나의 충족된(또는 충족되지 못한) 욕구를 말합니다.

부탁 구체적이고 실행 가능한 부탁을 합니다.

 오늘은 주변의 한 사람에게 있는 그대로 당신을 솔직하게 표현하는 기회를 가져 보세요.

·❯·❯·❯·❯ 3월 18일 ❮·❮·❮·❮

비폭력을 실천하려면 자신을 먼저 평화로 대해야 한다.

• 틱낫한

강요가 아닌 부탁을

상대에게 어떤 것을 요청했는데 상대가 나의 바람대로 따라주지 않아 화가 난 적이 있나요? 그랬다면 당신은 '부탁'이 아니라 '강요'를 한 것입니다. 부탁이 아닌 강요를 하면 상대가 내릴 수 있는 선택은 두 가지밖에 없습니다. 복종 아니면 반항이 그것입니다. 믿기 어렵다고요? 부모가 열여섯 살 딸아이에게 오늘밤 친구들과 외출은 안 된다고 딱 잘라 말할 때 어떤 일이 일어나는지 볼까요? 딸은 부모의 말(지시)에 복종하던지, 아니면 부모와 말다툼을 하고는 몰래 집을 나가 친구를 만나는 식으로 반항할 것입니다. 또 당신이 배우자에게 일주일에 최소 두 번은 부부관계를 해야 한다고 말했다고 합시다. 배우자는 당신이 원하는 대로 따르거나, 당신이 원하는 것을 거부하며 반항하거나 둘 중 하나를 택하는 수밖에 없습니다. 그런데 관계의 한쪽이 복종하거나 반항하면 양쪽 모두 만족을 느끼기 어렵습니다. 당신은 원하는 것을 얻을지 몰라도 배우자는 언짢고 불만스러울 것입니다. 만약 배우자가 당신이 화를 낼까 두려워 부부관계 횟수를 늘린다면 부부관계를 갖더라도 창의성과 즐거움이 줄 것입니다. 이런 관계 역동은 두 사람이 기쁨으로 관계에 참여할 수 있는 가능성을 없애고 맙니다. 복종이나 반항으로는 관계의 어느 쪽도 승리하지 못합니다. 강요는 상대가 줄 수 있는 다양한 반응의 가능성을 줄여, 즐거운 마음으로 관계에 참여하는 것을 방해합니다. 쌍방의 욕구를 함께 고려하면서 상호 만족할 수 있는 해결책을 찾아보세요. 그럴 때 당신의 욕구를 충족할 가능성도 높아집니다.

 오늘은 당신이 부탁을 했다고 여기지만 실은 강요를 했던 경우가 없는지 살펴보세요. 또 강요가 아닌 부탁을 하려면 어떻게 해야 할지 생각해 보세요.

··→ ·→ ·→ ·→ 3월 19일 ←· ←· ←· ←·

누가 당신을 존경하고 사랑하는지 말해 보라.
그러면 당신이 누구인지 말해 주겠다.

• 샤를 오귀스탱 생트뵈브

우정의 불확실성 극복하기

당신과 함께 있길 좋아하는 사람이 당신에게 끌리는 이유가 궁금했던 적은 없었나요? 또 그가 정말 당신을 좋아하는지 궁금했던 적은요? 우리는 많은 경우에 자신이 상대에게 어떤 영향을 주고 있는지 잘 모릅니다. 친한 친구나 가족의 경우, 그들의 삶에서 우리가 소중한 이유가 분명할 때도 있지만 그렇지 않은 경우도 많습니다. 이제 더 이상 궁금해 하고만 있지 마세요. 지금 바로 행동에 나서 보세요. 연민의 대화를 구성하는 네 가지 요소를 모두 사용해 상대에게 이렇게 물어보세요.

관찰 "우리 둘이 함께 있을 때"
느낌 "난 조금 불편하기도 해. 네가 해야 할 중요한 일이 많을 텐데, 나와 이렇게 시간을 보내는 게 말이야."
욕구 "물론 너와 함께할 때 느껴지는 친밀감이 난 좋아."
부탁 "그런데 나와 함께 있으면 어떤 점이 좋니? (너의 어떤 욕구가 충족되는지) 말해 줄래?"

이렇게 물어보면 두 사람의 우정으로 충족되는 각자의 욕구를 터놓고 이야기할 수 있습니다. 이 과정을 통해 두 사람의 연결은 더욱 깊어집니다. 상대가 당신을 어떻게 생각하는지 그저 궁금해 하기보다 제대로 알아보세요. 그러면 마음이 훨씬 편안해질 것입니다.

 오늘은 당신이 친구가 되어 그의 삶이 어떻게 달라졌는지 친구에게 직접 물어보세요.

↣ ↣ ↣ ↣ 3월 20일 ↢ ↢ ↢ ↢

사랑은 무엇보다 '자신'을 선물로 주는 것

• 장 아누이

받아들임 요청하기

최근에 나의 친구가 자신의 남편에게 이야기했습니다. 남편이 힘들어하는 친구의 성격의 일면을 받아들여 달라고 말입니다. 그러나 남편이 친구의 성격을 받아들인다고 해서 친구의 성격에 동의하거나 좋아해야 하는 것은 아닙니다. 또 친구의 행동 때문에 남편이 힘들 때 남편이 스스로를 돌볼 수 없다는 의미도 아닙니다. '받아들인다'는 것은 단지 상대의 성격을 그 사람이라는 온전한 존재의 일부로 인정하면서 그것과 함께 살겠다고 결심하는 것입니다. 우리 중 배우자의 성격을 구석구석 좋아하는 사람이 있을까요? 그것은 매우 힘든 일입니다. 하지만 배우자의 존재를 하나의 전체로 인정하면서 그가 나의 삶에 다양한 방식으로 기여하고 있다는 사실을 알아볼 수는 있습니다. 이것이 받아들임입니다.

 오늘은 상대의 성격 가운데 마음에 들지 않는 부분을 의식해 보고 그것을 그 사람 전체의 일부로 받아들일 수 있는지 보세요.

⤳ ⤳ ⤳ ⤳ 3월 21일 ↜ ↜ ↜ ↜

세상을 움직이려는 자는 먼저 자신을 움직여야 한다.

• 소크라테스

당신이 찾는 변화가 되어라

나는 사람들과 함께 친밀감과 기쁨을 느끼고 연결하길 바라며 삶의 많은 시간을 보냈습니다. 사람들이 나에게 친밀감과 기쁨을 전하고 그들과 더 많이 연결하길 바랐습니다. 한번은 스태프 회의 참가자들이 내가 원하는 만큼 서로 연결하지 못하고 있는 것에 나는 크게 실망했습니다. 그것은 진실성에 대한 나의 욕구를 충족해 주지 못했습니다. 더구나 연민의 대화(비폭력대화)에서 사람들과 깊이 연결해야 한다고 배웠기에 실망감은 더 컸습니다. 나는 이 문제로 몇 개월 동안 커다란 마음의 고통을 겪었습니다. 그러던 어느 날 아침, 잠에서 깨자마자 이런 생각이 머리를 스쳤습니다. '메리, 사람들과 깊은 연결을 맺고 싶으면 네가 먼저 해 봐! 다른 사람이 연결해 주길 기다리지만 말고.' 나는 속으로 고민했습니다. '안 돼. 못해. 누구도 연결을 원치 않으면 나만 창피를 당하는 거야.' 그렇지만 나는 자신에게 이렇게 물었습니다. '네가 정말 원하는 게 뭐니?' 그러자 이런 답이 나왔습니다. '스태프 회의 참가자들과 더 많이 연결하길 원해.' 마침내 나는 깨달았습니다. 내가 먼저 그들과 연결하기보다 그들이 내게 먼저 연결해 주기를 마냥 기다리고 있었다는 사실을요! 이런 태도는 동료들에게도 나에게도 서로 연결하는 데 도움이 되지 않았습니다. 그래서 나는 커다란 두려움에도 불구하고 스태프들과 연결하겠다는 마음으로 다음 스태프 회의에 참석했습니다. 그리고 뒤이은 세 차례 회의에도 이런 태도로 참가했습니다. 그러자 두 명의 참가자가 말했습니다. 나의 행동이 눈에 띄게 바뀐 것을 알아보았다고요. 그리고 나의 행동이 변하자 모든 회의 참가자의 태도도 바뀌었다고 했습니다!

지금 당신의 삶에서 더 많았으면 하는 것이 있나요? 당신이 바라는 경험을 다른 사람이 먼저 주기를 기대하기보다 당신 스스로 원하는 변화가 되어 보세요. 어떻게 하면 그렇게 할 수 있을지 생각해 보세요. 당신 자신이 당신이 원하는 경험이 되어 보세요. 그런 다음 그 변화가 어떤 기적을 불러오는지 지켜보세요.

 오늘은 사람들이 당신에게 해 주었으면 하고 바라는 대로 그들을 대하도록 의식적으로 노력해 보세요.

3월 22일

나의 모든 것은 나의 생각에서 비롯한다.
나의 생각으로 나의 세상을 만들어간다.

• 붓다

세상을 바꾸려면 생각을 바꾸어라

당신은 더 큰 연민의 마음으로 살기를 바라나요? 그렇다면 먼저 당신 자신과 주변 사람에 대해 당신이 어떤 생각을 갖고 있는지 살펴보아야 합니다. 만약 자신과 주변 사람에 대해 판단을 내리며 그들을 비난하고 있다면 그런 태도를 바꾸는 작업부터 해야 합니다.

몇 년 전 나는 내가 주변 사람들에 대해 늘 판단을 내리고 있음을 알고는 그것을 바꾸기 위해 많은 노력을 기울였습니다. 그동안 내가 너무 경직되어 있고 무뚝뚝하다는 말을 몇몇 사람에게 들었거든요. 나는 오랫동안 그것이 '그들의' 문제라고만 여겼습니다. 그러다 마침내 '내가' 사람들과 의미 있는 관계를 맺지 못하고 있다는 사실을 알았습니다. 그리고 나의 행동 때문에 사람들이 나에게서 튕겨 나갔다는 사실도 깨달았습니다. 그때 이후로 나는 상대방에 대해 판단하는 생각이 일어날 때마다 나의 느낌과 욕구로 바꾸어 해석하기로 했습니다. 가령 영화관에 늦게 도착한 상대에게 '왜 이렇게 느려터졌어?' 같은 생각이 일어날 때면 이렇게 바꾸어 생각했습니다. '좌절감이 느껴져. 왜냐하면 난 우리가 영화관에 제시간에 도착하길 원하거든.' 누군가에 대해 판단하는 생각이 일어날 때마다 그것을 나의 느낌과 욕구로 바꾸어 해석했습니다. 그 뒤로 나 자신에 대한 부정적인 생각이 일어날 때도 나의 느낌과 욕구로 바꾸어 해석할 수 있었습니다. 그렇게 4개월을 지내자 완전히 다른 느낌이 들었습니다. 주변 사람들은 나의 태도가 더 부드러워졌고 기쁨에 넘쳐 보인다고 말했습니다. 그것은 놀라운 경험이었습니다. 생각을 바꿔보세요. 당신의 삶이 달라질 것입니다.

 오늘 하루, 당신 자신과 주변 사람에 대해 판단을 내리고 있는 때를 알아보고 그 판단을 당신의 느낌과 욕구로 바꾸어 해석해 보세요.

⤳ ⤳ ⤳ ⤳ 3월 23일 ⟵ ⟵ ⟵ ⟵

힘에 대한 사랑을 사랑의 힘으로 바꾸어 보라.
그러면 평화가 무엇인지 알 수 있을 것이다.
• 윌리엄 글래드스톤

사랑이 모든 것을 해결한다

저녁식사 직후에 설거지를 해치우고 싶은 당신은 십대 아들에게 매일 저녁 그렇게 하도록 시킵니다. 또 사장인 당신은 직원들이 아침 8시까지 시간에 맞춰 출근하기를 원합니다. 그러지 않으면 벌을 줄 궁리를 하고 있습니다. 이때 당신은 부모로서 그리고 사장으로서 힘(권력)을 가졌다고 생각하고 있습니다. 또는 자신이 자녀나 직원보다 더 잘 안다고 생각합니다. 그러나 당신이 원하는 것을 다른 사람에게 억지로 시키는 것이 정말로 즐거운 일일까요? 다른 사람에게 권력을 행사하는 것이 정말 즐거운가요? 이때는 잠시 상대방과 연결하는 시간을 가져 보세요. 그러면서 아들이 오늘 저녁, 밥을 먹은 뒤 바로 설거지를 하고 싶지 않다면 이유가 무엇인지 생각해보세요. 직원들은 왜 아침 8시까지 출근하기 어려워하는지 알아보세요. 그런 뒤 쌍방의 욕구를 함께 충족할 수 있는 해결책을 찾아보세요. 이것은 사랑의 행위입니다. 이때 당신은 자신이 원하는 것에만 집중하지 않고 상대방의 욕구도 함께 배려하는 시간을 갖습니다. 자신이 원하는 것으로부터 상대방의 욕구를 배려하는 것으로 의식을 전환할 때 당신의 개인적인 관계와 직업상 관계에 큰 변화가 일어날 것입니다. 사랑은 모든 것을 해결합니다.

 문제의 해결책을 찾는 과정에서 상대방의 욕구와 연결하는 기회를 가져 보세요. 이렇게 연결했을 때 어떤 느낌이 드는지 보세요.

>·>·>·> 3월 24일 <·<·<·<

서로 신뢰하지 못하는 것보다 우리를 더 외롭게 하는 것이 있을까?
• 조지 엘리엇

신뢰에 대한 욕구 충족하기

한때 나는 말을 자주 바꾸는 사람과 사귄 적이 있습니다. 어떤 일에 대해 물으면 그는 항상 이런저런 설명을 늘어놓았습니다. 그의 말을 도저히 믿을 수 없는 경우도 있었습니다. 나는 우리가 사귀는 동안 내가 처한 실재(현실)에 관해 스스로 질문했습니다. 그러자 그 시간 동안 나는 신뢰에 대한 나의 욕구가 충족되는가가 아니라, 상대가 진실을 말하고 있는가에 초점을 맞추었다는 사실을 알았습니다. 어떤 의미에서 나는 상대의 실재에 귀를 쫑긋 세움으로써 신뢰에 대한 내 욕구를 충족하고자 했던 것입니다. 그와의 관계에서 나는 소중한 교훈을 얻었습니다. 중요한 것은 '무엇이 진실인가'보다 '신뢰에 대한 나의 욕구가 충족되는가'입니다. 신뢰에 대한 나의 욕구가 충족되면 상대를 비난하며 그를 거짓말쟁이로 여길 필요도 없어집니다. 나의 욕구가 충족되고 있는지에 집중하면 됩니다. 그것이 충족되지 않고 있다면 상대의 욕구를 존중하는 동시에 나의 욕구를 충족하는 데 필요한 것을 구체적으로 부탁해야 합니다. 상대를 비난하는 것에서 욕구의 충족으로 초점을 옮기자 나의 관계는 크게 발전하였습니다.

 오늘은 신뢰에 대한 당신의 욕구가 충족되지 않는 때를 의식해 보고 그것을 충족하려면 상대에게 어떻게 부탁하면 좋을지 생각해 보세요.

3월 25일

자유는 최고의 선이다. 특히 자신이 설정한 한계에서 자유로워지는 것이.

• 엘버트 허바드

안전한 실험

완벽을 추구하는 자신을 본 적이 있나요? 그러다 생각만큼 되지 않아 풀이 죽었던 적은요? 아마도 있을 것입니다. 그러나 이제부터는 완벽을 추구하지 않겠다고 자신과 약속해 보세요. 어쨌든 완벽이란 불가능한 목표이니까요. 완벽을 기대한다면 기쁨을 느끼는 능력이 줄고 맙니다. 그러니 완벽은 일단 제쳐둡시다. 대신, 안전한 실험을 해 봅시다. 새로운 행동에 도전할 때 그것을 제대로 하려면 여러 차례 시도가 필요하다는 사실을 처음부터 인정하는 겁니다.

공감을 익히는 경우를 예로 들어 봅시다. 공감은 상대의 느낌과 욕구에 귀를 기울이는 것입니다. 오늘 한 사람을 택해 그에게 공감해 보세요. 상사, 동료, 친구, 자녀, 배우자, 어머니 등 누구라도 상관없습니다. 심지어 마트 계산원도 좋습니다. 그 사람이 불편함, 슬픔, 상처 등의 감정을 표현할 때 단순히 그의 느낌과 욕구를 되비쳐 말해 보세요. 가령 자동차 수리를 맡긴 정비공에게 당신은 요즈음 일이 어떤지 묻습니다. 정비공이 대답합니다. "실제로 아주 잘 되고 있어요. 일이 많다고 불평하긴 싫지만 사실 너무 바빠 따라잡기 힘들 정도예요." 이때 정비공의 느낌과 욕구는 무엇일까요? 이렇게 말해 보면 어떨까요? "약간 딜레마에 빠진 것 같군요? 일이 많아 즐겁기도 하지만, 한편으로 일이 벅차 지치기도 하고요." "맞아요, 바로 그거예요." 그렇습니다. 당신은 지금 차량 정비공에게 공감을 했습니다. 이렇게 공감한 뒤 당신에게 어떤 느낌이 드는지 보세요. 또 상대는 어떻게 느낄지 생각해 보세요. 기억하세요, 우리는 완벽을 추구하는 것이 아닙니다. 안전한 실험을 하는 것입니다.

 오늘은 한 사람에게 공감한 뒤 어떤 느낌이 드는지 보세요.

⇢ ⇢ ⇢ ⇢ 3월 26일 ⇠ ⇠ ⇠ ⇠

상대의 거절은 신의 개입인지 모른다.

• 작자 미상

결과 받아들이기

당신은 자신이 원했던 것을 얻지 못한 적이 있나요? 그런 일이 생기면 처음에는 실망하고 상처 입고, 심지어 낙담할 수도 있습니다. 그러면서 상대에게 거절당했다고 자신에게 속삭일 것입니다. 그런데 그 뒤 당신이 훨씬 좋아하는 어떤 일이 찾아옵니다. 당신은 처음에 원했던 것을 얻지 못한 일을 오히려 다행이라 여깁니다. 휴, 원했던 것을 얻지 못한 것이 더 잘된 일이었습니다! 상대가 거절할 때 그것을 다른 식으로 받아들이면 어떨까요. 오래 전에 누군가 내게 말했습니다. "상대의 거절은 신의 개입이다" 라고요. 그 말은 내게 큰 깨달음으로 다가왔습니다. 상대에게 거절을 당할 때마다 그렇게 바라보면 어떨까요? 그렇게 할 수 없을까요? 모든 일이 일어나는 데는 이유가 있고, 모든 사람이 존재하는 데도 이유가 있습니다. 이것을 믿는다면 당신이 원하는 것을 얻지 못할 때에도 신성한 힘이 우리를 대신해 작동하고 있다고 믿지 못할 이유가 있을까요? 우리가 할 일은 매일매일 자신이 해야 할 일을 하는 것입니다. 다시 말해 이 세상에 평화와 기쁨을 창조하기 위해 당신이 할 수 있는 어떤 일이든 하는 것입니다. 나머지는 우주가 알아서 할 것입니다. 얼마나 마음 놓이는 일인가요!

 오늘은 상대에게 거절을 당했을 때 그것을 신의 개입이라 생각해 보고, 그랬을 때 당신의 느낌이 어떻게 바뀌는지 보세요.

> →·→·→·→ **3월 27일** ←·←·←·←
>
> 어제의 일로 오늘을 낭비해서는 절대 안 된다.
> • R. H. 넬슨

현재에 머물기

당신은 얼마나 자주 미래의 일 때문에 걱정하거나 과거의 일을 계속 곱씹고 있나요? 대개 우리가 괴롭다고 느끼는 이유는 현재에 머물지 못하기 때문입니다. 집세를 어떻게 낼까 걱정하는 경우를 예로 들어 봅시다. 오늘이 집세를 내는 날인가요? 만약 아니라면 당신은 미래의 일을 걱정하고 있는 것입니다. 기한 내에 집세를 내기 위해 당신이 오늘 할 수 있는 일이 있나요? 있다면 그 일을 하십시오. 그렇지 않다면 그에 대해 걱정한다고 해서 상황을 해결하는 데 도움이 되지 않을 것입니다. 또 당신이 어젯밤 엄마에게 한 말 때문에 슬픔을 느낀다고 합시다. 지금 와서 그에 대해 당신이 할 수 있는 일이 있나요? 있다면 그것을 하십시오. 그렇지 않다면 그 일을 자꾸 되새기는 것이 도움이 될까요? 미래를 걱정하고 과거를 곱씹는 자신을 볼 때면 지금 이 순간 상황을 개선하기 위해 무엇을 할 수 있을지 생각해 보세요. 그것을 할 수 있다면 행동을 취하고, 그렇지 않다면 걱정은 그만두고 현재에 머물러 보세요.

 오늘은 하루를 지내며 현재 순간에 집중하도록 자신에게 자주 일깨워 주세요.

→ ·→ ·→ ·→ **3월 28일** ← ← ← ←

말은 변화를 일으키는 일종의 행동이다.
구체적으로 표현한 말은 그 자체로 완벽한, 산 경험이다.

• 잉그리드 벤지스

곧바로 부탁하기

누군가에게 부탁을 할 때 기억해야 할 몇 가지가 있습니다. 우선, 부탁은 구체적으로 해야 합니다. 당신이 느끼기에 모호한 부탁이라면 상대도 그렇게 느낄 것입니다. 또 부탁은 실행 가능해야 합니다. 상대가 할 수 없다고 생각되는 것을 바라고 있다면 그가 아닌 다른 사람에게 부탁해야 합니다. 아니면 당신의 욕구를 충족하기 위해 상대가 할 수 있는 다른 일을 생각해 봐야 합니다.

부탁에서 가장 중요한 부분 중 하나는 특정 상황에서 당신의 관찰과 느낌, 욕구를 상대에게 전한 뒤, 즉시 부탁해야 한다는 점입니다. 세탁소에 드라이클리닝을 맡긴 당신의 12사이즈 울 스웨터가 세탁 후 2사이즈가 되어 돌아왔습니다. 당신은 세탁소 사장에게 말합니다. "새 사이즈로 돌아온 스웨터를 보니 마음이 불편하군요. 당신의 직원들이 내 물건을 소중히 다룰 거라고 믿고 싶었거든요." 이때 당신은 관찰, 느낌, 욕구는 표현했지만 부탁은 하지 않았습니다. 그 결과, 세탁소 사장은 방어적인 태도로 걱정에 싸인 채 사정을 설명하려 할 것입니다. 직원들을 옹호하거나 그 밖의 방법으로 대응할 것입니다. 무엇보다 사장은 지금 당신이 원하는 것을 추측해야 하는 입장에 놓입니다. 만약 당신이 스웨터 값에 대한 보상 등 구체적인 부탁으로 말을 맺었다면 사장은 당신이 무엇을 원하는지 정확히 알았을 것입니다. 당신이 요구한 금액을 지불할 수도 있고, 아니면 다른 최종 해결책을 두 사람이 협상할 수도 있을 것입니다. 상대에게 관찰, 느낌, 욕구를 전한 '직후에' 부탁을 해 보세요. 그러면 상황이 더 분명해지고 상대의 방어적인 태도와 다툼의 소지도 줄일 수 있습니다. 바로 부탁하지 않으면 상대는 우리가 무엇을 원하는지 추측해야 하는 입장에 놓입니다.

 오늘은 관찰, 느낌, 욕구를 전한 직후에 부탁을 해 보세요. 이렇게 했을 때 두 사람 모두 상황을 더 분명히 이해하게 되는지 보세요.

⤳ ⤳ ⤳ ⤳ 3월 29일 ⬳ ⬳ ⬳ ⬳

진실은 가장 강력한 향정신성 약물이다.

• 릴리 톰린

(…그리고 그것은 진실이다)

• 이디스 앤

자신의 진실을 말해 막힌 상태에서 벗어나기

당신은 문제 해결에 도움이 되는 말을 전혀 떠올릴 수 없는 상황에 처한 적이 있나요? 나중에 후회할 것 같은 말밖에 떠오르지 않는 상황 말입니다. 이럴 때 많은 사람들이 그냥 입을 닫아 버리고는 아무 말도 하지 않습니다. 내가 최근에 이끈 어느 그룹에서 두 참가자가 화를 내며 다툰 적이 있었습니다. 한 참가자가 자신의 화난 감정을 표현하고는 바로 입을 닫아 버렸습니다. 나는 그녀의 느낌과 욕구를 추측하고는 그녀에게 무슨 일이 일어나고 있는지 알게 해 달라고 부탁했습니다. 그녀는 그냥 괜찮다는 말만 하고는 더 이상 할 말이 없다고 했습니다. 그 다음 주에 그 일에 대해 그룹에서 다시 이야기를 나누었습니다. 그 참가자는 그때 자신이 나중에 후회하지 않을 말을 떠올릴 수 없었다고 했습니다. 그녀는 이것을 '입에 지퍼를 단다'고 표현했습니다. 나는 '입을 닫아 버린다'고 표현합니다. 자신의 진실을 말하고 상대의 진실에 귀 기울임으로써 불신을 극복하기 위해서는 용기가 필요합니다. 입을 닫는다고 해서 문제가 해결되지 않습니다. 그것은 욕구를 충족하는 데 조금도 도움이 되지 않습니다. 당신이 말하는 방식이 마음에 들지 않더라도 자신의 진실을 말하는 데 온전히 전념해 보세요. 자신의 진실을 말할수록 자신을 살리는 말을 지혜롭게 할 수 있습니다. 여느 일과 마찬가지로, 있는 그대로 자신을 표현하는 법을 익히는 것은 멋진 보상을 가져다주는 과정입니다.

 오늘은 당신의 진실을 말하는 데 전념해 보세요.

> > > > 3월 30일 < < < <

진실을 빨리 말할수록 더 좋은 삶을 살 수 있다.
• 매켄지 조던

있는 그대로 말하는 것은 사랑의 표현

연민의 대화를 배우기 전에 나는 어떤 일이든 꾸물대는 습관이 있었습니다. 그때는 이렇게 생각했습니다. "오, 상황이 그렇게 나쁘지 않아. 괜찮아질 거야." 그러면서 몇 일, 몇 주, 심지어 몇 달 동안 마음속으로 그 일을 뭉갰습니다. 그러다 이윽고 짜증을 내며 폭발하고는 했습니다. 여기서 '폭발'이란 갑자기 다른 사람에게 고함을 지르거나 그들을 내 삶에서 완전히 차단하는 것을 말합니다. 이 모든 것이 나의 감정을 제때 표현하지 않았기 때문입니다. 또는 내가 전하는 정보를 상대가 어떻게 받아들일지 염려스러웠기 때문입니다. 이런 과정은 당사자 모두에게 조금도 유익하지 않았고 고통만을 가져다주었습니다. 나는 있는 그대로 즉시 말하지 않음으로써 사소한 문제를 큰 문제로 키우고 있었습니다. 그러나 이제는 압니다. 사소한 문제가 큰 문제로 커지기 전에 있는 그대로 말하면 대부분의 경우 큰 문제로 비화하지 않는다는 사실을요. 때로 나의 솔직함이 상대의 고통을 자극할까 걱정되지 않느냐고요? 물론, 걱정됩니다. 하지만 있는 그대로 제때 말하지 않으면 더 큰 고통이 일어날 것입니다. 있는 그대로 당신을 표현할 때 사랑과 존중에 대한 당신의 욕구가 충족됩니다. 당신과 함께하는 사람들을 솔직하게 대할 때 그들을 향한 사랑과 존중을 보여줄 수 있습니다. 그럴 때 당신이 관계를 존중하며 서로의 연결이 지속되기를 바란다는 점을 보여줄 수 있습니다.

오늘은 마음이 불편하고 상처 입고 실망하고 화가 날 때도 당신 자신을 솔직히 표현함으로써 당신과 상대에 대한 사랑을 보여주세요.

⤳·⤳·⤳·⤳ 3월 31일 ⬳·⬳·⬳·⬳

말을 신중히 다루어라. 말에는 원자폭탄보다 더 큰 힘이 있으니.

• 필 스트라찬

자신의 가장 깊은 욕망 전달하기

지금 살면서 당신이 맺고 있는 관계가 행복하지 않다고요? 그렇다면 당신의 소통 패턴에 문제가 있을 가능성이 높습니다. 우리는 진정으로 자신이 원하는 것을 상대에게 부탁하기보다 자신을 방어하려고 애쓰는 경우가 더 많습니다. 누군가 당신과 여러 사람에게 '답장하도록 초대하는' 이메일을 보냈습니다. 바쁜 당신은 답장하지 않기로 합니다. 또는 그 주제에 관한 대화를 계속하고 싶은 마음이 없습니다. 그러나 답장을 받지 못한 상대는 마음에 상처를 입고 실망할 것입니다. 그가 원했던 것은 모든 사람에게 답장을 받는 것이었습니다. 그는 자신이 정말로 원하는 것, 즉 모든 사람이 답장하도록 요청하는 것이 쑥스러워 '답장하도록 초대하는' 메일을 보냈던 것입니다. 그는 자신을 보호하려 했지만 그런 자신의 욕구를 충족하지 못했습니다. 이에 그는 답장하지 않은 당신과 다른 사람들을 향해 몰래 원망하는 마음을 키울지 모릅니다. 당신은 그와의 사이에 긴장이 일어나는 것을 느낍니다. 당신이 그 일에 관해 묻자 그가 대답합니다. "아무 문제없어요." 이런 상황은 매일처럼 일어납니다. 자신이 원하는 것에 대해 솔직하게 말할 때 관계가 향상할 수 있습니다.

 오늘은 당신이 진정으로 원하는 것을 요청하지 않고 자신을 방어하려고 하는 때가 없는지 살펴보세요.

4
월

명
상

·→ ·→ ·→ ·→   **4월 1일**   ←· ←· ←· ←·

사랑은 우리가 하나임을 알아보는 것이다.

당신이 곧 그들임을 알아보는 것이다.

하나임을 알아보는 것, 이것이 사랑이다.

• 에크하르트 톨레

다른 사람의 실재 알아보기

당신이 처한 실재(현실)뿐 아니라 다른 사람의 실재도 알아볼 수 있나요? 다시 말해 배우자와 다툴 때면 당신의 생각을 표현하는 동시에 상대의 견해도 함께 인정할 수 있나요? 상대의 실재도 함께 알아보는 것, 이것이 우리가 추구하는 궁극의 목표입니다. 상대가 처한 실재를 알아볼 때 옳음과 그름, 좋음과 나쁨의 구분이 사라집니다. 이것은 사람들이 나와 다르게 세상을 본다는 사실을 받아들이는 것입니다. 또 내가 그들의 욕구를 내 욕구만큼 존중한다는 의미이기도 합니다.

퇴근 후 집에 돌아왔더니 남편이 쏘아댑니다. "제시간에 들어오는 법이 한 번도 없군요. 당신을 기다리는 것도 이제 지긋지긋해요." 당신은 지난 이틀 저녁에 늦게 귀가했다는 사실을 깨닫습니다. 하지만 제때 귀가한 적이 '한 번도' 없다거나 늘 늦는다는 남편의 말에는 동의할 수 없습니다. 우선 당신은 남편에게 공감합니다. "당신 화났어요? 오겠다고 한 시간에 내가 온다고 믿고 싶었던 거죠?" "그래요! 당신 상황을 이해 못하는 건 아니지만 그게 바로 내가 원하는 거예요." "그러니까 당신은 화가 날 뿐 아니라 내가 당신과 했던 약속을 지킬 거라는 믿음을 잃었다는 거군요." "그래요, 정말 희망이 안 보여요." 상대의 말수가 줄거나 목소리 톤이 낮아지면 당신이 상대를 충분히 경청하고 공감했다고 추측할 수 있습니다.

이제 당신을 표현할 차례입니다. "당신이 화난 걸 알겠어요. 약속한 시간에 내가 귀가한다고 믿고 싶다는 것도요. 나도 그걸 원해요. 그런데 나도 안타까워요. 지난 일 년 동안 늦게 퇴근하는 습관을 바꾸려고 무던히 노력했거든요. 이번 주는 특히 스트레스가 심했어요. 맡은 프로젝트가 마무리 단계여서 최종 완성하느라 세 번이나 늦게 퇴근했죠. 그러니 내가 한 번도 제시간에 귀가한 적이 없다는 당신의 말에 마음이 불편하군요. 내가 이번 주에 얼마나 힘들었는지 이해해 줬으면 해요. 내가 지난 일 년 동안 대부분 저녁에 제때 귀가한 건 당신도 알죠?" 지금 상대가 당신의 정보에 동의하는지 당신은 구체적으로 물어보고 있습니다. "그렇군요. 당신이 이번 주에 부쩍 늦게 들어오니까 불쑥 화가 올라왔나 봐요. 당신의 오랜 습관이 다시 시작되는 건 아닌가 해서 걱정도 되었고요." 이때 당신은 남편에게 다시 한 번 공감할 수 있습니다. "그래요. 내 오랜 습관이 다시 도지는 게 걱정될 거예요. 이번 주 야근이 잦을 거라고 당신에게 미리 알리지 않은 건 내 불찰이에요."

말다툼에서 이기거나 자신이 옳음을 증명하려고만 하면 삶은 부족해지고 좁아집니다. 한편, 당신과 상대가 처한 실재를 사랑으로 함께 품는 널따란 공간에 머물면 어떤 느낌일까 상상해 보세요. 이런 의식을 가지고 살면 어떤 느낌일까 떠올려 보세요. 이 널따란 공간에 머물 때 당신의 삶은 더욱 풍요로워지고 충만해질 것입니다.

 오늘은 당신이 옳다고 증명하거나 상대를 이겨야 한다는 욕망을 극복해 보세요. 그 욕망을 상대를 이해하고 연결하려는 욕망으로 바꿔 보세요.

⟫·⟫·⟫·⟫ 4월 2일 ⟪·⟪·⟪·⟪

가장 멋진 사랑의 초대장은 먼저 사랑하는 것이다.
• 성 아우구스티누스

먼저 움직이기

사람들은 종종 이렇게 말합니다. "왜 항상 내가 먼저 해야 해?" 내가 하는 노력만큼 사람들이 움직여 주지 않을 때 우리는 힘이 빠집니다. 이런 일은 특히 커플과 동료 사이에 자주 일어납니다. 관계의 한쪽이 먼저 문제 해결을 시도합니다. 자신이 처한 현재 상황을 분명하게 이해한 그는 상대방도 자신과 똑같은 열정으로 문제 해결에 임하기를 바랍니다. 그러나 뜻한 대로 상대가 움직여 주지 않으면 좌절을 느끼고 자기만큼 배려심이 없는 상대에 대해 판단을 내립니다. 그러나 이런 식의 생각의 고리에 빠지면 자신의 욕구를 충족하기는 계속해서 어려워집니다. 이럴 때는 이렇게 생각해 보세요. '애당초 내가 문제 해결에 뛰어든 이유가 뭐였지? 사랑과 연결에 대한 나의 욕구를 충족하기 위해서였잖아.'

사랑과 연결에 대한 당신의 욕구를 충족하는 데 최선의 방법은 무엇일까요? 그저 상대를 사랑하고 상대와 연결하는 것밖에 없지 않을까요? 상대에게 '의지해' 사랑과 연결을 얻을 수 있다고 생각한다면 실망하고 좌절하는 일이 자주 생깁니다. 당신이 자신의 행동을 변화시키는 등 개인적인 성장을 위해 노력하는 이유는 '당신 자신'의 욕구를 충족하기 위해서임을 기억하세요. 그러면 상대에게 실망하는 일도 적을 것입니다.

 오늘은 당신 스스로 개인적 성장의 노력을 기울여 충족하고 싶은 욕구가 무엇인지 알아보세요.

⟶ ·⟶ ·⟶ ·⟶ 4월 3일 ⟵· ⟵· ⟵· ⟵

그녀는 감정은 완전히 바닥나 부정적인 생각조차 일으킬 수 없었다.

• 셰릴 자이

공감이 가장 필요한 때

당신의 감정은행 계좌의 잔고는 어떤가요? 잔액이 얼마나 남았나요? 아니면 텅 비었나요? 나는 감정은행 계좌의 잔고를 일정액으로 유지하려고 노력합니다. 다시 말해, 내가 받은 것보다 더 많이 주려고 무리하지 않습니다. 왜냐하면 나의 잔고가 바닥나면 다른 사람에게 내어줄 것도 남지 않으니까요. 그렇게 되면 후회할 밀과 행동을 할 가능성도 커지고요. 그렇다고 인간관계에서 내가 받은 꼭 그만큼만 상대에게 돌려준다는 의미는 아닙니다. 실제로 사람들에게 내어주는 만큼 그대로 받게 되지도 않지요. 나는 도움이 절실한 친구에게 상당한 에너지와 노력을 쏟을 때가 있습니다. 그렇게 해서 기운이 빠지면 다른 친구에게 전화를 겁니다. 그 친구의 사랑과 도움으로 내 감정은행 계좌의 잔고를 채웁니다. 내 감정은행 계좌의 잔고를 유지하는 일은 누구도 아닌 '내가' 해야 하는 일입니다. 내 감정은행 계좌의 잔고가 얼마 남지 않았음을 알아보는 책임은 다른 사람에게 있지 않습니다.

얼마 전 나는 어떤 일로 마음이 심란했습니다. 마음이 불편해 일에 제대로 집중하기 어려웠지요. 마침 두 시간 뒤에 고객이 찾아오기로 되어 있었습니다. 나는 내 일이 소중하며 고객의 삶에 기여하는 바를 중요하게 여깁니다. 따라서 고객을 상대할 때면 고객의 곁에서 제대로 함께하고 싶습니다. 하지만 그 날은 내 감정은행 계좌의 잔고가 너무 적었지요. 그래서 친구에게 전화를 걸어 15분 동안 이야기를 나눴습니다. 친구는 내 말을 들으며 나의 느낌과 욕구를 내가 말한 대로 되비쳐 주는 식으로 공감해 주었습니다. 친구가 한 일은 그게 전부였습니다. 나의 고통스러운 문제는 여전히 사라지지 않았지만 새로운 눈으로 문제를 보게 되었습니다. 더 이상 혼자라고 느껴지지 않았어요. 친구가 내 말을 들어주고 사랑을 베풀어 주는 것만으로 감정은행 계좌의 잔고가 두둑이 채워졌던 겁니다. 나를 찾아온 고객은 커다란 고통에 휩싸인 상태였지만 나는 부드럽고 상냥하게 그를 대할 수 있었어요. 삶이 얼마나 고통스러울 수 있는지, 그리고 사랑이 얼마나 치유적일 수 있는지 여실히 깨달았기 때문입니다.

지금 당신의 감정은행 계좌의 잔고는 어떤가요? 0에서 10까지 점수를 매겨 보세요. 당신이 원하는 것보다 낮은가요? 그렇다면 잔고를 채우려면 지금 무엇을 할 수 있을지 생각해 보세요. 이렇게 하면 당신과 함께하는 모든 사람이, 특히 당신 자신이 유익함을 누릴 수 있습니다.

 지금 당신의 감정은행 계좌가 어떤 상태인지 알아보세요. 잔고가 너무 적다면 오늘 무엇을 해서 잔고를 채울 수 있을지 한 가지를 실천해 보세요.

> → → → → **4월 4일** ← ← ← ←

어머니가 심장을 움켜쥐던 장면이 지금도 기억난다.
어머니는 심장발작으로 죽어 버리겠다고 위협하며 나를 탓했다.

• 익명

기쁨을 통한 동기 부여

당신은 위에 인용한 말에 공감할 수 있나요? 나는 다른 사람의 기대를 충족하지 못할 때 생기는 죄책감을 피해 다니며 삶의 많은 시간을 보냈습니다. 그 결과, 나 자신을 포함한 많은 사람에게 원망의 감정을 키웠지요. 내 안에는 분노가 가득했습니다. 주변 사람의 기대에 맞추려 애쓰거나, 아니면 반항했습니다. 그러면서 내가 무엇을 좋아하고 사랑하고 원하는지 알아보는 데는 노력을 기울이지 않았어요. 지금껏 나를 움직여 온 힘은 죄책감과 수치심, 그리고 걱정이었습니다.

그러다 스물다섯 살에 말 농장을 운영하고 싶은 꿈이 생겼습니다. 나는 그 꿈을 이루기 위해 대학에 가기로 마음먹었습니다. 잘 할 수 있을지 자신은 없었습니다. 도시에서 자란 터라 말에 대해 아무것도 몰랐거든요. 그럼에도 이것이 나의 새로운 커리어가 될 것이라는 확신은 있었습니다. 3년 동안 매주 두 번씩 편도 120킬로미터를 차를 몰고 다니며 '말 관리자 실용 과정' 학위를 땄죠. 나는 원망이나 분노를 조금도 품지 않고 열심히 공부했습니다. 내가 하고 싶은 일이었으니까요. 당시 나를 움직인 힘은 원망과 분노가 아니라 기쁨이었습니다. 결국 그 일이 나와 맞지 않는다는 결론을 내렸지만, 그럼에도 대학에 다니는 것이 너무 신이 나 학사와 석사 학위를 연달아 땄지요. 처음에 주변 사람들은 이런 나에게 눈살을 찌푸렸습니다. 말에 대해 아무것도 모르는 내가 말 농장을 운영하려는 이유를 도무지 이해하지 못했으니까요. 그러나 내가 그 일에 얼마나 전념하고 재미있어 하는지 알게 되자 전폭적인 지지를 보내 주었습니다. 정말로 기쁨으로 가득한 사람을 주변 사람들이 돕지 않을 수 있을까요?

오늘은 당신이 기쁨으로 가득해 행동하는 때를 알아차려 보세요. 그리고 그 때 당신이 어떻게 느끼는지도 느껴 보세요.

→→→→→→ 4월 5일 ←←←←←←

좋은 일을 하는 것으로 충분하지 않다.
좋은 일을 올바른 방식으로 해야 한다.

• 존 몰리

있는 그대로 존재하는 것의 가치

세상의 모든 생명체가 존재하는 데는 나름의 이유가 있습니다. 나도, 당신도 마찬가지입니다. 나는 한때 나의 가치는 나라는 '사람 자체'가 아니라 내가 이룬 '행위'에 있다고 생각했습니다. 그런 생각 때문에 나의 가치를 자신과 타인에게 증명하려 애쓰며 많은 시간을 보냈지요. 그러다 보니 경쟁적인 태도로 살 수밖에 없었고, 상도 타고 존경받는 지위도 얻었습니다. 하지만 그것은 다른 이의 대가를 전제로 하는 경우가 많았습니다. 마트에 차를 몰고 가는 일조차 경쟁이 되어 버렸습니다. 가장 빠르게 직선으로 다녀올 수 있는 차선을 들락날락 하면서 말이죠. 또 나는 다른 사람의 승인과 인정을 구했고, 그것은 그들에게 강압적인 요구가 되어 버렸습니다. 사람들이 나를 최고의 팀원으로 인정해 주지 않으면 그들과 일하지 않으려 했습니다. 삶의 모든 영역에서 최고가 되려고 무던히 애를 썼습니다. 그에 미치지 못할 때면 실망하고 화를 냈습니다.

어느 날 나는 최고가 되려는 나의 야망에 대해 곰곰이 생각하는 나를 발견하고는 이런 질문을 던졌습니다. "너의 최고는 어떤 모습이니? 어느 정도가 되어야 너에게 충분한 거니?" 이때 '최고'란 다른 사람보다 낫다는 의미였습니다. 그것은 '나의 최선'이 아니라 '다른 사람보다 앞서는 것'을 의미했습니다. 내가 뛰어넘을 기준을 다른 사람들이 정하고 있었던 것입니다. 그 기준은 나에게 중요한 가치나 나의 진실성과는 조금도 연결되지 못했습니다. 나는 이런 상황이 슬퍼 한동안 이에 대해 애도했습니다. 그러다 마침내 나의 목표를 분명히 정할 수 있었습니다. 지금은 나 자신에게 도전하고 있으며 그것이 즐겁습니다. 내가 할 수 있는 최선을 다하고 있다는 사실이 무엇보다 기쁩니다. 나는 모든 사람의 욕구를 똑같이 소중히 여기고자 합니다. 따라서 누군가의 희생을 대가로 어떤 일을 성취하는 것은 나에게 더 이상 승리가 아닙니다. 지금 나는 어떤 일을 이루는 '행위'보다 사람들과 '연결'하는 데 더 많은 시간을 보냅니다. 여전히 생산적이며 많은 일을 합니다만 사람들과의 연결과 그들에 대한 연민이라는, 나에게 중요한 가치를 충족하면서 일을 성취합니다. 당신이 목표한 행위를 당신에게 중요한 가치와 연결 지어 보세요. 그러면 기쁨을 느낄 것입니다. 당신에게 중요한 가치는 무엇인가요? 당신이 성취하려고 노력하는 일은 무엇인가요? 그 일을 제대로 이루었음을 당신은 어떻게 알 수 있나요?

오늘은 당신이 이루고 싶은 일을 목록으로 작성한 다음, 당신에게 중요한 가치와 연결해 보세요.

⇢ ⇢ ⇢ ⇢ **4월 6일** ⇠ ⇠ ⇠ ⇠

자리를 피한다고 회복이 되지 않는다.

회복은 그 자리에 머물며 대응하는 법을 배우는 것이다.

제대로 된 관계를 만들고 유지하는 것이 회복이다.

• 멜로디 비티

전념하기

당신은 상대와 불화를 일으키기 싫어 일시적으로 또는 영원히 자리를 피해 버린 적은 없나요? 상황을 해결할 수 없다는 철석같은 믿음으로 아예 갈등에 발을 들이지 않은 적은요? 갈등을 피하거나 거기에 휘말리지 않는 것이 나은 선택일 수도 있습니다. 마음을 가라앉힐 기회를 쌍방에 준다는 점에서요. 그런데 사람들은 종종 '너무 빨리' 포기해 버립니다. 그런 나머지, 문제 해결의 희망을 없애고 맙니다. 이런 태도는 상대에 대한 그 사람의 전념이 어느 정도인지를 나타냅니다. 당신은 상대의 욕구를 소중히 여기는 데 얼마나 전념하고 있나요? 문제 해결의 방안을 찾는 데 얼마나 전념하고 있나요? '내가 하고 싶은 대로 하겠다', '상대가 어떻게 되든 상관없다'는 태도로 갈등에 임하고 있지는 않나요?

그렇다면 대화를 시작하기도 전에 성공의 가능성이 줄어들고 맙니다. 전념이란, 불편하고 힘들어도 자신에게 중요한 가치를 바탕으로 살아가는 태도를 말합니다. 우리는 전념을 선택할 수 있습니다.

한번은 어느 강연자가 마침내 자신의 소울메이트를 찾았다고 말했습니다. 그가 청중에게 물었습니다. "어떻게 그 사람이 나의 소울메이트인지 알 수 있었을까요?" 청중들은 중요한 비결을 기대하며 몸을 바짝 당겨 강연자의 답에 귀를 쫑긋 세웠습니다. 강연자가 말했습니다. "그것은 '당신이 나의 소울메이트'라고 내가 말했기 때문입니다." 강연자는 그녀에게 전념했습니다. 그 소울메이트는 지금은 그의 아내가 되었습니다. 다툼이 있을 때면 두 사람은 문제 해결에 초점을 맞추었습니다. 둘의 관계에 전념했기에 가능한 일이었습니다. 이처럼 작지만 중요한 태도 변화로 두 사람의 관계는 더없이 깊어졌습니다. 상대와 불화가 생겼을 때는 그 사람에 대한 당신의 전념을 분명히 의식해 보세요. 그리고 두 사람을 함께 존중하는 문제 해결 방법을 목표로 삼아 보세요. 당신이 지금 전념하고 있는 사람은 누구입니까? 그 사람은 그 사실을 알고 있나요?

 오늘은 당신이 전념하고 있는 한 사람을 떠올려 보세요. 그러면서 그와 이야기 나누는 중에 그 사람에 대한 당신의 전념을 의식해 보세요.

4월 7일

의심과 불신은 부족한 상상력이 낳은 두려움에 불과하다.
불굴의 마음은 의심과 불신을 극복한다.
넓은 마음은 의심과 불신을 넘어선다.

• 헬렌 켈러

존재 상태로서의 균형

한때 나는 삶의 균형이란 행동을 통해 달성되는 무엇이라고 생각했습니다. 업무 스케줄을 조정해 친구와 가족, 휴식에 더 많은 시간을 보내면 그것이 곧 삶의 균형이라고 여겼습니다. 그러면서 내 삶에 더 큰 균형이 필요하다며 균형을 이루기 위해 할 수 있는 행동들을 열거하고는 했습니다. 삶의 균형을 이루기 위해서는 특정 활동을 늘이거나 줄여야 한다고 생각했습니다. 그러나 지금은 그렇게 생각하지 않습니다. 이제는 삶의 균형을 '영적인 수련' 혹은 '존재의 상태'로 봅니다. 이 책을 쓰는 동안 나는 앞으로 1년이 지나서야 출간될 내용을 창작하느라 많은 에너지를 쏟았습니다. 그러다 보니 그간 해오던 각종 트레이닝과 수업에 필요한 시간이 턱없이 모자랐습니다. 향후 6개월간의 수업 일정은 아예 잡지도 못했습니다. 나는 현재와 미래의 업무 사이에 균형을 잡아야 한다고 생각했습니다. 적어도 수업 스케줄은 잡아야 내 삶의 균형을 회복할 수 있다고 믿었습니다.

그러다 지금부터 앞으로 6개월 동안 나의 삶이 어떤 모습일까 곰곰이 생각해 보았습니다. 문득 6개월 동안의 스케줄을 이미 잡아 놓았다는 사실을 알았습니다. 그것은 지금까지 생각했던 일정과는 다른 모습이었습니다. 트레이닝과 책을 쓰는 데 필요한 시간은 사실 넉넉했습니다. 나의 업무 생활은 예상했던 것과 달랐지만 스스로 균형을 잡아갔습니다. 이처럼, 균형을 잡는다는 것은 자기 내면의 목소리에 귀 기울이는 것입니다. 습관에 떠밀려 행동하는 것이 아니라 삶 자체로 균형을 잡아가고 있음을 깨닫는 것입니다. 이런 의미에서 균형이란 영적 수련이자 존재의 상태라고 할 수 있습니다. 자기 자신과 연결되는 것이라고 해도 좋습니다.

당신의 삶이 지금보다 더 균형을 잡았으면 좋겠다고요? 그렇다면 지금 당신이 무엇을 하고 있는지 객관적으로 보세요. 당신이 정말 원하는 일을 하고 있나요? 당신보다 높은 어떤 존재가 바라는 일을 하고 있나요? 그렇다면 당신의 삶이 균형을 이루고 있다고 확신해도 좋을 것입니다. 만약 그렇지 않다면 당신이 정말로 하고 싶은 일이 무엇인지 생각해 보세요.

 오늘 당신의 삶이 균형에서 벗어나 있다고 생각되나요? 그렇다면 지금 하고 있는 일을 바꿔야 할지, 삶의 균형을 바라보는 관점을 바꿔야 할지 구분해 보세요.

·→ ·→ ·→ ·→　4월 8일　←· ←· ←· ←·

지금껏 우리는 잘못된 일을, 올바른 이유를 대며 해 왔다.

• 멜로디 비티

당신의 욕구 충족하기

매일같이 철물점에 가서 우유를 달라고 하는 어느 여성의 이야기를 들었습니다. 철물점 점원은 여자에게 이곳은 철물점이라 우유를 팔지 않으니 저 아래 식료품점에서 우유를 사라고 했습니다. 그러나 여자는 매일 화를 더 키운 채 철물점을 찾아 기어코 그곳에서 우유를 구해야 한다며 우겼습니다. 여자는 큰 소리로 고함을 지르며, 관리자를 불러오라고 떼를 썼습니다. 그녀는 지금 자신이 처한 상황이 얼마나 심각한지, 자신의 건강에 우유가 얼마나 중요한지 열변을 토했습니다. 자신의 요구사항을 서면으로 적기도 하고, 공증을 받기도 했으며, 심지어 친구가 대신 와서 말하게 했습니다. 그녀는 자신이 곤란한 상황에 처한 얼토당토않은 이유들을 매일 새로 지어냈습니다. '자기 처지를 더 강하게 주장했더라면, 더 똑똑했더라면, 자신이 남자였다면, 더 착하게 굴었다면' 철물점에서 우유를 팔았을 거라면서요. 철물점 점원들은 가게를 찾는 그녀가 무서웠습니다. 그녀가 식료품점에서 우유를 사지 않는 이유를 도저히 알 수 없었습니다.

　당신은 자신이 철물점에서 우유를 사려는 이 여자와 비슷하다고 느낀 적이 없나요? 상냥함을 기대하며 다가간 상대가 그걸 주지 못한다는 걸 알고는 '당신'에게 문제가 있다고 생각하지 않나요? 이런 끔찍한 느낌 때문에 결국 당신은 상대에게 계속 화를 냅니다. 우리가 스스로를 얼마나 큰 고통 속에 밀어 넣는지 알면 놀랄 정도입니다.

그러나 자신의 행동을 살펴보는 것만으로 상대와의 관계에 변화를 일으킬 수 있습니다. 원하는 것을 상대에게 요구했을 때 상대가 어떻게 해도 그것을 줄 수 없는 경우가 있습니다. 이때 내가 원하는 것을 얻는 다른 방법을 찾는 일은 나의 몫입니다. 세상에 나의 욕구를 모두 충족시켜 주는 사람은 없습니다. 내가 원하는 것을 주지 못하거나 줄 의사가 없는 사람을 향해 나의 욕구를 충족해 달라고 주장한다면 둘의 관계를 존중하지 않는 것이 됩니다.

다음번에 상대가 당신의 욕구를 충족해 주지 않는다며 소리 지르고 싶을 때에는 그가 지금까지 당신의 욕구를 충족시켜 준 적이 있었는지 생각해 보세요. 그런 다음 그가 아닌 다른 사람에게서 그 욕구를 충족할 수 없는지 생각해 보세요.

 당신의 욕구 중 충족되지 않는 것이 있을 때 당신이 도움을 청하는 그 사람이 아닌 다른 사람에게 청할 수 없는지 생각해 보세요.

→·→·→·→ 4월 9일 ←·←·←·←

성장과 확장이 시작되었으니 나는 멈출 수 없다.

내 안에는 어떤 경계도, 장벽도, 두려움도 없다.

무엇도 나의 모험을 막을 수 없다. 나는 유동하며 흐르고 있다.

• 아나이스 닌

창의성에 대한 욕구 충족하기

한때 나는 내가 흡족할 만큼 그림을 그리지 못하면 나는 창의성이 부족한 사람이고 생각했습니다. 그러나 이제는 창의성에 대한 욕구를 충족하는 방법이 다양하다는 것을 알게 되었습니다. 내가 쓴 글이 마음에 들 때, 풀리지 않던 문제를 해결했을 때, 집안 인테리어를 장식할 때, 나는 창의적인 사람이 됩니다. 웹스터 사전에는 '창의적(creative)'을 '원래의 생각에서 비롯하는'으로 정의합니다. 당신의 삶에서 무엇이 되었든 새로운 어떤 것을 만들었다면 창의성에 대한 당신의 욕구를 충족하는 것이 됩니다. 오늘, 당신이 가진 창의성을 축복해 보세요!

 오늘은 창의성에 대한 당신의 욕구를 행동을 통해 충족하는 방법이 무궁무진하다는 사실을 의식해 보세요.

·›·›·›·› 4월 10일 ‹·‹·‹·‹

누구도 친구 없이는 행복할 수 없다.
또한 불행해지기 전까지 친구를 확신할 수 없다.

• 토머스 풀러, M.D.

사람들이 나를 돕도록 허용하기

얼마 전 나는 심각한 교통사고를 당해 꼬박 사흘 밤을 집중 치료실에서 지내야 했습니다. 퇴원하고 나서는 몇 주 동안 곁에서 돌봐줄 사람이 필요했습니다. 제정신이 아니었던 나는 결정과 판단을 대신 내려줄 믿을 수 있는 사람이 필요했지요.

이 일로 나는 우리가 서로 돕는 공동체에 살고 있다는 사실을 절실히 깨달았습니다. 친구와 형제들이 도움을 주었습니다. 그들은 나와 함께 머물며 음식을 가져다주었습니다. 내가 알아야 하지만 기억하지 못하는 일들을 끊임없이 상기시켜 주었습니다. 내가 누구인지 떠올리지 못할 때 그들은 나를 대신해 기억해 주었습니다. 나는 그들에게 도움을 요청한 적이 없었습니다. 내가 도움이 필요하다는 사실조차 몰랐지요. 그럼에도 몇 주, 몇 달 동안 그들은 계속해서 나를 도왔습니다. 나를 가장 놀라게 한 건, 그들이 내게 베푼 도움에 얼마나 큰 사랑이 깃들어 있었는가, 그리고 그 사랑이 우리 공동체를 얼마나 하나로 만드는가 하는 점입니다.

이런 이야기는 세상 곳곳에서 일어납니다. 진실은, 우리는 누구나 서로의 삶에 도움을 주고 싶어 한다는 사실입니다. 우리는 서로에게 도움을 베풀고자 합니다. 왜냐하면 그것이 기여와 사랑, 돌봄과 변화에 대한 우리의 욕구를 충족하기 때문입니다. 우리는 천성적으로 '주는' 존재입니다. 당신은 도움이 절실히 필요한 사람에게 무언가를 주고 싶지 않나요? 그리고 당신을 기꺼이 도와주려는 사람을 어렵지 않게 떠올릴 수 있을 것입니다. 우리는 누구나 상대를 돕고 싶어 합니다. 우리 자신도 상대의 도움을 바랍니다. 이 점을 함께 인정해 봅시다. 언제나 당신만이 상대를 도와야 한다고 생각하지 마세요. 당신이 상대를 도울 때 느끼는 기쁨을, 상대가 당신을 도울 때도 똑같이 누리게 해 주세요.

 오늘은 당신이 상대를 돕고 싶어 한다는 사실을 떠올려 보세요. 그리고 당신 자신도 상대의 도움을 원한다는 사실을 떠올려 보세요. 오늘 적어도 한 사람이 당신의 삶에 도움을 주도록 허용하세요.

↝ ↝ ↝ ↝ 4월 11일 ↜ ↜ ↜ ↜

자신을 정복한 사람은 스스로 기쁨을 일으키는 만큼
슬픔도 쉽게 극복할 수 있다.

• 오스카 와일드

자신에게 중요한 가치에 따라 행동하기

우리는 완벽한 존재가 아니기에 나중에 후회할 말과 행동을 하고는 합니다. 예전에 나는 가게 점원에게 버럭 성질을 내거나 운전 중 앞 차에 불쑥 끼어들고는 스스로 정당화하는 일이 많았습니다. 어차피 그들은 나를 모르지 않습니까? 그러나 지금은 나의 행동 하나하나가 주변에 영향을 미친다는 사실을 깨닫습니다. 나의 행동이 주변에 미치는 영향은 언뜻 분명히 드러나 보이지 않지만, 그렇다고 해서 나의 행동이 주변에 영향을 준다는 사실이 변하는 것은 아닙니다. 당신은 저녁에 집에 돌아가 다른 운전자나 가게를 찾은 고객에 대해 불평한 적이 없나요? 만약 당신이 다음번에 마트 점원에게 버럭 쏘아붙이고 싶거나 다른 운전자 앞에 불쑥 끼어들고 싶은 유혹을 느낄 때면 당신이 그들의 저녁 대화의 소재가 되고 싶은지 생각해 보세요. 이것이 그들의 삶에 당신이 기여하고 싶은 바인지 자문해 보세요. 지금부터는 당신의 모든 행동이 다른 사람의 삶에 영향을 준다는 사실을 인식하고 또 그것을 믿으며 행동해 보세요.

 오늘은 당신의 행동 하나하나가 다른 사람에게 어떤 영향을 주고 있는지 자각해 보세요.

↝ ↝ ↝ ↝ **4월 12일** ↜ ↜ ↜ ↜

누구나 어느 정도는 자신이 원하는 성격이 될 수 있다.
나아가 연습을 통해 어떤 사람이든 될 수 있다.

• 제임스 보즈웰

연습, 연습, 또 연습

사람들이 종종 이렇게 말하는 걸 듣습니다. "이번 주는 비폭력대화를 사용하지 않았어요. 모든 일이 더없이 순조로웠거든요. 비폭력대화를 사용할 필요가 없었어요." 그러나 다른 식으로 접근해 보길 권합니다. 즉, 비폭력대화의 과정을 하루도 빼놓지 않고 매일 연습하는 것입니다. 특히, 당신이 행복한 날에 연습하기를 권합니다. 이유는 두 가지입니다. 첫째, 감정적으로 힘들지 않은 상황에서 비폭력대화를 연습하는 것은 감정적으로 힘든 상황에서 연습하는 것보다 수월합니다. 이것은 이후 감정적으로 힘든 상황에서 연민의 의식을 유지하는 데 도움이 되는 소중한 연습이 됩니다. 둘째, 행복할 때 비폭력대화를 연습하면 연민의 의식에 더 오래 머물 수 있습니다. 비폭력대화는 단지 소통을 위한 도구에 불과하지 않습니다. 비폭력대화는 '존재의 방식'입니다. 비폭력대화라는 존재 방식에 머물 때 당신은 상대방의 욕구를 당신의 욕구만큼 존중할 수 있습니다. 상대에게 전할 불편한 말이 없는 상황이라면 즐거운 말을 해보세요! 가령 "당신이 슬금슬금 침대에 기어들어 잠자리를 데워놓으니 너무 고마운 걸. 보살핌과 돌봄에 대한 내 욕구를 충족해 주거든." 이런 의식을 가지면 관계를 즐기는 능력도 지금보다 더욱 향상될 것입니다.

 오늘은 행복하건 슬프건 상관없이, 당신의 삶에서 비폭력대화를 실천해 보세요.

파괴는 의식적인 변화에 필요한 첫 단계이다.

낡은 것이 죽어야 비로소 새로운 것이 탄생한다.

• 글로리아 카핀스키

욕구를 충족하는 방법 찾기

많은 사람이 친구나 배우자가 자신의 모든 욕구를 충족해 주기를 은근히 압박합니다. 그러나 어떤 욕구이든 그것을 충족하는 방법은 무수히 많다는 사실을 기억해야 합니다. 활용할 수 있는 욕구 충족의 방법을 제한한다면 당신이 가진 기회를 제약하는 것과 같습니다. 종종 우리는 상대가 내 말을 들어주기를 원하며 화를 냅니다. 그러나 상대는 지금 나의 말을 들을 의지가 없거나 그럴 능력이 없는지도 모릅니다. 그럼에도 상대에게 달라붙어 내 말을 들어주도록 계속 요구한다면 상대로부터 같은 반응이 돌아올 뿐입니다. 그가 아닌 다른 사람에게 요청할 생각을 하지 못한다면 계속해서 나의 욕구가 충족되지 못합니다.

만약 당신이 이런 상황에 처했다면 당신의 말을 들어 줄 다른 사람을 찾아보세요. 이 방법이 얼마나 큰 치유를 가져오는지 알면 놀랄 것입니다. 활용할 수 있는 모든 가능성에 당신을 열어두세요. 그럴 때 당신의 욕구를 더 잘 충족할 수 있으며, 더 행복한 삶을 살 수 있습니다.

 오늘은 당신의 욕구 중 하나를 충족할 수 있는 새로운 방법을 세 가지 떠올려 보세요.

·→ ·→ ·→ ·→ 4월 14일 ←· ←· ←· ←·

세상을 더 나은 곳으로 바꾸는 출발점은 자신의 가슴과 머리, 손이다.
그곳으로부터 바깥을 향해 점점 확장해 가야 한다.

• 로버트 M. 퍼시그

나의 느낌과 욕구에 초점 맞추기

때로 한 시간의 만남을 준비하는 데 세 시간의 공감이 필요하기
도 합니다. 우리는 누구든 힘든 만남과 대화를 예상하는 때가 있
습니다. 예전에 나는 스스로에게 이렇게 말하며 힘겨운 대화 상
황에 대비했습니다. "힘내, 이겨낼 수 있어." 그러나 이런 태도는
나와 다른 사람 사이에 거리감을 키울 뿐이었습니다. 이런 태도
를 지니고는 상대와 진정으로 연결할 수 없었습니다. 대화 당사
자 모두에게 만족스러운 해결책을 찾을 수도 없었습니다. 이제
나는 '힘을 내는' 대신 나 자신과 그 상황에서 충족하고자 하는
나의 욕구에 더 깊이 연결하고자 합니다. 그 방법은 무엇일까요?
나 자신 그리고 나의 느낌, 욕구와 연결하는 자기 공감을 통해서
입니다. 또는 친구에게 공감을 요청하기도 합니다. 그러면 친구
와 연결하는 데도 도움이 됩니다. 이런 간단한 행동만으로 힘겨
운 대화를 준비하는 데 큰 변화가 생깁니다. 나는 대화 상대가 어
떻게 나오든 대화에 임하는 나의 태도에 스스로 기분 좋게 느끼
는 것이 중요하다는 사실을 알았습니다. 내가 나의 느낌이나 욕
구에 연결되고 거기 열려 있을 때 대화가 상호 만족스러운 결과
에 이를 가능성이 높아집니다. 내가 느낌, 욕구에 연결되지 못하

고 열려 있지 않으면 만족스러운 대화를 나눌 기회는 줄어듭니다. 초점을 맞춰야 하는 부분은 나 자신 그리고 나에게 중요한 가치입니다. 다음번에 힘겨운 대화를 준비할 때는 당신 자신의 느낌과 욕구를 먼저 살펴보세요. 그런 다음 모두에게 만족스러운 결과를 낼 수 있는 열린 태도로 만남에 임해 보세요.

 오늘은 어려움이 예상되는 만남에 들어가기 전에 먼저 당신의 느낌과 욕구에 연결하는 시간을 가져 보세요.

·⟩·⟩·⟩·⟩ 4월 15일 ⟨·⟨·⟨·⟨·

감사는 가장 멋진 예절의 형식이다.
• 자크 마리탱

감사 경험하기

당신은 삶을 너무 진지하게 살고 있다고 생각한 적이 없나요? 많은 사람이 외모를 가꾸고, 대화 기술을 향상시키는 등 자신의 삶을 지금보다 낫게 만들려고 열심히 노력합니다. 그러나 때로 우리는 너무도 열심히 노력하는 나머지, 삶을 '즐기는' 법을 잊고 삽니다. 삶을 즐겨 보자고 자신과 약속해 보는 건 어떨까요? 즐겁지 않은데 억지로 즐거운 척 하라는 말은 아닙니다. 자신의 솔직한 감정을 어떤 식으로든 부정하라는 의미도 아닙니다. 다만 당신의 삶에서 지금 잘 되어가지 않는 부분보다 그럭저럭 잘 되어가고 있는 부분에 초점을 맞춰 보라는 의미입니다. 가령 집세가 당신이 감당할 수 있는 것보다 높다고 합시다. 이런 상황에서도 당신은 지금 살 집이 있다는 사실에 감사할 수 있습니다. 마찬가지로, 당신의 배우자가 당신과 떨어져 살고 있어 원하는 만큼 자주 만나지 못한다고 합시다. 이 경우에도 당신은 좋아하는 배우자가 세상에 존재한다는 사실에 고마움을 느낄 수 있습니다. 자신이 느끼는 슬픔과 실망감, 걱정을 알아보되 그것이 당신의 하루의 초점이 되지 않도록 할 수 있습니다. 당신의 삶에서 좋은 부분, 괜찮은 부분을 알아보는 간단한 방법만으로 다른 곳으로 초점을 옮길 수 있습니다. 나는 매일 밤 잠자리에 들기 전에 속으로 여덟 가지 감사 목록을 작성합니다. 매일 밤 여덟 가지 감사한 일을 떠올리는 것이 나의 목표입니다. 그렇지만 떠올릴 수 있는 감사한 일이 고작 실내 화장실이나 침대 시트밖에 생각나지 않는 날도 있습니다. 그렇지만 이런 것에라도 내가 얼마나 감사해하는지 알면 삶의 부담감은 크게 줄고, 지금 즐기고 있는 삶을 다시 한 번 기억할 수 있습니다.

 오늘은 삶에서 당신이 즐기고 있는 부분에 초점을 맞춰 보세요.

금욕주의자는 욕망의 대상에서 달아나더라도 욕망 자체는 가지고 간다.

• 「바가바드기타」

솔직하게 말하기

에둘러 말하는 것이 더 친절한 행위일까요? 아니면 진실을 조금도 빼놓지 않고 말하는 것이 좋을까요? 단언컨대, 직접적인 솔직함이 유일한 답이라고 말하고 싶습니다. 에둘러 말하면 상대방은 내가 실제로 의미하는 바를 알아내려 애써야 합니다. 그리고 그 과정에서 혼란과 고통을 키우기 쉽습니다. 그런 소통 방식은 불가피한 고통을 연장시키고 심지어 고통을 더 키우기도 합니다. 내가 생각하기에 우리 중 많은 사람이 에둘러 말하는 방식을 택하는 이유는 자칫 상대의 감정을 상하게 할까 봐 걱정하기 때문입니다. 그러나 그런 소통 방식은 결코 상대의 감정을 다치지 않게 해 주지 못합니다.

나는 내가 모든 사람을 행복하게 해 줄 수 없다는 사실을 깨달았습니다. 이 사실로 인한 충격을 이겨내는 일이 쉽지는 않았지만 이로써 나는 커다란 안도감을 느꼈습니다. 이제 내가 할 일은 나와 타인에게 연민의 마음을 지니고 그들을 사랑하며 그들에게 솔직하고 그들을 존중하는 것이었습니다. 때로 이것은 관계 속에서 일어나는 나의 슬픔과 실망감을 상대에게 털어놓아야 한다는 의미이기도 합니다. 상대는 그런 나의 말을 달가워하지 않을 수도 있습니다. 그러나 적어도 내가 왜 그렇게 말하는지는 알게 됩니다. 자신에게 솔직하면 사람들과의 관계에도 솔직할 수 있습니다. 솔직함은 상대와 나 사이에 신뢰를 쌓는 선물과도 같습니다.

 오늘은 상대와의 대화에서 솔직하게 말하는 것에 초점을 맞춰 보세요. 그렇게 해서 솔직함과 연민에 대한 당신의 욕구를 충족해 보세요.

⫸ ⫸ ⫸ ⫸ **4월 17일** ⫷ ⫷ ⫷ ⫷

도착이 아니라 여정이, 상륙이 아니라 항해가 중요하다.

• 폴 서루

도약하기

우리는 때로 가장 가까운 관계에서 불만을 느끼면서도 변화를 일으키는 게 두려워 불만족한 관계에 그냥 머물기도 합니다. 어떤 때는 진실을 알게 되는 것이 두려워 직접적으로 질문하지 않습니다. 몇 년 전에 나는 어떤 사람과 일 년 동안 사귀었습니다. 그때 나의 직감은 그가 나와의 관계에 그다지 관심이 없다고 말하고 있었습니다. 하지만 나는 앞으로 상황이 바뀌리라 기대하며 관계를 지속했습니다. 그러다 결국 그가 다른 사람을 만나고 있다는 사실을 알게 되었습니다. 직감을 거스른 나머지, 내게 마음이 없는 사람과 일 년을 지내며 스스로 큰 고통을 겪었습니다.

위험을 떠안으세요. 물어보기 두려운 질문이라도 던져 보세요. 그런 다음 귀 기울여 답을 들어 보세요. 상대가 내뱉는 단어만 듣지 말고, 상대의 말투와 몸짓이 담고 있는 소리도 함께 들어 보세요. 상대의 답을 들었을 때 어떤 기분이 드나요? 모르는 게 약이라 여기며 자신을 속이지 마세요. 무지는 축복이 아닙니다. 자신과 상대에게 정직한 것이 진정한 축복입니다.

 오늘은 답을 듣고 싶은 바로 그 질문을 상대에게 던져 보세요.

›·›·›·›· **4월 18일** ‹·‹·‹·‹

같은 색을 보고, 같은 소리를 들어도 모두가 서로 다르게 보고 듣는다.

• 시몬 베유

정리정돈에 대한 욕구 충족

나와 함께 일했던 어느 남자는 서류 보관함을 사용하지 않았습니다. 그는 각종 파일과 종이 문서를 자신의 책상 위에 산더미처럼 쌓아두었습니다. 나는 그의 사무실에 들어가 그 광경을 보고는 깜짝 놀랐습니다. 정리정돈을 하지 않는 그에 대한 판단이 내 안에 가득 일어났습니다. 그러다 그에게 며칠 전, 몇 달 전, 심지어 몇 년 전의 문서를 찾아달라고 부탁할 일이 생겼습니다. 매번 그는 서류 더미를 뒤지더니 몇 분 만에 문서를 가져다주었습니다. 그런 일이 반복되면서 그가 정리를 잘 한다는 확신이 필요했던 나의 욕구가 충분히 충족되었습니다. 그렇게 시간이 지나자 내가 찾는 무엇이든 그가 찾아 주리라 기대할 수 있었습니다. 그의 정리정돈 방식은 나와 완전히 달랐습니다. 나의 서류 보관함은 늘 서류 파일로 가득합니다. 각각의 파일에는 라벨이 붙어 있고, 각 서류함에는 안의 내용물을 알 수 있도록 바깥에 표시를 해두었습니다. 그럼에도 우리 두 사람 모두 정리정돈에 대한 각자의 욕구를 충족하고 있었습니다. 다만 욕구를 충족하는 방법이 달랐을 뿐입니다. 상대의 정리 방식이 나와 다르다고 해서 그가 정리정돈을 하지 않는 사람이라고 섣불리 단정 짓지 않아야 합니다.

 오늘은 사람들마다 정리정돈의 욕구를 충족하는 방법이 다르다는 점을 의식해 보세요.

✈·✈·✈·✈ **4월 19일** ✈·✈·✈·✈

자아가 말하는 소리를 들어라.
내면의 자아에 귀 기울일 때 진실을 발견할 것이다.
• 카비르

당신은 '너무 많이' 요구하는 사람이 아닙니다

나는 다른 사람들이 갖지 않은 욕구를 갖는 나에 대해 죄책감을 느끼고는 했습니다. 나는 친밀감을 원하지만 배우자가 원치 않으면 그런 나에게 문제가 있는 거라고 스스로 말하고는 했습니다. 나는 재미를 원하지만 파트너가 쉬고 싶다면 나는 '너무 많이' 요구하는 이기적인 사람이었습니다. 모든 사람이 친밀감과 재미, 휴식에 대한 욕구를 갖는다는 사실을 떠올리지 못했습니다. 때에 따라 우리는 이런 욕구를 가졌다가도 어떤 때는 갖지 않기도 합니다. 누구도 다른 사람보다 '더 많은' 욕구를 갖지 않습니다. 상황에 따라 자신에게 중요한 욕구의 우선순위가 바뀌는 것뿐입니다. 나는 돈이 떨어지면 더 많은 자원이 필요해 몇 시간 더 일합니다. 그러다 돈이 원활히 흐르면 재미가 더 중요한 욕구로 부상합니다. 친밀감에 대한 욕구가 강한 날이 있는가 하면 어떤 날은 친밀감보다 배움이 더 중요해집니다. 마찬가지로 정말로 친구와 함께 시간을 보내고 싶으면 친구와 할 수 있는 여러 활동에 마음을 엽니다. 몸을 움직여 신나게 놀고 싶은 날에 친구가 영화구경처럼 정적인 활동을 원한다면 그날 저녁에는 다른 친구에게 연락합니다.

당신은 자신이 '너무 많이' 요구하는 사람이라고 스스로에게 말하고 있지 않나요? 그렇다면 당신이 함께하는 주변 사람을 둘러보세요. 그들이 충분한 에너지를 갖고 있지 않다고 비난하고 있나요? 또는 당신이 너무 많은 에너지를 가졌다며 자신을 비난하고 있나요? 그러기보다 스케이트나 댄스, 하이킹처럼 에너지를 발산하는 다른 방법을 찾아보면 어떨까요? 에너지를 발산하고 싶은 당신의 욕구가 충족되면 친구들과의 관계도 더 즐거워질 것입니다.

 오늘은 누구나 때에 따라 선호하는 욕구가 다르다는 사실을 떠올려 보세요.

> ·❯· ❯ · ❯ · ❯ **4월 20일** ❮ · ❮ · ❮ · ❮

모든 생명체에게 사랑을 보여주라. 그러면 행복해질 것이니…

• 툴시다스

같은 부분에 초점 맞추기

연민의 대화에서는 욕구를 충족하는 방법이 서로 달라도 모든 사람이 동일한 욕구를 갖는다고 봅니다. 당신은 2001년 세계무역센터를 향해 비행기를 돌진한 테러리스트들이 충족하려고 했던 욕구가 무엇인지 짐작할 수 있나요? 어떤 사람은 테러리스트들이 자신의 욕구를 충족하려 했다고는 도저히 생각하지 못합니다. 그렇지만 잠시 생각해 보세요. 그들이 그런 행동을 한 것은 주권과 자치권, 안전에 대한 자신들의 욕구를 충족하기 위해서가 아니었을까요? 그리고 주권과 자치권, 안전에 대한 욕구는 모든 사람이 공통으로 가진 욕구가 아닐까요? 우리의 다른 점은 욕구 자체가 아니라 욕구를 충족하는 방법에 있습니다. 이 단순한 사실을 아는 것만으로 당신의 삶에 갈등이 줄어들 것입니다. 또 다른 사람에 대해 섣불리 판단을 내리는 일도 줄 것입니다. 당신과 주변 사람의 다른 점에 주목하기보다 같은 점에 초점을 맞춰 보세요. 이런 관점의 전환으로 자신과 타인을 이해하고 삶에 조화를 가져오는 능력이 크게 향상될 것입니다.

 오늘은 모든 사람이 동일한 욕구를 가졌다는 점에 대해 생각해 보세요.

·> ·> ·> ·> **4월 21일** <· <· <· <·

눈물을 흘리지 말라. 노발대발하지도 말라. 단지 이해하라.

•스피노자

'아니오' 이면의 '예' 듣기

상대와 연결을 유지하면서 욕구를 충족하고자 할 때 우리는 욕구를 붙잡고 놓지 않는 끈기를 발휘하고 있습니다. 한편, 상대가 어떤 일을 반드시 해야 하며, 그러지 않으면 안 좋은 결과가 있을 거라고 말한다면 강요를 하고 있는 것입니다. 십대 아들에게 오늘 오후에 집 앞 잔디를 깎도록 부탁했더니 녀석이 이렇게 대답합니다. "안 돼요, 엄마! 오늘은 친구들과 공놀이를 해야 해요." 이런 저항에 직면할 때 우리는 고작 두 가지 반응밖에 떠올리지 못합니다. 하나는 상대의 욕구에 굴복하면서 잔디 깎기를 포기하는 것이고, 또 하나는 어떻게든 잔디를 깎으라고 상대에게 강요하는 것입니다. 그러나 두 선택 모두 두 사람에게 만족스럽지 못합니다. 대신에, 아들의 대답 가운데 녀석이 긍정적으로 반응하는 부분에 초점을 맞추어 들으면 어떨까요? 당신은 방금 아들의 대답에서 '예'를 들었나요? 나는 아들 녀석이 '친구와 공놀이하는 것'에 대해 '예'라고 답하는 걸 들었습니다. 반면 '잔디 깎기'에 대해 단호하게 '아니오'라고 답하는 것은 듣지 못했습니다. 이처럼 상대의 '아니오'가 아니라 '예'에 반응해 보면 어떨까요? 구체적으로 이렇게 말입니다. "친구들과 공놀이할 걸 생각하면 아주 신나겠구나." "정말 그래요. 이번 주 내내 한 번도 못했거든요." "이번 주에 한 번도 못했으니 얼마나 하고 싶었겠니." "맞아요. 그런데 잔디 깎기는 다른 사람이 하면 안 돼요?" 엄마가 상황을 이해하고 있음을 안 녀석은 이제 마음이 조금 편안해졌습니다. 우리는 자기 말을 들어주는 것만으로 기꺼이 상대에게 협조하는 상태가 됩니다. 이제 엄마는 이렇게 말합니다. "안타깝게도 너 말고는 잔디 깎을 사람이 없구나. 엄마는 네가 오늘 공놀이 하는 걸 정말 바라. 공놀이가 네게 얼마나 중요한지 알거든. 그렇지만 잔디도 반드시 깎았으면 해. 오늘은 친구들과 공놀이를 하고, 내일 아침 일어나자마자 잔디를 깎으면 어때?" 이렇게 말함으로써 엄마는 아들을 배려하고, 기꺼이 아들과 협조할 의사가 있음을 밝힙니다. 물론, 현실에서는 녀석이 멈칫할지 모릅니다. 일찍 일어나기 싫다거나 다른 이유를 댈 수도 있지요. 그렇더라도 녀석의 대답에서 '예'에 해당하는 부분을 찾을 수 있을 것입니다(늦잠을 자거나 그 밖의 다른 일). 상대에게 강요하기보다, 두 사람의 욕구를 함께 존중하는 해결책을 끈기 있게 찾아보세요. 이런 방식은 원만한 갈등 해결에 필요한 사전 작업이 됩니다.

 오늘은 주변 사람의 대답에서 '아니오'가 아니리 '예'를 찾아 들어 보세요.

⇢ ⇢ ⇢ ⇢ **4월 22일** ⇠ ⇠ ⇠ ⇠

존중하는 것이 사랑이다. 또한 따뜻한 마음이 사랑이다.

당신이 곧 사랑이다.

• 스와미 치드빌라사난다

변화라는 가치

십대 자녀와의 관계를 어떻게 해도 변화시키지 못하겠다며 무력감을 호소하는 부모들을 자주 봅니다. 어떤 방법을 써도 자녀와의 관계가 나아지지 않고 가정이 편안할 날이 없다고 합니다. 당신도 이런 상황에 처해 있나요? 그렇다면 자녀의 관점에서 바라보는 연습을 해 보면 어떨까요? 십대 자녀가 자신의 삶에서 충족하고자 하는 욕구는 무엇일까요? 자녀의 욕구는 부모인 당신이 충족하고자 하는 욕구와 같을까요, 다를까요? 당신이 아들 녀석에게 방청소를 하라고 몇 주 동안이나 시켰지만 계속 실랑이만 벌이고 있다고 합시다. 이때 아들 녀석이 자신의 행동을 통해 충족하려는 욕구는 무엇일까요? 아마도 자율성, 편안함, 재미일 것입니다. 부모인 당신의 욕구는 무엇일까요? 공평함, 수월함, 가정에 대한 기여일 것입니다. 이때 부모인 당신이 자녀의 욕구를 당신의 욕구만큼 존중한다는 걸 어떻게 보여 줄 수 있을까요? 부모로서 느끼는 좌절감에 대해 이야기를 나누면 어떨까요? 또 자녀가 힘들어하는 부분을 귀 기울여 들으면 어떨까요? 두 사람의 이야기를 다 들은 뒤에 집안일을 모두 꺼내 놓고 어떻게 분담하면 좋을지 논의해 보세요. 이때 언제, 어떻게 집안일을 할 것인지, 일의 범위를 분명하게 나누는 것이 좋습니다. 그런 다음 한 주가 지난 뒤 일의 진행 상황에 대해 이야기하는 시간을 가져 보세요. 십대 자녀의 욕구 가운데 가장 중요한 것이 자율성이란 점을 잊지 마세요. 자녀가 가족의 의사결정 과정에 주도적으로 참여할수록 부모의 말을 강요로 받아들이지 않게 됩니다. 그러면 자녀가 부모의 말에 응답할 확률도 높아집니다.

 오늘은 상대의 욕구를 의식해 보고, 그의 욕구를 당신의 욕구만큼 존중한다는 사실을 상대가 알게 해 주세요.

· ᐳ · ᐳ · ᐳ · ᐳ   **4월 23일**   ᐸ · ᐸ · ᐸ · ᐸ

침묵으로부터 말이 태어나는 공간이 있다.
가슴의 속삭임이 일어나는 곳, 바로 그곳이다.

• 루미

내가 원하는 것은 옳음이 아니라 연결

당신에게 가장 중요한 가치는 무엇입니까? 나는 무엇보다 사람들과의 연결이 중요합니다. 사람들과 연결될 때 나의 욕구를 충족하는 더 좋은 기회가 마련됩니다. 연결되지 않으면 상대를 이겨야 하고, 내가 옳다고 우겨야 합니다. 예전의 내가 그랬습니다. 나는 복수심이라도 품은 것처럼 상대를 이기려 했고, 내가 옳아야 한다고 생각했습니다. 오래 전 나와 함께 일했던 여성이 있었습니다. 당시 그녀는 나에게 기금 조성 방법을 배우고 있었습니다. 그녀는 사람들에게 기부를 부탁하는 게 무척 불편하다고 털어놓았습니다. 그럴 때면 나는 이렇게 대답했습니다. "아, 그건 하나도 어렵지 않아요. 그냥 밖에 나가서 어떻게든 하면 돼요." 나는 기금 모금이 어렵지 않다는 내 생각이 옳다고 여기며 그런 생각을 그녀에게 납득시키려 했습니다. 그녀가 느끼는 느낌이나 욕구와는 전혀 연결하지 못한 채 말입니다. 결국 우리 둘의 대화는 기금 모금이 어려우냐 쉬우냐를 놓고 벌이는 말다툼이 되고 말았습니다. 만약 그때 내가 그녀의 느낌과 욕구에 연결했더라면 대화는 완전히 다르게 진행되었을 겁니다. "아, 기금 모금 기술을 익히고 싶지만 그것이 힘들까봐 걱정되는군요?" 자신의 생각이 옳다고 우길 때 마음은 평화롭지 못합니다. 대신에 상대와 깊이 연결한다면 모든 당사자의 욕구를 충족할 수 있는 가능성이 열립니다. 이제는 상대를 이기는 것이 아니라 상대와의 연결을 목표로 삼아 보세요. 그럴 때 어떤 결과가 나타나는지 알면 당신은 놀랄 것입니다. 이 간단한 변화만으로 당신의 인간관계가 풍요로워지고 더 큰 희망이 생길 것입니다.

 오늘은 당신의 생각이 옳다고 주장하기보다 상대와 연결하려고 노력하는 상황을 적어도 세 번 만들어 보세요. 그리고 그때 어떤 느낌이 드는지도 의식해 보세요.

❯ ❯ ❯ ❯ 4월 24일 ❮ ❮ ❮ ❮

자리에서 일어나 멜로디를 연주하라. 당신이 곧 신이니.

• 루미

사랑하는 사람이 진실하게 살도록 돕기

마침내 당신은 진실한 삶을 어떻게 살 수 있는지 알았습니다. 즉, 당신이 그 일을 하는 이유는 다른 사람이 원해서가 아니라 그 일이 당신의 욕구를 충족해 주기 때문입니다. 얼마나 큰 위안인가요! 그렇지만 당신 주변 사람들이 '자신들의' 욕구를 충족하는 결정을 내리지 못한 채 상대인 '당신'이 어떤 생각을 하고 있는지 살피는 것이 여전히 불편할지도 모릅니다. 어쩌면 그들은 아직 자신의 욕구와 연결하고 그것을 표현하는 것이 힘들 수 있습니다. 이런 때는 '자신의 느낌에 대해서는 오직 자신만이 책임질 수 있다'는 사실을 떠올려 보세요. 그리고 사랑하는 사람이 그들 자신의 욕구와 연결하도록 도와주세요.

　　퇴근 후 집에 돌아왔더니 친구가 전화를 걸어 이렇게 말합니다. "오늘 저녁밥 같이 먹을래?" 당신이 대답합니다. "좋지, 멕시코 음식 어떠니?" "아, 멕시코 음식을 먹고 싶구나?" 친구의 대답입니다. 순간 당신은 기분이 살짝 삐뚤어집니다. 당신은 친구가 당신을 특정 방향으로 슬쩍 유도하기보다 자신이 원하는 걸 단도직입적으로 말했으면 좋겠습니다. 당신은 당신의 짐작이 맞는지 이렇게 확인해 봅니다. "음… 그렇게 묻는 걸 보니 다른 걸 먹고 싶구나?" "맞아, 실은 어제 점심에 멕시코 음식을 먹었거든." "좋아, 그러면 '네가' 오늘 먹고 싶은 건 뭐니?" "이탈리아 음식 어때?" "좋지!"

때로 우리 주변 사람들은 아직 자신의 욕구와 연결하는 법을 익히지 못했을 수도 있습니다. 이때 그들이 자신의 욕구와 연결하도록 돕는다면 두 사람 모두 승리할 것입니다.

 오늘은 당신 주변의 한 사람이 자신의 느낌이나 욕구와 연결하도록 도와주세요. 그랬을 때 둘의 관계가 어떻게 깊어지는지 보세요.

···›·›·›·› **4월 25일** ‹·‹·‹·‹···

'예'라고 말하려면 소매를 걷고 양손을 팔꿈치까지 삶에 푹 담가야 한다.

한편, '아니오'라고 말하는 것은 훨씬 쉬운 일이다.

설령 그것이 죽음을 의미한다 해도.

• 장 아누이

'예'라고 답하기

얼마 전 파티에 초대를 받았습니다. 처음엔 새로운 사람을 만난다는 생각에 신이 났지요. 마침 더 많은 친구를 사귀고 싶었거든요. 그런데 저녁 파티시간이 가까워 오자 집에 그냥 처박히고 싶은 생각이 슬금슬금 일어났습니다. 그러면서 그 생각을 합리화했지요. "음, 한 시간이나 이동해야 하고 비도 올 것 같아. 새로운 사람을 꼭 만나야 하는 것도 아니고. 지금 만나는 사람들로 충분해. 내가 안 가도 아무도 알아보지 못할 거야. 중요한 일도 아닌데 뭘." 혼자 조용히 있고 싶은 욕구와 더 많은 친구를 사귀고 싶은 욕구가 갈등하고 있었습니다. 그 순간, 휴식에 대한 욕구가 앞선 나머지 나는 나 자신과, 나를 초대한 친구들에 대한 헌신을 뒤로 물렸습니다.

당신은 이런 경험을 한 적이 없나요? 어떤 것을 간절히 바라면서도 실제로 그것을 얻기 위해 나서지 않았던 경우 말입니다. 때로 '아니오'라고 말하는 것은 쉽습니다. '아니오'라고 말하면 새로운 것을 배울 필요도 없고, 어색한 상황에서 불편해 할 일도 없지요. 그러면서 자신이 원하는 걸 갖지 못하는 이유가 '세상이 주지 않았기 때문'이라고 구실을 댈 수도 있습니다. 한편 '예'라고 말하는 것은 불편하더라도 앞으로 나서는 것입니다. 그에 따르는 모든 것을 기꺼이 감당하겠다며 자리에서 일어서는 것입니다. '예'라고 말할 때 변화의 가능성이 생깁니다. 이때 변화가 일어나는 이유는 당신이 나서기로, 자리에서 일어서기로 결정했다는 단순한 사실 때문입니다.

결국 나는 파티에 참석해 즐거운 시간을 가졌습니다. 새로운 친구들을 만나 내가 중요하게 여기는 가치를 함께 나눴습니다. 세계평화를 위해 노력하는 새로운 사람들의 공동체와 연결을 맺었습니다. 얼마나 풍요로운 경험입니까? 만약 집에 처박혀 있었다면 텔레비전이나 보았겠지요. 당신은 무엇을 선택하겠습니까?

 오늘은 당신이 무엇에 '예'라고 답하는지 그것을 찾아 개인적인 성장의 기회로 삼아 보세요.

·→ ·→ ·→ ·→ 4월 26일 ←· ←· ←· ←·

내게는 빛과 어둠의 한 시간, 한 시간이 모두 기적.
1평방인치의 공간이 모두 기적이라네.
• 월트 휘트먼

당신의 향상을 축하하세요!

바라는 것이 있어도 실행할 엄두가 나지 않았던 때가 없었나요? 당신이 지금까지 이룬 것을 축하하지 못한 채 말입니다. 나는 최근에 조깅을 시작했습니다. 첫 날엔 2분을 달리고 4분을 걷는 식으로 네 차례를 반복했습니다. 심박수를 안전 수치로 유지하려면 걷는 속도보다 느리게 달려야 했거든요! 사흘 만에 걷는 속도보다 빠르게 달리긴 했지만요. 단 사흘 만에 눈에 띄는 변화를 보았습니다. 만약 다섯 살 때부터 지닌 우리의 생각과 행동을 바꾸려 할 때도 이렇게 향상하는 자신의 모습을 알아볼 수 있다면 좋지 않을까요? 그렇게 하는 방법 하나를 소개합니다. 먼저, 당신이 무엇을 바꾸고 싶은지 생각해 보세요. 그것은 당신의 행동일 수도 있고 생각일 수도 있습니다. 그 문제와 관련해 변화하겠다고 결심한 순간에 당신이 어떤 상태였는지 떠올려 보세요. 그리고 지금은 어떤 상태인지 보세요. 나는 한때 사람들에 대한 판단을 멈추고 그들과 연결하기를 바랐습니다. 나는 내 의식의 그 한 가지 영역을 변화시키는 데 집중했습니다. 처음엔 눈에 띄는 변화가 없었습니다. 하지만 그 과정을 지속했습니다. 석 달이 지나자 예전보다 판단을 적게 내리는 나를 보았습니다. 한 주, 한 주의 변화는 눈에 띄지 않았지만 나중에는 처음에 비해 커다란 변화가 있었습니다. 넉 달이 지난 뒤에는 나의 의식에 더 큰 변화가 생겼습니다. 당신이 지금까지 향상한 부분을 축하해 주세요. 그러면 앞으로 지속적으로 노력하는 데 도움이 될 것입니다. 러닝머신에 오른 첫날에 5킬로미터를 달리겠다고 기대하지 마세요. 감정 건강에 대해서도 마찬가지입니다. 지나친 기대를 품지 않아야 합니다.

 오늘은 당신이 지금까지 향상한 부분을 축하해 주세요. 앞으로 지속적으로 노력하는 데 도움이 될 것입니다.

·→ ·→ ·→ ·→ **4월 27일** ←· ←· ←· ←·

오랜 시간 해안이 보이지 않을 때 비로소 새로운 땅을 발견할 수 있다.

• 앙드레 지드

삶의 복도에서 나오기

처음 고향을 떠나 다른 지역으로 이사할 생각을 했을 때 나는 가슴이 설레어 흥분했습니다. 당시 변화를 원했던 나는 누구도 나에게 기대를 품지 않는 새로운 장소에서 '나를 찾을' 수 있을 거라 믿었습니다. 그때 나는 사는 곳을 옮기는 데 모든 에너지를 쏟았습니다. 어디로 갈지 정하기도 전에 마음으로는 이미 이사를 한 것과 다름이 없었습니다. 이런 상태를 '삶의 복도에 있다'고 표현합니다. 모험을 원했던 나는 옛날의 삶을 내려놓았지만 아직 새로운 삶을 꾸리지는 못한 상태였습니다. 다시 말해, 삶의 어느 방에서 복도로 나왔지만 다른 방으로 아직 들어가지 못한 상황이었습니다. 때로 우리의 행동을 변화시키는 것도 이와 비슷한 것 같습니다. 지금 자신의 어떤 행동이 마음에 들지 않지만 그것을 바꾸는 것이 두렵습니다. 어떤 일이 일어날지 모르고, 어떻게 바꿔야 할지도 모르기 때문입니다. 마음에 들지 않는 자신의 행동을 바꾸는 방법을 소개합니다. 마음에 들지 않는 자신의 일면을 바꾸겠다는 의도를 일단 내어 봅니다. 그렇게 의도를 내는 것만으로 변화가 시작됩니다. 그런 다음 변화를 촉진하는 한 가지 행동을 실천해 보세요. 다른 사람이나 자신에게 공감할 수도 있고(자신과 타인의 느낌과 욕구에 귀 기울이는 것입니다), 지역 대학에서 진행하는 강좌를 알아볼 수도 있습니다. 아니면 의사에게 전화를 걸거나, 좋은 방법이 없는지 친구에게 물어 볼 수도 있겠지요. 어쨌거나 변화를 일으키는 첫 단계는 당신이 가진 욕구를 알아보고, 당신이 바꾸고자 하는 행동과 상황이 무엇인지 아는 것입니다. 그런 다음 행동을 취하면 됩니다. 어떤 행동이든 좋습니다. 지금과 다른 어떤 것을 해 보는 것입니다.

 오늘은 당신이 원하는 변화를 일으키는 데 도움이 되는 한 가지 행동을 실천해 보세요.

↣ ↣ ↣ ↣ 4월 28일 ↢ ↢ ↢ ↢

누군가를 미워한다는 것은 그 사람의 잔에 독을 탄 뒤
당신이 마시는 방법으로 그를 죽이려는 것과 마찬가지이다.
• 작자 미상

미움 내려놓기

누군가에게 미움을 품을 때 우리는 자신의 마음 건강까지 해치고 맙니다. 나는 몇 년 전에 남자친구와 헤어졌습니다. 당시 그에게 크게 화가 나 있던 나는 그를 쳐다보는 일조차 힘이 들었습니다. 그에 관해 말할 때면 내 목소리에 분노가 느껴지고는 했지요. 이런 상태가 6개월이나 지속되었습니다. 그때 나는 마음이 편해지기를 절실히 바랐습니다. 친구가 이렇게 제안했습니다. 그를 직접 만나 그동안 두 사람 관계에서 내가 불편했던 부분을 솔직히 털어놓으라고요. 내가 언짢았던 부분을 솔직히 털어놓으면 그에 대한 미움도 한결 덜 수 있을 거라고 했습니다. 조금은 억지스러웠지만, 어떻게든 그 사람에 대한 미움을 털어내고 싶었던 나는 친구의 말을 따라 그렇게 했습니다. 그를 불러 차를 마셨습니다. 내가 실망했다는 사실을 이야기했습니다. 내가 우리 관계에 그다지 솔직하지 못했기에, 그리고 때로 조급했고 때로 용서하지 못했기에 관계에 절망했다는 사실을 말했습니다. 만남은 고작 10분밖에 걸리지 않았습니다. 그는 내게 고맙다고 말하며 나를 안아 주었습니다. 그렇게 우리는 헤어졌습니다. 너무도 간단한 일이어서 나는 깜짝 놀랐습니다. 2주 후 그를 다시 만났을 때는 그를 미워하는 마음이 조금도 남지 않았습니다. 나는 웃으며 손을 흔들었습니다. 몇 시간 뒤에 나는 그 방법이 얼마나 중요한지 깨달았습니다. 우스울 정도로 간단한 일입니다. 불편한 상황에서 느끼는 자신의 느낌을 솔직히 털어놓으면 고통을 덜 수 있습니다. 그 사람에 대한 미움을 내려놓을 수 있었던 이유도 그 방법이 누구도 아닌 '나에게' 치유를 선사했기 때문입니다. 나의 행동이 후회될 때 나는 그것에 대해 솔직히 말합니다. 그것은 누구도 아닌 '나'를 치유하는 일입니다. 자신을 꾸짖는 것이 아닙니다. 자신에게 솔직할 뿐입니다. 이런 정직함이 놀라운 치유를 선사합니다.

오늘은 당신이 누군가에게 품고 있는 미움 하나를 떠올려 보고, 그 상황에서 당신의 느낌을 솔직히 이야기할 수 있는지 보세요. 이것을 당신의 행복을 키우기 위한 노력으로 보세요.

·→ ·→ ·→ ·→ 4월 29일 ←· ←· ←· ←·

모든 사람이 자기 시야의 한계를 세상의 한계로 간주한다.
• 쇼펜하우어

섣불리 가정하지 마세요!

당신은 사람들이 당신과 같은 방식으로 세상을 본다고 여겼다가 그렇지 않다는 사실을 깨달은 적이 없나요? 참석한 회의가 끝도 없이 지루해 다른 참석자들도 그럴 거라고 짐작해 회의가 지루하다고 말합니다. 그런데 알고 보니 모두가 회의에 몰입해 있었다는 사실을 알게 됩니다. 당신은 그런 적이 없었나요? 사람들은 늘 자신의 생각과 세계관에 기초해 가정을 내립니다. 몇 년 전에 내가 대학에서 강의를 할 때였습니다. 부(副)학과장이 내가 쓰는 무설탕 시럽 병을 들고는 내 방에 들어왔습니다. 그의 방에는 몇 사람이 함께 사용하는 미니 냉장고가 있었는데 나는 그가 시럽 병을 가지고 온 이유가 냉장고 공간이 비좁고 불편해 짜증이 났기 때문이라고 짐작했습니다. 나는 빈정대는 투로 이렇게 대꾸했습니다. "무슨 문제가 있어요? 내 시럽 병이 자리를 너무 많이 차지해요?" 그는 깜짝 놀라더니 이렇게 대답했습니다. "무슨 말씀이에요! 선생님이 특별히 소중히 여기는 시럽이라 가져왔을 뿐입니다. 깜빡 잊으면 시럽을 넣지 못하실 테니까요. 아침에 시럽이 안 보이면 불편하실 것 같아서요." 이런! 나는 그가 나를 배려하고 있다고는 꿈에도 생각하지 못했습니다. 내가 보는 현실만을 사실로 굳게 믿고 있었던 겁니다. 다음번에 누군가가 마음에 들지 않는 말과 행동을 할 때면 당신이 보는 현실만이 사실이라고 섣불리 가정하기보다 상대에게 물어보면서 확인해 보세요.

 오늘은 당신이 품고 있는 가정이 정확한지 적어도 두 사람에게 확인해 보세요.

···≻ ·≻ ·≻ ·≻ **4월 30일** ≺· ≺· ≺· ≺···

모든 사람은 자신의 최고의 순간으로 평가받을 권리가 있다.
• 랄프 왈도 에머슨

부분이 아닌 전체를 보기

최근에 나의 내담자 중 한 사람이 자신의 사무실에서 있었던 일을 들려주었습니다. 그 회사에서 3년차 일하던 그녀는 매년 모범상을 받을 정도로 회사 일에 열심이었습니다. 그러다 몇 주 전에 우연치 않게 그녀가 저지른 실수 때문에 회사가 꽤 큰 자금 손실을 보았다고 합니다. 그리고 그 일로 그녀는 엄중한 징계를 받았다고 합니다. 그녀의 상사는 이제부터 그녀를 밀착 감독하겠다고 했답니다. 내담자는 마음에 상처를 받았습니다. 화도 나고 크게 낙담도 했다고 합니다. 3년간 열심히 일한 노력이 한 번의 실수로 그토록 쉽게 잊히다니 말입니다. 그런 상황에서 그녀는 존중과 배려, 인정과 이해에 대한 자신의 욕구를 충족하기가 힘들었습니다. 이런 욕구들은 우리들 누구나 충족하길 바라는 욕구가 아닙니까? 우리는 있는 그대로의 자기 모습으로 사람들로부터 인정받기를 원하지 않나요? 실수를 저질러도 사람들로부터 사랑받기를 바라지 않나요? 그리고 이런 인정과 사랑을 자신에게도 주고 싶어 하지 않나요? 연민이란 나 자신을 포함한 모든 사람에게 존재하는 인간적 모습을 알아보는 것입니다. 연민을 표현하는 한 가지 방법은 그 사람과의 관계에서 실망스러운 한 가지 사건에 초점을 맞추기보다 그와의 관계를 전체로서 떠올리는 것입니다.

 지금 누군가와의 관계가 힘들다 해도 오늘은 지금까지 살면서 그에게 느낀 사랑의 역사에 연결하는 기회를 찾아보세요.

5
월
명
상

자유를 바라면서 혼란을 외면하는 자는,
비가 내리길 바라면서 천둥번개가 치지 않길 바라는 자와 같다.

• 프레더릭 더글러스

모든 이의 욕구를 함께 고려할 때 평화가 찾아온다

상대의 욕구와 자신의 욕구를 기꺼이 살피고 함께 존중하려고 노력할 때 진정한 자유를 느낄 수 있습니다. 쉬운 일처럼 보입니다. 나도 처음엔 그랬습니다. 하지만 껄끄러운 상황에서 상대의 욕구를 존중하는 것이 그리 쉬운 일만은 아닙니다.

모든 직원이 8시에 출근하는데 당신의 직원 한 사람이 아침 8시 반에 출근하겠다고 합니다. 당신은 8시 출근이 좋습니다. 예측 가능성, 질서, 수월함에 대한 당신의 욕구를 충족하기 때문입니다. 이때 당신은 어떻게 하겠습니까? 8시 반 출근은 당신의 욕구가 충족되지 않으므로 그 직원에게 안 된다며 딱 잘라 말하겠습니까? 아니면 모든 이의 욕구를 함께 존중하려는 시도로 그 상황에 관하여 직원과 이야기를 나누겠습니까? 상대와 연결하는 데는 종종 몇 분이면 됩니다. "글쎄요, 나는 모두가 8시에 일을 시작할 때 생기는 예측 가능성과 수월함이 좋거든요. 그렇지만 8시 반 출근에 대해 당신과 기꺼이 이야기를 나눌게요. 밤, 8시 반에 출근하면 당신은 어떤 점이 좋지요? 그리고 그것이 우리 부서에 어떤 영향을 줄까요?" 이 정도의 대화를 나눌 시간은 언제든 충분할 것입니다. 당신이 모든 사람의 욕구를 당신의 욕구만큼 존중한다는 사실을 사람들이 알면 모든 당사자에게 도움이 될 것입니다.

 오늘은 당신이 당신의 욕구만큼 모든 사람의 욕구를 존중하다는 사실을 보여 주세요.

⇢ ⇢ ⇢ ⇢ **5월 2일** ⇠ ⇠ ⇠ ⇠

내일이면 너무 늦다. 오늘을 살아야 한다.

• 마르티알리스

일단 시작하세요

오늘 당장 첫걸음을 떼어 보세요. 내일까지 기다리지 마세요. 당신의 삶에서 사랑이 더 커지길 바라나요? 그렇다면 지금 이 순간, 당신 앞에 누가 있든, 그 사람에게 더 큰 사랑을 주어 보세요. 저축을 더 많이 하고 싶다고요? 지금 당장 지갑에서 몇 푼이라도 꺼내 통장에 입금하세요. 액수나 횟수는 중요하지 않습니다. 첫걸음을 뗀 뒤 목표에 이르기까지 두 번째, 세 번째 걸음을 밟는 과정에서 우리는 뿌듯함을 느낍니다. 최종 결과에 초점을 두지 마세요. 그건 너무 힘든 일일 수 있습니다. 그저 오늘 하루에 집중해 보세요. 당신의 목표를 이루기 위해 오늘 바로 시작할 수 있는 일은 무엇입니까?

나의 평소 소원은 규칙적으로 조깅을 하는 것이었습니다. 하지만 조깅을 시작하지 못하는 핑계를 수도 없이 지어내고 있었지요. '과체중이다, 건강이 좋지 않다, 무릎이 아프다' 등등… 그러던 어느 날 조깅에 관한 책 한 권을 친구에게 빌렸는데, 그것이 내가 조깅을 시작한 첫걸음이 되었습니다. 두 번째 걸음은 책을 읽는 것이었고, 세 번째 걸음은 조깅을 시작하는 것이었습니다. 처음엔 책에 나온 대로 2분을 뛰고 4분을 걷는 식으로 네 차례를 반복했습니다. 그렇게 10주가 지나면 달리는 시간이 조금씩 늘어 한번에 30분을 달릴 수 있게 됩니다. 단 10주 만에 내 평생의 목표를 달성하는 겁니다! 당신이 정한 목표는 무엇입니까? 그 목표를 이루기 위해 오늘 바로 밟을 수 있는 당신의 작은 걸음은 무엇입니까?

 오늘을 당신이 정한 한 가지 목표를 이루기 위한 작은 한걸음을 떼어 보세요.

⇢·⇢·⇢·⇢ **5월 3일** ⇠·⇠·⇠·⇠

우리는 엄청난 물질적 풍요를 제공하는 복잡한 세상에 살고 있다.
좋은 일이지만 사람들은 풍요의 대가로 영적으로
값비싼 비용을 치르지 않을까 의구심에 휩싸여 있다.

• 유엘 기번스

나에게 중요한 가치에 따라 살기

다른 사람들이 나에게 중요한 가치를 실천하며 살도록 나를 도 와주었으면 하고 바라는 때가 있습니다. 사람들이 자기 몫을 다 한다면 나에게 중요한 가치에 따라 살려고 내가 그토록 애쓰지 않아도 된다는 생각입니다. 당신은 이 말을 이해할 수 있나요? 그러나 진실은 다음과 같습니다. 내가 세계 평화를 지지한다고 합시다. 이것은 내가 나의 삶을 평화롭게 살고 싶다는 의미입니 다. 평화는 '나에게' 중요한 가치입니다. 누구도 나에게 그 가치 에 따라 살라고 강요하지 않았습니다. 내가 그 가치를 지니고 사 는 것은 그것이 누구도 아닌 '나에게' 중요한 가치이기 때문입니 다. 그것은 누군가 내 얼굴에 대고 고함을 지르고 비열한 짓을 한 다 해도 나 자신은 평화롭게 살고 싶다는 의미입니다. 내가 평화 라는 가치를 지니고 사는 이유는 그 가치가 '그들'이 아닌 '나'에 게 중요하기 때문입니다.

최근에 우리 집에 세 들어 살던 사람이 집을 나가겠다고 했 습니다. 그는 내가 당장 집을 빼주지 않으면 고소하겠다고 으름 장을 놓았습니다. 나는 변호사를 불러 맞장을 뜨고 싶었습니다. 그와 한판 붙어야겠다고 속으로 생각했습니다. 그러던 중 나 자 신에게 이렇게 물었습니다. "메리, 지금 네게 중요한 게 뭐지?" 이 질문에 대한 답은 '나에게 중요한 가치에 따라 사는 것'이었습니 다. 나는 그 사람이 요구하는 것을 모두 들어주기로 했습니다. 그 가 자신의 삶에서 더 행복할 수 있도록 말입니다. 나 또한 잠재적 인 분쟁에서 비켜날 수 있어 더 행복할 수 있었습니다. 중요한 것

은 상대를 이기는 것도, 내가 옳은 것도, 나를 내세우며 비열하게
구는 것도 아닙니다. 자신에게 진실한 것이 가장 중요합니다.

 오늘은 당신에게 가장 중요한 가치가 무엇인지 생각해 보고 그에 따라 살아
보세요. 그렇게 했을 때 단 하루 만에 얼마나 큰 치유가 일어나는지 보세요.

··➔·➔·➔·➔ **5월 4일** ←·←·←·←

사람은 고귀하고 숭고하며 신성하다는 사실을 기억하라.
또 자신이 바라는 무엇이든 이룰 수 있음을 기억하라.
• 스와미 묵타난다

꿈을 크게 잡아라

당신은 당신이 원하는 무엇이든 가질 수 있습니다. 그 무엇도 당
신을 가로막지 못합니다. 연민의 대화에서는 자신의 모든 욕구를
충족할 수 있을 만큼 풍부한 자원이 세상에 존재한다고 믿습니
다. 대부분의 사람은 욕구를 충족하는 한 가지 방법밖에 알지 못
해 좌절감을 느낍니다. 가령 어떤 사람이 친밀감에 대한 욕구를
갖고 있다고 합시다. 과거와 현재의 관계에서 그는 한 번도 친밀
감을 경험해 본 적이 없었습니다. 그래서 앞으로도 친밀감을 느
끼지 못할 거라고 생각합니다. 그러나 친밀감의 욕구를 자신의
배우자에게서만 충족하려 하면 친구나 가족과 친밀감을 경험할

기회를 잃고 맙니다. 욕구를 충족하는 한 가지 방법이 통하지 않는다고 해서 그 자리에 멈춘다면 성공의 기회는 줄어듭니다. 당신의 욕구에 집중하면서 지금과 다른 방법으로 욕구를 충족하도록 시도해 보세요.

 오늘은 당신이 더 많이 경험하고 싶은 욕구를 하나 정한 뒤, 그것을 충족하는 다섯 가지 방법을 떠올려 보세요.

⇢ ⇢ ⇢ ⇢ **5월 5일** ⇠ ⇠ ⇠ ⇠

나는 삶이라는 공동체와 평화롭게 살고 있다.

• 루이스 L. 헤이

평온은 의식이다

평온은 우리의 삶에서 일어나는 모든 일이 뜻대로 순조롭게 흘러간다는 의미가 아닙니다. 평온은 어떤 일이 일어나든 상관없이 더 높은 목적에 대한 믿음을 갖는다는 의미입니다. 평온은 우리가 '선택할 수 있는' 무엇입니다. 한때 나는 감정 기복을 심하게 겪은 적이 있습니다. 어느 날 친구가 말했습니다. "글쎄, 잘 모르겠어. 넌 영적으로 충만한 삶을 살고 있다더니 어느 날엔 감정이 바닥을 치잖아. 그럴 때면 평소의 네 믿음은 온데간데없어 보여." 친구의 말은 정곡을 찔렀습니다. 그녀가 맞았습니다. 그러나 이제 나는 지금 이 순간 세상에 어떤 일이 일어나든 모든 것이 괜찮다는 믿음을 스스로 '선택해' 갖습니다. 때로 어떤 일이 좋아 보여도 그것이 해로운 일임을 알게 되는 경우가 있습니다. 반면, 안 좋다고 생각했던 일에서 커다란 도움을 받는 때도 있습니다. 이제 나는 어떤 일에 대해서든 판단을 내리지 않으려고 노력합니다. 어떤 일이 좋으냐 나쁘냐는 내가 판단할 몫이 아닙니다. 내가 할 일은 그 일에 대해 내가 어떻게 느끼는지, 그리고 그것이 나의 욕구를 충족하는지(또는 충족하지 못하는지) 아는 것뿐입니다. 나머지는 우주가 알아서 하도록 둡니다.

 오늘은 당신의 삶에서 어떤 일이 일어나든 세상 모든 일이 괜찮다는 믿음을 스스로 가져 보세요. 평온을 선택해 보세요. 마뜩치 않은 상황이라면 그것을 해결할 행동을 취해 보세요.

⤳ ⤳ ⤳ ⤳   **5월 6일**   ⬿ ⬿ ⬿ ⬿

당신을 통해 행동으로 전환되는 생명력과 에너지, 태동이 있다.
그런데 당신은 온 시대를 통틀어 하나뿐인 유일한 존재이므로
당신을 통해 표현되는 생명력과 에너지 또한 고유하고 독특하다.
이것을 가로막는다면 그 생명력은 어떤 매개체를 통해서도
태어날 수 없으며 영원히 사라지고 만다.

• 마사 그레이엄

부탁이 중요하다

비폭력대화를 이루는 처음 세 가지 요소는 관찰, 느낌, 그리고 충족하고자 하는 욕구를 분명히 하는 것입니다. 다음 네 번째 요소는 구체적이고 실행 가능한 부탁을 하는 것입니다. 부탁을 통해 비폭력대화 프로세스가 완성에 이릅니다. 나의 욕구를 충족하는 데 있어 다른 사람이 무엇을 해줄 수 있는지 구체적으로 말함으로써 비폭력대화 과정이 완성되는 것입니다. 부탁이 없으면 소통이 혼란스러워지고, 자칫 상대가 강요로 받아들일 수도 있습니다.

퇴근 후 집에 돌아왔더니 아이들이 텔레비전을 보고 있습니다. 거실은 쌓인 설거지와 어질러진 옷가지로 난장판입니다. 당신은 아이들에게 이렇게 말합니다. "엄마가 집에 왔는데 설거지와 빨랫감이 거실에 쌓여 있는 걸 보니 마음이 불편해. 우리가 서로 존중하고 집안을 정돈하는 게 엄마에겐 무척 중요하거든." 당신은 이렇게만 말하고 거실에서 나갑니다. 이제 아이들은 엄마가 원하는 것이 무엇인지 스스로 알아내야 하는 입장이 됩니다. 이때 당신은 아이들이 '당장' 거실을 치우길 원하는지 모릅니다. 아이들이 당장 거실을 치우더라도 당신의 짜증이 가시지 않을 수도 있습니다. 아니면 30분 후에 치워도 괜찮다고 생각할 수도 있습니다. 그것도 아니면 다른 방법도 당신에겐 상관이 없습니다. 부탁으로 대화를 마무리해야만 당신이 원하는 바가 모두에게 분명히 전달됩니다. 이렇게 말해 보세요. "집에 돌아와 거실에 설거지와 빨랫감이 어질러져 있는 걸 보면 엄만 마음이 무척 불편해. 우리가 서로를 존중하고 정리정돈을 제대로 하는 게 엄마에

겐 아주 중요하거든. 30분 안에 거실을 치워 줄래?" 물론 청소를
언제까지 끝내야 하는가에 관해 아이들과 계속 실랑이를 벌여야
할 수도 있지만, 당신이 아이들에게 부탁하는 내용은 이제 분명
히 전달되었습니다. 주변 사람들이 당신이 무엇을 원하는지 분명
하게 알 때 당신의 욕구를 충족할 가능성도 더 커집니다.

 오늘은 상대에게 분명하게 부탁을 해 보고 이로써 당신의 욕구가 더 잘 충족
되는지 보세요.

<h2 style="text-align:center">»› › › ›   5월 7일   ‹ ‹ ‹ ‹</h2>

우리들 한 사람, 한 사람이 서로 다르다는 것은 타당하고도 필요한 사실이다.
신성한 영혼은 어느 두 개체도 똑같이 창조하지 않았다.
어느 두 장미덤불도, 어느 두 눈송이도, 어느 두 모래알도,
어느 두 사람도 똑같이 만들어지지 않았다.
우리는 각자 다른 얼굴을 한 고유한 존재들,
그러나 그 이면에는 신이라는 하나의 존재가 자리 잡고 있다.

• 어니스트 홈즈

보편적인 욕구

모든 사람이 동일한 보편적 욕구를 갖습니다. 가령 우리는 누구
나 주변의 도움을 필요로 합니다. 다만 도움을 받기 위해 선택하
는 방법이 다를 뿐입니다. 나는 마감 기한에 닥쳐 스트레스를 받

을 때면 조용하고 방해받지 않는 시간을 가지며 나의 과제를 마무리하기를 원합니다. 그 상황에서 주변 사람들이 나에게 조용한 공간을 허락해 준다면 도움에 대한 나의 욕구가 충족됩니다. 또 친구나 연인으로 선택하는 사람은 달라도 우리들 누구나 사귐을 필요로 합니다. 좋아하는 음식은 달라도 누구나 음식을 필요로 합니다. 우리 모두는 같은 공기를 호흡합니다. 누구나 사랑하고, 울고, 슬퍼합니다.

 오늘은 사람들과 공유하는 당신의 보편적인 욕구에 대해 의식해 보세요.

·→·→·→·→ **5월 8일** ←·←·←·←·

우리는 세상의 진짜 문제가 무엇인지 알아야 한다.
문제를 해결하려면 무엇을 해야 하고 하지 말아야 하는지 알아야 한다.
마음챙김을 통해 그것을 알 수 있다.

• 틱낫한

상대에게 필요한 것을 안다고 가정하지 않기

상대에게 무엇이 필요한지 알려면 그들에게 깊이 귀를 기울여야 합니다. 상대의 문제가 무엇인지, 그가 무엇을 필요로 하는지 안다고 섣불리 가정하지 마세요. 깊이 귀를 기울여 상대가 무엇을 필요로 하는지 알아보세요. 당신은 누군가의 말에 귀를 기울이는 중에 조급해 하는 자신을 본 적이 있나요? 그 순간 당신은 상대의 말에 더 이상 귀를 기울이지 않습니다. 당신의 제안에 상대가 "아니오, 그건 효과가 없을 거예요."라고 말하는데도 당신은 문제 해결을 위한 조언을 계속 던집니다.

　　종종 우리는 상대가 겪고 있는 고통이 안쓰러워 그것을 '고쳐 주려고' 합니다. 그런데 이때 우리가 상대의 문제 해결을 돕는 이유는 '나의' 불편함이 싫기 때문은 아닌가요? 종종 우리는 상대가 기분이 좋아지도록 하기 위해서라며 자신을 속이지만, 실은 '내가' 불편한 것이 싫은 것인지 모릅니다. '나의' 기분을 좋게 하려는 목적 말입니다. 입장을 바꾸어, 편안하게 나의 말을 들어주는 상대가 있다고 합시다. 그는 문제를 해결하는 나의 능력을 신뢰합니다. 그런 사람에게 나의 문제를 털어놓는다면 커다란 치유가 일어날 테지요.

　　누군가 자신이 겪고 있는 문제를 털어놓을 때 그저 깊이 들어 주고자 노력해 보세요. 당신이 들어주고 있음을 알 때 그는 자연스럽게 스스로 해결책을 떠올릴 것입니다. 당신이 할 일은 문제를 해결해 주는 것이 아니라 그의 말을 깊이 들어주는 것입니다. 곁에서 가만히 들어주는 것만으로 두 사람 모두 마음이 편안해지면서 더 큰 치유의 가능성이 열립니다.

 오늘은 친구의 문제를 고치려 하지 말고 가만히 귀 기울여 들어 주세요. 당신이 들어주고 있다는 사실을 알면 친구 스스로 해결책을 떠올릴 것입니다.

--›   -›   -›   -›   **5월 9일**   ‹-   ‹-   ‹-   ‹-

웃음이 최고에 이를 때 우주의 새로운 가능성이 만화경처럼 열린다.

• 진 휴스턴

그저 웃으세요

오래 전 여동생과 함께 북부 워싱턴에서 북부 캘리포니아로 여행을 떠난 적이 있습니다. 여행을 떠나기 전에 자동차 점검을 받았습니다. 클러치가 자꾸 미끄러져 교체해야 할 것 같았습니다. 그러나 수리공에 따르면 돌아올 때까지 별 문제가 없을 거라고 했습니다. 그렇게 여행을 떠나 오리건 주의 산악지대를 지날 때였습니다. 4단 기어가 말을 안 듣더니 마침내 3단 기어에도 문제가 생겼습니다. 산악 도로를 2단 기어로만 올랐습니다. 그러더니 2단 기어마저 말을 듣지 않았습니다! 이윽고 갓길로 차를 몰게 되었습니다. 너무 느리게 달려 자전거가 우리를 앞서갈 정도였습니다. 마을에 도착할 때까지 그렇게 가는 수밖에 없었습니다. 어느 시점에 동생은 무게를 덜면 도움이 될까 해서 차에서 내려 걷기 시작했습니다. 처음에 우리는 걱정이 되었습니다. 하지만 이내 웃음이 그 상황을 뒤덮었습니다. 동생은 자동차 곁에서 걸었습니다. 걷다 지치면 다시 차에 타기를 반복했습니다. 우리는 낄낄거리며 웃었습니다. 자전거 탄 사람들이 손을 흔들며 우리를 지나갈 때면 또 웃었습니다. 사전에 말도 없었고 계획에도 없었지만 우리는 그 상황을 즐기기로 했습니다. 어차피 우리는 휴가를 떠난 것이고 서로 곁에 있으니 웃지 못할 이유도 없었습니다. 계획했던 일은 아니었지만 즐거운 시간을 갖지 못할 이유도 없었습니다.

　　조금 지나 트럭을 몰던 어느 아버지와 아들이 갓길에 차를 세우고는 우리를 16킬로미티 떨어진 마을까지 견인해 주겠다고 했습니다. 우리 차에 매단 밧줄이 너무 짧아 트럭의 뒷 범퍼가 보이지 않을 정도였죠. 그 부자는 느리게 달리겠다고 약속했지만 차고에 우리를 데려다 줄 즈음엔 속도가 무려 시속 80킬로미터였습니다. 그들은 우리가 수리공을 만나 안심할 때까지 우리와 함께 머물렀습니다. 그리고 밤새 묵을 장소도 제공해 주었습니다. 우리는 오리건의 플로렌스라는 곳에 '갇히고' 말았습니다. 하지만 진기한 그곳 작은 마을에서 아름다운 낮과 밤을 보내며 뜻밖의 장소에서 사랑을 받았습니다. 때로 우리는 어떤 일이 왜 일어나는지 이유를 알지 못합니다. 그렇더라도 마음을 조금 가볍게 갖는다면 그에 대한 보상을 즐길 수 있습니다. 그 출발점은 웃음이 아닐까 합니다.

 오늘은 특정 상황에서 당신의 유머감각을 발휘하는 기회를 가져 보세요.

　　　　　　→ →‧ →‧ →‧ →   **5월 10일**   ←‧ ←‧ ←‧ ←‧ ←

현재 순간은 기쁨과 행복으로 가득하다.
주의를 기울이면 그것을 알아볼 수 있다.

• 틱낫한

지금 이 순간의 아름다움 알아보기

지금 이 순간, 당신의 삶에 아름다움이 존재하고 있습니다. 주변을 둘러보세요. 아름다움이 눈에 들어오나요? 바로 지금, 아름다움에 대한 당신의 욕구를 충족해 주는 여덟 가지를 찾아보세요. 당신 자신으로부터 시작해 보세요! 나의 경우, 아름다움에 대한 욕구를 충족해 주는 것은 우리 집의 고양이와 토끼가 평화롭게 잠든 모습을 볼 때입니다. 그리고 멋진 하늘과 정원, 사람들의 미소가 어우러지는 장면을 볼 때입니다. 지금과 다른 안경을 쓰기만 하면 세상이 달라 보입니다.

 오늘은 당신의 삶에서 아름다움을 찾아보세요. 그렇게 했을 때 세상을 바라보는 당신의 관점에 어떤 변화가 생기나요?

❯·❯·❯·❯ 5월 11일 ❮·❮·❮·❮

당신이 꿈꾸는 방향으로 자신 있게 나아가라!
당신이 꿈꿔온 삶을 살라. 단순하게 살면 우주의 법칙도 단순해진다.

• 헨리 데이비드 소로

세상에 바라는 그것이 되기

정말로 아주 간단합니다. 당신이 연결을 원한다면 연결하십시오. 당신의 삶에서 평화를 원한다면 당신 자신이 평화로워지십시오.

홍해가 갈라지는 기적이 일어나기를 마냥 기다리지 마세요. 작은 것부터 시작하세요. 마트 계산원의 눈을 바라보며 고마움을 전하세요. 당신과 가족을 위해 애쓰는 우편배달부의 노고에 감사를 표하세요. 이웃에게 먼저 인사하세요. 아니면 그저 당신 자신과 연결한 채 시간을 보내세요. 자신이나 타인과 연결하려는 당신의 시도는 어느 것이나 결실을 맺을 것입니다. 당신이 기울이는 어떤 노력도 헛되지 않습니다.

 오늘은 주변 사람이나 자신과의 상호작용에서 평화롭게 살아가는 데 전념해 보세요.

⟩·⟩·⟩·⟩ 5월 12일 ⟨·⟨·⟨·⟨

내 안에는 신성한 영혼이 고유한 방식으로 흐르고 있다.
나는 내 존재의 특별함을 받아들인다.

• 어니스트 홈즈

자신을 축하하세요!

당신이 조금씩 발전하고 성장할 때마다 축하해 주세요. 나는 1986년에 자아 발견의 여정에 처음 올랐습니다. 그 이후로 아무런 변화도 보이지 않는다고 자신에게 속삭이며 좌절도 많이 했습니다. 낙담하며 포기하고 싶었던 때도 많았습니다. 하지만 포기하지 않았습니다. 이유는 희망 없는 삶을 계속 살고 싶지 않았기 때문입니다. 지금 나의 삶은 평화와 기쁨으로 가득합니다. 삶을 변화시키기 위해 그동안 쏟았던 나의 모든 노력이 지금의 내가 있게 해 주었습니다. 내가 저지른 모든 실수, 모든 승리, 모든 혼란스러웠던 순간들에 고마움을 전합니다. 이 모두가 지금의 나를 만들었습니다.

누구나 시작하는 때가 있습니다. 만약 당신이 지금 막 자기 발견의 여정에 올랐다면 힘을 내어 보세요. 지금도 자기 발견의 여정을 밟는 중이라면 그런 자신을 축하해 주세요. 삶의 어느 시기에 있든, 당신은 지금 이 순간에도 발전하고 있습니다. 당신과 당신이 지금 이루고 있는 성장을 축하해 주세요!

 오늘은 적어도 한 번, 당신이 성장한 부분에 대해 축하해 주세요.

⟫·⟩·⟩·⟩·⟩ **5월 13일** ⟨·⟨·⟨·⟨·⟪

아름다움의 원천은 가슴이다.
관대한 생각을 일으킬 때마다 그것이 당신 방의 벽을 수놓을 것이다.

• 프란시스 퀄스

힘겨운 상황에서 연결하기

상담 작업에서 종종 이런 질문을 받습니다. "갈등을 해소하는 데 가장 중요한 한 가지는 무엇입니까?" 이 질문에 대한 나의 대답은 언제나 같습니다. 그것은 "관련된 사람들의 느낌과 욕구에 귀를 기울이세요."입니다. 물리적인 폭력이건 감성적인 폭력이건 그것이 잠재적으로 존재하는 동안에 갈등을 해소하는 가장 효과적인 방법은 갈등 당사자의 마음속에 자리 잡은 욕구를 깊이 경청하는 것입니다. 나는 갈등을 해소하는 데 이보다 빠르고 직접적이며 치유적인 방법은 없다고 확신합니다.

이런 상황을 가정해 봅시다. 아내가 당신의 휴가 기간에 처가 가족을 일주일 간 집에 초대하기로 했다고 말합니다. 다른 식으로 휴가를 보내고 싶었던 당신은 화가 치밉니다. 일 년에 2주밖에 되지 않는 휴가 기간에 제대로 쉬고 싶어 화가 난 당신은 아내에게 쏘아붙입니다. "어떻게 상의도 없이 휴가 기간에 자기 가족을 집에 초대할 수 있어요? 내 욕구는 조금이라도 생각해 봤어요? 조금이라도 생각했다면 나와 상의했어야 하는 거 아녜요?" 아내가 대답합니다. "당신은 휴가를 다른 식으로 보내고 싶어 화가 났군요. 함께 의사결정을 내리고 싶었던 거고요." "당연하죠! 내 생활에 크게 영향을 주는 일을 어떻게 나와 상의도 없이 결정할 수 있어요?" "내가 우리 가족을 초대한 것에 화가 났군요. 또 내가 왜 그런 행동을 했는지도 도저히 이해할 수 없고요." "맞아요. 도저히 이해할 수 없고, 실망스러워요." 이제 남편은 아내가 자신의 욕구를 들어 주었음을 알고는 조금 누그러집니다. 아내가 묻습니다. "당신은 나와 함께 시간을 보내고 싶었는데 이 일로 마음에 상처를 받았군요?" "그래요. 당신과 단둘이 오붓하게 제대로 쉬고 싶었어요. 얼마나 휴가를 기대하고 있었는지 몰라요."
아내는 남편의 말을 충분히 들어 준 다음, 자신에게 일어난 일을
이야기합니다. "안타까워요. 난 당신에게 편안한 휴식시간이 그
토록 필요한지 몰랐어요. 당신이 우리 가족을 좋아한다고 생각
했던 터라 엄마가 우리 집에 놀러가도 좋으냐고 했을 때 선뜻 좋
다고 했던 거예요. 나와 조용한 시간을 보내고 싶었던 당신이 얼
마나 속이 상했는지 알았으니 다시 생각해 볼게요. 우리 둘이 행
복한 휴가를 보낼 수 있다면 얼마든 계획을 조정할 수 있어요. 어
떤 것이든 좋으니 함께 방법을 생각해 볼까요?" "좋아요." 단 몇
분 만에 분노가 사라지면서 두 사람의 욕구를 함께 존중하는 방
법을 찾을 기회가 생깁니다. 기적 같은 일입니다.

 오늘은 상대의 느낌과 욕구를 되비쳐 반영해 줌으로써 갈등을 해소하는 기
회를 가져 보세요.

↣ ·↣· ↣· ↣ **5월 14일** ↤ ·↤· ↤· ↤

하나님은 우리의 피난처이시며, 우리의 힘이시며,
어려운 고비마다 우리 곁에 계시는 구원자이시니
• 성경 시편 46편 1절

내 말을 충분히 들었나요?

사람들이 종종 묻는 것이 있습니다. 상대가 내 말을 충분히 들었는지 어떻게 알 수 있느냐는 것입니다. 많은 경우에 상대가 자기 말을 제대로 들었다고 생각되면 몸의 긴장이 풀립니다. 2분 전만 해도 수다스럽고 시끄럽던 사람이 '맞아', '그래'처럼 짤막한 말만 하면서 말수가 적어지고 목소리 톤도 낮아집니다.

또 하나 주목할 부분은 몸짓 언어입니다. 화가 날 때면 사람들은 자리에 앉거나 선 채로 몸을 부풀립니다. 실제로 몸이 더 커져 보입니다. 그러다 상대가 자기 말을 들어 주면 어깨와 턱이 이완되는 걸 볼 수 있습니다. 꼈던 팔짱을 풀기도 하고, 살짝 눈물을 짓기도 합니다. 사람들은 자신의 말을 상대가 충분히 들었다고 생각되면 부드러운 태도로 행동하고 말합니다. 자신의 말을 (대화 상대인 내가) 충분히 들었다고 생각하는지 잘 모를 때는 이렇게 물어 보면 됩니다. "내가 더 들어 주었으면 하는 게 있나요?" 어떤 경우든 당신이 상대의 말을 제대로 듣기도 전에 그를 설득하거나 가르치려 든다면 그는 부정적으로 반응할 확률이 높습니다. 그의 말을 들어주고 나면 기꺼이 당신에게 귀를 기울이며 응답해 올 것입니다.

 오늘은 당신의 말을 제대로 듣지도 않고 당신을 설득하려 드는 사람에게 어떤 느낌이 드는지 보세요.

⇢ ⇢ ⇢ ⇢ 5월 15일 ⇠ ⇠ ⇠ ⇠

다른 사람을 용서하지 못하는 사람은 자신이 건널 다리를 없애는 것과 같다.
• 조지 허버트

판단을 넘어 연결로

상대에게 악한 의도와 판단을 품은 채 대화에 들어간다면 그런 우리 자신이 문제의 일부가 됩니다. 상대를 나쁜 사람, 틀린 사람, 못된 사람으로 판단하면서 어떻게 그 사람과 진정한 연결을 맺을 수 있을까요? 이때 기억해야 할 것은 우리가 하는 모든 행동은 나름의 욕구를 충족하려는 시도라는 사실입니다. 사람은 천성적으로 악하지 않습니다. 그럼에도 우리는 상대에 대해 판단을 내리고는 합니다. 그럴 때는 어떻게 해야 할까요? 가령 상대가 당신에게 이렇게 말합니다. "앞으로 이 일에 관해 다시는 너와 이야기하지 않을 거야!" 이때 당신은 이런 말을 던지는 상대의 느낌과 욕구가 무엇인지 짐작할 수 있나요? 당신은 이렇게 말할 수 있을 것입니다. "우리의 과거 경험 때문에 대화를 계속 나눠도 문제가 해결되지 않을 거라고 걱정하는구나?" "맞아! 넌 내 말을 귀담아 듣지 않잖아. 대화가 무슨 소용이야." "너 이런 상황이 답답하구나? 이번엔 내가 내 말을 제대로 듣는지 알고 싶은 거지?" "맞아." 상대의 잘못이라고 생각되는 부분에 계속 초점을 맞추면 문제와 갈등에서 벗어날 수 없습니다. 상대에 대한 판단을 멈추고 그의 마음속 욕구에 귀를 기울여 보세요. 그 순간, 해결책을 찾는 작업이 시작됩니다. 당신이 원하는 결과를 만들어낼 수 있는 방향으로 당신의 초점을 옮겨 보세요.

 오늘은 당신이 원하는 결과를 만드는 방향으로 의식적으로 초점을 옮기는 기회를 가져 보세요.

⤳ ⤳ ⤳ ⤳ 5월 16일 ⬳ ⬳ ⬳ ⬳

역경을 통해 비로소 자신이 누구인지 알게 된다.
• 익명

판단을 내리지 않기가 힘들 때는

"이런!" 당신은 어느 때 이런 말이 입에서 나오나요? 나는 상대와 연결하려 했지만 그 사람이 '나쁜 사람', '틀린 사람'으로 판단되는 온갖 이유가 머릿속에 떠오를 때 이런 말이 나옵니다. 최근에 어느 여성이 내게 전화를 걸어 전에 우리가 함께 한 일에 관하여 불만을 쏟아냈습니다. 그녀가 10분간 불평을 퍼붓는 동안 나는 아무 말도 하지 않고 가만히 듣기만 했습니다. 그녀는 내가 그녀의 일을 망쳤다느니, 거짓말을 했다느니, 그녀와 그녀의 가족에 무관심했다느니 하는 이야기를 늘어놓았습니다. 그러나 내가 볼 때 그중 어떤 말도 사실이 아니었습니다. 실제로 나는 그녀의 가족에게 필요한 걸 해 주려고 무던히 신경을 썼습니다. 그렇지만 그녀는 전화상으로 분노와 실망이 가득 차 있었습니다. 그 순간,

나는 그녀에 대한 판단을 일으켰습니다. 자기중심적이고 비열하며 도무지 말이 안 통하는 사람이라는 판단 말입니다.

그녀에 대해 판단을 내리고 있는 나 자신을 보고 나는 스스로 이렇게 물었습니다. "메리, 지금 너에게 가장 중요한 게 뭐지?" 언제나처럼 그에 대한 답은 '연결하는 것!'이었습니다. 그러자 나는 그녀와의 대화에서 충족하지 못한 나의 욕구, 즉 존중과 배려, 연결, 진실성 등의 욕구와 연결할 수 있었습니다. 나의 이런 욕구와 연결하자 공평함이나 배려 같은 그녀의 욕구와도 즉시 연결되었고, 그러자 그녀에 대한 판단을 내려놓을 수 있었습니다. 그녀의 인간적인 모습이 눈에 들어왔고 그녀가 하는 말이 귀에 들어왔습니다. 때로 자신과 연결되지 않으면 상대와 연결하기가 더욱 어려워집니다. 자신에게 먼저 귀를 기울이느냐, 상대에게 먼저 귀를 기울이느냐는 중요하지 않습니다. 자신과 상대의 욕구에 귀를 기울이는 한, 두 사람은 마침내 서로 연결될 것입니다.

 오늘은 당신이 누군가에 대해 판단을 내리는 때를 알아차려 보세요. 그런 다음 그 사람과 연결하고 싶은 당신의 욕구를 의식해 보세요.

⇢ ⇢ ⇢ ⇢ ⇢ **5월 17일** ⇠ ⇠ ⇠ ⇠ ⇠

목표를 이룬 나의 비결을 말하겠다. 나의 강점은 오로지 끈기에 있다.

• 루이 파스퇴르

아쉬운 점에서 배우기

상대를 이기려는 노력이나 '내가 옳다'는 생각으로부터 상대와 연결하는 것으로 초점을 옮기는 것은 패러다임의 전환이라고 할 만한 커다란 변화입니다. 누구나 처음에는 실수를 합니다. 그럼에도 우리는 실수를 하면 불편해 합니다. 당신이 바라던 대로 상대에게 응대하지 못했던 상황을 떠올려 보세요. 그때 당신이 어떻게 했더라면 상황을 다르게 대할 수 있었을까요? 어떻게 했다면 당신의 욕구를 더 잘 충족할 수 있었을까요? 당신의 행동에 대해 판단을 내리기보다 그것으로부터 배움을 얻도록 해 보세요. 자신의 행동을 돌아볼 때마다 당신이 목표한 것에 한걸음 더 가까이 다가갈 수 있습니다.

연민의 대화를 처음 배우기 시작할 무렵, 나는 나와 사람들이 처한 상황을 자주 돌이켜 보고는 했습니다. 뉴스앵커와 가게 점원의 말, 엄마의 말, 심지어 우리 집 고양이의 행동까지도 느낌과 욕구의 관점으로 해석했지요. 그럴 때마다 나는 무언가를 배웠고 새롭게 습득한 기술에 조금씩 익숙해졌습니다. 습관의 힘은 놀랍습니다. 자신에게 도움이 되는 습관을 만들 수도 있고 도움이 되지 않는 습관을 만들 수도 있지요. 나는 내 삶에 도움이 되는 새로운 패러다임을 만들고 싶었습니다. 사람들의 말을 느낌과 욕구의 관점에서 해석하는 습관을 들임으로써 나는 '패러다임의 전환'을 이루었습니다. 당신도 그렇게 할 수 있습니다.

오늘은 기회가 될 때마다 사람들의 말을 느낌과 욕구의 관점에서 해석하는 연습을 해 보세요.

›·›·›·› **5월 18일** ‹·‹·‹·‹

생활의 지혜는 불필요한 것을 덜어내는 데 있다.

• 린위탕

효율적인 회의를 하려면

'회의'에 대해 '회의적인' 사람들을 자주 봅니다. 그들은 회의가 지루하고 비생산적이라고 투덜댑니다. 나의 경험으로 볼 때 비생산적인 회의에 빠져드는 이유는 참가자들이 자신의 욕구와 집단에 바라는 바를 분명히 표현하지 않기 때문입니다. 회의에 참석한 다섯 사람이 하나같이 자신의 욕구와 집단에 바라는 것을 표현하지 않고, 자기 의견만 내뱉는다면 회의는 명료함이 부족해질 것입니다.

주택소유자협회에서 회의를 열었습니다. 회의 주제는 자기 집 둘레에 담장을 쳐도 되는가에 관한 것이었습니다. 첫 번째 참가자가 이렇게 말합니다. "담장을 둘러야 한다고 생각해요." 두 번째 참가자의 말입니다. "담장을 두르되 2미터가 넘으면 안 돼요." 다음 참가자는 "담장은 무조건 흰색으로 칠해야 해요."라고 말합니다. 또 어떤 참가자는 담장이 전혀 필요하지 않다는 의견을 냅니다. 그런데 이 중 누구도 자신의 욕구를 표현하거나 부탁을 하지 않았습니다. 대화는 결론에 이를 가망이 없이 제자리를 맴돌 뿐입니다.

만약 첫 번째 참가자가 이렇게 말했다면 어땠을까요? "저는 담장을 두르는 데 찬성입니다. 담장을 두르면 우리 집 애완견이 더 안전할 거예요. 다른 분들 의견은 어떠신가요?" 그는 자신의 욕구를 표현했으며(애완견의 안전) 직접적인 부탁도 했습니다(다른 사람의 의견에 관한 질문). 이에 다른 참가자가 손을 들고 발언합니다. "저도 애완견 보호를 위해 담장을 두르는 건 좋습니다. 다만 담장 높이가 2미터를 넘지 않았으면 해요. 그래야 주변 전망도 확보할 수 있으니까요. 다른 분들 의견은 어떠신가요?" 이 참가자 또한 자신의 욕구를 표현하면서(애완견 보호와 전망 확보) 부탁도 하고 있습니다(참가자 의견에 관한 질문).

참가자들이 자신의 욕구를 표현하고 집단에 바라는 바를 분명히 부탁하는 데 집중할 때 회의는 효율적이고 즐거워집니다. 만약 욕구를 표현하고 부탁하는 과정에 익숙하지 못한 참가자가 있다면 회의 참가자 가운데 누구라도 그의 욕구와 집단에 바라는 바가 분명해지도록 질문을 던져 줄 수 있습니다. "당신의 욕구는 무엇인가요? 우리에게 부탁하고 싶은 것은요? 더 분명하게 표현해 주세요." 이런 방법으로 한 명의 회의 참가자가 더 생산적이고 즐거운 회의를 만드는 데 기여할 수 있습니다.

 오늘은 그룹 회의에서 당신의 욕구와 부탁을 명확히 표현함으로써 더 효율적이고 즐거운 회의를 만들어 보세요.

5월 19일

> 우리 몸은 거기 붙어사는 우리가 갖지 못한 나름의 지혜를 갖고 있다.
> 그럼에도 우리는 자기 몸에 무리한 명령을 내리며 산다.
>
> • 헨리 밀러

평화로운 삶은 몸으로부터

나는 오래도록 술과 담배, 음식으로 내 몸을 학대하며 살았습니다. 그러나 지금은 내 몸과 평화로운 관계를 맺지 않으면 평화로운 삶을 살 수 없다고 믿습니다. 담배는 12년 전부터 피우지 않고, 술은 7년 전에 끊었습니다. 하지만 몸에 좋은 음식을 먹는 일은 아직도 뜻대로 되지 않습니다. 내가 몸에 좋지 않은 음식을 먹는 이유는 안전과 예측가능성, 편안함에 대한 나의 욕구 때문인 것 같습니다. 그러나 지금은 그 욕구를 충족하기 위해 전체성, 돌봄, 사랑처럼 나에게 중요한 가치와 조화를 이루는 다른 방법을 찾고 있습니다. 그런 방법 중에는 설탕과 탄수화물 섭취를 줄이는 한편, 매일 먹는 야채의 양을 늘리는 방법이 있습니다. 인간의 몸은 놀랍고도 복잡한 시스템입니다. 자신의 몸을 어떻게 대하든 몸은 우리를 도우려 합니다. 자신의 몸에 대해 어떻게 느끼든 몸은 우리를 사랑합니다. 당신은 자신의 몸과 조화를 이루며 사는 일에 나와 함께하겠습니까? 당신의 몸을 사랑하는 일이 아침에 일어나 이를 닦고 침대를 정리하는 것처럼 자연스러운 일이 되도록 해 보세요. 당신의 삶에 더 깊은 평화가 깃들 것입니다.

오늘은 당신의 몸이 수많은 방식으로 당신을 돕고 있다는 사실을 자각해 보세요.

호기심을 충족하는 것은 삶에서 가장 큰 행복의 원천 가운데 하나이다.
• 라이너스 폴링

호기심을 가져 보세요

상대에 대해 판단을 내리기보다 호기심을 가져 보세요. 당신이 예상치 못한 행동을 하는 사람이 있나요? 그렇다면 그의 행동에 관해 추측한 내용을 당신 자신과 타인에게 이야기하기보다 그것에 관해 '그 사람에게' 직접 물어 보세요. "그는 어떤 생각에서 그렇게 했을까?" 십대 아들이 일주일에 한 번 잔디를 깎겠다고 해 놓고선 계속 미루고 있습니다. 당신은 화가 납니다. 하지만 이때 당신의 화에 초점을 맞추기보다 녀석이 어떤 이유로 자기가 한 말을 지키지 않는지 직접 물어 보세요. 또 친구가 자꾸 연락해 귀찮게 느껴진다면 당신과 함께하는 시간이 넉넉지 않아 걱정이 되는지 물어 보면 어떨까요. 주변 사람과 그들의 행동에 호기심을 갖고 두려워 말고 물어보세요. 그랬을 때 알게 되는 것에 당신은 놀랄 것입니다.

 오늘은 주변 사람의 행동에 호기심을 갖고 질문해 보세요!

5월 21일

사람들에 대해 판단을 내리면 그들을 사랑할 시간이 없어진다.
• 테레사 수녀

판단을 내려놓으세요

어머니에게 전화가 왔습니다. 전화상으로 대화가 이어지면서 당신은 점점 짜증이 납니다. 다시는, 아니 적어도 앞으로 한 달 동안은 엄마에게 전화를 걸지 않겠다고 다짐합니다. 당신은 어떻게 해도 엄마와 연결이 되지 않는다고 굳게 믿습니다. 그런데 다른 해결책이 존재한다는 사실을 알고 마음이 조금 놓입니다. 그것은 상대에게 실망하고 마음이 불편하고 판단과 비난이 일어날 때마다 상대의 느낌과 욕구에 귀 기울이는 것입니다. 그 결과 어떤 일이 일어나는지 알면 당신은 놀랄 것입니다.

엄마가 여동생을 비난하는 말을 해서 당신은 마음이 불편합니다. 이럴 때는 이렇게 말할 수 있습니다. "엄마, 베스가 걱정되는 거야? 그 애가 행복했으면 해서 그러는 거지?" 이렇게 상대의 느낌, 욕구와 연결할 때마다 상대에 대한 판단과 비난을 내려놓게 됩니다. 상대의 느낌, 욕구와 연결하는 것을 공감이라고 합니다. 이렇게 공감하는 것만으로 이토록 커다란 변화가 일어난다는 사실이 믿기지 않을지 모릅니다. 그러나 쉽게 일어나는 일은 결코 아닙니다. 상대의 느낌과 욕구에 집중하면 상대와 자신에 대한 나의 느낌이 바뀌고 관점이 변화하며 연민의 마음을 일으키는 능력이 커집니다. 단순하지만 우리를 변화시키는 심오한 진리입니다.

오늘은 적어도 한 사람에 대해 판단을 내리기보다 공감을 해 보세요. 이렇게 했을 때 당신의 기분이 어떻게 바뀌는지도 보세요.

⤖ ⤖ ⤖ ⤖ 5월 22일 ⬸ ⬸ ⬸ ⬸

끈기란 온 세상이 머리로 돌아가라고 소리칠 때조차
당신의 가슴을 따르는 것이다.
• 소니아 쇼켓

의도 세우기

얼마 전 친구와 이야기를 나눴습니다. 그는 또 다른 친구와 서로 만족할 만한 해결책에 이르고자 했지만 아무래도 어려울 것 같다고 했습니다. 친구에게 전화를 걸면서도 실은 친구가 자신의 말에 귀를 열 것이라는 희망은 조금도 없었습니다. 그러나 그렇게 예상하면 예상한 대로 되고 맙니다. 그는 친구와 대화를 시작하기도 전에 성공하지 못할 거라고 믿고 있었습니다. 이런 태도로 대화에 임한다면 성공의 가능성이 줄어듭니다. 부담스러운 대화라도 성공하겠다는 의도를 가지고 임할 때 그 방향으로 즉시 에너지가 이동합니다. 물론 이런 태도를 갖는다고 해서 언제나 성공하는 것은 아닙니다만 성공의 가능성은 그만큼 커집니다.

 오늘은 대화를 시작하기 전에 당신이 어떤 의도를 가지고 임할지 먼저 정해 보세요.

⤳ ⤳ ⤳ ⤳ 5월 23일 ⤶ ⤶ ⤶ ⤶

어려움의 한가운데 기회가 있다.

• 알버트 아인슈타인

윈-윈의 해결책 찾기

비폭력대화에서는 쌍방이 함께 이기는 윈-윈의 해결책을 찾고자 노력합니다. 이것은 대화의 어느 쪽도 '지지 않는다'는 것을 의미합니다. 비폭력대화에서는 어떤 일을 다수결로 결정하지 않습니다. 다수결은 소수 의견이 '지는' 것을 의미하기 때문입니다. 타협도 마찬가지입니다. 사실, 타협과 절충으로 이른 해결책은 쌍방모두가 만족하지 못하는 경우가 많습니다. 타협과 절충에는 대개 자기 것을 포기하는 '굴복'의 요소가 포함되기 때문입니다.

그러면 다른 방법은 없을까요? '이기고 지는 것'이 아닌, 다른 방향으로 관점을 이동시키는 방법이 그것입니다. 다시 말해, 대화 쌍방이 충족하고자 하는 각자의 욕구와 연결하는 것입니다. 자신의 욕구와 연결할 때 상대의 욕구 충족에 기여하는 방향으로 정직한 관점의 변화가 일어납니다. 최근에 나의 수업을 듣고 싶었던 어느 여성이 수업료를 크게 깎아 달라고 했습니다. 그전에도 여러 차례 깎아 주었던 터라 나는 그녀의 요구에 멈칫거렸습니다. 그렇지만 그녀는 자기가 내 수업을 얼마나 듣고 싶은지, 자녀와 소통하는 새로운 방법을 얼마나 배우고 싶은지 이야기했습니다. 싱글맘이었던 그녀는 벌이가 충분치 못해 아들과 함께 생활하기에 빠듯한 상황이었습니다. 그러나 열정과 진지함만은 횃불처럼 타오르고 있었습니다. 이것을 본 나는 관점이 바뀌어 무료로 내 수업을 들어도 좋다고 말했습니다. 나는 이 결정에 조금도 주지하지 않았습니다. 기쁜 마음으로 결정했습니다. 왜냐하면 그때 나는 경제적인 안정도 필요했지만 자녀와 효과적인 소통법을 배우려는 젊은 부모를 돕고 싶은 욕구도 컸기 때문입니다. 경제적 안정이라는 처음의 욕구에서 그녀와 그녀의 가족에게 도움을 주고 싶은 욕구로 이동한 것입니다. 그런 나의 결정은 두 사람의 욕구를 함께 충족해 주었습니다.

 오늘은 당신이 가진 다른 욕구로 옮겨가는 기회를 찾아보세요. 그렇게 해서 누군가의 삶에 도움을 줄 수 있는지 보세요.

> ·> ·> ·> **5월 24일** <· <· <· <·

자신에게 진정으로 귀 기울일 때 자기를 치유할 수 있다.
• 킨느 데로한

자기 공감은 개인적 치유를 향한 직선로

자신을 이해할 때 비로소 다른 사람을 온전히 이해할 수 있다는 말은 진실입니다. 그러나 나는 이 진실에서 달아나려고 오랫동안 애를 썼습니다. 나의 내면 깊은 곳에서 연민을 느끼지 못하면서 내가 배려와 사랑이 넘치는 사람이라고 말하고 다녔습니다. 나는 분노와 원한으로 지쳐 있었습니다. 앞으로 절대 행복할 수 없다는 생각이 나를 짓누르고 있었습니다. 그러다 내 안의 비난자(연민의 대화에서는 이 비난자를 '자칼'이라고 부릅니다)를 똑바로 쳐다보고 나서야 치유될 수 있었습니다. 내면이 치유되는 만큼 타인에 대한 연민의 마음도 커졌습니다. 내면 치유에 따라 연민의 마음은 기하급수적으로 커져 갔습니다. 내면의 평화가 외면의 평화를 가져왔습니다.

나는 연민의 대화에서 익힌 자기 공감 과정에서 깊은 치유를 경험하였습니다. 수개월 동안 자기 공감 과정을 집중적으로 연습하자 나의 태도에 눈에 띄는 변화가 일어나 내면의 커다란 평화를 경험했습니다. 지금 내가 매일처럼 누리고 있는 행복과 평화에 성큼 다가섰습니다. 자기 공감 과정은 네 단계로 이루어집니다.

내면의 비난자 즐기기   자기 내면에서 자칼이 하는 말을 검열도 판단도 하지 말고 듣습니다.

느낌 알아보기   이 상황에 대해 나는 지금 어떻게 느끼고 있나요? 나의 모든 느낌을 나열해 봅니다.

욕구 알아보기   나에게 지금 필요한 것은 무엇인가요? 지금 나에게 어떤 욕구가 있나요? 사랑, 지지, 친절, 정중함인가요?

자신과 타인에게 부탁하기   자신의 느낌과 욕구를 알아보는 것만으로 기분이 나아졌나요? 아니면 지금 상황을 개선하려면 자신과 타인에게 무엇을 부탁해야 하나요?

오늘은 적어도 한 번, 자기 공감을 연습해 보세요.

<h2 style="text-align:center">⤳ ⤳ ⤳ ⤳ 5월 25일 ⬳ ⬳ ⬳ ⬳</h2>

폭풍우를 맞지 않으면 협곡의 아름다운 무늬는 절대 만들어지지 않는다.

• 엘리자베스 퀴블러-로스

상실 애도하기

당신은 상황이 지금보다 나빴을 수도 있으므로, 또는 누군가는 당신보다 안 좋은 상황이므로 그깟 일로 속상해하면 안 된다고 스스로에게 말한 적이 없나요? 또 상황이 그다지 나쁜 건 아니니까 그냥 이대로 지내면 된다고 자신에게 속삭인 적은요? 그러나 당신이 느끼는 슬픔과 비통함이 애도할 가치가 없다고 스스로 속삭일 때마다 치유의 가능성과 생명력으로부터 멀어지고 맙니다. 비폭력대화에서 애도란, 우리의 삶에서 욕구가 충족되지 못했을 때 일어나는 고통을 느끼도록 자신에게 허용하는 과정입니다. 어떤 면에서, 고통을 느끼도록 허용하는 과정은 충족되지 못한 자신의 욕구가 지닌 깊이와 슬픔을 충분히 인식하는 것입니다. '슬퍼하면 안 된다'고 자신에게 속삭이면 충족되지 못한 욕구의 깊이와 슬픔을 가늠할 방법이 없어집니다. 슬픔의 깊이는 자신이 처한 상황에 따라 다릅니다. 그러나 슬픔의 깊이가 어느 정도이든 애도를 통해 고통을 치유할 수 있고, 지금 이 순간 자신의 욕구를 충족하는 방법을 더 분명히 알 수 있습니다. 비폭력대화에서 애도 과정은 다음 네 단계로 이루어집니다.

> **느낌 알아보기** 충족되지 못한 자신의 욕구 때문에 일어나는 슬픔, 실망, 걱정 등의 느낌을 알아봅니다.
>
> **욕구 확인하기** 지지, 재미, 우정, 친밀감 등 충족되었으면 하는 자신의 욕구를 확인합니다.

> 이 욕구들이 충족된다면 어떤 느낌이 들지 상상해 봅니다.
>
> 그 욕구들을 충족할 수 있는 **다른 방법을** 찾아봅니다.

 오늘은 슬픔, 실망, 상처 등의 느낌이 일어나는 것을 알아보고, 이때 충족되지 못한 당신의 욕구에 대해 애도하는 시간을 가져 보세요.

·>·>·>·> 5월 26일 ←·←·←·←

인간이 변화하는 방법은 이것이다. 포도잎만 먹는 벌레가 별안간 깨어난다.

뭐라 부르건 이것은 축복이다. 무언가가 녀석을 깨운다.

녀석은 더 이상 벌레가 아니다. 녀석은 포도밭, 과수원으로 변한다.

과일이 되고 나무줄기가 된다. 성장하는 지혜가 되고 기쁨이 된다.

이제 녀석은 더 이상 게걸스레 포도잎을 먹지 않아도 된다.

• 루미

지속가능한 지구 만들기

오늘날 지구인은 엄청난 속도로 자원을 소비하고 있습니다. 다시 채우는 것보다 훨씬 많은 양의 자원을 천문학적인 속도로 소비하고 있지요. 이것은 일종의 폭력입니다. 모든 이의 필요를 존중하지 않는다는 점에서 그렇습니다. 다른 나라 사람들, 심지어 바로 옆집 이웃이 사용할 자원이 부족한 상황에서 나의 필요만 채우려 드는 것은 온당하지 않습니다. 사람들은 지금 우리가 가고 있는 방향을 다른 쪽으로 돌려세울 엄두를 내지 못합니다. 이에 우리가 자기 한 사람의 과소비라도 바꿔 볼 것을 제안합니다. 당신의 생활을 어떻게 바꾸면 지구의 자원을 지금보다 적게 가져다 쓰고 더 많이 채울 수 있을지 생각해 보세요. 살아 있는 모든 생명체를 존중해 주세요. 그들의 생명과 당신의 생명을 함께 살리는 방법을 떠올려 보세요. '지구'가 잘 살려면 어떻게 도와야 할지 당신의 의식을 바꿔 보세요. 당신이 실천하는 어느 것 하나도 사소한 것은 없습니다. 오늘 바로 시작하세요.

 오늘은 지속가능한 지구를 만들기 위해 당신이 할 수 있는 행동을 취해 보세요.

·→ ·→ ·→ ·→ 5월 27일 ←· ←· ←· ←·

친구여, 가슴에서 가슴으로 통하는 창이 있다네.
그러나 그 창을 닫는 길도 있다네.

• 루미

자신을 열어놓기

우리의 가슴을 닫는 가장 빠른 방법은 상대를 탓하고 비난하거나 상대에 대해 판단하는 생각을 일으키는 것입니다. 다른 사람에 대해 판단을 내릴 때 당신의 가슴은 얼마나 열려 있나요? 평화로운 삶의 목적은 열린 가슴으로 관계에 다가가는 것입니다. 오래 전 나는 어느 비폭력대화 트레이너에게 친밀감에 대한 나의 욕구를 충족하는 데 도움이 되는 부탁의 말을 만들어 달라고 요청한 적이 있습니다. 당시 나는 대화에서 내가 원하는 것을 얻을 수 있는 부탁의 말을 만들고 싶었습니다. 트레이너는 이렇게 말했습니다. "메리, 당신이 상대와 '연결'하려는 욕구를 가지고 대화에 임했으면 좋겠어요. 당신의 목표는 당신이 원하는 대로 하는 것이 아니라 언제나 상대와 연결하는 것이어야 해요." 그 순간, 그 전까지 내가 상대와 연결하거나 상대를 이해하려는 목적으로 대화에 임한 적이 별로 없었음을 깨달았습니다. 내가 대화에 임한 동기는 원하는 것을 얻는 것이었습니다. 그러고 보면 많은 사람이 내가 그들을 조종한다고 여기며 나의 동기를 의심한 것도 이상한 일이 아니었습니다.

지금은 상대의 감정을 자극할지 모르는 이야기를 나눌 때면 그와 연결하려는 의도를 먼저 낸 다음 대화에 임합니다. 그러면서 두 사람의 욕구를 함께 존중하는 방법을 찾고자 합니다. 그리고 이것을 위해 필요한 모든 방법에 가슴을 활짝 열어둡니다. 사실 나는 가슴을 닫는 법을 오랫동안 연습하고 있었는지 모릅니다. 이제는 가슴을 여는 행동을 새로 배우고 있습니다. 가슴을 닫는 것이 아니라 가슴을 여는 새로운 패러다임으로 나는 커다란 행복을 누리고 있습니다.

 오늘은 상대와 연결하려는 의도를 가지고 대화를 시작해 보세요.

⤳ ⤳ ⤳ ⤳ 5월 28일 ⬱ ⬱ ⬱ ⬱

무언가를 하려고 하지 말라. 그냥 거기 서 있으라.

• 붓다

공감의 힘

고통을 겪고 있을 때가 그 사람에게 가장 공감이 필요한 때입니다. 고통 속에 있는 상대가 하는 말은 나를 비난하고 판단하는 말로 들리기 쉽습니다. 이런 때는 그들이 하는 모든 말과 행동이 자신의 욕구를 충족하려는 시도임을 기억할 필요가 있습니다. 고통 속에 있는 사람이 욕구 충족을 위해 사용하는 방법들은 종종 효과적이지 못하고 주변 사람에게 상처를 주게 마련입니다. 그러나 감정적으로 격앙된 이런 순간에 공감을 보내고자 시도한다면 상대를 진정으로 이해하는 '연결'이라는 선물을 받을 수 있습니다. 고통을 겪고 있는 사람에게 공감하는 것은 그들과 우리 자신을 위한 최고의 치유법 중 하나입니다.

 오늘은 마음의 고통을 겪고 있는 사람에게 공감하는 기회를 만들어 보세요.

·›· ·›· ·›· ·›· 5월 29일 ·‹· ·‹· ·‹· ·‹·

성공을 위해 가장 먼저 할 일은 자신의 일과 사랑에 빠지는 것이다.
• 메리 로레타 수녀

기쁨 속에 살기

누구나 재미없어 보이는 일상적인 일을 하며 살아갑니다. 나의 경우 식사 준비하기, 집에 불 지피기, 고양이 집 청소하기 같은 일이 있습니다. 오랫동안 나는 이런 일에 대해 투덜거리며 거기서 조금도 재미를 찾지 못했습니다. 그러던 어느 순간, 이 일들을 통해 내가 충족하고자 하는 욕구와 연결하기 시작했습니다. 몇 달간 매일 아침, 나는 식사 준비에 대해 투덜거리는 내면의 비난자가 목소리를 낼 때면 자신에게 이렇게 말했습니다. "식사 준비를 하는 건 나에게 영양이 중요하기 때문이야." 집에 불을 지필 때면 이렇게 말했습니다. "불을 지피는 건 지속가능한 지구 환경과 따뜻한 온기가 내게 중요하기 때문이지." 고양이 집을 치우면서는 이렇게 말했습니다. "우리 집 고양이가 행복하고 깨끗한 환경에서 지냈으면 해." 그리고 이렇게 말한 뒤에도 내가 그 일을 여전히 수행하고 싶은지 자신에게 물었습니다. 어떤 날 아침에는 요리를 하지 않고 바깥에서 간단히 아침을 때우기로 합니다. 고양이 집 청소는 하루 미뤄도 상관이 없습니다. 집에 불을 지피지 않고 옷을 한 겹 더 껴입기로 하는 날도 있습니다. 나는 매일매일 이렇게, 충족하고자 하는 나의 욕구와 연결하면서 욕구 충족에 필요한 일을 내가 하고 싶어 하는지 헤아려 보았습니다. 몇 분밖에 걸리지 않는 간단한 과정이지만 이로써 나에게 선택권이 있다는 사실을 알게 되었습니다. 반드시 해야 하는 일이란 없습니다. 그 일이 나의 욕구를 충족한다면 하기로 선택하는 것입니다. 어떤 일을 반드시 해야 한다고 생각하기보다 당신 내면의 욕구와 연결해 보세요. 자신의 욕구와 연결하면 그 일을 할 때 의욕과 기쁨이 더 크게 일어날 것입니다.

 오늘은 일상적인 일을 할 때 당신에게 중요한 가치나 당신의 욕구와 연결해 보세요.

⤳ ⤳ ⤳ ⤳ 5월 30일 ⬻ ⬻ ⬻ ⬻

자신이 누구인지 알기 전에는 어떤 것을 가져도 만족할 수 없다.

• 도리스 모트먼

자신에게 중요한 가치 정하기

당신에게 중요한 가치가 무엇인지 분명하게, 의식적으로 정해
보세요. 그리고 그 가치에 따라 살아 보세요. 한때 나는 사람들
이 좋아하는 사람이 되려고 무던히 애를 썼습니다. 다른 사람들
이 나를 어떻게 생각하는가를 기준으로 나의 성공을 판단했지요.
그런데 이 기준 때문에 나는 오랜 시간 무척 괴로웠습니다. 누군
가 나를 좋아하지 않으면 기분이 나빠졌고, 그래서 그가 좋아하
는 사람이 되려고 무던히 애를 썼기 때문입니다. 만약 누군가가
나와 함께 시간을 보내고 싶어 하지 않으면 그건 내가 호감 가는
사람이 아니기 때문이라고 생각했습니다. 그때는 내게 중요한 가
치를 분명히 정하고 그에 따라 살아간다는 생각은 하지 못했습
니다. 내게 중요한 가치에 따라 산다는 것은 가령 이런 것입니다.
나에게는 진실함이 중요한 가치입니다. 따라서 내게 의미 있는
어떤 일이 일어났을 때 나는 사람들이 나를 좋아하도록 그저 입
을 다물기보다 그 일에 대해 적극적으로 목소리를 냅니다. 나에
게 중요한 가치가 무엇인지 진정으로 알게 되자 삶이 평화로워졌
습니다. 물론 나를 좋아하지 않는 사람도 여전히 있지만 내게 중
요한 가치와 조화되는 방식으로 행동할 때, 사람들과 갈등이 있
어도 평화로울 수 있음을 알게 되었습니다.

⤳ ⤳ ⤳ ⤳ 5월 31일 ⤶ ⤶ ⤶ ⤶

끔찍한 것은 이류가 일류인 척하는 것이다.
사랑이 필요한데 그렇지 않은 척하는 것이다.
지금보다 훌륭한 일을 할 수 있음에도
지금 하는 일을 좋아하는 척하는 것이다.

• 도리스 레싱

자신의 욕구 부정하기

진정한 자신이 아닌 다른 모습으로 살아간다면 고통스러운 일일 것입니다. 나는 오랫동안 내가 가진 열정을 조심하며 살았습니다. 나의 '과한' 열정을 주변 사람들이 부담스러워 할 것 같았기 때문입니다. 말하자면 한정된 공간 속에 나 자신을 욱여넣으며 오랜 시간 매일매일을 살았습니다. 그렇게 살다 보니 숨이 막혀 답답한 때도 많았습니다. 내가 가진 열정을 한껏 발산하고도 사람들의 사랑을 받을 수 있다는 희망은 품지 못했습니다. 그러다 마침내 서른다섯 살 즈음에 스스로 만든 상자를 깨고 나오기로 결심했습니다. 나의 진실을 당당히 말하기로 했습니다. 나의 열정을 함께 나눌 다른 사람들을 선택했습니다. 그렇게 나 자신을 해방시켰습니다. 그러자 다시 마음껏 숨을 쉴 수 있었습니다.

우리는 누구나 욕구를 갖습니다. 우리는 누구나 느낌을 경험합니다. 자신을 숨기거나 자신의 욕구를 감추는 것은 누구에게도 도움이 되지 않습니다. 내가 행복하지 않으면 내가 사는 세상도 좋은 곳이 될 수 없습니다. 모두가 자신의 욕구를 알아보고 그것을 충족하기 위해 적극 나설 때 평화를 구현하는 최선의 희망이 생깁니다. 각자 자신의 욕구를 알아보고 충족하고자 노력하는 것만으로 세상의 좌절과 분노, 판단과 폭력은 크게 줄어들 것입니다.

 오늘은 당신 자신이 되고자 해 보세요. 그러면서 당신의 진정한 욕구를 충족해 보세요.

6
월
명
상

>→ ·→ ·→ ·→   6월 1일   ←· ←· ←· ←

자신에게 푹 빠져 있는 것은 옷을 너무 많이 껴입은 것과 같다.

• 케이트 핼버슨

타인의 욕구 고려하기

자신이 원하는 것에만 집중한다면 절반밖에 이루지 못한 것입니다. 비폭력대화의 기본 원칙 중 하나는 모든 이의 욕구를 '똑같이' 소중하게 여기는 것입니다. 욕구는 우리가 어떤 행동을 하는 근본 원인이라는 사실을 기억할 필요가 있습니다. 당신은 가족이 먹을 음식을 구하기 위해 마트에 갑니다. 이때 '가족을 먹이는 것'은 당신의 욕구이고, '마트에 가는 것'은 그 욕구를 충족하기 위한 방법입니다. 오늘 저녁, 가족이 먹을 음식이 충분하지 않은 상황에서 당신 혼자 배불리 먹고 가족은 쫄쫄 굶어도 괜찮나요? 아니면 음식에 대한 식구들의 욕구를 충족할 방법을 찾겠습니까? 대부분의 사람은 가족 모두가 먹을 수 있는 방법을 찾으려 할 것입니다. 늘 모든 사람의 욕구를 충족할 수 있는 것은 아닙니다. 하지만 최소한 모든 이의 욕구를 소중히 여길 수는 있습니다. 자신의 욕구를 희생하면서 다른 이의 욕구를 충족하는 것은 그들에게 너무 집중하는 것입니다. 한편, 타인의 욕구를 대가로 자신의 욕구만 충족하려 한다면 자신에게 지나치게 집중하는 것입니다. 우리가 추구하는 의식은 모든 이의 욕구를 '똑같이' 존중하는 마음입니다. 여러 사람의 욕구를 함께 충족하는 창의적인 방법이 얼마든지 있다는 사실을 깨달을 때 이런 의식이 가진 힘을 느낄 수 있습니다. 사람들의 욕구에 유심히 귀를 기울여 보세요. 세상에는 많은 사람의 욕구를 충족할 수 있는 자원이 넉넉히 존재한다는 사실을 알게 될 것입니다.

 오늘은 모든 사람의 욕구를 존중하는 것이 잘 되는 경우와 잘 안 되는 경우를 의식해 보세요.

>→ ·→ ·→ ·→ ·→   **6월 2일**   ←· ←· ←· ←· ←·

몸은 거짓말을 하지 않는다.

• 마사 그레이엄

휴식에 대한 욕구 충족하기

내 친구의 경우, 뜻밖에도 사람들과 함께 있을 때 새롭게 기운을 얻는 것을 보고 나는 깜짝 놀랐습니다. 그 친구는 혼자 있을 때보다 사람들과 함께 있을 때 더 편안하며 휴식을 취하게 된다고 합니다. 반면, 내 경우에는 혼자 조용하게 있을 때 휴식에 대한 욕구가 충족됩니다. 나는 직업상 사람들의 말을 듣고 이야기를 나누며 많은 시간을 보냅니다. 물론 내가 아주 좋아하는 일입니다만 하루를 지내고 나면 나만의 조용한 시간도 어느 정도 필요합니다. 혼자만의 시간이 얼마나 필요한지, 친구의 경우 사람들과 함께하는 시간이 얼마나 필요한지, 그것은 그 순간 얼마나 지쳐 있느냐에 따라 다를 것입니다. 휴식에 대한 욕구를 충족하는 방법도 사람마다 다릅니다. 중요한 것은 자신에게 휴식이 필요한 때를 아는 것입니다. 당신은 지금 전화로 상대를 쏘아붙이고 있나요? 고양이에게 불쑥 화를 터뜨리고 있나요? 배우자를 무시하고 있나요? 그렇다면 지금 당신은 휴식이 필요한지 모릅니다. 나중에 후회할 행동을 하기보다 휴식에 대한 당신의 욕구를 충족하는 행동을 해 보세요. 주변의 모든 사람이 유익함을 누릴 것입니다.

 오늘은 당신에게 휴식이 필요한 때를 의식해 보고, 휴식의 욕구를 충족할 방법을 실행해 보세요.

⇢·⇢·⇢·⇢ 6월 3일 ↞·↞·↞·↞

에스키모족은 눈(雪)을 표현하는 단어가 52개나 있다고 한다.
그만큼 그들에게 눈이 중요하다는 의미이다.
'사랑'에 대해서도 그 만큼의 단어가 있어야 한다.

• 마가렛 애트우드

사랑이 무슨 상관이냐고?

우리는 자신에게 중요한 것 그리고 살면서 자주 겪는 일에 대해 주로 이야기하는 경향이 있습니다. 나는 한때 내가 당했던 학대에 대해 많이 이야기했습니다. 그것이 내 삶과 경험의 중심이었기 때문입니다. 연민, 사랑, 평화에 대해 말하기 전까지는 계속 그랬습니다. 그러다 나의 초점을 연민과 사랑, 평화로 옮겼습니다. 그러자 실제로 그것들을 누릴 수 있었고 그러면서 폭력은 나에게서 멀어져 갔습니다. 살면서 당신이 바라는 긍정적인 것들로 관심을 향해 보세요. 사랑을 원한다면 외롭다고 투덜대기보다 주변의 사랑을 느꼈던 때로 초점을 이동해 보세요. 당신이 꿈꿔 오던 사랑을 느꼈다면 거기에 감사를 표해 보세요. 처음에는 감사를 느끼는 때가 많지 않아도, 계속 연습하다 보면 분명 그런 때가 늘어날 것입니다.

 오늘은 당신의 삶에서 더 많았으면 하는, 당신이 좋아하는 대상으로 관심을 향해 보세요.

·✈ ·✈ ·✈ ·✈   6월 4일   ✈· ✈· ✈· ✈·

참된 느낌이라면 그것으로 어떤 대가를 치르건 정당한 느낌이다.

• 메이 사튼

느낌에 열리기

누군가가 당신의 손가락을 밟았다면 아플 것입니다. 통증을 느낀 당신은 그것을 표현할 것입니다. '불평하면 안 된다'는 이유로 발을 떼라고 요청하지 않고 그냥 통증을 견디는 사람은 없을 것입니다. 통증은 통증입니다. 좋은 것도 나쁜 것도 아닙니다. 단지 우리가 느끼는 방식일 뿐입니다. 상대는 나에게 통증을 주려는 의도가 없었더라도 어쨌든 나는 통증을 느꼈습니다. 감정적 고통도 이와 비슷합니다. 누군가 내 안에 감정적 고통을 일으키는 말을 했다고 합시다. 설령 그 사람이 내게 고통을 주려는 의도가 없었다 해도 그로 인해 내가 고통을 느꼈다면 그것을 인정하는 것이 좋습니다. 당신이 느끼는 느낌에 이유를 댈 필요는 없습니다. 느낌을 숨길 필요도, 그것이 존재하지 않는 척할 필요도 없습니다. 느낌 때문에 부끄러워할 필요도 없습니다. 사실, '느끼는 사람'이 된다는 것은 괜찮은 일입니다. 아니, 꽤나 신나는 일입니다.

 오늘은 당신의 느낌을 당신 자신과 사람들에게 솔직히 인정해 보세요. 그렇게 해서 더 살아 있음을 느껴 보세요.

⇢ ⇢ ⇢ ⇢ 6월 5일 ⇠ ⇠ ⇠ ⇠

한번 껴안는 것이 출세하는 것보다 낫다.
• 엘리자베스 마버리

중요한 것 알아보기

어느 날 문득 내가 대학교육 분야에서 꽤 돈이 되는 경력을 쌓았음을 알았습니다. 봉급도 상당했고 그로 인한 경제적 자유와 주변의 좋은 평판도 얻었습니다. 그러나 친구는 별로 없었습니다. 가족과의 연락도 뜸했습니다. 어느 한 사람과도 소중한 관계를 맺지 못했습니다. 나는 삶의 대부분을 일에 쏟고 있었습니다. 그러던 중 이런 생각이 들었습니다. "이거야? 이거면 돼?" "아니"라는 답이 돌아왔습니다. 일과 관련해 아무리 경력을 쌓아도 나의 밤 침대는 따뜻해지지 않았습니다. 힘들 때 기댈 사람이 나타나지도 않았습니다. 일은 나를 따뜻하게 안아주지도, 나에게 사랑을 주지도 못했습니다. 그동안 나는 '머리'만 사용했습니다. 세상에 나의 머리만 보여주는 게 편했기 때문입니다. 한편, 관계 맺기는 나의 '가슴'을 건드립니다. 나는 나와 사람들에게 나의 가슴을 드러내는 것이 불편했습니다. 그것이 5년 전 일입니다. 그러나 지금은 좋은 친구를 많이 사귑니다. 가족들과도 자주 연락하며 가깝게 지냅니다. 지금 나의 삶은 사랑과 기쁨으로 가득합니다. 이제는 "이거야? 이거면 돼?"라고 자신에게 질문하면 이렇게 대답합니다. "그래, 바로 이거야."

 오늘은 당신이 삶의 어느 부분에 초점을 맞추고 있는지 의식해 보세요. 만약 행복하지 않다면 다른 부분으로 초점을 이동해 보세요.

·→·→·→·→　6월 6일　←·←·←·←·←

한 사람, 한 사람과의 만남이 더없이 귀하고 소중하다.
그 만남을 마음에 간직해야 한다.

• 아니이스 닌

우리 모두의 내면에 존재하는 신 보기

모든 생명이 소중합니다. 실수로 세상에 태어난 사람이나 생명은 없습니다. 모든 생명을 합한 것보다 더 큰 어떤 힘이 지구상에 우리의 자리를 정하였습니다. 당신이 가장 큰 기쁨을 느끼는 곳에 에너지를 모아 보세요. 나머지는 우주가 알아서 할 것이라고 믿어 보세요. 다른 사람에 대해 판단을 내리지 않으면서 당신이 기쁨을 느끼는 곳에 에너지를 쏟아 보세요. 그러면 세계 평화에 한 걸음 가까이 다가설 것입니다.

　오늘은 당신이 지구상에 존재하는 가치와 당신이 서 있는 자리에 대해 의식해 보세요.

·→·→·→·→　6월 7일　←·←·←·←·←

사랑과 우정, 의분과 연민으로 다른 이의 삶에 가치를 더할 때
그의 삶이 가치 있다.

• 시몬 드 보부아르

공동체를 소중히 여기기

내가 원하는 걸 갖는 것만으로 충분하지 않습니다. 내게는 내가 속한 공동체와 세계의 필요(욕구)도 매우 중요합니다. 따라서 다른 사람의 욕구를 희생시켜 가면서 나의 욕구를 충족하기 원하지 않습니다. 나는 제3세계 국가의 노동착취 공장에서 만든 옷을 사고 싶지 않습니다. 직원들을 부당하게 대우하는 대형마트를 이용하고 싶지 않습니다. 세계의 바다를 오염시킨 전력이 있는 정유회사에서 생산한 기름을 사고 싶지 않습니다. 이 기업들에 저항하거나 그들에게 반란을 일으키는 것이 아닙니다. 진실성에 대한 나의 욕구를 충족하고 세계 공동체를 존중하는 선택을 내리고 싶을 뿐입니다. 나는 나의 욕구와 세계의 필요(욕구)를 함께 존중하고 싶습니다. 어떻게 하면 당신의 행동이 세계 공동체의 필요를 존중하는 행동이 될 수 있을지 생각해 보세요.

 오늘은 당신의 욕구를 세상 사람들의 필요(욕구)와 조화시키는 방법을 찾아보세요.

⋙⋙ 6월 8일 ⋘⋘

아이는, 당신이 낳았지만 당신이 모르는 낯선 존재이다.
이 사실보다 더 소름 돋는 일도 없다.

• 애거서 크리스티

부모 역할 사랑하기

자녀를 키우는 것은 역설적인 일입니다. 부모가 자기 역할을 잘 수행할수록 자녀가 부모를 살 떠나기 때문입니다. 내가 만난 어느 영국 여성은 아들이 태어난 뒤 처음 24시간 동안만 아들이 그녀의 것이었다고 말했습니다. 그 시간 동안 녀석이 온전히 자신의 아들이라는 사실을 알았던 그녀는 첫날을 마음껏 즐겼습니다. 그러나 바로 다음 날 아침부터 아들이 부모를 떠나도록 돕는 과정을 시작했습니다. 부모 노릇은 고통스러울 수 있습니다. 자식이 부모를 좋아하길 바라면서도 자녀가 결국 자기 길을 가도록 놓아 주어야 한다는 사실을 알기 때문입니다. 부모는 아이가 잘 되기를 바랍니다. 아이가 행복하고 건강하고 안전하고 사랑으로 가득하기를 바랍니다. 그렇지만 아이를 키우는 과정에서 부모는 아이 스스로 살아가는 법, 혼자 서는 법, 부모를 떠나는 법도 가르쳐야 합니다. 자녀를 키우는 부모가 충족해야 하는 궁극의 욕구는 자녀 스스로 살아가는 힘을 키워 주는 것이란 사실을 잊지 마세요.

 오늘은 자녀 양육에서 부모인 당신이 충족하고 있는 역설적인 욕구에 초점을 맞춰 보세요. 그것은 아이 스스로 살아가는 힘을 키워 주는 것입니다.

사랑하는 젊은이들이 던지는 질문에 훌륭하고 만족스럽게
답하는 과정에서 우리 자신이 훌륭하고 만족스런 답에 이르게 된다.
•루스 구드

당신이 갖고 싶은 그것을 내어주세요

지금 당신은 지쳐 있고 낙담하고 슬퍼하고 있나요? 그렇다면 누
군가에게 공감을 해 보세요. 다른 이에게 공감을 하면 즉시 기분
이 나아질 것입니다. 앞뒤가 안 맞는 것처럼 보일지 몰라도, 사실
다른 사람과 연결하는 것은 자신과의 행복한 연결에 필요한 촉
매가 됩니다. 내가 삶에 지쳐 있던 어느 날 친구가 전화를 걸어
자신의 힘든 일을 이야기하려고 했습니다. 나는 즉각적으로 이
렇게 반응했습니다. "지금은 통화하기 어려워. 두 시간 뒤에 내
가 전화 줄게. 괜찮지?" 나는 나의 짐을 내려놓은 뒤에야 친구와
이야기를 나눌 수 있다고 생각했습니다. 그러나 많은 경우 '상대
가 힘들어하는 부분'에 깊이 연결하면 '내가 힘들어하는 부분'에
도 연결할 수 있다는 사실을 알게 되었습니다. 다른 사람에게 사
랑을 베풀 때 내게 가장 중요한 것을 떠올리게 됩니다. 그것은 사
람들과 연결하면서 평화롭게 사는 것입니다. 돈을 많이 벌고 싶
다면 기부를 하세요. 사랑을 더 많이 원한다면 사람들에게 사랑
을 베풀어 보세요. 평화를 기원한다면 주변에 평화를 전하세요.
상대의 이해를 바란다면 상대를 이해하는 시간을 먼저 가져 보세
요. 당신이 원하는 것을 상대에게 내어준다면 그것의 세 배를 돌

려받을 것입니다.

 오늘은 당신이 가장 갖고 싶은 한 가지를 떠올린 뒤, 적어도 한 사람에게 그 것을 아낌없이 베풀어 보세요.

⇢ ·⇢ ·⇢ ·⇢ 6월 10일 ⇠· ⇠· ⇠· ⇠

상대가 잘 들어주길 바란다면 상대의 말을 듣는 시간을 먼저 가져야 한다.
• 마지 피어시

자기 바깥으로 나오기

나는 삶의 대부분을 나 자신과 나의 욕구에 전전긍긍하며 지냈습니다. 스스로를 배려심 많은 사람이라고 여기면서도 실은 내게 편리한 일이 아니면 누군가의 삶에 도움을 주는 일이 별로 없었습니다. 한번은 나의 멘토 선생님이 내가 편안함에 빠져 있는 시간이 너무 많은 반면에 다른 사람의 느낌을 배려하는 때는 많지 않은 것 같다고 말했습니다. 당시 나는 여러 회의에 참석하고 있었는데, 매일처럼 회의에 참석하는 일이 불편한 나머지, 회의 참가자들과 많은 이야기를 나누지도, 적극적으로 회의에 참여하지도 않았습니다. 멘토 선생님은 그런 나를 그들이 불편하게 느낄 수 있으니 내가 먼저 다가갈 것을 제안하였습니다. 그 일은 나에게 커다란 깨달음을 주었습니다. 그 전까지는 '내가' 불편한 상황에서 '상대에게' 먼저 다가간다는 생각은 조금도 하지 못했습니다. 멘토 선생님은 나에게 숙제를 내주었습니다. 매일 회의에 참가할 때마다 먼저 인사를 건네고 적어도 두 사람과 대화를 나누라고 하였습니다. 그로부터 몇 주가 지나지 않아 나는 몇몇 사람을 만나게 되었고 회의에 참가하는 일이 편안해졌습니다. 심지어 회의가 기다려지기까지 했습니다. 만약 당신이 불편하게 느끼는 상황이 있다면 상대에게 먼저 다가가 손을 내밀어 보세요. 이런 간단한 행위만으로 당신의 경험이 변화하고 사람들과 더 큰 연결감이 일어나는 것을 알면 당신은 놀랄 것입니다.

 오늘은 당신이 유독 불편하다고 느끼는 상황에서 누군가에게 먼저 다가가 보세요.

⇢ ·⇢ ·⇢ ·⇢ 6월 11일 ⇠· ⇠· ⇠· ⇠

도움이 필요할 때 요청할 줄 아는 사람이 건강하고 강한 사람이다.
그것은 무릎에 생긴 종기이든, 영혼에 생긴 종기이든 마찬가지다.
• 로나 배럿

부탁은 삶을 풍요롭게 만든다

흔히 생각하는 것과 다르게, 상대에게 부탁을 하면 두 사람의 관계는 쪼그라들지 않고 오히려 확장되고 발전합니다. 당신의 말을 듣지 않고도 당신이 무엇을 원하는지 척척 알아주는 사람을 찾는 일은 수고스럽고 실망스럽고 헛된 일입니다. 한편 당신이 원하는 바를 단순하게 요청하면 즉각적으로 마음이 편안해집니다. 당신이 배우자에게 더 큰 친밀감을 원한다고 합시다. 이때 배우자는 당신의 욕구를 충족하기 위해 무엇을 할 수 있을까요? 당신은 이렇게 말할 수 있습니다. "여보, 나 최근에 좀 외로운데. 우리 관계에서 더 큰 친밀감이 필요해. 이번 주에 텔레비전이나 전화 없이 둘이 오붓이 저녁을 보내면 어때?" 아니면 당신은 부부관계를 원합니다. "여보, 나 외로운데 당신과 사랑을 나누고 싶어. 오늘밤 잊지 못할 사랑의 시간을 가져 보는 건 어때?" 만약 상대가 싫다고 하면 두 사람의 욕구를 함께 충족할 수 있는 다른 방법을 찾아보세요. 자신이 원하는 것을 명확하게 표현하는 것은 나약함의 표시가 아닙니다. 그것은 당신이 기쁨으로 가득한 삶을 살도록 도와줄 것입니다!

 오늘은 배우자와 파트너, 주변 사람에게 당신이 원하는 것을 분명하게 요청하는 기회를 가져 보세요.

·↠·↣·↠·↣ **6월 12일** ↞·↢·↞·↢·↞

가장 큰 기쁨은 살아 있다는 단순한 느낌이다.

• 에밀리 디킨슨

현재에 살기

지금 이 순간에 사십시오. 걱정을 하고 있다면 당신은 미래에 가 있는 것입니다. 후회를 하고 있다면 당신은 아직 과거에 머물러 있습니다. 바로 지금 무슨 일이 일어나고 있나요? 지금 당신에게 는 음식과 친구, 사랑이 충분한가요? 그렇다면 그것을 축하하세 요! 그렇지 않다면 지금 당신의 경험을 변화시키기 위해 무엇을 할 수 있을지 생각해 보세요. 내일은 금방 옵니다. 내일에 이르는 과정을 즐기세요.

 오늘 걱정과 후회가 될 때마다 상황을 해결하기 위해 무엇을 할 수 있을지 자신에게 물어보세요. 할 수 있는 일이 없다면 지금 이 순간 당신이 가진 무엇이든 축하해 보세요. 할 수 있는 일이 있다면 바로 행동으로 옮겨 보세요.

·↠·↣·↠·↣ **6월 13일** ↞·↢·↞·↢·↞

자신이 행복한 사람은 다른 사람도 행복하게 한다.

• 안네 프랑크

관계 속 자신의 욕구와 연결하기

많은 사람이 상대방이 어떻게 느끼는가를 근거로 관계를 평가합니다. 나 역시 오랫동안 그랬습니다. 나는 상대가 나와의 관계를 즐겁다고 생각하면 '좋은 관계', 그러지 않으면 '나쁜 관계'로 평가했습니다. 그런데 이런 방식으로 관계를 평가하자 나는 불안하고 혼란스러웠습니다. 당신이 맺고 있는 관계를 평가하는 보다 효과적인 방법이 있습니다. 그것은 상대가 아니라 '당신'의 느낌과 욕구를 살피는 것입니다. 누군가와 함께 시간을 보낼 때 '당신'은 어떻게 느끼고 있습니까? 그때 충족되고 있는 '당신'의 욕구는 무엇입니까? 당신은 관계 속에서 행복하고 자유롭고 편안함을 느끼나요? 아니면 관계 속에서 걱정스럽고 혼란스럽고 초조한가요? 관계 속에서 상대가 아니라 당신의 느낌이나 욕구와 연결해 보세요. 그런 다음, 그 관계가 당신에게 도움이 되고 있는지 생각해 보세요. 그렇지 않다면 당신의 어떤 욕구가 충족되지 않고 있는지 구체적으로 살펴보세요. 이어서 그 욕구를 충족하기 위해 무엇을 할 수 있을지 생각해 보세요.

 오늘은 당신이 맺고 있는 관계에서 당신의 느낌이나 욕구와 연결해 보세요.

·>·›·→·→·→ 6월 14일 ←·←·←·←·

기쁨을 찾아가는 길과 슬픔을 찾아가는 길은 같은 길이다.

• 유도라 웰티

인식을 바꿔 경험을 변화시키기

최근에 내가 친구를 도와 어떤 상황을 중재한 일이 있었습니다. 중재가 끝난 뒤 친구와 이야기를 나누었습니다. 나는 중재 결과에 매우 흡족했습니다. 참가자들이 얼마나 열려 있고 솔직했는지, 그 그룹의 앞날에 내가 얼마나 큰 희망을 품게 되었는지 이야기했습니다. 그러나 친구는 그 일에서 불편함을 느꼈다고 했습니다. 중재하는 중에 발생한 특정 상황 때문에 불편했으며 참가자들에게 커다란 불신감을 느꼈다고 했습니다. 우리 두 사람은 동일한 사건에 관여했으며 그 상황에 관하여 기억하는 사실도 같았습니다. 그럼에도 우리 둘은 상황을 다르게 보았습니다. 둘 중 한 사람이 옳고, 다른 사람은 틀린 것일까요? 그렇지 않습니다. 누구나 어떤 일을 자기만의 방식으로 경험할 권리가 있습니다.

당신은 살면서 마주하는 상황을 주로 어떤 식으로 경험하나요? 당신의 삶의 경험은 당신의 기쁨을 키우나요, 아니면 절망을 키우나요? 당신의 경험을 변화시키고 싶나요? 그렇다면 당신이 바라보는 관점을 바꿔 보세요. 방법은, 두 사람이 공유하는 경험에 대해 상대가 그 일을 어떻게 경험했는지 물어보는 것입니다. 상대가 그 상황을 어떻게 인식했는지 들어보고, 당신이 인식한 것과 어떻게 다른지 알아보세요. 그러면 당신의 삶을 바라보는 관점이 변화할 것입니다. 지금까지와 다른 관점에서, 그리고 기쁜 마음으로 당신의 삶을 바라보겠다고 선택해 보세요.

 오늘은 당신의 인식을 기꺼이 바꿈으로써 당신의 경험이 달라지는 선택을 내려 보세요.

✒→ ✒→ ✒→ ✒→ 6월 15일 ←✒ ←✒ ←✒ ←✒

불로 싸우는 사람은 대개 재로 망한다.

• 애비게일 반 뷰런

평화롭게 살기

때로 무섭더라도 당신이 쥔 주먹을 펴 보세요. 더 이상 싸우지 마세요. 내가 옳다고 우기고 싶은 충동과 상대를 이기려는 욕망을 내려놓으세요. 감정적으로 격앙된 상태에 있더라도 정직하겠다는 진지한 열망으로 상황에 임해 보세요. 모든 이의 욕구를 존중하겠다는 소망으로, 공평함에 대한 당신의 욕구를 충족하겠다는 바람으로 상황에 다가가 보세요. 상대가 힘을 휘두를 때 힘으로 응수한다면 불화와 좌절이 일어나고 상대와 더 멀어질 뿐입니다. 당신의 삶에 불화와 좌절을 일으키며 상대와 멀어지고 싶나요? 그렇지 않을 것입니다. 대신에 평화를 시도해 보세요. 당신이 통제할 수 있는 것은 '당신 자신' 뿐입니다. 당신이 어떤 식으로 나설 것인가가 당신의 가장 소중한 자산입니다. 다른 사람이 어떻게 행동하건, 당신이 통제할 수 있는 부분에 스스로 기분 좋게 느낄 수 있다면 당신은 성공한 것입니다. 결국 당신이 요청한 바를 얻지 못할 수도 있지만 진실성, 생명에 대한 존중, 안도감에 대한 당신의 욕구는 충족될 것입니다.

 오늘은 힘을 휘두르고 싶은 유혹이 일어나는 때를 의식해 보고, 힘 대신 진실성과 진정성을 선택해 보세요.

→ → → → **6월 16일** ← ← ← ←

우리는 비뚤어지고 괴팍해진 자신을 인정할 수 있을까?
• 사크

분노는 신호등

한때 나는 화를 내는 것이 무서웠습니다. 어떻게 화를 표현해야 할지 몰랐기 때문입니다. 또 화를 덮고 있는 뚜껑을 열면 나와 주변 사람들이 당혹스러워할 것이라는 두려움도 마음 한구석에 있었습니다. 그래서 내 안의 화를 제대로 살피지 않았습니다. 그러다 나는 화가 중요한 역할을 한다는 사실을 깨닫고 화에 고마운 마음이 들었습니다. 사실, 화는 어떤 일이 일어났을 때 그것을 알려주는 신호등이나 경보기 역할을 합니다. 어떤 일이 우리에게 고통을 일으킬 때면 우리가 원하건 원하지 않건 분노라는 신호등에 불이 들어옵니다. 그것은 지금 나의 특정 욕구가 충족되지 못하고 있다는 의미입니다. 아내가 쓸모없는 잡동사니를 차고에 가득 쑤셔 넣어 내 차가 들어갈 자리가 없습니다. 사실 몇 달 전 아내가 낡은 물건을 차고에 집어넣기 시작했을 때부터 당신은 짜증이 났었습니다. 그렇게 시간이 지나면서 당신의 화는 점점 커져 갔습니다. 하지만 당신은 자신이 화가 나 있다는 사실을 인정하지 않았습니다. 그러다 어느 날 아내가 차고에 쑤셔 박은 낡은 타자기를 보고는 뚜껑이 열립니다. 만약 아내가 차고에 종이박스를 던져 넣은 첫날에 당신이 어떤 느낌이었는지 살피고 그 느낌을 알아보았으면 어땠을까요? 그때 당신의 느낌을 살폈다면 상황을 더 수월하게 다룰 수 있었을 것입니다. 그 뒤로 몇 주, 몇 달 동안 짜증을 내지 않아도 되었을 것입니다. 자신의 느낌을 그때그때 바로바로 살피고 알아봐 주세요. 그러면 나중에 후회할 행동을 하지 않고 상황을 더 잘 처리할 수 있을 것입니다.

 오늘은 화가 올라오는 첫 순간을 의식해 보세요. 그런 다음 상대에게 화를 내기 전에, 화가 일어난 상황과 관련한 당신의 느낌과 충족되지 못한 욕구를 살펴보세요.

···›·›·›·› 6월 17일 ‹·‹·‹·‹···

나는 오랜 시간 때로 슬픈 경험을 통해,
우리가 어떠한 최종 결론에도 이를 수 없다는 최종 결론에 이르렀다.
• 비타 새크빌-웨스트

과정을 즐기기

연민의 대화에서는 상황과 사람에 대한 판단을 멈추려고 노력합니다. 판단을 내리는 대신, 내가 어떻게 느끼는지, 나의 욕구가 충족되었는지를 살핍니다. 가령 배우자와의 관계에서 친밀감에 대한 당신의 욕구가 충족되지 못하고 있다고 합시다. 이런 때는 당신의 느낌과 당신의 욕구에 관해 배우자와 이야기를 나눕니다. 배우자가 친밀감이 부족하다고 비난하지 않습니다. 비난 대신에 친밀감에 대한 자신의 욕구와 상대의 욕구를 충족할 방법을 찾는 데 집중합니다. 예컨대 당신은 이렇게 말할 수 있습니다. "여보, 우리 3주 동안 사랑을 나누지 않았네? 나는 이 상황이 실망스럽고 혼란스러워. 우리가 함께하는 친밀한 삶이 그리워. 당신도 그래?" 어느 쪽도 비난하지 않으면서 자신의 욕구(친밀한 삶)를 표현하고 있음에 주목하세요. 또 "당신도 그래?"라고 부탁함으로써 대화의 문이 열리고 상대의 욕구에 귀를 기울이게 됩니다. 선입견을 품지 않고 상황에 다가가 당신과 상대의 느낌과 욕구를 함께 확인하는 시간을 가져보세요. 서로에게 유익한 방식으로 상황을 해결할 기회가 생길 것입니다.

오늘은 상대를 판단하기보다 당신의 느낌과 욕구에 집중해 보세요.

⟩⟩ ⟩ ⟩ ⟩ **6월 18일** ⟨ ⟨ ⟨ ⟨⟨

세상이 쾅 하는 폭발로 끝날지, 소리 없이 사라질지 사람들이 왈가왈부한다.
그러나 나는 내 인생이 시들하게 끝나지 않기를 바랄 뿐이다.
• 바바라 고든

삶을 즐겨라

삶을 즐기는 가장 확실한 방법은 자신의 욕구를 충족하는 일을
하는 것입니다. 만약 지금 하고 있는 일이 즐겁지 않다면 그 일을
통해 충족하고자 하는 당신의 욕구가 무엇인지 살펴보아야 합니
다. 최근에 나는 여러 개의 프로젝트를 동시에 진행 중이었습니
다. 그런데 임박한 마감이 나를 짓누르고 있었습니다. 나는 별안
간 상황의 심각성을 깨닫고는 스스로 이렇게 다그쳤습니다. "어
떤 일이 있어도 프로젝트를 완수해야 해!" 그러던 중 문득 그 프
로젝트들이 나에게 즐거운 일이 아니라는 사실을 깨달았습니다.
나는 무슨 일이 있어도 프로젝트를 완수하는 데만 빠져 있었습니
다. 그래서 잠시 시간을 갖고 각각의 프로젝트에서 내가 충족
하고자 하는 욕구가 무엇인지 생각해 보았습니다. 그 욕구들과
연결한 뒤, 각각의 프로젝트를 떠올리며 나에게 물었습니다. "이
프로젝트를 지금 완수하지 않고 뒤로 미룬다면 어떤 느낌이 들

까?" 그중 어떤 프로젝트는 계속하고 싶은 열망을 느꼈지만 어떤 것은 나중에 해도 무관했습니다.

이 간단한 연습으로 나는 두 가지를 얻었습니다. 하나는 각각의 프로젝트에서 충족하고자 했던 나의 욕구와 연결하자 각 프로젝트에서 기쁨을 느낄 수 있었다는 점입니다. 또 하나는 편안함과 안도감에 대한 나의 현재 욕구를 바탕으로 일의 우선순위를 조정하는 기회를 얻었다는 점입니다. 당신은 지금 하고 있는 일을 즐거운 마음으로 하고 있나요? 만약 그렇지 않다면 그 일을 통해 충족하려는 당신의 욕구가 무엇인지, 그리고 그 점을 고려했을 때도 그 일을 계속하고 싶은지 생각해 보세요. 내가 읽었던 어느 시가 생각납니다. 시 속의 남자는 망자의 묘비를 바라봅니다. 묘비에는 망자의 태어난 해와 사망한 해 사이에 줄표(—)를 넣습니다. 시는 망자가 줄표로 상징되는 '사이 기간'을 잘 살았는지 묻고 있습니다. 누구나 삶의 시작과 끝이 있습니다. 중요한 것은 태어남과 죽음 사이의 시간을 즐길 수 있느냐입니다. 자신의 욕구를 의식하며 살아갈 때 태어남과 죽음 사이의 시간을 즐기는 기회가 만들어집니다.

 오늘은 태어남과 죽음 사이의 시간을 당신이 어떻게 보내고 있는지 의식해 보세요.

내가 삶에서 원하는 것은 연민이다.
가슴에서 우러나 서로에게 줄 때 나와 사람들 사이에
연민의 흐름이 일어난다.

• 마셜 B. 로젠버그 박사

삶을 풍요롭게 하기

연민의 대화에서는 '삶을 풍요롭게 하는 것'이야말로 우리가 어떤 행동을 할 때 가장 큰 만족감을 선사하는 동기라고 봅니다. 만약 두려움과 죄책감, 비난과 수치심을 동기로 행동한다면 해야 할 일을 하지 않은 데 따르는 결과를 피하려고만 할 것입니다. 평생 지속되는 변화를 일으키는 최상의 방법은, 변화를 주었을 때 당신의 삶이 어떻게 나아지는가에 초점을 맞추는 것입니다. 가령 당신이 다이어트를 한다고 합시다. 이때 건강과 아름다움 등 삶을 풍요롭게 하기 위해 충족하고자 하는 당신의 욕구와 연결해 보세요. 그러면 체중을 줄이고, 줄인 체중을 유지할 가능성이 더 커집니다. 건강과 아름다움 등 삶을 풍요롭게 하는 욕구와 연결하는 것은, 과체중으로 인한 수치심이나 자기비난과 연결하는 것보다 강력한 동기 부여가 됩니다.

 오늘은 죄책감, 비난, 수치심이 당신과 타인의 행동의 동기가 되는 때를 의식해 보고, 대신 삶을 풍요롭게 하는 다른 동기를 찾아보세요.

·→ ·→ ·→ ·→   **6월 20일**   ←· ←· ←· ←·

오직 처벌을 피하기 위해 어떤 일을 한다면 그 행위 자체의 가치를
알아보지 못한다. 처벌에 대한 두려움 때문에 일을 하는 사람은
그 일을 마칠 수는 있어도 의욕은 꺾이고
머지않아 생산성도 떨어지고 만다.

• 마셜 B. 로젠버그 박사

힘을 사용하는 두 가지 방식: 보호 vs. 처벌

우리 사회는 잘못된 행동을 하는 사람들을 처벌하는 데 많은 시간
을 사용합니다. 이것을 '처벌을 목적으로 힘을 사용하는 것'이라고
합니다. 이런 입장은 사람들이 특정 행동을 하는 이유가 그들이 나
쁘거나 사악한 존재이기 때문이며, 따라서 그들의 행동을 바꾸기
위해서는 처벌을 내려야 한다는 믿음에 근거하고 있습니다.

　당신의 아이가 차가 붐비는 도로에 갑자기 뛰어든다고 합시
다. 당신은 아이를 잡아끌고 조심성이 없다며 아이를 야단칩니
다. 지금 당신은 '처벌을 목적으로 힘을 사용하고' 있습니다. 지
금 당신의 초점은 아이의 행동을 판단하는 데 가 있습니다. 한편
같은 상황에서 '보호를 목적으로 힘을 사용하는' 방법도 있습니
다. 이 입장은 사람들이 어떤 행동을 하는 이유가 더 좋은 방법을
모르기 때문이라는 믿음에 근거합니다. 이 입장은 사람들이 당할
수 있는 피해와 불공평함을 막고자 하는 소망을 나타냅니다. 사
람들의 행동을 판단하는 것이 아니라 그들의 권리와 안녕을 보
호하는 데 초점을 맞춥니다. 앞의 예에서 보호를 목적으로 힘을

사용한다 해도 아이의 팔을 잡아끄는, 겉으로 드러난 당신의 행동은 다르지 않습니다. 다만 그 행동을 하는 이유는 처벌을 목적으로 힘을 사용하는 때와 다릅니다. 당신은 아이가 '틀렸다'고 생각해서가 아니라 아이를 '보호하기' 위해 팔을 잡아끕니다. 처벌을 내리면 상대편은 자기 행동과 관련한 중요한 가치에 집중하지 못하고, 자기 행동의 결과를 회피하는 데만 집중하게 됩니다. 결과를 회피하는 데만 급급하면 바람직한 변화가 일어날 가능성도 줄어듭니다.

 오늘은 처벌이 아닌 보호를 목적으로 힘을 사용해 보세요. 사람들이 고통을 일으키는 행동을 하는 이유가 더 나은 방법을 모르기 때문이라는 입장에 서 보세요.

⇢ ·⇢ ·⇢ ·⇢ 6월 21일 ⇠· ⇠· ⇠· ⇠

칭찬이든 비난이든, 아무것도 해결하지 못한다는 사실이 이제 분명해졌다.

• D. W.(수감자)

자신이 내린 선택에 책임지기

때로 우리가 내린 선택에 대해 다른 사람을 탓하는 편이 훨씬 수월해 보입니다. 다른 사람에게 비난을 돌리면 내가 '나쁜 사람'으로 보이지 않는다고 생각되기 때문입니다. 이때 우리의 주된 동기는 사람들이 나를 받아주고 존중해 주었으면 하는 바람일 것입니다. 하지만 다른 사람을 탓하는 것은 받아들임과 존중의 욕구를 충족하는 방법으로는 적절하지 못합니다. 자기 행동에 스스로 책임지지 않는다면 사람들은 더 이상 당신을 신뢰하지 않을 것입니다.

누구나 선택권을 갖고 있습니다. 당신은 직장에서 정해진 규칙을 '반드시' 따라야 한다고 생각할지 모릅니다. 그러나 그렇지 않습니다. 규칙을 따를 것인지 말 것인지 당신은 '선택할' 수 있습니다. 직장을 그만둘 수도 있고, 직장의 시스템에 문제를 제기할 수도 있고, 반항할 수도 있습니다. 만약 어떤 선택도 만족스럽지 않다면 편안함과 경제적 안정, 직장 내 당신의 위치에 대한 욕구를 충족하기 위한 목적에서 회사의 규칙을 따르기로 결정할 수도 있습니다. 그럼에도 결국 모든 것이 당신의 선택입니다. 자신이 내린 선택에 책임을 떠맡을 때 당신에게 힘이 생깁니다. 그럴 때 다른 사람의 신뢰를 다시 얻을 수 있고, 만족스러운 관계를 유지하는 능력도 더 향상됩니다.

 오늘은 당신이 내린 선택에 책임지지 않는 때를 의식해 보고, 당신에게 선택권이 있다는 사실을 떠올려 보세요.

6월 22일

나는 부모들이 자신과 배우자,
자녀들과 깊이 연결하고자 하는 열망에 대해 말하고 싶다.
또 자녀 양육을 통해 세계 평화에 기여하고 싶은
부모들의 열망에 대해 말하고 싶다.

• 인발 카슈탄

장기 목표에 초점을 둔 자녀양육

부모는 자녀에게 바라는 바를 강요하기 위해 물리적, 감정적, 지적으로 힘을 휘두르고 싶은 유혹을 종종 느낍니다. 그런데 힘을 휘두르는 이 방법은 부모의 수월함이라는 욕구를 당장 충족할 수는 있어도 장기적으로는 역효과를 일으킬 수 있습니다.

아이에게 어떤 일을 시킬 때 부모는 자신에게 두 가지 질문을 던져야 합니다. "나는 아이가 무엇을 하기를 원하는가?" 또 하나는 "나는 아이가 어떤 동기로 그 일을 했으면 하는가?" 종종 부모들은 아이가 무슨 일이든 스스로 하기를 바라면서도 아이가 하기 싫어하는 일을 억지로 시키고는 합니다. 그러면 아이가 스스로의 동기로 그 일을 하는 기회가 줄어들고 맙니다.

아이가 어떤 행동을 하는 동기가 죄책감, 두려움, 수치심 때문이라면 아이는 자신과 접촉하지 못하게 됩니다. 아이 자신의 욕구가 아니라 부모의 반응을 살피는 데 급급해 합니다. 이렇게 되면 아이는 부모에게 들키지 않는 한 무엇을 해도 괜찮다는 생각을 형성합니다. 이런 생각으로 사는 아이는 가족과 공동체에 대한 소속감이나 기여 등 자신의 욕구와 더 이상 연결되지 못하고, 그러면서 자기와의 연결을 잃어버립니다.

 오늘은 부모인 당신이 자녀에게 어떤 일을 억지로 시키는 경우를 의식해 보세요. 그런 다음 어떻게 하면 아이가 스스로의 동기로 그 일을 할 수 있을지 방법을 찾아보세요.

⤳ ⤳ ⤳ ⤳ 6월 23일 ⤆ ⤆ ⤆ ⤆

서로를 진정으로 이해할 때에만 평화가 지속될 수 있다.

• 루시 루

자녀에 대한 공감

비폭력대화에서는 공감의 과정을 통해 상대의 느낌과 욕구에 귀를 기울입니다. 이것은 상대가 성인인 경우만이 아니라 아이들에게도 적용할 수 있습니다. 아이가 저녁밥을 먹지 않으려고 합니다. 이때 부모는 아이의 행동을 바꾸려 애쓰기보다 아이에게 지금 무슨 일이 일어나고 있는지 이해하고자 선택할 수 있습니다. 아이는 마침 재미있게 놀던 중이라 밥 먹을 생각이 없을 수 있습니다. 아니면 부모가 차려준 음식이 마음에 들지 않을 수도 있고 지금 배가 아픈지도 모릅니다. 이런 말로 아이에게 공감해 보세요. "더 놀고 싶은데 밥 먹으라고 하니 짜증났니?" 아니면 "스파게티가 싫어서 뿔난 거니?" 이렇게 말하면 아이의 감정 어휘가 확장되며 부모가 아이의 욕구를 존중한다는 메시지를 전할 수 있습니다. 먼저 아이에게 지금 무슨 일이 일어나고 있는지 알아보세요. 그런 다음 두 사람의 욕구를 함께 충족할 수 있는 방법을 찾아보세요. 6시까지 반드시 밥을 먹어야 한다는 등 부모가 고집하는 한 가지 방법에 걸려들지 않도록 하세요. 부모가 자녀의 욕구와 깊이 연결할수록 부모자녀 관계에서 흔히 일어나는 힘겨루기를 해소하면서 더 큰 신뢰를 쌓을 수 있습니다.

 오늘은 자녀에게 공감하는 기회를 가져 보세요.

⋯❯ ⋯❯ ⋯❯ ⋯❯ **6월 24일** ❮⋯ ❮⋯ ❮⋯ ❮⋯

비폭력대화 기술을 이전 세대 학생들에게 가르쳤다면
얼마나 좋았을까 진심으로 생각한다.
그랬다면 폭력이 아닌 다른 방법으로 서로의 다름을
해결하는 방법을 찾았을 것이다.
• 유고슬라비아 베오그라드의 어느 교사

부모가 받고 싶은 것을 행동으로 보이기

부모가 자녀와 상호작용하는 방식은 이후에 자녀가 세상과 상호작용하는 방식을 형성합니다. 부모가 어떻게 행동하느냐에 따라 자녀는 자신과 자신의 행동을 이해하는 능력이 커지기도 하고 떨어지기도 합니다. 부모가 자녀의 느낌과 욕구에 연결하는 시간을 가질 때 사려 깊고 연민의 마음이 담긴 효과적인 존재 방식을 자녀에게 보여줄 수 있습니다. 자녀는 부모의 그런 행동을 통해 배움을 얻습니다. 자신과 주변 사람의 욕구를 가장 잘 충족하는 방법을 선택할 수 있게 됩니다. 아이들이 그런 능력을 갖추고 삶에 임한다면 그 결과로 우리 모두 더 평화로운 세상을 누리게 될 것입니다.

 오늘은 부모인 당신이 어떻게 행동하면 아이들에게 연민과 관용, 사랑의 마음을 보여줄 수 있을지 생각해 보세요.

⇢ ⇢ ⇢ ⇢ **6월 25일** ⇠ ⇠ ⇠ ⇠

용기라는 가격을 지불할 때 삶은 평화를 선사한다.
• 아멜리아 에어하트

나와 다른 가치관을 지닌 사람과 소통하기

비폭력대화는 누구에게나 효과가 있습니다. 비폭력대화를 잘 모르는 사람에게도, 연결과 연민의 가치를 공유하지 않는 사람에게도 통합니다. 사실, 비폭력대화 원칙을 일관되게 지킨다면 연민은 자연스럽게 꽃을 피웁니다. 비폭력대화를 공부하는 우리는 누구에게도 우리 식대로 하라고 설득하지 않습니다. 우리에게 중요한 가치를 중시하라고 강요하지도 않습니다. 단지 서로에 대한 연민의 마음과 모든 사람의 욕구를 존중한다는 '우리에게' 중요한 가치에 집중할 뿐입니다.

얼마 전 나는 어느 부동산 중개업자와 함께 일하다 아주 곤란한 상황에서 빠진 적이 있었습니다. 어느 시점에 나는 문제가 해결되기 전에 그가 프로젝트에서 빠져나가 나 혼자 일을 감당하게 될까 봐 너무도 걱정이 되었습니다. 그래서 그에게 이렇게 말했습니다. "이런 상황까지 오게 된 것이 끔찍하시겠어요. 무척 놀라셨을 테고요." "맞아요! 나 스스로도 그런 의문이 여러 번 생겼어요. 그 부부는 정말 터무니없이 행동해요. 소송까지 갈 수도 있겠다 싶어요." "네, 정말 끔찍하죠?" "정말 그래요." "이 상황에서 당신이 발을 뺀다 해도 충분히 이해가 돼요. 그런데 그렇게 되면 나 혼자 이 일을 감당할 수 있을지 걱정이 되는군요. 내가 당신과 함께 일을 끝까지 해결하려면 어떻게 하면 좋을까요?" "메리, 내가 이 일에서 아직 발을 빼지 않은 건 오직 당신이 있기 때문이에요. 당신이 할 일은 지금 당신이 하고 있는 일을 계속하는 것뿐이에요. 난처한 상황이지만 당신과 함께 일하는 것만은 정말 즐거워요."

예전 같으면 나는 그 중개업자에게 계약을 파기하면 절대 안 된다며 프로젝트에서 발을 빼지 말라고 으름장을 놓았을 것입니다. 그러나 이번에는 충족되지 못한 그의 욕구를 알아보는 동시에 나 자신의 두려움을 표현했습니다. 그리고 그가 이 사건을 계속 맡으려면 내가 어떻게 하면 되는지 물었습니다. 사건의 압박감이 점점 커졌지만 그는 문제가 해결되기까지 두 달을 더 나와 함께 일했습니다. 어떤 일에 맞닥뜨리건, 힘에 힘으로 응수하고 싶은 유혹이 아무리 커도, 우리는 상대에게 부정적인 영향을 주지 않으면서 자신의 욕구를 충족하고자 노력할 수 있습니다. 이렇게 할 때 자신의 욕구를 충족할 가능성이 실제로 더 높아지고, 평화로운 삶을 살 수 있습니다.

 오늘은 당신의 욕구를 의식해 보고, 그것을 충족할 수 있는 조화로운 방법을 찾아보세요.

↷ ↷ ↷ ↷ **6월 26일** ↶ ↶ ↶ ↶

관찰하라! 관찰만큼 중요하고, 관찰만큼 믿음 깊은 일도 없다.

• 프레드릭 비크너

실재를 관찰하기

우리는 어떤 것을 보고 그에 관한 이야기를 지어내는 일이 얼마나 많나요? 나의 어머니는 이야기를 잘 지어내기로 유명했습니다. 함께 차를 몰고 가던 중 어떤 여자가 어떤 것을 하는 것을 보면 어머니는 그녀와 그녀의 삶에 관한 온갖 이야기를 지어냈습니다. 그런데 우리는 누구나 이렇게 이야기를 지어내며 하루를 보내지 않나요? 그러나 이야기를 지어내는 것은 우리의 삶에 고통을 가져오는 방법 가운데 하나입니다.

당신의 파트너가 데이트 약속 시간이 두 시간이 지나도 나타나지 않습니다. 이때 당신은 어떻게 하겠습니까? 아마 그녀가 늦는 것에 관하여 온갖 이야기를 지어낼 것입니다. '나를 배려하지 않는다', '나에게 마음 상한 일이 있었나?', '나와 함께하는 시간보다 일이 더 중요하다' 등등… 이런 이야기들은 우리에게 고통을 안깁니다. 게다가 그중 어떤 것이 진실인지 우리는 알 수 없습니다.

이야기를 지어내는 것 외에 다른 방법이 있습니다. 당신이 알게 되는 바를 단순하게 관찰하는 것입니다. '약속한 시간보다 그녀가 두 시간 늦었어'라고 말입니다. 이렇게 관찰한 다음, 지금 상황에서 당신의 욕구를 가장 잘 충족할 수 있는 결정을 내립니다. 그녀에게 전화를 걸어 무슨 일이 있었는지 알아볼 수도 있고, 도착하면 연락하라고 문자를 남긴 뒤 영화관에 가서 영화를 볼 수도 있을 것입니다. 아니면 친구에게 전화를 걸어 지금 상황에 대해 위로를 받을 수도 있습니다. 당신이 내릴 수 있는 선택은 다양합니다. 이들 방법 중 어느 것도 당신에게 고통을 일으키지 않습니다. 실제로 일어나지도 '않을' 일에 관한 이야기를 지어내 자신을 힘들게 할 필요가 있을까요. 대신에, 실제로 일어난 사실을 관찰하면 어떨까요. 그런 다음 당신에게 편안함과 기쁨을 주는 결정을 내리는 데 집중해 보세요. 고통을 줄 게 뻔한 이야기를 지어내지 말고 말입니다.

 오늘은 어떤 일이 일어난 이유에 관해 이야기를 지어내고 있는 당신을 의식해 보세요. 그러면서 단순히 사실을 관찰하는 것으로 돌아와 보세요.

⤳ ⤳ ⤳ ⤳ 6월 27일 ⤳ ⤳ ⤳ ⤳

나는 어리석은 아이를 한 번도 본 적이 없습니다.

이해하지 못하는 행동을 하는 아이, 나라면 하지 않을 행동을 하는

아이를 보았을 뿐입니다. 내가 하는 대로 하지 않는 아이는

'어리석은 아이'가 아닙니다. 생각해 보세요. 당신이 그 아이를

'어리석다'고 부르기 전에도 그 아이는 어리석었을까요?

혹시 아이는 당신이 알던 것과 그저 다르게 알고 있었던 건 아닐까요?

• 루스 베버마이어

관찰과 평가를 분리하기

종종 우리는 관찰한 내용, 즉 특정 상황에 관한 사실에 자기 의견을 집어넣고는 합니다. 가령 이런 것입니다. 당신의 남동생이 토요일 하루 종일 친구 집의 지붕을 새로 얹는 일을 도와준다고 합니다. 이때 당신이 관찰에 평가를 섞은 말을 한다면 이렇습니다. "너무 혹사하는 거 아니니! 지쳐 떨어지고 말 거야!" 반면, 평가를 내리지 않고 관찰한다면 당신은 이렇게 말할 것입니다. "토요일 하루 종일 친구 집 지붕 얹는 일을 도와준다고 하더구나. 주중에도 열심히 일하는데 네가 지쳐 떨어질까 누난 걱정이 돼."

첫 번째 대화에서 화자는 동생의 행동에 대해, 지쳐 떨어질 거라며 판단을 내리고 있습니다. 한편, 두 번째 대화에서는 객관적 사실을 확인한 뒤(토요일에 친구 집 지붕 얹는 일을 도와줌), 그 사실이 남동생의 생활에 주는 영향에 관하여 염려를 표현하고 있습니다. 둘의 차이는 미묘하지만 그 결과는 크게 다릅니다. 관찰과 평가가 섞인 말을 하면 상대는 방어적인 태도로 나오기 쉽습니다.

한편, 관찰과 평가를 구분하면 당신이 걱정하는 부분에 관하여 상대와 열린 대화를 나눌 수 있습니다.

 오늘은 당신이 평가를 내리는 때와 관찰을 하는 때를 의식해 보세요. 관찰과 평가를 분리해 상대와 열린 대화를 나누는 기회를 만들어 보세요.

···›·›·›·› **6월 28일** ‹·‹·‹·‹··

창의적인 정신은 아무리 불우한 성장 과정이라도 극복한다.

• 안나 프로이트

자신의 느낌에 관심 갖기

우리 중 많은 이가 자신의 느낌을 표현하는 법을 제대로 배우지 못했습니다. 우리는 자기보다 다른 사람에게 더 관심을 가져야 한다고 배웠습니다. 그래서 사람과의 관계에서 '내가' 어떻게 느끼는가에 관심을 갖기보다 상대가 관계를 즐기는지 살피는 데 더 신경을 씁니다. 업무상 이룬 성과에 대해서도 '내가' 어떻게 느끼는가가 아니라 상사가 어떻게 생각하는가를 더 중시합니다. 그런데 자신의 느낌에 관심을 갖지 않으면 자신과 계속 단절된 채로 지내야 합니다. 당신은 혼란스러울 것입니다. 관심의 초점을 당신의 느낌과 욕구로 옮겨 보세요. 그럴 때 자신과 다시 연결되어 지금 이 순간 행복하려면 무엇이 필요한지 알 수 있습니다.

오늘은 당신이 상대의 느낌에 관심을 갖는 때를 알아보고, 자신의 느낌으로 주의를 돌려 보세요.

➣➣➣➣➣ **6월 29일** ⬅⬅⬅⬅⬅

등불을 꺼트리지 않으려면 기름을 계속 넣어야 한다.

• 테레사 수녀

운동에 대한 욕구 충족하기

한때 나는 일주일에 몇 날 아침을 직장에 출근하기 전에 작은 산을 올랐습니다. 바위투성이의 거의 10킬로미터나 되는 산길을 한시간 반 만에 주파했지요. 등산을 마치고 나면 재빨리 샤워를 하고 서둘러 하루 일과를 시작했습니다. 그런데 요즘은 일주일에 네다섯 날을 아침에 일어나 30분은 걷기와 조깅을, 30분은 요가를 합니다. 하이킹이든, 걷기와 조깅, 요가든 운동에 대한 나의 욕구는 적절히 충족되고 있습니다. 젊었을 때는 몸을 부지런히 움직여 목표한 운동량을 달성하는 것이 재미있었고 그것을 통해 힘을 느꼈습니다. 그런데 요즘은 신체활동을 줄이는 편이 더 좋은 느낌이 듭니다.

운동과 몸의 움직임에 대한 욕구를 충족하는 방법은 사람마다 다릅니다. 자신에게 적합한 운동의 강도도 사람마다 다르지요. 나의 경우, 운동 전문가들이 권하는 대로 운동을 하자 몸이 다소 지쳤습니다. 프로그램을 끝까지 지속하기가 힘이 들었습니다. 대신 신체적 안녕과 운동, 평온함의 욕구를 충족하는 데 집중하자 아침 운동이 더 즐거워졌습니다. 지금 당신은 운동에 대한 당신의 욕구를 충족하고 있나요? 전문가의 권고를 기계적으로 따르기보다 어떤 활동이 당신의 신체적, 정서적 건강과 재미에 대한 욕구를 더 잘 충족해 주는지 살펴보세요.

 오늘은 운동에 대한 당신의 욕구가 충족되고 있는지, 현재의 운동 프로그램을 수정할 여지가 없는지 살펴보세요.

⋅›⋅›⋅›⋅› 6월 30일 ‹⋅‹⋅‹⋅‹⋅

다행히 정신분석이 내면의 갈등을 해결하는 유일한 방법은 아니다.
삶은 지금도 그 자체로 가장 효과적인 치료사이다.
• 카렌 호나이

느낌 어휘 쌓기

오래 전 나는 나 자신으로부터 단절되어 나의 느낌을 알아보고 표현하는 것이 어려웠습니다. 당시 나의 상담 치료사는 나에게 느낌 어휘를 가르치는 데 많은 시간을 들였습니다. 내게 일어난 일을 이야기하면 치료사는 그 상황과 관련한 나의 느낌과 연결하도록 도왔습니다. 그런데 나는 이것이 소중한 시간을 낭비하는 일이라고 생각했습니다. 왜냐하면 '내가' 나의 느낌을 아는 것이 왜 그리 중요할까 의아했기 때문입니다. 내가 어떻게 느끼는지는 치료사인 '그녀'가 알면 되는 것 아닌가 생각했습니다. 그러나 지금은 그 치료사가 시간을 들여 나의 느낌과 연결하게 해 준 것에 감사하고 있습니다. 자신의 느낌과 연결하기 전까지는 현재에 존재하며 살 수 없습니다. 자신의 느낌과 연결하기 전에는 자신을 제대로 돌볼 수도, 올바른 결정을 내릴 수도 없습니다. 치료사에게 의지해 나의 느낌을 알고자 했던 나의 계획은 치료사와 함께 있는 동안에만 효과가 있었습니다. 치료사의 방을 나서면 단절된 나의 자아만이 덩그러니 남아 그 상황을 어떻게 다뤄야 할지 몰랐습니다. 요즘은 나의 느낌과 편안하게 연결합니다. 그리고 누구든 자신의 느낌 어휘를 쌓아갈 수 있다는 사실을 압니다. 이 책의 앞부분에 '느낌 목록'이 나와 있습니다. 당신이 지금 어떻게 느끼는지, 느낌을 어떻게 표현해야 할지 모르겠다면 '느낌 목록'을 다시 살펴보세요. 그러면서 당신의 느낌 어휘를 확장하는 시간을 가져보세요.

 오늘은 당신이 느끼는 느낌을 알아차려 보고, 거기에 이름을 붙여 보세요.

7
월
명
상

·ᐳ·ᐳ·ᐳ·ᐳ 7월 1일 ᐸ·ᐸ·ᐸ·ᐸ

책임을 받아들이는 능력이야말로 사람을 알아보는 척도이다.
• 로이 L. 스미스

자신의 느낌에 책임지기

내가 느끼는 느낌은 다른 사람의 책임이 아니라는 사실을 알면 얼마나 마음이 편해지는지요. 한때 나는 '나의 느낌에 다른 사람은 책임이 없다'는 말을 으레 하는 상투적인 표현으로만 여겼습니다. 그다지 타당해 보이지도 않았습니다. 그러나 지금은 나의 느낌이 내 마음 밑바닥에 있는 욕구에 따른 결과물임을 압니다. 당신의 십대 딸이 예고도 없이 친구를 저녁 식사에 초대했습니다. 어떤 날에, 당신은 새 손님이 가족의 식사자리에 오는 것이 반갑습니다. 재미와 다양성에 대한 당신의 욕구가 충족되기 때문입니다. 딸아이의 생활에 도움이 되는 부분도 있을 것 같습니다. 그런데 당신이 매우 피곤하고 지친 날에는 저녁 식사자리의 새 손님이 그다지 반갑지 않습니다. 편안함과 휴식에 대한 당신의 욕구가 충족되지 않기 때문입니다. 두 경우에 자극은 동일했습니다. 당신의 딸이 예고 없이 친구를 집에 초대한 것입니다. 그런데 당신이 상황에 대응하는 방식은 당신의 욕구가 충족되느냐에 따라 크게 달라졌습니다.

상대가 나의 느낌에 책임이 없다는 사실을 알 때 상대에 대한 비난을 멈추고, 자신에게 진정 필요한 것을 알아볼 수 있습니다. 이런 의식의 전환은 당신에게 커다란 영향을 미쳐 삶과 인간

관계의 질이 크게 향상될 것입니다. 지금 당신에게 편안한 휴식이 필요하다면 이런 방법은 어떨까요. 딸아이가 깜짝 저녁손님으로 당신을 놀라게 하면 아이들이 먹을 피자를 주문한 뒤 당신 방에서 저녁 시간을 보낼 수 있습니다. 아니면 다른 날 저녁에 딸아이의 친구를 초대할 수도 있습니다. 당신이 내릴 수 있는 선택은 아주 많습니다. 만약 예고 없이 손님을 부른 딸아이를 비난하는 데만 집중한다면 부모가 내릴 수 있는 선택의 폭은 좁아집니다. 더욱이 아이와의 관계에서 상처 입은 느낌과 긴장이 일어날 것입니다.

 오늘은 당신의 느낌을 알아차려 보고, 그 느낌을 일으키는 마음 밑바닥의 욕구를 의식해 보세요.

⇢ ⇢ ⇢ ⇢ 7월 2일 ⇠ ⇠ ⇠ ⇠

인생의 겉만 보지 말고 속도 보라.

• 앤 박스터

모든 사람의 공통분모인 욕구에 연결하기

지구상 모든 사람이 동일한 기본 욕구를 갖는다는 점에 대해 생각해 보세요. 실제로, 동일한 욕구를 갖는다는 사실은 우리를 인간으로 묶어주는 공통분모입니다. 우리는 누구나 사랑, 살 곳, 음식, 물, 연결, 충만감, 존중을 필요로 합니다. 각 가정과 문화, 국가에 따라 이들 욕구를 충족하는 방법은 달라도 욕구 자체는 동일합니다.

나에게는 가족에 대한 필요와 욕구가 있어 매주 한 번씩 가족에게 연락합니다. 또 일 년에 한두 차례는 가족의 집을 꼭 찾아갑니다. 한편, 다른 문화권에서는 대가족과 함께 사는 방법으로 가족에 대한 욕구를 충족합니다. 또 어떤 문화권에서는 연로한 부모가 성인 자녀 집에 들어와 살기도 합니다. 우리 모두는 이런저런 방식으로 가족에 대한 욕구를 충족시키고 있습니다. 마찬가지로 우리는 누구나 살 곳이 필요합니다. 그런데 이 필요를 충족하기 위해 사는 장소는 주택, 천막, 오두막, 저택 등 사람마다 다릅니다. 욕구를 충족하는 방법은 서로 다르지만 욕구 자체는 동일합니다. 모든 사람이 동일한 욕구를 갖는다는 사실이야말로 서로 다른 문화권과 생활양식의 사람들을 하나로 묶어 주는 요소입니다. 다음번에 누군가와 갈등이 일어나 상대가 당신을 신경 쓰지 않는다고 느껴질 때면, 그 사람이 그 행동으로 충족하고자 하는 욕구가 무엇인지 생각해 보세요. 그러면 두 사람이 방법은 달라도 그 방법으로 충족하려는 욕구는 같다는 사실을 알고는 놀랄 것입니다.

 오늘은 사람들이 행동을 통해 충족하려고 하는 마음 밑바닥의 욕구가 무엇인지 생각해 보세요.

길 한가운데 서 있으면 매우 위험하다.

양방향에서 오는 차에 모두 치일 수 있기 때문이다.

• 마가렛 대처

자신의 욕구를 표현하기 어려울 때

나에게 욕구가 있다는 사실을 처음 알았을 때 나는 내 말을 들으려는 누구에게든 나의 욕구에 대해 이야기했습니다. 나의 욕구를 알아보지 못한 채 보낸 지난 40년 세월이 너무 안타까워 내 욕구를 의식하고 충족하는 '개인적 사명'의 길에 나선 것입니다. 그런데 나의 욕구를 표현하는 것이 상대에게는 강요나 비난으로 들렸을지도 모릅니다. "있잖아, 나 어젯밤 아홉시까지 일하고 오늘도 일이 꽉 찼어. 네가 … 했으면 좋겠어." 나는 상대의 지지에 대한 욕구를 충족하고 싶었습니다. 하지만 나의 요청이 상대에게는 강요로 들렸을지 모릅니다. 만약 그렇다면 상대도 내 삶에 기여하고 싶은 마음을 내기 어려울 것입니다.

그 뒤로 나는 지금껏 내 욕구에 관심을 갖지 못하며 보낸 오랜 시간을 애도했습니다. 그러자 앞으로는 나의 욕구를 충족할 수 있다는 믿음이 커지면서 상대에게 부담스러운 요구를 하는 일도 줄었습니다. 욕구 개념을 처음 배우던 때 상대에게 부담스런 요구를 했던 일을 후회하지는 않습니다. 그 과정은 결국 나의 욕구를 충족하는 데 도움이 되었으니까요. 우리가 가진 패러다임을 바꾸는 일은 쉽지 않습니다. 하지만 패러다임의 변화로 누릴 수 있는 평화를 생각하면 그만큼의 노력을 기울일 가치가 충분합니다.

 오늘은 당신의 욕구를 어떻게 표현하면 좋을지 관심을 가져 보세요.

⇢ ⇢ ⇢ ⇢ **7월 4일** ⇠ ⇠ ⇠ ⇠

탐색을 멈추지 않는 한, 답은 나오게 마련이다.

• 조안 바에즈

감정 발달의 단계들

많은 사람이 감정 발달이라는 개인적 여정의 초기 단계에서 자신
이 모든 사람의 느낌에 책임져야 한다고 생각하며 모든 사람을
행복하게 해 주려고 애를 씁니다. 이 단계에 있을 때는 관계 속에
서 자신을 잃어버릴까 봐 두려워하거나 상대에게 이용당할지 모
른다고 생각합니다. 감정 발달의 다음 단계에 이르면 내가 다른
사람의 감정에 책임이 없으며 다른 사람도 나의 감정에 책임이
없음을 깨닫게 됩니다. 이 단계에 이르면 여러 가지 복잡한 감정
을 느낍니다. 나를 행복하게 하는 힘이 나에게 있음을 알고는 기
쁨을 느낍니다. 다른 사람을 반드시 행복하게 할 책임이 내게 없
음을 알고 안도감을 느낍니다. 이 사실을 알기 전에 겪었던 고통
에 대해 슬픔을 느낍니다. 감정 발달의 세 번째 단계는 감정적으
로 성숙해지는 단계입니다. 이 단계에 이르면 자신의 행동에 책

알게 됩니다. 이런 의식이 생기면 문제 해결에 창의성을
게 되며, 전에 없던 깊은 친밀감이 형성됩니다. 감정 발달
막 네 번째 단계에 이르면 모든 사람의 욕구를 똑같이 존
됩니다.

오늘은 당신이 감정 발달의 어느 단계에 있는지 의식해 보세요.

···✦·→·✦·→·✦·→·✦·→　**7월 5일**　✦·←·✦·←·✦·←·✦·←·

사소한 것이라도 처음 알게 된 순간에는 커다란 깨달음이 일어난다.

• 마고트 폰테인

부탁하는 방법

많은 사람이 자신이 원하는 것을 제대로 부탁하지 못합니다. 제
대로 부탁하는 몇 가지 팁을 소개합니다.

팁1　부탁할 때는 당신이 원하지 않는 것이 아니라 원하는
　　　 것을 부탁해야 합니다. 한번은 내가 남자아이 둘을 차
　　　 에 태우고 운전한 적이 있습니다. 형이 동생을 발로
　　　 찹니다. 내가 말했습니다. "제이크, 네가 동생을 발로
　　　 차니까 엄마는 마음이 안 좋아. 엄마에겐 너희 둘의
　　　 안전이 무척 중요하거든." 제이크가 말했습니다. "알

았어요." 그러더니 동생을 팔로 때리는 게 아닙니까! 또 한 번은 고속도로에서 최고속도 제한 표시를 살피며 수 킬로미터를 운전하고 있었습니다. 그때 '최저시속 70킬로미터 제한 종료'라는 표시판이 눈에 들어왔습니다. 헛웃음이 나왔습니다. 나는 지금부터 시속 70킬로미터 이하로 운전해도 된다는 사실을 알았지만, 조금 전만 해도 최고속도만 살피며 운전을 했던 것입니다.

팁2 부탁은 구체적으로 해야 합니다. 방을 청소해 달라고 막연히 부탁하지 말고, 30분 안에 정리되었으면 좋겠다고 부탁하세요. 그러지 않으면 좌절과 실망을 겪을 것입니다. 사람마다 '곧'이라는 말을 다르게 해석합니다. 당신도 그런 경험을 한 적이 있을 것입니다. 자신감을 갖고 구체적으로 부탁해 보세요.

팁3 실행 가능한 것을 부탁해야 합니다. 상대가 할 수 없는 일을 부탁하지 않아야 합니다. 하룻밤에 30페이지 분량의 보고서를 쓰라던가, 배우자가 시내에 외출해야 하는데 쓰레기통을 가져오라고 한다던가 하는 것 말입니다. 상대를 연민의 마음으로 대하며 부탁한다면 관계 모든 당사자의 욕구를 똑같이 고려하고 존중할 수 있습니다.

마지막 팁 평소 부탁하는 습관을 들여 보세요. 사람은 누구나 연민의 마음으로 서로에게 주고받는 것을 좋아합니다. 당신은 다른 사람의 삶에 기여하기를 바라지 않나요? 마찬가지로 다른 사람들도 당신의 삶에 도움을 주고 싶어 합니다. 당신이 하는 부탁은 그들에게 선물이 될 것입니다. 당신의 부탁이라는 선물을 그들에게 주어 보십시오. 이때 일어날 수 있는 최악의 상황이라고 해봐야 상대가 "죄송합니다."라고 답하는 것입니다.

 오늘은 적어도 두 사람에게 구체적이고 실행 가능한 부탁을 해 보세요.

⇢ ⇢ ⇢ ⇢ 7월 6일 ↤ ↤ ↤ ↤

진정한 발견의 여정은 새로운 풍경을 찾아다니는 것이 아니라
새로운 눈을 갖는 데 있다.

• 마르셀 프루스트

자율적으로 살기

많은 사람이 자율성, 즉 자유롭게 선택할 수 있는 권리를 일종의 욕구로 여깁니다. 즉 행복한 삶을 살기 위해서는 자유로운 선택이 반드시 필요하다고 생각합니다. 그런데 나는 자유로운 선택이

우리가 이미 갖고 있는 일종의 삶의 방식이라고 생각합니다. 당신의 친구가 일하는 직장 사장이 친구가 아침 7시에 일을 시작하기를 원한다고 합시다. 그러나 자녀들과 밤늦게까지 함께 시간을 보내는 일이 잦은 당신 친구는 아침 8시 반에 일을 시작했으면 합니다. 이때 친구는 이렇게 투덜거리기 쉽습니다. "어쨌거나 아침 7시까지 출근해야만 해." 이런 말로 그 상황을 표현한다면 친구는 자율적인 삶을 살지 않기로 선택하는 것과 마찬가지입니다. 그녀는 출근 시간에 관하여 자신에게 선택권이 없다고 말하고 있습니다. 그러나 실제로 그녀는 그 직장을 그만둘 수도 있고, 다른 직장을 알아볼 수도 있습니다. 아니면 아이들에게 지금보다 일찍 잠자리에 들자고 제안할 수도 있습니다. 어쩌면 그녀는 이 직장을 계속 다니고 싶어 할지 모릅니다. 건강보험 때문일 수도 있고, 그 직장이 경제적 안정에 대한 그녀의 욕구를 충족시켜 주기 때문일 수도 있습니다. 아니면 짧은 출근 거리가 편안함에 대한 욕구를 채워 주는지도 모릅니다. 어떤 이유건 그녀는 그 직장을 계속 다니기로 선택할 수 있습니다. 계속 다니기로 선택한다면 그녀는 편안한 휴식과 같은 욕구는 채우지 못할 것입니다. 우리는 삶에서 언제나 선택권을 갖고 있습니다. 어떤 때는 그 선택들 가운데 어느 것도 매력적으로 보이지 않을 때가 있습니다. 그럼에도 우리는 선택을 내립니다. 자유로운 선택은 우리의 삶의 방식이라는 점을 깊이 인식해 보세요. 그럴수록 우리 삶에서 더 큰 기쁨과 힘을 느낄 것입니다.

오늘은 어떤 일을 '해야만' 하는 상황에서 그 일을 하기로 '선택'함으로써 당신이 충족하고자 하는 욕구가 무엇인지 생각해 보세요.

✎→ ✎→ ✎→ ✎→ 7월 7일 ←✎ ←✎ ←✎ ←✎

> 오늘날 세계에서 일어나고 있는 문제들은 그 문제를 발생시킨 것과
> 동일한 차원의 사고방식으로는 해결할 수 없다.
>
> • 알버트 아인슈타인

삶은 즐거운 공연!

놀이가 아닌 일은 어떤 것도 하지 마세요. 어떤 활동을 할지 분명히 선택하는 법을 배워 당신에게 만족을 주는 일만 해 보세요. 불가능할 것 같다고요? 나의 삶에 기쁨을 가져오는 방법 가운데 내가 발견한 최고의 방법은 내가 그 일을 하는 이유와 연결하는 것이었습니다. 가령 고양이 배변통을 청소한다던지, 상대와의 관계가 만족스럽지 않다고 말해야 할 때 거기서 기쁨을 찾기란 어려워 보일지 모릅니다. 그러나 이들 활동의 이면에 존재하는, 삶을 풍요롭게 하는 목적과 연결한다면 그 일에서 전에 없던 기쁨을 새롭게 느낄 수 있습니다. 나의 경우, 고양이 배변통을 청소하는 일은 별로 재미가 없지만 우리 집 고양이에게 깨끗한 환경을 만들어 주는 일에는 분명 큰 기쁨을 느낍니다. 또 상대와의 관계가 행복하지 않다고 말하는 것이 달갑지는 않지만 그렇게 말함으로

써 정직과 진실성에 대한 나의 욕구가 채워지며 두 사람의 욕구를 함께 충족하는 데 필요한 변화를 줄 수 있다는 희망도 생깁니다. 기쁨은 반드시 떠들썩한 재미를 의미하지 않습니다. 때로 상대의 삶에 기여하고 있음을 아는 데서 기쁨이 일어나기도 합니다. 진실성에 대한 자신의 욕구가 충족될 때도 기쁨을 느낄 수 있습니다. 지금 당신이 하고 있는 활동이 썩 내키지 않나요? 그렇다면 그 일을 함으로써 충족되는 당신의 근원적인 욕구를 찾아보세요. 당신의 욕구를 충족하기 위해 그 일을 할 만한 가치가 있나요? 만약 그렇다면 새로운 이해라는 유익함을 누리며 그 일을 실행하세요. 만약 당신의 욕구 충족을 위해 할 만한 가치가 없는 일이라면 그 일을 더 재미있게 만들 수 있는 방법을 생각해 보세요. 당신의 행동 이면에 자리 잡은 욕구와 연결함으로써 에너지에 변화를 준다면 당신이 그 일을 하는 이유와 더 잘 연결될 것입니다. 그럴 때 당신은 더 큰 기쁨을 느낄 것입니다.

 오늘은 당신의 활동을 통해 충족하고자 하는 욕구가 무엇인지 분명하게 파악해 보세요.

⇢ ·⇢ ·⇢ ·⇢   **7월 8일**   ⇠· ⇠· ⇠· ⇠

사랑에는 이해와 오해가 불가해한 방식으로 독특하게 섞여 있다.
• 다이안 아버스

상대가 내 말을 제대로 들었는지 확인하기

같은 것을 보고도 사람들이 서로 다르게 해석하는 것을 보면 놀랍지 않나요? 한때 나는 이런 일이 벌어지면 혀를 내둘렀습니다. 상대가 내 말을 제대로 듣지 않았다며 말다툼을 벌이거나 상대가 솔직하지 않다고 생각해 화를 냈기도 했습니다. 그러나 지금은 우리들 누구나 자신만의 필터를 통해 상대의 이야기를 듣는다는 점, 그렇기 때문에 상대가 하려는 말을 제대로 듣지 못하고 놓칠 수 있다는 점을 인정합니다. 이런 이유로 나는 상대가 나의 말을 제대로 들었는지 자주 확인합니다. 방법은 여러 가지입니다. 어떤 때는 이렇게 물어 봅니다. "이해했어요?" "내 말이 분명한가요?" 만약 상대로부터 정보가 더 필요한 경우에는 이렇게 말합니다. "내 말이 분명하게 전달되었는지 알고 싶어요. 내게 들은 대로 다시 말해 줄래요?" 이때 상대의 말이 내가 하려 했던 말과 다르다면 이렇게 말합니다. "당신이 들은 것을 말해 줘서 고마워요. 하지만 내가 하려고 했던 말과 조금 다른 것 같아요." 그런 다음 다시 요청합니다. 이처럼 상대가 내 말을 어떻게 들었는지 되비쳐 주도록, 즉 반영해 주도록 요청하는 일은 감정적으로 민감한 상황에서 더욱 중요합니다. 고통 속에 있을 때면 상대의 말을 제대로 듣지 못하기 때문입니다. 상대가 나의 말을 어떻게 들었는지 되비쳐 주도록 요청하면 상대는 내가 하려고 했던 말이 무엇인지 모르고 있었음을 비로소 깨닫기도 합니다. 상대가 내 말을 되비쳐 주도록 요청하는 간단한 과정을 밟는 것만으로 두 사람이 서로 연결한 상태에서 서로의 다름을 원만히 해결할 수 있습니다.

오늘은 당신이 한 말을 상대가 되비쳐 주도록 요청해 보세요. 명료함과 경청에 대한 당신의 욕구가 충족될 것입니다.

⇢ ⇢ ⇢ ⇢ 7월 9일 ⇠ ⇠ ⇠ ⇠

사랑하는 관계의 어느 쪽도 단지 관계를 유지하려는 목적으로
자신의 본래 모습을 포기해서는 안 된다.
• 메이 사튼

듣기, 그 다음 단계

종종 우리는 상대가 내 말을 듣게 하려고 애쓰는 중에 상대의 말에 귀 기울이는 것을 잊어버릴 때가 있습니다. 상대가 내 말을 제대로 들었는지 확인하고 싶으면 상대가 나에게 들은 말을 되비쳐 주도록 요청하면 됩니다. 그 다음에는 상대에게 무슨 일이 일어나고 있는지 내가 귀 기울여 들어야 합니다. 이때 이렇게 상대에게 물어봅니다. "내 말을 들으니 기분이 어때요?" 혹은 "이 화제에 대해 어떤 생각이 떠올라요?" 이 두 질문은 상대에게 자신의 느낌을 표현할 기회를 줍니다. 상대와의 대화가 힘들어질 때는 상대의 말을 되비쳐 줌으로써 당신이 제대로 들었는지 확인해야 합니다. 대화는 쌍방이 서로의 말을 제대로 듣기 전까지 완성되지 않는다는 점을 기억하세요. 당신의 말을 상대가 어떻게 받아들였는지 상대로부터 듣고 나서야 상대가 제대로 들어주기를

바라는 당신의 욕구도 충족될 것입니다.

 오늘은 상대가 한 말을 되비쳐 줌으로써 당신이 상대의 말을 제대로 들었는지 확인해 보세요.

༝༝༝༝ **7월 10일** ༝༝༝༝

내가 깨달은 한 가지 교훈은, 관심을 갖고 주의를 기울이는 것을
대신할 수 있는 것은 아무것도 없다는 사실이다.
• 다이앤 소여

생산적인 집단 모임을 만들려면

우리는 직장이나 개인의 삶에서 얼마나 자주 지치고 희망 없고
짜증나는 모임에 참석하나요? 자신의 욕구를 분명히 표현하는
법을 배운다면 효율적이고 성공적인 모임을 만들 수 있습니다.
몇 년 전 나는 60여 명이 함께하는 훈련 모임에 참석한 적이 있습
니다. 전체 그룹 세션을 진행하던 어느 날 아침, 한 남자가 특정
주제에 관한 소그룹 세션을 그날 오후 3시에 가져야 한다고 주
장했습니다. 그러자 누군가가 오후 3시에는 다른 일을 해야 하므
로 자신은 어렵다고 했습니다. 또 다른 사람은 그 주제에 관한 논
의에 시간을 쓰고 싶은 마음이 전혀 없다고 했고, 또 다른 사람은
오후 3시가 아니라 1시에 하면 좋을 것 같다고 했습니다. 그러자

또 어떤 사람은 자신은 1시에 하기가 곤란하다고 했습니다. 열 사람이 내놓은 의견이 모두 달랐습니다. 우리는 해결책에 조금도 가까이 가지 못했습니다. 당신도 비슷한 상황을 상상할 수 있나요? 우리는 다양한 의견들에 대해 대화를 주고받으며 많은 시간을 보낼 수도 있었습니다. 하지만 내가 이런 질문을 던지자 해결책이 나왔습니다. "여러분 가운데 이 주제에 관심 있는 사람이 몇 분이나 될까요?" 60명 중 두 사람이 손을 들었습니다. 나는 처음 제안을 했던 신사 분에게 물었습니다. "단 두 사람만이 이 주제에 관심이 있다고 합니다. 그럼에도 그 제안을 계속하시겠습니까?" 신사는 아니라고 답했습니다.

효율적인 그룹 프로세스를 위해서는 명료함이 가장 중요합니다. 명료함을 높이려면 당신이 그룹에 바라는 바가 분명해졌을 때 말을 해야 합니다. 그런 다음 당신이 그룹에 원하는 바를 확신을 갖고 요청해야 합니다. 그렇게 할 때 모임의 참석자들이 당신이 원하는 것을 '알아내야 하는' 상황이 되지 않습니다. 그룹의 단 한 사람이라도 명료함의 순간을 일으킨다면 이 과정을 촉진할 수 있습니다. 어떤 사람이 무언가를 말했을 때 그가 그룹으로부터 무엇을 원하는지 모르겠다면 이렇게 말해 보세요. "당신이 우리에게 바라는 바가 무엇인지 잘 모르겠어요. 당신이 우리에게 어떤 반응을 원하는지 우리가 분명히 알도록 해 주시겠습니까?"

 오늘은 그룹 장면에서 당신의 부탁을 그룹에 분명히 전달하고 있는지 의식해 보세요.

7월 11일

주변에 빛을 비추는 방법은 두 가지다. 하나는 촛불이 되는 것이고,
하나는 촛불을 비추는 거울이 되는 것이다.

• 이디스 워튼

판단 내려놓기

비폭력대화에서 추구하는 의식의 바탕이 되는 주제가 있습니다. 그것은 우리가 내리는 판단을 느낌과 욕구로 변환하는 것입니다. 다른 사람에 대해 판단을 내리면서 그의 욕구를 존중하고 연민의 마음을 일으키기란 불가능합니다. 그러나 판단을 내려놓는 일이 매우 어렵게 느껴질 수 있습니다. 나 역시 처음엔 그랬습니다. 내 마음은 입력되는 데이터를 좋은 범주와 나쁜 범주로 구분하며 1초마다 판단을 내리고 있는 것처럼 보였습니다. 예컨대 나의 생각은 이런 식으로 진행되었습니다. '이 드레스는 예쁘고, 저 드레스는 안 예뻐. 이 사람은 운전을 잘하고, 저 사람은 못해. 이 정원은 관리가 잘 되었고, 저 정원은 관리가 엉망이야. 이 도로는 상태가 안 좋아. 이 사람은 나쁜 상사야.' 이런 식으로요. 나는 아주 세세한 부분까지 판단을 내리며 특정 범주로 구분 지었습니다.

그러다 나는 끝도 없이 판단하는 나의 행동을 바꾸기로 했습니다. 우선 내가 내리는 판단을 그 일이 나에게 주는 영향을 알아보는 것으로 바꾸었습니다. 가령 "도로가 왜 이 모양이야."라는 판단이 일어날 때면 나는 그 판단을 "이 도로는 내가 다니던

길보다 험한 걸. 타이어가 살짝 걱정이 되네."라고 변환했습니다.
"참 성질 고약한 엄마군."이라는 판단을 내릴 때면 "아이에게 저
렇게 소리를 질러대는 엄마를 보면 슬퍼. 부모가 자녀에게 인내
심을 갖고 대하는 것이 나에겐 중요한 가치니까." 어떤 때는 그
엄마에게 공감하며 속으로 이렇게 말하기도 합니다. "저 엄마는
지금 지쳐 떨어져 휴식이 필요한 게 틀림없어." 이처럼 내가 내리
는 판단을 느낌과 욕구로 변환하는 습관을 들이자 판단을 내리
는 일이 크게 줄었습니다. 사람들을 사랑하고 그들에게 연민을
느끼는 일이 더 수월해졌고, 그러자 전에 몰랐던 자유를 느낄 수
있었습니다. 판단을 느낌과 욕구로 변환하려면 집중과 노력이 필
요합니다. 하지만 그것으로 얻을 수 있는 보상은 매우 큽니다.

 오늘은 당신이 판단을 내리는 때를 의식해 보고 그것을 당신의 느낌과 욕구
로 변환할 수 있는지 보세요.

·⫸·⫸·⫸·⫸ **7월 12일** ⫷·⫷·⫷·⫷

내 삶의 철학은 단순하다. 비어 있으면 채우고, 차 있으면 비우며,
가려운 곳이 있으면 긁는다.

• 앨리스 루즈벨트 롱워스

자신의 부탁에 책임지기

당신의 욕구가 종종 충족되지 않는 이유가 당신 자신과 관련이 있다고 생각해 본 적이 없나요? 한때 나는 나의 욕구가 채워지지 않는 이유가 나 때문일 수 있다고 생각하지 못했습니다. 그래서 나 자신에게 문제가 없다고 스스로를 다독이고는 했지요. 나의 욕구가 제대로 채워지지 않는 것에 대해 다른 사람에게 책임을 돌리는 것이 더 편했습니다. 그러다 알게 된 사실이 있었습니다. 나의 부탁을 사람들이 정확하게 들어 주었음에도 나의 욕구가 여전히 충족되지 않고 있다는 사실이었습니다. 이 감정 회복 단계에서 나는 특정 욕구를 충족하는 데 적합하도록 부탁을 설계하는 것이 중요함을 뼈저리게 느꼈습니다. 한번은 친구가 내 말을 제대로 들었는지 확인하고 싶어, 내 말을 듣고 친구가 어떤 느낌이 들었는지 물었습니다. 분명한 부탁이었지만, 그 부탁은 친구가 내 말을 들어주기를 바라는 나의 욕구를 채워주지 못했습니다. 이때 친구가 내 말을 듣고 느꼈던 느낌이 아니라, 나에게 무엇을 들었는지 말해 주도록 요청했다면 더 효과적인 부탁이 되었을 것입니다. 또 한번은 친구에게 함께 영화를 보러 가자고 했습니다. 영화를 본 뒤 집에 돌아왔지만 그날 밤 마음에 뭔가 채워지지 않는 것이 있었습니다. 그러다 내가 진정으로 원했던 것은 친구와 이야기 나누는 시간을 갖는 것이었음을 알았습니다. 그러나 영화관에서는 친구와 대화를 나누기 어려웠지요. 누군가에게 부탁을 하기 전에 지금 당신이 선택한 부탁 방식이 당신의 욕구를 충족하는 데 도움이 되는지 생각해 보세요. 만약 그렇지 않다면 당신에게 더 만족스러운 방식으로 부탁을 해 보세요.

 오늘은 당신이 사람들에게 부탁하는 방식을 의식해 보고, 그 방식이 당신의
욕구를 충족해 주는지 살펴보세요.

· ᐟ ᐟ ᐟ ᐟ **7월 13일** ᐠ ᐠ ᐠ ᐠ

상대의 말을 그저 귀로 듣는 것과 머리로 이해하며 듣는 것은 다르다.
한편, 상대의 말을 마음으로 듣는 것은 귀나 머리 등
한 가지 감각 기능으로 듣는 것에 국한되지 않는다.
마음으로 들으려면 모든 감각 기능을 비워야 한다.
모든 감각 기능을 비울 때 온 존재로 들을 수 있다.
그러면 바로 지금 당신 앞에 존재하는, 귀로 들을 수 없고
머리로 이해할 수 없는 그것이 무엇인지 곧장 알 수 있다.
• 장자

나의 존재로 상대의 말을 깊이 들어주기

연민의 대화에서 공감이란 상대가 경험하고 있는 것을 존중의 마음으로 이해하는 것입니다. 그렇다고 공감이 반드시 상대에게 동의하거나 상대와 똑같은 경험을 하는 걸 의미하지는 않습니다. 공감은 상대의 경험에 대해 판단을 내리지 않으면서, 또 자신의 경험을 들이대지 않으면서 상대의 경험을 알아보고 이해하는 과정입니다. 공감은 나의 현존재를 상대에게 내어줌으로써 그의 삶

에 기여하는 순간입니다. 또 기여와 연결에 대한 나 자신의 욕구를 충족하는 순간이기도 합니다. 공감은 가치를 매길 수 없을 정도로 소중하고 강력하며 치유적입니다. 공감은 폭력적인 상황을 단 몇 초 만에 해소하며, 깊은 차원의 개인적 이해가 일어나는 명료함을 선사합니다. 공감은 모든 사람이 갈망하는 것이지만, 그럼에도 그 방법을 제대로 아는 사람은 많지 않습니다.

공감하는 과정은 간단합니다. 상대의 느낌과 욕구에 귀를 기울이는 것입니다. 데이트에 한 시간이나 늦은 당신에게 아내가 소리를 지릅니다. 이때 공감은, 당신의 이야기를 갖다 대지 않으면서 아내의 느낌과 욕구에 귀를 기울이는 것입니다. 가령 당신은 이렇게 말합니다. "당신 엄청 화가 난 것 같군요. 걱정도 되었을 거고. 당신에게는 상대의 헌신과 존중이 중요한데 말이야." 바로 이것입니다. 상대의 마음 밑바닥에 있는 느낌과 욕구에 단순히 귀를 기울이면서 그 느낌과 욕구를 되비쳐 주는(반영해 주는) 것입니다. 화가 난 나를 상대가 깊이 이해해 주는 것이 얼마나 큰 치유를 선사하는지 알면 놀랄 것입니다. 몇 마디 말로 가능한 공감은 거대한 고통도 변화시킬 수 있습니다. 상대의 말을 충분히 듣고 공감해 주었다면 이제 당신을 표현할 차례입니다.

 오늘은 상대가 경험한 것을 존중의 마음으로 이해했음을 알리는 기회를 가져 보세요.

삶은 해결해야 하는 문제가 아니라 경험해야 하는 실재이다.
• 쇠렌 키르케고르

상대를 고치지 않아도 됩니다

상대에게 공감할 때는 그의 느낌과 욕구에 귀를 기울일 뿐, 그 사람을 대신해 문제를 해결해 주려고 하지 않습니다. 나의 판단을 섞지 않고 상대가 자신의 문제에 관해 이야기할 공간을 마련해 주는 과정 자체로 커다란 치유가 일어납니다. 대부분의 사람은 자신이 진정으로 이해 받는 공간, 자신의 말을 깊이 들어주는 공간이 마련될 때 자기 문제를 해결할 창의적인 방법을 자연스럽게 스스로 떠올립니다. 상대의 느낌과 욕구에 귀 기울이는 공감 과정을 거치면 사람들의 문제를 고쳐야 한다는 욕망을 내려놓을 수 있고, 사람들이 가진 문제 해결력을 신뢰할 수 있습니다. 이때 필요한 것은 당신의 현존재와, 상대의 느낌과 욕구에 귀를 기울이겠다는 소망뿐입니다. 멋진 일이 아닙니까!

 오늘은 상대의 문제를 고치려 하지 말고, 그의 말에 귀 기울이는 기회를 만들어 보세요.

···>·>·>·> 7월 15일 <·<·<·<···

자기 내면의 목소리에 귀를 기울일수록
바깥에서 일어나는 일이 더 잘 들린다.

• 다그 함마르셀드

나의 고통 때문에 상대에게 공감하기 힘들 때

비행기가 이륙할 때면 비행기 승무원들은 승객들에게 기내 공기압이 떨어질 때를 대비해 산소마스크 착용법을 안내합니다. 이때 성인 승객들은 자녀의 산소마스크를 씌워 주기 전에 자신의 마스크부터 먼저 착용해야 합니다. 어른이 질식으로 먼저 죽으면 아이에게 도움을 줄 수 없기 때문입니다. 공감도 마찬가지입니다. 때로 내가 커다란 고통 속에 있을 때면 상대에게 공감하는 일이 도저히 불가능하게 느껴집니다. 이것은 나 자신이 공감이 필요하다는 의미입니다. 이때는 상대에게 이렇게 말해 보세요. "내가 지금 힘든 상태여서 네 곁에서 공감하기가 힘이 들어. 네 곁에서 더 많이 공감할 수 있도록 잠시 나에게 먼저 공감해 주겠니?" 만약 상대가 이것을 꺼리거나 당신이 이런 부탁을 하기가 불편하다면 당신 자신의 공감 탱크를 채울 때까지 그 상황에서 잠시 물러나는 것도 방법이 될 수 있습니다. 상대의 공감 탱크를 채우려 하기 전에 자신의 공감 탱크를 채우는 시간을 먼저 가져야 합니다. 당신이 상대 곁에서 그에게 공감할 수 없는데도 그럴 수 있는 척한다면 관계의 누구에게도 도움이 되지 않습니다.

오늘은 상대의 곁에서 공감하기 어려운 때를 의식해 보고, 자신의 공감 탱크를 채울 방법을 찾아보세요.

↝ ↝ ↝ ↝ **7월 16일** ↜ ↜ ↜ ↜

"나는 인내가 곧 사랑이라고 생각합니다." 그가 말했다.
"인내하지 않고 어떻게 누군가를 사랑할 수 있을까요?"

• 제인 하워드

나의 욕구로 화제 돌리기

당신은 동료 사무실에 잠깐 들러 인사하고는 지금 몇 시인지 묻습니다. 그러자 동료는 시계의 작동방식에 관하여 장황한 설명을 늘어놓습니다. 당신은 동료가 기분 나쁘지 않도록 슬그머니 사무실을 빠져나올까 생각합니다. 하지만 마음 깊은 곳에서 동료를 존경하는 당신은 그와 정중한 관계를 유지하고 싶습니다. 그런데 당신은 지금 몇 시인지 알고 싶을 뿐 시계의 작동방식에는 조금도 관심이 없습니다. 이때 당신은 어떻게 해야 할까요? 당신은 동료가 꺼낸 화제에 흥미가 없지만, 그와 관계를 유지하는 것에는 흥미가 있습니다. 동료가 꺼낸 화제에 관심이 가지 않을 때는 그가 그 정보를 가지고 충족하고자 하는 욕구가 무엇인지 그것과 연결해 보세요. 그런 다음 당신의 욕구를 충족하는 데 도움이 되는 부탁을 해 보세요. 당신은 이렇게 말할 수 있습니다. "그러니까 밥, 당신이 시계 작동방식에 얼마나 관심이 많은지 알겠어요. 그렇게 해서 나의 삶에 도움을 주고 싶은 당신의 열망도 알겠고요. 그러니 이제 직접적인 내 욕구가 충족되도록 해 주겠어요? 지금 몇 시인지 아는 것 말이에요. 몇 시인지 알려주면 내가 당신 이야기를 들을 시간을 가질 수 있을지 볼게요." 상대가 꺼낸 화제가 그에게 개인적으로 중요한 이유를 당신이 알고 있음을 보여 주세요. 그런 다음 당신이 충족하고자 하는 욕구를 제기해 보세요. 그러면 당신이 두 사람의 욕구를 함께 존중하고 있음을 보여줄 수 있고, 그 순간 두 사람의 욕구를 함께 충족할 가능성도 더 커집니다.

 오늘은 상대의 욕구를 존중하면서 당신의 욕구를 다시 제기하는 기회를 가져 보세요.

->·->·->·-> **7월 17일** <-·<-·<-·<-

상대의 침묵 뒤에 자리 잡은 그의 느낌과 욕구에 귀 기울이며
침묵으로 공감하세요.
• 마셜 B. 로젠버그 박사

말없는 상대에게 공감하는 법

때로 대화 상대가 입을 열지 않는 경우가 있습니다. 이럴 때 우리

는 자칫 상대에게 지금 일어나(고 있다고 우리가 생각하)는 일에 관한 이야기를 지어내면서 판단을 내리기 쉽습니다. 상대가 침묵을 지키며 자신을 드러내지 않으면 우리는 불편해합니다. 해결책에 이를 수 있다는 희망도 사라집니다. 이때는 상대에게 지금 일어나고 있는 일을 마음대로 지어내거나 화를 내기보다 상대에게 공감을 해 보세요. 즉, 상대의 지금 느낌과 욕구가 무엇이라고 생각하는지 상대에게 되비쳐 주는 것입니다. 가령 이렇게 말해 보세요. "네가 침묵하는 건 지금 화가 났기 때문이니? 나의 배려가 더 필요한 걸까?" 아니면 "네가 입을 닫고 있는 건 마음에 상처를 입었기 때문이니? 내가 나의 욕구만큼 네 욕구도 배려한다는 걸 알고 싶은 거지?" 또는 "입을 열면 나중에 후회할 말을 하게 될까봐 걱정돼서 그러니?" 이때 상대가 겪고 있는 고통이 매우 크다면 한 차례의 공감으로 충분하지 않을 수 있습니다. 상대는 지금 생각을 정리할 여유가 필요한지도 모릅니다. 어쨌든 당신의 욕구와 상대의 욕구를 함께 고려해 보세요. 그러면서 두 사람의 욕구를 함께 충족할 수 있는 해결책을 찾아보세요.

 오늘은 침묵을 지키고 있는 상대에게 공감하는 기회를 가져 보세요.

⤳ ⤳ ⤳ ⤳ 7월 18일 ↶ ↶ ↶ ↶

적대감을 품거나 잘못한 일을 곱씹는 데
시간을 쓰기에 나의 삶은 너무 짧다.

• 샬롯 브론테

자극인가 원인인가

폭력은 내가 당하는 고통의 '원인'을 다른 사람이 제공했으며 따라서 그가 벌을 받아 마땅하다는 생각이 낳은 결과물입니다. 이런 의식을 가지고 살 때 우리는 자신의 분노가 정당하다고 믿습니다.

　보복 운전을 생각해 봅시다. 보복 운전을 하는 운전자는 상대 운전자가 형편없이 운전했다거나 자신을 화나게 만들려는 의도를 가졌다고 믿습니다. 그래서 상대 차를 바짝 뒤쫓아 가거나 위협적인 행동을 하기도 하며, 극단적인 경우 총을 겨누기도 합니다. 그는 자신의 분노가 정당하다고 생각합니다. 그러나 같은 운전자가 같은 도로를 같은 교통 혼잡 상황에서 운전하던 2주 전에는 이처럼 난폭하게 대응하지 않았습니다. 왜냐고요? 그날 직장에서 업무가 순조로웠거나 일찍 퇴근해 귀가 시간에 여유가 있었기 때문입니다. 아니면 그날이 축하 기념일이서 저녁시간을 즐길 기대에 부풀어 있었기 때문입니다. 외부에서 주어지는 '자극'은 같았습니다. 동일한 교통 혼잡도를 보이는 동일한 도로에서 운전한 것입니다. 그러나 운전자가 느끼는 느낌은 그 순간 그의 욕구에 따라 크게 달라졌습니다.

나의 느낌이 일어나는 원인은 그 순간 나 자신의 욕구입니다. 그 순간 외부에서 일어나는 일은 느낌을 일으키는 자극에 불과합니다. 우리의 삶에서 평온을 유지하기 위해서는 자극과 원인의 차이를 아는 것이 매우 중요합니다.

 오늘은 당신의 느낌에 대해 다른 사람에게 책임을 돌리고 싶은 때를 의식해보고, 그때 충족되지 못한 당신의 욕구가 무엇인지 찾아보세요.

⇢ ⇢ ⇢ ⇢ **7월 19일** ⇠ ⇠ ⇠ ⇠

당신이 가진 물건을 주는 것은 조금밖에 주지 않는 것이다.
당신 자신을 주는 것이 진정으로 주는 것이다.
• 칼릴 지브란

보호 목적에서 힘 사용하기

대부분의 상황에서 쌍방이 서로의 말을 충분히 듣고 나면 평화적인 해결책을 찾을 수 있습니다. 그러나 대화 시간이 충분치 않아 위험한 사태가 닥치거나 상대가 소통을 거부하는 경우도 종종 있습니다. 이런 일이 생기면 물리적인 피해를 입을 가능성도 커집니다. 이럴 때는 힘을 사용해야 합니다. 단, 보호의 목적에서 사용해야 합니다. 즉, 상대를 자제시키기 위해 힘을 사용하는 것입니다. 보호 목적으로 힘을 사용할 때는 지금 당신이 상대를 벌하려는 것이 아니라는 의식(意識)을 유지하는 것이 중요합니다. 이때 당신이 힘을 사용하는 목적은 상대와 다른 사람들을 안전하게 보호하는 것입니다.

예컨대 병원에서 일하는 당신이 환자 생명에 위험한 약을 실수로 처방하는 의사를 보았다고 합시다. 이때 당신은 보호 목적에서 힘을 사용해야 합니다. 마찬가지로 차가 쌩쌩 달리는 도로에 아이가 뛰어들 때 당신은 물리적 힘을 사용해 아이를 위험에서 구할 것입니다. 이것 역시 보호 목적에서 힘을 사용하는 것입니다. 두 경우 모두, 힘을 사용하는 목적은 나쁜 행동을 벌하는 것이 아니라 생명을 보호하기 위해서라는 의식을 지녀야 합니다. 이런 의식은 사람들이 자신과 타인에게 위험한 행동을 하는 이유가 그들이 '나쁜 사람'이어서가 아니라 상황을 바르게 파악하지 못해서라는 생각에 근거합니다. 우리는 생명을 돕고자 합니다. 그리고 그에 따라 행동하고자 합니다.

 오늘은 당신과 타인에게 위험한 행동을 하는 사람들에게 당신이 어떤 태도를 갖는지 의식해 보세요. 그런 다음 그 상황에서 그 사람에 대해 판단하기보다 생명을 도울 수 있는 결정을 내려 보세요.

당신 스스로 생각하라.

다른 사람들도 스스로 생각하는 권리를 누리게 하라.

• 볼테르

처벌 목적에서 힘 사용하기

우리는 다른 사람의 행동이 나쁘거나 틀렸다고 간주하는 때가
있습니다. 그때 우리는 그들의 행동을 바꾸려면 그 행동을 부끄
러워하게 만들거나 무서워 다시는 하지 않도록 만들어야 한다고
생각합니다. 이때 우리는 처벌의 목적에서 힘을 사용하게 됩니
다. 그런데 이런 의식(意識)의 바탕에는 사람들이 자신과 타인에
게 위험한 행동을 하는 이유가 그들이 '나쁜 사람'이기 때문이라
는 생각이 깔려 있습니다. 또 이 의식은 선악을 판단할 위치에 있
는 사람은 나이며, 나의 관점을 관철할 힘 또한 나에게 있다고 믿
습니다.

가령 집에 늦게 들어오는 아내가 미워 당신은 저녁식사 준
비를 하지 않기로 합니다. 이때 당신은 처벌 목적에서 힘을 사용
하고 있는 것입니다. 당신은 아내의 '나쁜' 행동에 벌을 내리고 있
습니다. 그러나 아내에 대한 판단을 내리지 않고, 아이들과 바깥
에 나가 저녁식사를 한다면 어떨까요. 그것은 보호 목적에서 힘
을 사용하는 것이 됩니다. 늦게 들어오는 아내를 벌주려는 목적
이 아니라 아이들에게 밥을 먹이려는 목적에서 행동하는 것이니
까요. 판단과 비난이 개입되지 않은 의식은 생명에 봉사합니다.

오늘은 당신이 처벌 목적에서 힘을 사용하는 때가 없는지 의식해 보세요.

⇢ ⇢ ⇢ ⇢ **7월 21일** ↞ ↞ ↞ ↞

무언가를 두려워하면 계속 그것을 경험하게 된다.
욥이 말했듯이 "내가 두려워하는 그것이 내게 다가왔다."

• 글로리아 카핀스키

바라는 것에 집중하기

비폭력대화는 우리가 갖고 있지 않거나 좋아하지 않는 부분이
아니라 우리가 바라는 것에 초점을 맞추는 것이 더 생산적이고
만족스럽다고 가르칩니다. 가령 아내가 다섯 살 아이의 엉덩이를
세게 때리며 아이를 야단칩니다. 당신은 그런 식의 체벌이 아이
에게 해롭다고 분명히 느낍니다. 이런 일을 마주했을 때 어떤 사
람은 아이에게 안 좋은 영향을 준 아내를 비난하는 데 집중합니
다. 아이의 정서적, 신체적 건강에 해롭다는 사실에 초점을 맞춥
니다. 그러나 당신이 원하지 않거나 마음에 들지 않는 부분이 아
니라 바라는 부분에 초점을 맞추면 어떨까요? 어떻게 하면 지금
상황을 바로잡을 수 있을까? 다음번에 비슷한 상황에서 아내가
어떻게 행동하면 좋을까? 지금 당장 아이에게 도움이 되는 방법
은 무엇일까? 당신이 바라는 것에 집중하면 자신과 타인을 비난
하는 데서 일어나는 감정적 고통을 크게 줄일 수 있습니다.

지금 당신은 어디에 집중하고 있나요? 당신의 삶에서 잘못된 부분에 초점을 맞추고 있다면, 당신이 바라는 바로 초점을 옮겨 보세요.

 오늘은 원하지 않는 것에 당신의 초점이 가 있는 때를 의식해 보고, 당신이 바라는 것으로 초점을 옮겨 보세요.

⇢ ⋅⇢ ⋅⇢ ⋅⇢ 7월 22일 ⇠⋅ ⇠⋅ ⇠⋅ ⇠

장미를 준 손에는 장미 향기가 계속 남는다.
• 하다 베자르

생명을 북돋는 방식으로 감사 표현하기

"정말 착한 여자아이구나." "넌 참 대단해." "프로젝트를 아주 훌륭히 해냈더구나." 이런 말들은 화자가 느끼는 감사를 표현하는 시도이지만 화자가 상대를 판단하는 자리에 있음을 암시하고 있습니다. 조금 극단적으로 들릴지 몰라도, 누군가에 대해 판단을 내릴 때마다 그것은 내가 '판사석'에 앉아 있음을 알리는 것과 같습니다. 그렇다면 상대에 대한 판단을 내리지 않고 감사를 표현하는 방법은 없을까요? 있습니다. 상대의 행동을 있는 그대로 말하고, 그 행동에 대해 당신이 어떻게 느끼는지, 상대의 행동으로 당신의 어떤 욕구가 충족되었는지 말하는 것입니다. 가령 당신의 아버지가 부엌 마루를 새로 까는 일을 도와주었습니다. 이때 아버지에 대한 어떤 판단도 내리지 않고 감사를 표현하고 싶다면 이렇게 말할 수 있습니다. "아빠, 주말을 포기하면서까지 부엌 마루 까는 일을 도와주셨군요. 내가 알아들을 수 있도록 방법도 알려주셨고요. 너무 고마웠어요. 지지, 수월함, 성취에 대한 내 욕구가 충분히 채워졌어요. 오늘 나를 도와주신 것에 감사해요." 우선 화자는 자신이 관찰한 바를 말하고 있습니다("주말을 포기하면서까지 마루 까는 일을 도와주셨고, 내가 이해할 수 있도록 마루 까는 방법도 알려주셨어요."). 그런 다음 자신의 느낌을 말하고 있습니다("너무 고마웠어요."). 그런 다음 아버지의 행동으로 채워진 자신의 욕구를 말합니다("지지, 수월함, 성취에 대한 내 욕구가 충분히 채워졌어요."). 이런 방식의 감사 표현은 아버지에 대한 판단을 내리지 않으면서 아버지의 도움으로 당신의 삶이 풍요로워졌음을 분명히 전달하고 있습니다.

 오늘은 상대에 대한 판단을 내리지 않고 당신이 느끼는 고마움을 표현하는 기회를 만들어 보세요.

  ·→ ·→ ·→ → **7월 23일** ← ←· ←· ←·

고개를 삐딱하게 기울이지 말고 늘 똑바로 들어라.
세상을 정면으로 마주하라.

• 헬렌 켈러

상대의 감사를 우아하게 받아들이는 법

우리 중 많은 사람이 상대의 감사를 어떻게 받아야 할지 잘 모릅니다. "뭐 대단한 일도 아닌 걸요." 하며 자신이 이룬 바를 평가절하 하기도 하고 "나는 다른 사람들에게 꼭 필요한 존재에요. 그렇지 않나요!" 이렇게 말하며 자신이 다른 사람보다 뛰어나다며 에고를 확장합니다. 그러나 두 경우 모두 핵심을 놓쳤습니다. 이보다 만족스러운 방식으로 상대의 감사를 받는 방법이 있습니다. 바로, 내가 상대의 삶에 어떻게 기여했는지, 도움을 준 방식에 연결하는 것입니다. '내'가 아니라 '상대'의 삶에 기여한 방식입니다. 이 모형에서 당신은 상대의 감사에 이렇게 대답할 것입니다. "내 강연이 당신에게 희망을 주었다니 나도 무척 기분이 좋아요." 지금 감사를 받는 쪽은 희망이라는 상대의 욕구가 채워졌음을 되비쳐 주고 있습니다. 나의 강연을 듣는 청중 가운데 절반이 내 강연을 좋아하고 절반은 좋아하지 않아도 나라는 사람은 변하지 않습니다. 내가 더 훌륭한 연사가 되는 것도 아니고 더 형편없는 연사가 되는 것도 아닙니다. 그럼에도 나의 강연으로 삶이 바뀌었다는 사람들의 말을 들으면 나에게 커다란 기쁨이 일어납니다.

 오늘은 당신의 행동으로 충족된 상대의 욕구와 연결하는 식으로 상대의 감사를 받아들이는 연습을 해 보세요.

7월 24일

우리는 서로가 잘 살도록 돕기 위해 여기에 있다.
서로가 잘 살도록 돕는 것,
이것이야말로 우리가 파트너십을 맺는 이유다.

• 휴 프레이더

감사에 대한 갈망

우리 중 많은 이가 상대의 감사를 받는 것을 어려워하면서도(어쩌면 어려워한다는 이유 때문에 더욱) 상대의 감사를 갈망하기도 합니다. 이것은 곤란한 상황입니다. 왜냐하면 많은 사람이 감사에 대한 자신의 욕구를 충족해 주도록 상대에게 부탁하는 법을 모르기 때문입니다. 그래서 감사에 대한 갈망이 더 커집니다. 만약 당신이 이런 상황이라면 상대에게 이렇게 질문해 보세요. "당신이 나와 일하는 게 즐거운 세 가지 이유를(또는 당신이 나와 함께 사는 게 좋은 세 가지 이유를) 말해 주겠어요?" 최대한 구체적으로 질문해야 합니다. 이때 상대가 다음처럼 대답한다면 당신이 알게 되는 것은 많지 않을 것입니다. "내가 당신을 좋아하는 걸 알잖아요. 당신과 함께 있는 게 그냥 좋아요." 또는 "무슨 말을 하고 싶은 거예요? 당신은 내가 가장 좋아하는 직원 중 한 사람이라고요!" 상대의 이런 대답은 당신에게 힘이 되려는 의도이지만, 당신이 새롭게 알게 되는 것은 별로 없습니다. 만약 상대의 이런 답이 만족스럽지 않다면 다른 방식으로 질문해 보세요. "정말요? 나의 어떤 행동이 당신의 어떤 욕구를 채워 주나요? 나를 당신이 가장 좋아하는 직원 중 한 사람으로 만들어 주는 그것이 무엇인지 말해 줄 수 있나요?" 이렇게 상대와 연결하면 두 사람에 대해 지금껏 몰랐던 것을 새로 알게 될 것입니다. 많은 사람이 자신이 누군가와 함께 있는 것이 즐겁고 어떤 직원을 좋아하는 마음 밑바닥의 이유에 대해 굳이 시간을 들여 생각하지 않습니다. 만약 이에 대해 생각해 보는 시간을 갖는다면 두 사람의 관계는 더욱 깊어질 것이며, 더불어 감사에 대한 당신의 욕구도 채워질 것입니다.

 오늘은 누군가에게 그의 삶에 당신이 있어서 좋은 점이 무엇인지 물어보세요.

⇢ ⇢ ⇢ ⇢   7월 25일   ⇠ ⇠ ⇠ ⇠

한 사람의 아름다움과 다른 사람의 아름다움의 유일한 차이는,
아름다움에 관한 그들의 관념이다.

• 돈 미겔 루이스

판단 극복하기

당신은 때로 자신과 타인에 대해 당신이 내리는 판단에 혀를 내두른 적이 없나요? 한번은 내가 차를 운전하는 중에 길을 걷던 어느 여자가 눈에 띄었습니다. 그 순간, 나도 모르게 이런 생각이 들었습니다. "옷 입은 꼴이 저게 뭐람." 고작 몇 분 뒤 또 이런 생각을 하고 있는 나를 보았습니다. "저따위로 운전하는 저 녀석은 또 뭐지?" 나는 타인에 대한 나의 판단이 얼마나 빠르고 거침없이 일어나는지 잠깐이나마 알아챘습니다. 그러면서 끊임없이 판단을 내리는 패턴을 줄여야겠다고 스스로 다짐했습니다. 순간에 내리는 판단을 알아차리게 해 달라고 하나님께 기도도 했습니다. 이후 소리 내어 또는 침묵으로 판단을 내리는 나 자신을 볼 때마다 즉각 판단을 다른 식으로 변환시켰습니다. "저 여자 옷 입은 꼴이 저게 뭐람."이라는 판단이 일어날 때면 이렇게 바꾸었습니다. "오렌지색에 빨강을 겹쳐 입으니 내 보기에 불편하군. 아름다움에 대한 나의 욕구를 채워주지 못하니 말이야." 이후에는 간단히 줄여 이렇게 말했습니다. "오렌지에 빨강은 아름다움에 대한 내 욕구를 채우지 못해." 이런 식으로 타인에 대해 판단하거나 비난하지 않으면서 나의 느낌과 욕구를 알아봅니다. 이 과정에 익숙해지는 데는 시간이 필요합니다. 그러나 그렇게 시간이 지나자 다른 사람에 대해 판단을 내리는 일이 줄었고 사람들에게 연민을 보내는 마음 공간도 더 넓어졌습니다.

 오늘은 당신이 자신과 타인에 대해 얼마나 자주 판단을 내리고 있는지 관찰해 보세요. 그리고 그 판단을 당신의 느낌과 욕구로 변환시켜 보세요.

7월 26일

우리가 한 생명의 본질 속으로 뚫고 들어갈 수 있는
유일한 이유는 사랑 때문이 아닌가?

• 이고르 스트라빈스키

갈등 중재하기

나는 비폭력대화를 활용해 갈등 중재를 할 때면 우선 쌍방이 서로 연결하는 데 집중합니다. 쌍방의 연결에는 신뢰가 깃들어야 하며, 상황을 평화적으로 해결하려는 진지한 열의도 필요합니다. 그런데 이런 연결을 맺으려면 쌍방이 충족하고자 하는 욕구에 먼저 귀를 기울여야 합니다. 중재자 입장의 나는 내가 보는 각자의 느낌과 욕구를 당사자가 충분히 들었다고 느낄 때까지 되비쳐 줍니다. 중재는 예컨대 이런 식으로 진행됩니다.

"이웃집에서 담장을 높이 쳐 전망이 가려져 화가 나셨군요?" "그래요. 이웃은 담장을 높이 치지 않겠다고 말했는데 지키지 않았어요!" "신뢰에 대한 당신의 욕구가 충족되지 않아 화가 나신 거고요?" "맞아요."

그런 다음 상대방에게는 이렇게 말합니다. "이웃 분이 표현하고 있는 욕구가 들리셨나요? 어떤 욕구인지 제게 말해 줄 수 있을까요?" "그는 나를 거짓말쟁이라고 해요." "흠, 되비쳐 주어 감사해요. 제가 듣기에는 이웃 분이 당신이 전망을 가리지 않을 만큼의 높이로 담장을 두르기로 동의했다고 하는데요. 그런데 실제로 전망이 가려지니 신뢰에 대한 욕구가 충족되지 못했다고 말하는 것 같아요. 이제 이웃 분의 어떤 욕구가 들리는지 말씀해 주시겠어요?" "경관이 안 보이는 게 안타까운가 봐요. 그리고 합의한 내용을 지킬 거라고 믿고 싶었는데 그러지 못해 화가 난 거고요." "맞습니다. 저도 그거라고 생각해요. 그렇다면 당신의 문제는 무엇이죠?" "나는 몇 달째 이웃집 앞뜰에 주차해 둔 고물 자동차를 좀 치웠으면 좋겠어요. 고물 차를 보는 것만으로 역겨워요." "그러니까 주변 환경이 좀 깨끗했으면 좋겠다는 거죠?" "맞아요. 바로 옆집에 고물 차가 있으니 온 동네가 폐차장처럼 보여요." "동네가 깨끗하고 단정해 보였으면 하는군요?" "그거예요."

"첫 번째 분, 방금 이웃 분이 하신 말에서 어떤 욕구를 읽으셨나요?" "우리 차가 주변 환경을 지저분하게 만든다고 생각해 화가 나신 것 같군요. 단정하고 깨끗한 동네 이미지를 만들고 싶으신 거고요." "맞습니다. 말씀해 주셔서 고마워요."

이처럼 모든 사람의 욕구와 연결하는 데는 몇 시간이 걸릴 수도 있습니다. 그러나 소중한 시간입니다. 왜냐하면 일단 서로의 욕구와 연결하고 나면 쌍방의 욕구를 함께 존중하는 해결책을 의외로 쉽게 찾을 수 있기 때문입니다. 쌍방의 욕구와 연결하는 비폭력대화 과정을 거치면 관계의 모든 당사자가 결과에 만족할 가능성이 높습니다.

중재 과정에서 내가 늘 유의하는 것이 있습니다. 해결책을 먼저 제시하는 실수를 저지르지 않는 것입니다. 쌍방이 일정 정도의 신뢰를 쌓기도 전에 해결책에 집중하는 것은 소용없는 일입니다. 만약 당신이 분쟁에 휩싸였거나 중재하는 입장이라면 쌍방이 서로 연결을 맺고자 하는 의도를 먼저 세워 보세요. 일단 연결하고 난 뒤에 해결책을 찾는 과정에 들어가세요.

 오늘 당신이 갈등 상황에 있다면 상대와 연결하려는 의도를 먼저 세운 다음 문제 해결의 방법을 찾아보세요.

·>·>·>·> 7월 27일 <·<·<·<·

상호 이익을 목표로 갈등을 관리하면 직원들은 동료를 무례하고
못미더운 사람이 아니라 의지할 수 있는 사람으로 여길 것이다.

• 딘 토즈볼드, 메리 토즈볼드

갈등 해소

사람들 사이에 갈등이 일어날 때면 특정 수단과 방법을 놓고 다툼을 벌이는 것일 가능성이 높습니다. 그러나 수단이 아닌 우리가 가진 욕구에 집중할 때 모든 이의 욕구를 존중하는 평화적인 해결책에 이를 확률이 훨씬 높아집니다. 가령 어느 커플이 휴가지에 기차로 갈 것이냐 비행기로 갈 것이냐를 놓고 실랑이를 벌이고 있습니다. 그들은 지금 이동 '수단'을 놓고 다투고 있습니다. 그렇다면 이때 두 사람이 가진 욕구는 무엇일까요? 기차를 타자는 쪽은 모험과 재미에 대한 욕구를 채우고 싶고, 비행기를 타야 한다는 쪽은 휴가 기간을 더 효율적으로 쓰고 싶은 게 아닐

까요? 나는 그렇게 추측해 봅니다. 각자가 지닌 욕구의 관점에서 상황을 보면 두 사람의 욕구를 함께 충족하는 방법을 떠올릴 수 있을 것입니다. 어떤 방법이 있을까요? 갈 때는 기차를 타고, 올 때는 비행기를 타는 방법도 있겠지요. 아니면 올 때든 갈 때든 일정 구간은 기차를 타고, 나머지는 비행기로 이동하는 방법도 있을 것입니다. 또는 휴가 기간을 더 늘리면 어떨까요? 기차 타기에 넉넉한 시간을 갖고, 또 휴가지에서도 여유롭게 시간을 보낼수 있도록 말입니다. 수단과 방법이 아닌 욕구의 관점에서 갈등을 바라볼 때 모든 이의 욕구를 충족하는 창의적인 해결책을 찾을 가능성이 활짝 열립니다.

 오늘은 수단과 방법에서 욕구로 초점을 옮겨 갈등을 해소하는 기회를 가져 보세요.

⤳ ⤳ ⤳ ⤳ 7월 28일 ⬿ ⬿ ⬿ ⬿

겸손이란 자신을 정확히 평가하는 것이다.

• 찰스 스펄전

자기 공감

때로 우리 자신의 중요한 욕구를 충족하는 데 방해가 되는 것은 우리 자신의 행동입니다. 당신은 타인과 깊은 연결을 갈망하면서도 관계 맺기가 두려운 나머지 사람들을 밀쳐내지 않나요? 그러면서 사람들이 당신을 좋아하지 않는다고 스스로 속삭이지 않나요? 그 결과는 우울감과 외로움, 자기 비난입니다. 이때 자기 공감 과정은 자신이 진정으로 원하는 것을 명확하게 해 주며, 욕구를 충족하는 데 도움이 되는 방식으로 행동하게 합니다. 또 자기 공감은 나와 타인의 잘못된 점이 아니라 자신이 바라는 것에 집중하게 합니다. 당신의 무릎이 아주 쑤신다고 합시다. 이때 무엇 때문에 무릎이 아픈지 당신이 했던(또는 하지 않았던) 행동을 되짚으며 자기를 비난하기보다 어떻게 하면 무릎이 나을지 생각해 보는 데 집중하면 어떨까요. 그러면 잘못된 부분이 아니라, 상황을 바로잡으려면 어떻게 해야 하는가로 당신의 초점이 옮겨갈 것입니다.

자기 공감은 다음 네 단계로 이뤄집니다.

자칼 쇼 즐기기(자기 내면에서 일어나는 비난의 목소리를 비폭력대화에서는 '자칼'이라고 부릅니다. 자칼 쇼에 관해서는 3월 5일, 5월 24일, 9월 21일 참조-옮긴이)　자칼이 하고 싶은 말이 있다면 무엇이든 하도록 기회를 줍니다. 자칼이 내는 비난의 목소리를 억압하거나 검열하지 않습니다. 억압과 검열은 자칼이 당신을 위해 지닌 온전한 지혜와 치유를 놓치게 합니다.

자신의 느낌 확인하기　자극과 관련되어 일어나는 당신의 느낌을 알아차려 보세요.

자신의 욕구 확인하기 충족되지 못한 당신의 욕구가 무엇인지 확인해 보세요.

부탁하기 충족되지 못한 욕구가 무엇인지 확인했다면 그 욕구를 충족할 수 있도록 부탁해 보세요.

자신이 내리는 판단을 극복하지 못하고 자신의 느낌과 욕구를 확인하지 않으면 당신이 바라는 안도감과 치유를 가져올 수 없습니다.

 오늘은 자신에게 공감하는 자기 공감 과정으로 당신의 느낌과 욕구를 분명히 하는 기회를 가져 보세요.

·✈·→·✈·→ 7월 29일 ←·✉·←·✉

내가 지금 어디에 있느냐보다 어디로 향하고 있느냐가 더 중요하다.

• 괴테

그룹 중재

그룹 갈등을 중재할 때도 한 사람, 한 사람의 욕구를 경청한다는 원칙은 일대일의 갈등 해결 상황과 다르지 않습니다. 그룹 중재를 시작할 때 가장 먼저 할 일은 그룹 내 모든 이의 욕구를 충분히 경청하기 전에는, 방법을 찾는 과정에 들어가지 않을 것임을 모든 참가자에게 알리는 것입니다.

　　중재의 처음 부분은 한 사람, 한 사람의 욕구에 귀 기울이는 데 온전히 할애해야 합니다. 지금 문제가 되고 있는 갈등 상황에서 참가자들 각자의 욕구와 연결하도록 하는 것입니다. 아마도 많은 참가자가 자신의 욕구와 연결되지 못한 상태이므로 자칫 판단을 내리기가 더 쉬울 것입니다. 이때 중재자의 역할은 사람들이 어떤 식으로 판단을 표현하든 그 속에서 그들의 욕구를 읽어내는 것입니다. 중재자는 첫 번째 사람에게서 들리는 욕구를 그대로 따라 말해 줍니다. 그런 다음, 그룹 내 다른 사람이 그 욕구를 되비쳐 주도록 요청합니다. 첫 번째 사람이 자기 말을 그룹에서 충분히 들었다고 느끼면 이제 두 번째 사람에게 자신의 욕구를 표현하게 합니다. 그러면 또 다른 사람이 두 번째 사람에게 들은 욕구를 되비쳐 주도록 중재자가 요청합니다. 이 과정에서 중재자는 먼저 당사자의 욕구를 되비쳐 주고, 그런 다음 다른 참가자가 그 욕구를 되비쳐 주도록 요청합니다. 누군가의 판단 때문에 한 사람, 한 사람의 욕구를 되비쳐 주는 과정이 중단되는 경우에는 자기 차례가 될 때까지 잠시 판단을 유보해 달라고 요청합니다. 그룹 내 모든 사람이 돌아가며 발언할 수 있다는 사실을 확인시켜 줍니다. 모든 사람이 자신의 욕구를 그룹에서 충분히 들어 주었다는 확신이 들면, 그룹 분위기가 한결 편안해지는 것을 느낄 것입니다.

　　이제부터는 모든 사람의 욕구를 존중하는 문제 해결법을 브레인스토밍으로 찾습니다. 욕구 충족의 방법과 수단을 찾을 때는 긍정적이고 실행 가능한 언어로 표현하는 것이 중요합니다. 즉, 참가자들이 원하지 않는 것이 아니라 원하는 것에 집중하도록 요청해야 합니다.

　모든 이의 욕구를 듣는 시간을 먼저 갖는 것이 중재 과정에서 가장 중요합니다. 사람들은 자신의 욕구를 그룹에서 충분히 들어 주었다고 생각하면 모든 사람의 욕구를 존중하는 방법을 기꺼이 찾습니다. 믿기지 않는다면 당신이 살면서 상대에게 불만을 품은 채로 해결책을 찾으려 했던 때를 떠올려 보세요. 상대가 당신의 욕구를 경청하지 않는 상태에서 당신은 두 사람의 욕구를 함께 충족하는 해결책을 찾으려 했나요? 아마 그러지 않았을 것입니다. 그룹에 속해 있건, 일대일 상황이건 갈등을 중재하는 원칙은 동일합니다. 자신의 말을 상대가 들었다고 느끼지 않으면 합의에 이르기 어렵다는 사실입니다.

 오늘은 사람들이 그들 행동 이면에 존재하는 욕구를 발견하도록 돕는 기회를 찾아보세요.

↣ ↣ ↣ ↣　7월 30일　↤ ↤ ↤ ↤

자신을 겸손하게 아는 것이 철저한 과학 탐구보다
신에 이르는 더 확실한 방법이다.
• 토마스 아 켐피스

마음챙김

바로 지금 당신은 무엇을 느끼고 있나요? 지금 당신에게는 무엇이 필요한가요? 잠시 이것에 대해 생각해 보세요. 지금 자신의 존재 상태에 대한 마음챙김은 연민의 대화에서 근본 바탕이 됩니다. 마음챙김은 바로 지금 당신에게 일어나고 있는 일에 초점을 두면서 매순간 현재에 존재하고자 노력하는 것입니다. 불교 학승이자 지도자, 시인인 틱낫한 스님은 우리의 목표는 어떤 일이 일어나든, 심지어 이를 닦는 중에도 현재 순간에 존재하는 것이라고 했습니다. 우리들 대부분이 언제나 마음챙김을 유지할 수는 없지만, 현재에 더 많이 존재할수록 자신의 욕구를 자각하고 충족할 가능성이 더 커지며 따라서 기쁨을 누릴 기회도 더 많아집니다. 마음챙김이 얼마나 큰 깨달음을 주는지 알면 당신은 놀랄 것입니다.

 오늘은 적어도 네 번, 당신의 느낌과 욕구와 연결해 보세요. 그렇게 자신의 느낌과 욕구를 마음챙김 했을 때 당신의 하루가 어떻게 달라지는지 보세요.

⤳ ⤳ ⤳ ⤳ 7월 31일 ↫ ↫ ↫ ↫

나는 '정직한 이의 성품'이라는 가장 부러운 칭호를
앞으로도 계속 지닐 수 있는 강직함과 덕성을 갖추고 싶다.
• 조지 워싱턴

당신이라는 선물

우리들 한 사람, 한 사람이 삶을 함께하는 사람들에게는 선물 같은 존재입니다. 그럼에도 누군가 "잘 지내요?"라고 물으면 우리는 맥없이 "괜찮아요."라고 대답하는 경우가 얼마나 많나요? 무엇보다 '괜찮다'는 당신의 말은 정말 솔직한 대답인가요? 어떤 때는 솔직한 대답일 것입니다. 그러나 많은 경우 우리는 '괜찮다'고 말하는 것에 익숙한 나머지 실제로는 자신이 '괜찮지 않음'을 못 알아보는 때도 많지 않나요! 다른 사람과 함께 있는 그 순간에 당신 자신으로 온전히 존재하는 것이야말로 '당신'이라는 선물을 상대에게 선사하는 것입니다. 자신을 숨기는 것은 상대에게 준 선물을 되가져오는 것과 같지요. 오늘부터는 자신에게 솔직해져 보세요. 다음번에 누군가가 잘 지내냐고 물으면 자신을 살펴본 뒤 솔직하게 대답해 보세요. 그렇다고 장장 15분에 걸쳐 당신의 현재 상태를 숨김없이 까밝혀야 하는 것은 아닙니다. 간단히 이렇게 말할 수 있습니다. "흠, 지금 하고 있는 프로젝트 때문에 좀 지쳐 힘에 부쳐요. 어떻게든 해결되겠지만 지금으로서는 좀 걱정이 돼요. 당신은 어때요?" 상대에게 솔직히 답하기 어렵다면 자신에게만큼은 솔직해져 보세요. 당신은 사람들에게 선물 같은 존재입니다. 지금 당신의 상태에 온전히 현존할 때 '나는 선물 같은 존재'라는 의식과 마음으로 살 수 있습니다.

 오늘은 상대가 건네는 "잘 지내요?"라는 인사에 당신 자신을 살펴보면서 자신에게 솔직한 답을 해 보세요.

8 월 명상

·›·›·›·› **8월 1일** ‹·‹·‹·‹·

진정으로 사랑하는 사람의 마음은 지상 낙원이다.

그의 내면에는 신이 있기 때문이다. 그리고 신은 사랑이기 때문이다.

• 펠리시테 드 라므네

당신 안에서 신을 봅니다

서로를 영적 존재로 바라볼 때 상대가 가진 신성(神性)의 에너지와 연결됩니다. 나는 오랫동안 이런 믿음으로 살면서도 상대와 갈등이 생길 때면 그의 내면에 존재하는 신성한 영혼을 알아보지 못했습니다. 상대가 영적 존재임을 알면서도 그를 대책 없는 게으름뱅이나 자기밖에 모르는 구제불능으로 여긴다면 앞뒤가 맞지 않습니다. 그러나 이제는 상대의 달갑지 않은 행동이라도 그것에 대해 반드시 판단을 내리지 않아도 된다는 것을 압니다. 상대의 내면에 존재하는 신성을 부정하지 않으면서 그 상황에서 일어나는 나의 느낌을 솔직히 인정할 수 있습니다. 사실, 자신의 느낌에 솔직한 것은 사랑의 행위입니다.

최근에 친구에게 크게 짜증이 나서 이렇게 말했습니다. "나 지금 무척 짜증이 나. 우리 둘 모두에게 적절한 해결책을 찾을 수 있을지 정말 알고 싶어. 마음이 좀 가라앉도록 한 시간 쉬었다 하면 어떨까? 쉬고 나서 다시 해 보면 좋을 것 같아." 나는 친구를 판단하거나 비난하지 않고 내가 느끼는 좌절감을 솔직히 표현했습니다. 한 시간을 쉬고 다시 시작하자 우리는 상황을 적절히 해결할 수 있었고 그렇게 우리의 우정도 더 깊어졌습니다. 상대의 내면에 있는 영적 존재를 알아본다고 해서 그에게 화를 내면 안 된다는 의미는 아닙니다. 상대가 영적 존재임을 알면서도 당신의 솔직한 느낌을 표현할 수 있습니다. 상대의 신성을 알아보기가 어렵다면 그가 자신의 행동을 통해 채우고자 하는 욕구가 무엇인지에 초점을 맞춰 보세요. 모든 행동의 이면에는 욕구를 충족하려는 소망이 자리 잡고 있음을 기억하세요.

 오늘은 당신이 만나는 모든 사람과 당신 자신의 내면에 있는 영적 존재를 알아보세요.

···➤ ·➤ ·➤ ·➤   8월 2일   ◄· ◄· ◄· ◄···

다른 사람이 나를 어떻게 생각하느냐보다
내가 나를 어떻게 생각하느냐가 더 중요하다.
다른 사람의 의견에 기대기보다 나 자신이 될 때 더 풍요로워진다.
• 몽테뉴

욕구를 충족하는 방법은 다양합니다

앞에서 '욕구는 보편적이며 욕구를 충족하는 수단과 방법은 개별적'이라고 한 말을 기억하나요? 이 점에서 연민의 대화, 즉 비폭력대화의 과정 또한 욕구 충족의 한 가지 방법이라고 할 수 있습니다. 내가 비폭력대화 과정을 실천하고 가르치는 행동을 통해 채우려고 하는 욕구는 조화와 평화, 재미와 사랑, 안전과 기쁨, 생명과의 깊은 연결 같은 것들입니다. 이들 욕구는 모든 사람이 가진 보편적인 욕구입니다. 그리고 내가 아는 한에서 이 욕구들을 충족하는 가장 좋은 방법이 연민의 대화일 뿐입니다. 살면서 욕구를 충족하는 방법은 매우 다양하며 누구나 자신에게 가장 적합한 욕구 충족의 방법을 선택할 수 있습니다. 욕구 충족을 위한 창의적인 방법에 마음을 열수록 우리의 삶과 우리가 사는 세상은 더 평화로워질 것입니다.

 오늘은 평화롭게 살기 위한 당신만의 방법을 떠올려 보세요. 그 방법이 지금 당신에게 효과가 있는지, 만약 그렇지 않다면 다른 방법을 생각해 볼 수 있는지 보세요.

·›·›·›·› **8월 3일** ‹·‹·‹·‹·

나의 목표는 한 번에 하나씩 나의 마음을 바꿔 세상을 변화시키는 것이다.

• 메리 매켄지

사회 변화를 위한 영감 일으키기

사람들이 나에게 항상 묻는 질문이 있습니다. 어떻게 하면 상황을 바꿀 수 있느냐는 질문입니다. 평화와 사회 변화를 열망하는 활동가들은 이 질문에 대한 답을 알고 싶어 합니다. 많은 사람이 어디에든 통하는 하나의 정답을 기대합니다. 그러면서 빠른 해결책을 원합니다. 그러나 사회 변화를 원한다면 당신이 추구하는 가치와 조화되는 방식으로 행동해야 합니다. "당신이 원하는 변화가 있다면 당신 스스로 그 변화가 되어라." 간디는 이렇게 말했습니다. 평화를 원한다면 '전쟁 반대' 집회에 참여하기보다 '평화를 향해 나아가는' 행동을 하십시오. 당신과 다른 대의명분을 지지하는 사람들에 관한 '적 이미지'를 품은 채로 평화를 위해 노력한다며 시간을 보내지 마세요. 평화를 원한다면서 집에 가서는 아이들을 패거나 배우자에게 고함을 지르고 있지 않나요? 당신 자신이 평화가 되어 보세요. 자신에게 중요한 가치에 따라 산다고 해서 반드시 완벽한 사람이 되어야 하는 것은 아닙니다. 당신에게 중요한 가치와 어울리지 않는 행동을 할 때도 있을 테지만 그럴 때는 그것을 인정하고 다음번에는 다르게 행동하도록 노력해 보세요. 당신에게 중요한 가치와 조화되는 행동의 방향을 정한 뒤, 그 방향으로 꾸준히 나아가도록 최선을 다해 보세요. 이것이 사회 변화를 일으키는 방법입니다.

 오늘은 당신이 세상에 바라는 변화가 되도록 의식적인 노력을 기울여 보세요.

우리는 객관적 사실이 자신의 선입견과 일치하기를 원한다.
그렇지 않으면 자신의 선입견을 바꾸기보다 사실을 무시하려고 애쓴다.
• 제사민 웨스트

모든 대화는 '부탁해요' 또는 '고마워요'

우리가 나누는 모든 대화가 '부탁합니다' 또는 '고마워요'의 뜻을 전하고 있다면 당신은 믿을 수 있나요? 실제로 그러합니다. 그것은 내게 커다란 깨달음을 주었습니다. "당신의 그 멍청한 개가 우리 집 마당에 들어오지 않도록 하는 게 그렇게 어려워요?" 이웃이 이렇게 말할 때 당신은 이웃이 그 말에서 무엇을 '부탁하는지' 읽을 수 있나요? 아마 이웃은 지금 평화와 존중, 배려가 필요할 것입니다. 또는 청결함을 원할 수도 있습니다. 당신의 개가 그 집 앞마당에서 저지를 짓이 뻔히 보이니까요. 따라서 이웃은 지금 '부탁'을 전하고 있습니다. 당신은 평화, 존중, 배려, 청결함에 대한 이웃의 욕구를 충족해 줄 수 있나요?

이에 당신은 담장을 두릅니다. 이웃이 "멋져요."라고 말합니다. 그는 지금 당신에게 '고맙다'는 말을 하고 있습니다. 개가 밖으로 나오지 못하게 담장을 쳐 주어 고맙다는 뜻을 전하고 있는 것입니다. 이웃은 개로부터 안전과 마음의 평화에 대한 자신의 욕구를 충족해 준 데 감사의 뜻을 전하고 있습니다. 때로 사람들이 하는 말을 듣기 거북할 수 있습니다. 듣기 힘든 말을 상대가 내뱉으면 우리는 그것을 공격으로 느낍니다. 듣기 힘든 상대의 말을 무조건 달갑게 들으라는 말은 아닙니다. 다만 상대가 하는 말의 이면에는 언제나 부탁이나 감사의 뜻을 담아 자신의 욕구를 충족하려는 바람이 있다는 사실을 인식하자는 것입니다. 이점을 인식할 때 상대에 대한 연민을 느낄 수 있습니다. 그들이 가진 인간적인 면과 연결되기 때문입니다.

 오늘은 상대와 나누는 대화에서 그 사람이 전하고 있는 부탁과 감사의 뜻에 귀를 기울여 보세요.

···✦·✦·✦·✦ **8월 5일** ✦·✦·✦·✦···

신이 보이지 않는가? 누가 옮겼을까?

• 작자 미상

타인과 연결하기

당신은 있는 그대로의 솔직한 자기 모습으로 타인과 연결을 맺기가 어려운가요? 지금 당신이 맺고 있는 관계가 만족스럽지 않다면 당신이 그 관계에 어떤 식으로 참여하고 있는지 살펴보세요. 지금 당신은 관계 속에서 연결에 대한 욕구를 충족하기 위해 어떻게 하고 있나요? 지금과 다르게 할 수 있는 부분은 없나요? 한때 나는 원하는 만큼 만족스럽지 않은 관계 때문에 무척 외롭고 슬펐던 때가 있었습니다. 그래서 관계 속에서 내가 어떻게 하고 있는지 살펴보았습니다. 그러자 나를 방어하고 있다는 사실을 알았습니다. 상대에게 언제나 '좋은' 사람으로 보이려 했습니다. 아무리 슬프고 상처받고 화가 나도 그럴 때마다 속으로 마음을 다잡았습니다. 사람들에게 도움을 청하는 일은 거의 없었습니다. 상대에게는 있는 그대로의 모습으로 나를 대하길 바라면서 나 자신은 있는 그대로의 내 모습으로 사람들과 연결하지 못했습니다. 그렇게 해서 상대에게 상처 받지 않으려는 나의 방어 욕구는 충족되었지만 연결과 지지, 친밀감에 대한 욕구는 충족되지 못했습니다.

당신이 지금 맺고 있는 관계가 힘이 드나요? 그렇다면 관계 속에서 지금 당신이 어떻게 행동하고 있는지 보세요. 그리고 그 행동의 이면에 자리 잡은 당신의 욕구는 무엇인지 살펴보세요. 당신의 관계에 긍정적인 영향을 줄 수 있도록 지금과 다른 욕구 충족의 방법을 시도해 보세요.

 오늘은 당신이 맺고 있는 관계 속에서 그 관계의 경험을 긍정적으로 바꾸려면 어떻게 해야 할지 살펴보세요.

⤳ ⤳ ⤳ ⤳ **8월 6일** ⬳ ⬳ ⬳ ⬳

사람들이 느끼는 지루함의 대상은 대부분 자기 자신이다.

• 에릭 호퍼

당신이 어디를 가든 거기에 당신이 있다

나는 내 삶의 처음 35년을 불행과 불만족 속에 살았습니다. 그러다 어느 날 깨달은 사실이 있었습니다. 내가 겪는 불행과 불만족의 공통분모는 '나 자신'이란 사실이었습니다. 내가 행복하지 못한 이유는 '내가' 그런 사람이었기 때문이었습니다! 내가 겪는 불행이 나 스스로 초래한 것임을 인정하기란 쉬운 일이 아니었습니다. 하지만 모든 상황에서 그 사실을 부정할 수는 없었습니다. 그때 내가 할 수 있었던 최선의 대책은 그 사실을 알았으니 이제부터라도 행복한 삶을 살겠다는 의도를 내는 것이었습니다. 하루에 한 번씩, 나는 새로운 렌즈로 세상을 보려고 노력했습니다. 자신에게 더 정직하고자 했으며 나의 느낌과 욕구에 더 많이 접촉하려고 했습니다. 나에게 중요한 가치와 조화되는 삶을 살고자 했습니다. 그러려면 나에게 중요한 가치가 무엇인지 먼저 알아야 했습니다.

우리는 누구나 어느 지점에서 출발합니다. 행복한 삶을 향해 훌쩍 나아간 사람도 있고, 아직 넘어야 할 장애물이 남아 있는 사람도 있습니다. 감정적, 영적 회복의 과정에 있다면 당신이 다시 시작하기에 늦은 때란 결코 없습니다. 당신의 불행한 처지에 넌덜머리가 난다고요? 그렇다면 자신의 느낌과 욕구에 접촉하는 시간을 가져 보세요. 그러면서 욕구 충족을 위한 새로운 방법과 행동 방식을 떠올려 보세요.

 오늘은 한 가지 일을 지금과 다른 방식으로 해 보며 당신의 삶에 긍정적인 변화를 일으켜 보세요.

8월 7일

특정 생각에 집착할 때 문제가 생긴다.

마음은 언제나 집착하기를 원한다.

예순 살인 내가 마흔 살이 되고자 집착한다면 힘들어질 것이다.

• 람 다스

연민의 행동보다 연민의 존재가 되기

사람들이 이렇게 말하는 걸 종종 듣습니다. "이번 주는 연민의 대화(비폭력대화)를 실천하지 못했어요." "지난주에 아내와 다툴 때 연민의 대화를 적용해 봤어요." 그러나 연민의 대화는 단지 외면의 행동만을 의미하지 않습니다. 연민의 대화는 가끔 필요할 때 꺼내 쓰는 도구상자가 아닙니다. 연민의 대화는 모든 이의 욕구를 소중히 여기는 의식(意識)에 더 가깝습니다. 내가 옳은 것, 상대를 이기는 것, 나를 방어하는 것보다 서로의 연결을 더 중요하게 여기는 의식입니다. 연민의 대화는 또한 삶의 방식입니다. 우리가 지닌 오랜 조건화와 고통의 결과로 내면의 비난자가 목소리를 높이면 우리는 배우자와 자녀, 동료에게 버럭 화를 내기도 합니다. 그러나 이런 상황을 다루는 방식을 연민의 대화라는 의식으로 조금씩 변화시키는 것이 우리의 목표가 되어야 합니다. 세상을 바라보는 패러다임을 바꾸는 데는 시간이 걸립니다. 또한 우리 모두는 서로 다른 배움의 과정을 거칩니다. 매일 아침 최선을 다해 연민의 대화를 실천하겠다는 의도를 내어 보세요. 이런 의도를 내는 것만으로 연민의 대화 의식에 조금 더 충실하게 살 수 있을 것입니다.

 오늘은 당신이 연민의 대화 의식에 따라 살겠다고 마음먹어 보세요.

↝ ↝ ↝ ↝ 8월 8일 ↜ ↜ ↜ ↜

자신의 행동과 생각, 느낌에 대한 책임을
의식하지 못하는 사람은 위험하다.
• 마셜 B. 로젠버그 박사

자신의 행동에 책임지기

얼마 전 시애틀에 사는 가족을 찾기 위해 운전을 하던 중이었습니다. 나는 남쪽으로 향하는 I-5 고속도로에 있었습니다. 생각보다 차가 막혀 한 시간 예상한 거리가 두 시간 넘게 걸리고 있었습니다. 이렇게나 차가 막히는 이유를 도저히 짐작할 수 없었던 나는 고속 차선에서 느린 속도로 운전하는 수백 명의 운전자를 비난하기 시작했습니다. 그들이 (내가 원하는 대로!) 저속 차선으로 이동해 교통 흐름을 터주지 않는다며 화를 냈지요. 점점 더 화가 난 나는 이 차선, 저 차선으로 바꿔 타며 앞 차에 끼어들고 앞 차를 바짝 좇으며 공격적으로 차를 몰았습니다. 나를 제외한 모든 운전자가 제대로 운전한다면 내가 이렇게 거칠게 차를 몰아야 할 이유가 없다며 스스로를 합리화 했지요. 이윽고 고속도로를 벗어나 기름을 넣기 위해 주유소에 차를 세웠습니다. 차에서 내리자마자 젊은 남자가 내게 다가와 말했습니다. "공익을 위해 알려드리는데요." 내가 말했습니다. "뭐라고요?" 남자가 말했습니다. "공익을 위해서요. 고속도로에서 다른 차량 앞에 끼어들고 여러 번 차선을 바꾸면 다른 운전자에게 위험하다는 걸 아셨으면 해서요." 나는 그 자리에서 얼어버렸습니다. 젊은 남자는 내가 운전하는 방식이 걱정되어 그 사실을 알리기 위해 고속도로에서 줄곧 내 뒤를 좇아 주유소까지 따라온 것이었습니다! 나는 다른 운전자들이 고속 차선을 내주지 않아 그렇게밖에 운전할 수 없었다고 말하려 했습니다. 순전히 다른 운전자들의 잘못이라고 말입니다. 그러다 멈추었습니다. 그때 내가 조바심이 나 있었고 고속도로에서 편하게 운전하고 싶었음을 자각했기 때문입니다. 그리고 그 상황에서 대처 가능한 수많은 방식 가운데 거칠게 운전하는 방식을 내가 선택했다는 사실을 알았기 때문입니다. 나는 젊은 남자의 말에 충격을 받았습니다. 그리고 나의 행동에도 충격을 받아 간단히 이렇게 말했습니다. "당신 말이 맞아요. 알려줘서 고마워요." "천만에요." 남자는 이렇게 말하고는 뒤를 돌아 갔습니다.

자신이 내리는 선택이 달갑지 않더라도 언제나 자신의 행동에 책임져야 합니다. 그러나 자신의 행동에 대한 선택권도 우리는 갖고 있습니다.

 오늘은 당신이 자신의 행동에 책임지지 않는 경우를 의식해 보고 그 순간, 자신이 책임지고 있지 않다는 사실을 인정해 보세요.

→·→·→·→ 8월 9일 ←·←·←·←

어느 항구로 가야 할지 모른다면
어느 방향에서 부는 바람도 도움이 되지 않는다.
• 세네카

솔직히 말할 것인가, 말 것인가

비폭력대화에서는 모든 이의 욕구를 동등하게 존중하고자 합니다. 그런데 고통을 자극하는 상황에서 모든 이의 욕구를 똑같이 존중하기란 말처럼 쉬운 일이 아닙니다. 당신이 남편 아닌 어떤 남자와 잠시 바람을 폈다고 합시다. 죄책감을 느낀 당신은 남편에게 사실을 말해야 한다고 느낍니다. 이때 남편에게 말하기 전에 당신이 그렇게 하려는 동기가 무엇인지 먼저 살펴보기를 권합니다. 즉, 남편에게 사실을 말함으로써 당신이 충족하고자 하는 욕구가 무엇인지 생각해 보는 것입니다. 죄책감을 덜고 싶어서인가요? 죄책감을 덜면 정직과 안도감에 대한 당신의 욕구가 충족되기 때문인가요? 솔직하게 말하면 남편의 삶에 긍정적인 영향을 줄 것 같아서 그런가요?

우리의 목표는 타인의 욕구를 희생하지 않으면서 자신의 욕구를 충족하는 방법을 찾는 것입니다. 고통을 자극하는 이런 상황에서 사실을 솔직히 이야기함으로써 충족되는 당신의 욕구는 무엇이고, 남편의 욕구는 무엇인지 생각해 보았으면 합니다. 당신에게 비밀을 숨기라고 권하는 것이 아닙니다. 모든 상황이 다릅니다. 다만 행동을 취하기 전에 당사자 모두의 욕구를 진지하게 고려해 보았으면 합니다. 안도감에 대한 당신의 욕구를 충족하면서 동시에 남편의 욕구도 존중하는 다른 방법이 없는지 생각해 보라는 것입니다.

 오늘은 당신이 모든 이의 욕구를 함께 고려하지 않는 때가 없는지 살펴보세요.

$\rightarrow \cdot \rightarrow \cdot \rightarrow \cdot \rightarrow$ **8월 10일** $\leftarrow \cdot \leftarrow \cdot \leftarrow \cdot \leftarrow$

나의 가장 중요한 목표는 영혼을 순수하게 지키는 것이다.
그러지 않으면 어떤 일도 소용이 없다.

• 주얼

정직은 상대와 연결하는 도구

얼마 전 교회 성가대의 합창을 듣고 있었습니다. 성가대의 어느 남자 분이 앞으로 나와 마이크를 잡고는 짤막한 독창곡을 불렀습니다. 그런데 음정이 벗어나 목소리가 떨리고 있었습니다. 나는 그 분이 매우 긴장되어 있다고 느꼈습니다. 지금 음정이 맞지 않는다고 말을 해 주어야 하나 하는 생각도 들었습니다. 적어도 내 입장에서는 솔직한 말이었습니다. 그러나 나는 그렇게 말하지 않고, 자신이 좋아하는 일을 하고자 하는 그 분의 용기가 존경스럽다고 말했습니다. 그리고 그 분의 용기 덕에 내가 사람들 앞에 나서서 노래하는 데도 힘이 되었다고 말했습니다. 이것 역시 솔직한 표현이었습니다. 그 분은 내 말을 듣고 살짝 눈물을 짓더니 자신은 혼자 있을 때면 노래를 멋지게 부르는데, 이번엔 사람들 앞에서 자유롭게 목소리를 내고 싶어 도전하는 중이라고 했습니다. 이렇게 해서 우리 두 사람은 서로를 더 잘 알게 되었습니다. 나는 우리 교회가 구성원들에게 이런 기회를 제공해 준 데 고마움을 느끼며 교회를 나섰습니다. 교인들과 이런 대화를 나누자 정직, 연결, 배려, 존중, 배움 등 내가 가진 다양한 욕구가 충족되었습니다. 나는 이 일로 정직이 상대의 고통을 자극하기보다 상대와 연결하는 데 사용할 수 있는 중요한 도구라는 사실을 새롭게 알았습니다.

 오늘은 정직이라는 도구를 사용해 다른 사람과 연결하는 기회를 가져 보세요.

→ ·→ ·→ ·→ **8월 11일** ← ← ← ←

균형 잡힌 사람에게 생각이 미치지 않는 일, 불가능한 일이란 없다.
생명의 필요에서 솟아나 삶의 향상을 이루는 일이라면.

• 루이스 멈포드

지배하는 힘 vs. 함께하는 힘

지배하는 힘(power over)이란 힘과 권위를 사용해 자신이 원하는 바를 얻으려 하는 것을 말합니다. 자신의 재력을 사용해 유리한 방향으로 입법 과정에 영향을 행사하는 기업 리더들, 강제와 벌에 의지해 자녀들을 원하는 방식으로 행동하게 만들려는 부모들이 여기에 해당합니다. 대개 '지배하는 힘'으로 만들어진 시스템에서는 소수가 다수에게 권력을 휘두르는 역동이 형성됩니다.

한편, 함께하는 힘(power with)은 관련된 모든 이의 욕구를 충족하고자 하는 힘을 말합니다. 자녀들과 함께 휴가 계획을 상의하는 부모, 모든 직원들의 참여와 그들의 의사를 존중하는 기업, 이웃 구성원의 의견에 귀를 여는 주민협의회 등이 '함께하는 힘'의 사례입니다. 함께하는 힘으로 만들어진 시스템에서는 의사결정에 영향을 받는 모든 당사자의 의견과 욕구를 존중합니다. 인간을 변화시키는 가장 강력한 동인은 변화에 대한 '내적' 열망이라고 합니다. 결과에 대한 두려움으로 변화를 강요한다면 일시적 순응에 필요한 '외적' 열망을 일으킬 뿐입니다. 외적 변화 열망은 장기적인 변화를 일으키지 못합니다.

 만약 당신이 '지배하는 힘'을 사용해 특정 결과를 얻고자 한다면 이제는 '함께하는 힘'으로 초점을 옮겨 보세요. 이렇게 당신의 의식을 변화시켰을 때 결과가 어떻게 달라지는지 보세요.

⤳ ⤳ ⤳ ⤳ 8월 12일 ↞ ↞ ↞ ↞

살면서 우리를 가장 지치게 만드는 것은 자신에게 진실하지 못한 태도이다.
• 앤 모로우 린드버그

진실함이라는 안도감

때로 사람들은 자신에게 진실하기 위해 필요한 에너지가 더는 남아 있지 않다고 말합니다. 그들은 주변과 문제없이 지내기 위해 자신의 진실을 무시하는 편이 더 편하다고 말합니다. 나는 그 심정을 누구보다 잘 압니다. 나 또한 오랜 시간 나의 진실을 무시하며 살았기 때문입니다. 나는 스스로의 진실을 가리고 자신을 검열하는 편이 에너지가 적게 든다고 생각했습니다. 사람들이 원하는 바에 맞춰 사는 것, 심지어 나의 의견을 아예 갖지 않는 것이 더 편하다고 생각했습니다. 그러나 이제는 압니다. 나의 느낌과 욕구, 열망과 진실을 덮어 가리는 데는 매일 엄청난 양의 에너지가 필요하다는 사실을요. 나는 오랜 시간에 걸쳐 내가 무엇을 하고 있는지 생각해 보지도 않은 채 나의 욕구를 자동으로 부정하는 기술을 익히고 있었습니다.

이윽고 나의 진실을 덮어 가리는 습관을 바꾸기로 했습니다. 그런데 평소 하던 것과 다른 그 일은 나에게 무척 버거웠습니다. 나의 느낌과 욕구에 초점을 두는 것이 익숙하지 않았기 때문입니다. 사람들이 원하는 바를 알려고 했던 지금까지의 익숙한 영역을 떠나야 했습니다. 그리고는 나의 느낌을 알아보고 욕구를 표현하는, 지금까지와 완전히 다른 언어를 익혀야 했습니다. 새로운 기술을 익히는 데는 시간이 필요했지만 이로써 놀라운 사실을 알게 되었습니다. 느낌을 알아보고 욕구를 표현하는 것이 느낌을 억누르는 것보다 에너지가 훨씬 적게 든다는 사실이었습니다. 이제 나는 자유를 느낍니다. 한때 자신을 부정하는 데 썼던 에너지를 지금은 기쁨과 사랑, 행복과 희망을 경험하는 데 사용합니다. 이것은 지금까지 한 번도 경험하지 못했던 활짝 열림입니다. 이 활짝 열림으로 무한한 가능성이 펼쳐집니다.

 주변 사람과 문제없이 지내기 위해 당신이 얼마나 자주 스스로를 검열하는지 살펴보세요. 그런 다음 당신의 진실한 느낌과 욕구를 기꺼이 표현해 보세요.

↘ ↗ ↘ ↗ **8월 13일** ↖ ↙ ↖ ↙

살아 있는 모든 생명체에게 연민을 보내기 전에
사람은 결코 스스로 평화를 발견할 수 없다.
• 알버트 슈바이처

연민의 마음으로 격렬한 감정 표현하기

때로 우리는 커다란 실망과 분노를 경험하는 상황에 처합니다. 이런 일은 누구에게나 일어납니다. 나도 한때 그랬습니다. 현재의 내가 그때와 다른 점이 있다면, 격렬한 감정을 인정하는 식으로 그것을 표현한다는 것입니다. 이것을 비폭력대화에서는 '기린

되어 소리 지르기'라고 합니다. 예전에는 화가 나면 상대에게 이렇게 말했습니다. "너에게 진절머리가 나! 언제나 너밖에 생각하지 않는구나." 보다시피 지금 나의 초점은 상대에 가 있습니다. 그러나 이제 나는 감정이 격앙되는 상황에서도 관찰, 느낌, 욕구, 부탁이라는 연민의 대화(비폭력대화) 네 요소를 모두 사용합니다. 목소리는 여전히 높지만, 최종 결과는 매우 다릅니다. 가령 나는 이렇게 말합니다. "있잖아. 지금까지 15분 동안 네가 너의 느낌과 욕구에 대해 이야기하는 걸 들었어. 그런데 지금 나에게 무슨 일이 일어나고 있는지는 묻지 않더구나. 그래서 나는 마음이 불편하고 상처 입은 느낌을 받았어. 네가 나의 욕구도 너의 욕구만큼 존중한다는 걸 알고 싶어. 나에게 어떤 일이 일어나고 있는지 잠시 귀 기울여 들어 줄래?" 지금 나는 상대에게 구체적인 부탁을 하고 있습니다. '나에게 무슨 일이 일어나고 있는지 잠시 들어 주도록' 요청하고 있는 것입니다. 나는 상대가 자신의 욕구를 포기하도록 요구하지 않습니다. 다만, 나의 욕구에 잠시 초점을 맞춰 달라고 부탁하고 있습니다. 상대를 비난하지 않으면서 당신의 실망감을 표현해 보세요. 그리고 당신의 욕구와 부탁을 분명히 해 보세요. 그러면 관계에서 상처 받거나 거리감을 느끼는 일도 줄 것입니다.

 오늘은 상대와의 관계에서 마음이 불편하고 화가 날 때면 상대를 비난하기보다 기린이 되어 소리를 질러 보세요.

당신의 가슴 속에 사랑이라는 놀라운 물건을 갖는 순간,

그리고 사랑의 깊이와 기쁨, 황홀감을 느끼는 순간,

세상이 전과 완전히 달라져 있음을 알게 될 것이다.

•J. 크리슈나무르티

욕구로서의 사랑

비폭력대화에서는 사랑을 욕구로 봅니다. 욕구는 보편적이라는 점을 기억하세요. 즉, 모든 사람이 동일한 욕구를 갖습니다. 모든 사람이 사랑을 필요로 합니다. 다만 사랑을 표현하는 방식은 사람마다 다를 수 있습니다. 상대와 조용하고 집중된 시간을 보내는 것은 사랑의 욕구를 충족하기 위해 내가 자주 사용하는 방법입니다. 그런데 내가 사귄 사람 중에는 나에게 물건을 사 줌으로써 사랑에 대한 욕구를 충족하는 사람도 있었습니다. 어떤 방법도 옳거나 틀린 것은 없습니다. 다를 뿐입니다. 어떤 사람은 성관계를 통해 사랑을 표현하며 어떤 사람은 포옹, 신체적 밀착, 마사지를 통해 사랑을 드러냅니다. 어떤 사람은 상대의 문제를 해결해 주거나 상대가 겪는 어려움의 원인을 분석해 주는 방법으로 사랑을 전합니다. 내 친구 중 하나는 함께 여행할 때면 내게 책을 읽어주며 자신의 사랑을 표현했습니다. 친구의 책 읽어 주기는 내게 큰 위안이 되었습니다만 문제는, 그녀의 목소리가 너무도 차분하고 부드러워 내가 금방 잠에 떨어지고 만다는 것입니다! 사랑에 대한 욕구를 충족하는 방법은 헤아릴 수 없이 많습니

다. 지금 당신은 사랑에 대한 욕구를 어떤 방법으로 충족하고 있나요?

 오늘은 사랑에 대한 당신의 욕구가 충족되고 있는지 살펴보세요. 만약 그렇지 않다면 사랑의 욕구를 충족할 수 있는 다른 방법을 떠올려 보세요.

···→·→·→·→ **8월 15일** ←·←·←·←

달팽이는 불굴의 인내로 노아의 방주에 도착했다.

• 찰스 해던 스펄전

욕구 충족을 놓지 않기

당신은 상대와 해결책이 보이지 않는 다툼에 빠진 적이 있나요? 다음 커플의 상황을 생각해 봅시다. 평소 정리를 잘 하는 남편은 집안이 언제나 정돈이 잘 되었으면 합니다. 한편, 아내는 물건을 여기저기 던져두는 스타일입니다. 두 사람 사이에는 대개 이런 식으로 다툼이 벌어집니다. 남편은 아내가 게을러 집안일에 무심하다며 아내를 비난합니다. 한편 아내는 남편이 너무 깐깐하다며 불만을 표시합니다. 이때 두 사람이 내놓을 수 있는 해결책이라 해봐야 남편이 두 사람 모두를 위해 정리를 하던지, 아내가 자기 물건이라도 정리하는 것 정도일 것입니다. 그러나 아내의 정리 습관은 오래 가지 못해 남편과 다시 말다툼이 벌어집니다. 사람들은 때로 이런 종류의 갈등에 오랜 시간 빠져 지내기도 합니다.

다른 방법은 없을까요? 욕구의 관점에서 생각해 보면 어떨까요? 지금 남편은 정리와 협력이 필요한 반면, 아내에게는 자발성과 자율성이 필요합니다. 남편이 아내에게 이렇게 말하면 어떨까요? "여보, 내가 집에 돌아와 당신 옷가지가 거실과 침실에 널려 있는 걸 보면 정신이 사납고 짜증이 나요. 어제 당신이 물건을 정리하겠다고 말하는 걸 들은 것 같은데. 어제 내가 정확하게 들었던 거죠?" "네, 맞아요. 내가 그렇게 말했죠. 그런데 집에 들어와 샤워실로 직진하고 말았군요. 샤워 후 옷 정리를 하려고 했는데 신문을 읽던 중 그만 잊어 버렸어요." "그러니까 당신 말은 옷 정리를 하려고 했는데 정신이 딴 곳에 있었다는 거죠?" "맞아요, 그래요." "당신 말을 들으니 내 마음이 불편하군요. 왜냐면 나는 당신이 한 말을 당신 스스로 지킬 거라고 정말로 믿고 싶거든요. 내가 당신에게 옷 정리를 부탁한 것이 당신에게는 요구로 들렸던 거예요?" "물론 요구죠. 당신 방식대로 하지 않으면 내가 곤란에 빠지니까요." "내가 집안 정리 문제로 오랫동안 예민했던 걸 생각하면 당신이 그렇게 생각하는 것도 무리가 아니겠군요. 그러나 이젠 내 말을 다른 식으로 받아들였으면 해요. 내게는 집안 정리가 매우 중요해요. 그렇지만 자발성과 자율성에 대한 당신의 욕구도 존중해요. 두 사람의 욕구를 함께 충족하는 법을 정말 찾고 싶어요. 함께 방법을 찾아볼까요?"

당신은 계속되는 이런 갈등 상황을 해결할 수 있는 새로운 방법을 떠올릴 수 있나요? 감정이 격앙된 상황에서는 창의적인 해결책을 찾기 어려워집니다. 몇 가지 방법에는 이런 것이 있습니다. 아내가 매주 사람을 고용해 집안 정리를 하게 합니다. 현관에 상자를 마련해 아내가 벗은 옷은 모두 그 상자에 담습니다. 아내가 맘껏 어질러도 좋은 방을 따로 갖거나, 남편이 원하는 방식대로 깔끔하게 정리할 수 있는 방을 따로 갖는 것도 방법입니다. 아니면 지금껏 하던 대로 남편이 두 사람을 위해 집안 정리를 하고, 아내는 빨래나 마당 청소 같은 일을 자신의 일로 추가할 수도 있습니다. 핵심은, 욕구를 충족하는 방법은 매우 많다는 것입니다. 욕구 충족의 방법을 선택하는 데 창의성과 유연함을 발휘하는 것이 중요합니다.

 오늘은 당신이 가진 욕구를 의식해 보고, 욕구를 충족하는 방법을 찾는 과정에서 창의성과 유연함을 발휘해 보세요.

>· ·> ·> ·> ·> **8월 16일** <· <· <· <·

상대와 효과적으로 소통하는 법을 배울 때
삶과 인간관계가 진정으로 변화한다.
• 토마스 고든 박사

욕구 충족을 위해 분명하게 부탁하기

부부 사이에 흔히 일어나는 다음과 같은 불만에 대해 생각해 봅시다. "남편은 내 말에 귀를 기울이는 일이 한 번도 없어요." "아내는 항상 자기 감정에 대해 떠들어대죠. 그리고는 나에게도 그렇게 하길 원해요!" 우리는 이런 말들 뒤에 자리 잡은 좌절감이 어떤 것인지 잘 압니다. 만약 당신이 이런 말을 한다면 이때 당신이 원하는 것은 구체적으로 무엇인가요? 즉, 당신의 욕구 충족을 위해 배우자가 무엇을, 어떻게 하면 좋을까요? 남편이 일주일에 한 번 정도 당신의 말을 경청하면 충분한가요? 아니면 일주일에 세 번은 귀를 기울여 들어야 하나요? 아내가 일주일에 두 번만 당신의 감정에 대해 이야기하도록 요청하면 당신의 욕구가 충족되나요? 아니면 당신의 감정을 터놓고 이야기하도록 요구하는 일이 한 번도 없었으면 하나요? 어느 정도면 당신의 욕구를 충족하는 데 충분한가요?

우리가 할 일은 자신과 상대에게 전하는 부탁을 분명하게 표현하는 것입니다. 부탁은 구체적이고, 실행 가능해야 하며, 즉시 실천할 수 있는 것이어야 합니다. 가령 위 사례에서 아내는 이렇게 말할 수 있습니다. "여보, 나 오늘 정말 힘들었어. 내 말 좀 들어줬으면 좋겠어. 조언이나 문제 해결 말고, 그냥 15분 동안 내 말을 들어 줄래요?" 남편이라면 이렇게 말할 수 있을 것입니다. "당신이 내게 터놓고 감정을 이야기하라고 하면 내가 어물쩍거리거나 제대로 말하지 못해 당신이 짜증낼까 걱정 돼. 내 감정을 내 언어로 이야기하도록 그냥 들어 주겠어요? 내 말을 고치려 하거나 단어 선택에 사족을 달지 말고 말이에요." 이 사례에서 두 화자는 각자가 서로에게 원하는 바를 분명히 전하고 있습니다.

분명하게 부탁할 때 두 사람 모두의 욕구를 충족할 가능성이 높아집니다.

 오늘은 적어도 한 사람에게 당신이 바라는 바를 분명하게 부탁해 보세요.

>->->->-> **8월 17일** <-<-<-<-

처벌이 두려우면 나에게 중요한 가치가 아닌 결과에 초점을 맞추게 된다.
• 마셜 B. 로젠버그 박사

내적 동기 vs. 외적 동기

당신은 처벌이나 부정적인 결과가 무서운 나머지 행동을 하나요? 아니면 당신 내면의 참된 열망에 의해 동기를 부여받나요? 연구에 따르면 변화에 대한 내적 열망을 가질 때 장기적이고 지속적인 변화가 가능하다고 합니다. 외적 동기는 일시적이어서 다른 사람이 지켜보는 동안에만 효과가 있습니다(경찰관이 감시하는 중에만 속도 제한을 준수하는 등). 당신은 어머니와 진정으로 연결하고 싶어 어머니에게 전화하나요? 아니면 전화하지 않으면 어머니가 마음에 상처를 받을까 봐 전화하나요? 만약 후자가 어머니에게 전화하는 동기라면 당신은 어머니에게 자주 전화를 걸지 않을 것이며, 어머니와의 통화가 그다지 즐겁지도 않을 것입니다.

내가 연민의 대화 플래그스태프 센터에 처음 근무했을 때(플

래그스태프: 미국 애리조나 주의 도시) 그들은 그곳의 정해진 업무 시간이 없으며 급여도 매주 일한 시간에 따라 책정되지 않는다고 했습니다. 나는 어리둥절했습니다. 나는 나의 효율성과 유용성, 조직에 대한 기여도를 어떻게 측정해야 하는지 알고자 애쓰며 그곳에서의 첫 해를 보냈습니다. 내가 너무 열심히 일한다고 생각하다가도 나의 업무 습관을 다른 동료와 비교해 보니 그리 많이 일하는 게 아니라는 생각도 들었습니다. 이 문제로 나는 일 년을 고민한 뒤에야 일에 집중할 수 있었습니다. 그 일이 나에게 진정으로 가치 있고 즐겁다는 이유로 일을 하기 시작했던 것입니다. 지금은 내가 대학에서 일할 때보다 오랜 시간 일하면서도 지치거나 과로한다는 느낌이 들지 않습니다. 내가 충분히 일하고 있는지 걱정하는 일도 많지 않습니다. 이 과정을 거치며 나의 동기는 외적 동기에서 내적 동기로 바뀌었습니다. 지금은 일의 생산성이 더 높아졌으며, 나 자신도 더 평화로워졌습니다.

 오늘은 당신이 내적 동기에 따라 움직이는지 외적 동기에 따라 행동하는지 관찰해 보세요. 그리고 이 사실을 알게 되었을 때 어떤 느낌이 드는지 보세요.

〉‧〉‧〉‧〉 **8월 18일** 〈‧〈‧〈‧〈

우리의 신념은 나무처럼 살아 있어야 하며, 늘 자라고 있어야 한다.
• 틱낫한

평온은 선택이다

평온은 평화롭고 고요하며 명료한 존재 상태이자 우리 모두가 가진 보편적인 욕구입니다. 우리는 재난을 당해서도, 삶이 힘들고 두렵고 상처받고 화나고 슬플 때에도 평온을 유지할 수 있습니다. 어떻게 하면 그렇게 할 수 있을까요? 자신에게 중요한 가치와 연결하고 그 가치에 따라 행동할 때 우리는 평온함을 지니고 살 수 있습니다. 연민의 대화에서는 사람들과의 연결을 중요하게 여깁니다. 화가 나고 슬프고 상처 받을 때라도 사람들과 연결하는 데 열려 있다면 그 순간 평온을 얻을 수 있습니다.

당신이 동네 무료급식소에서 자원봉사를 하고 있습니다. 당신은 질 좋은 음식으로 지역사회에 기여한다는 사실에 뿌듯함을 느낍니다. 그런데 매주 그곳에 봉사하러 갈 때마다 봉사자 가운데 한 사람이 노숙자들을 함부로 대하는 장면이 눈에 들어옵니다. 그 봉사자가 노숙자들에게 말하는 방식은 존중과 배려에 대한 당신의 욕구를 전혀 충족하지 못합니다. 당신은 다른 봉사자들에게 그에 관해 안 좋은 말을 늘어놓기 시작합니다. 그를 보아도 아는 체를 하지 않고 무시합니다. 이것으로 당신은 마음을 평온을 잃습니다. 이런 식으로 행동한다면 당신이 자원봉사 활동으로 얻는 기쁨이나 급식소에 대해 갖는 뿌듯함과 단절되고 맙니다. 이때 마음의 평온을 유지하는 다른 방법이 있습니다. 그 봉사자와 마주치면 먼저 인사를 하고 당신이 어떻게 느끼는지 솔직하게 이야기하는 것입니다. 그러면서 그가 어떻게 느끼고 있는지 그의 느낌과 연결합니다. 그런 다음 무료급식소에서 매주 일하는 데서 충족하고자 하는 당신의 욕구로 초점을 옮깁니다. 자신에게 중요한 욕구에 집중할수록 매일의 삶에서 더 큰 평온을 누릴 수 있습니다.

 오늘은 삶에서 힘든 일이 일어나더라도 평온한 삶을 살겠다고 다짐해 보세요.

✌→ ✌→ ✌→ ✌→ 8월 19일 ←✌ ←✌ ←✌ ←✌

햇빛에 눈을 두어라. 그러면 그림자가 보이지 않을 것이다.

• 헬렌 켈러

판단하지 않고 관찰하기

한동안 보지 못한 지인을 우연히 마트에서 봅니다. 그런데 그녀는 아무 말도 없이 당신을 지나칩니다. 당신은 이렇게 생각합니다. "뭐가 저렇게 잘났어." "내가 싫은가 봐." 나중에 알고 보니 그때 그녀는 마트에서 당신을 보지 못했습니다. 또는 그녀는 어머니의 약을 구하기 위해 급히 약국에 들른 중이었다고 합니다. 다른 날에 당신은 동료에게 조언을 구하기 위해 전화를 겁니다. 전화를 받지 않습니다. 회신도 없습니다. 당신은 이렇게 생각합니다. "전화를 너무 자주 걸어 내가 귀찮은 게 틀림없어." "너무 무심하잖아. 이 일이 내게 얼마나 중요한지 정말 모르는 거야?" 나중에 알고 보니 그는 2주 동안 타지에 출장 중이었습니다. 또는 아내와 헤어진 직후라 경황이 없었다고 합니다. 많은 경우에, 실제로 일어난 일과 그 일에 관하여 우리가 지어내는 이야기는 완전히 다릅니다. 누군가의 행동에 관한 이야기를 지어낼 때마다 우리는 삶에서 터무니없는 과장과 왜곡, 고통을 불러옵니다.

누군가의 행동에 관한 이야기를 지어내는 데 시간을 보내기 전에 잠시 멈춰 실제로 일어난 일이 무엇인지 분명하게 파악할 필요가 있습니다. 평가나 판단을 더하지 않고자 노력해 보세요. 가령 위의 첫 사례에서 당신이 마트에 있던 중 아는 지인이 아무 말 하지 않고 당신을 지나쳤습니다. 이 사실이 당신이 아는 전부입니다. 그리고 두 번째 사례에서는, 동료에게 전화를 걸었지만 동료가 회신을 하지 않았다는 사실이 당신이 아는 전부입니다. 실제로 일어난 일을 분명하게 알았다면, 이제 그 사람에게 무슨 일이 일어났는지에 관하여 그 사람과 연결해 보세요. 판단과 평가를 내리지 않고 관찰할수록 열린 마음으로 상대의 말을 경청하고 상대와 연결할 수 있습니다.

 오늘은 다른 사람의 행동에 관하여 이야기를 지어내지 말고, 실제 일어난 사실만을 관찰해 보세요.

→ → → → 8월 20일 ← ← ← ←

평화에 이르는 길은 따로 없다. 평화가 곧 길이다.
• A. J. 무스테

자멸적 행동 극복하기

혹시 당신은 동료와 가족, 자신의 평온함을 뒤흔드는 행동을 하고 있지 않나요? 우리는 갈등에 너무 익숙한 나머지, 갈등을 통하지 않고는 상황에 어떻게 대처해야 하는지 잘 모르는 경우가 있습니다. 얼마 전 내가 비폭력대화 트레이너 위원회에 참여한 적이 있습니다. 어느 순간 그곳 사람들이 나의 말을 경청하지도, 존중하지도 않는다는 생각이 들었습니다. 그러다 위원회의 모든 사람이 귀를 쫑긋 세울 만한 아이디어가 떠올랐습니다. 그러나 그 아이디어에 관해 생각할수록 위원회의 누구도 그것을 좋아하지 않을 거란 생각도 분명히 들었습니다. 사실, 나의 아이디어 때문에 그룹에서 불만이 일어날 가능성이 매우 높았습니다. 그 순간 나의 행동이 경청과 존중이라는 나의 욕구를 충족하는 데 방해가 되고 있음을 알았습니다. 즉, 사람들이 내 말을 경청하고 내 의견을 존중해 주었으면 하는 욕구가 충족되지 않자 나는 사람들의 주목을 끌만한 행동을 떠올린 것입니다. 나의 행동이 그룹 내 갈등을 조장한다 해도 말입니다. 나의 이런 행동은 경청과 존중이라는 나의 처음 욕구를 충족하는 데 조금도 도움이 되지 않았습니다. 그래서 나는 그 상황에서 내 아이디어를 사람들과 공유하지 않고(그것은 갈등을 일으킬 것이니까요), 지금 경청과 존중의 내 욕구가 충족되지 않고 있다고 솔직히 말했습니다. 그런 다음 그룹 내 모든 사람에게 내가 위원회에 참여함으로써 그들의 욕구가 충족되고 있는지 말해 주도록 부탁했습니다. 이렇게 부탁하자 위원회는 명료함, 따뜻함, 지지, 사랑의 분위기가 감돌았습니다. 더불어 경청과 존중이라는 나의 욕구도 채워졌습니다.

 오늘은 당신이 바꾸었으면 하는 자멸적 행동을 하나 택한 뒤, 그 행동을 실행하기 전에 충족하고자 하는 당신의 욕구가 무엇인지 살펴보세요. 그리고 그 행동이 당신이 원하는 효과를 가져 오는지 자신에게 물어보세요.

↣ ↦ ↦ ↦ 8월 21일 ↤ ↤ ↤ ↤

도움이 되려면 이해해야 한다. 누구나 고통을 겪지만
우리는 그것이 우리의 거실까지 찾아오지 않도록
고통을 억누르는 경향이 있다. 중요한 것은 이해받는 것이다.
우리의 말에 귀 기울이고 이해해 주는 사람이 필요하다.
그러면 우리가 겪는 고통도 줄 것이다.

• 틱낫한

갈등 상황 속으로 들어가기. 물러나지 말 것!

갈등 상황에 처할 때면 우리가 얼마나 자주 거기서 발을 빼려고 하는지 본 적이 있나요? 또 우리는 화가 났거나 감정적 고통 속에 있는 사람과 거리를 두고 물러서려고 애쓰지 않나요? 당신은 길에서 피 흘리는 사람을 보고도 못 본 척 지나칠 수 있나요? 그러지 못할 것입니다. 우리는 신체적 고통에 처한 사람에 대해서는 그를 알아보고 기꺼이 도우려 하지만, 감정적 고통을 당하는 사람으로부터는 물러서는 경우가 많습니다. 누군가 감정적 고통 속에 있을 때 그 사람으로부터 물러서기보다 그의 고통 속으로 '들어가는' 연습을 해 보세요.

구체적으로 이렇게 해 보는 것입니다. 당신의 파트너가 이렇게 말합니다. "당신은 약속시간을 지키는 일이 한 번도 없군요!" 이때 파트너와 다툼을 벌인다면 당신은 갈등 상황에서 물러서는 것입니다. 또 지금까지 당신이 약속시간을 지킨 경우를 모두 들이대거나 차가 막혀 늦었다는 변명을 늘어놓는다면 당신은 파트너와의 갈등 상황으로부터 발을 빼는 것입니다. 반면, 상대와의 갈등 상황 속에 들어가려면 용기가 필요합니다. 상대와 연결하겠다는 분명한 열망도 필요합니다. 가령 이 경우에 당신은 이렇게 말함으로써 상대와의 갈등 상황 속으로 들어갈 수 있습니다. "정한 시간에 당신을 만나겠다고 내가 말했을 때 당신은 그 말을 믿고 싶었던 거군요. 그런데 그게 되지 않아 마음이 불편했던 거고요?" 아주 간단한 과정이지만 이에 대한 보상으로 당신은 친밀감과 기쁨, 이해와 연결, 더 깊은 관계를 얻을 수 있습니다. 만약 갈등 상황에서 발을 뺀다면 상대와 당신에게 분노와 원망, 상처와 단절의 느낌이 일어날 것입니다. 이런 느낌들은 길에서 다친 당신을 사람들이 못 본 척 지나칠 때 느끼는 느낌과 비슷합니다. 또 몸을 다친 사람을 못 본 척 지나칠 때 당신이 느끼는 느낌과도 비슷합니다. 이제부터는 누군가 겪고 있는(또는 당신이 겪고 있는) 감정적 고통에서 발을 빼기보다 그 속으로 들어가는 것을 목표로 삼아 보세요!

 오늘은 감정적 고통을 당하고 있는 사람으로부터 발을 빼기보다 그 사람에게 공감해 보세요.

·→ ·→ ·→ ·→ 8월 22일 ←· ←· ←· ←·

누구도 당신을 열등한 존재로 만들 수 없다. 당신의 동의 없이는.

• 엘리너 루스벨트

당신은 다른 사람의 감정에 책임이 없다

'당신은 다른 사람의 감정에 책임이 없다'는 말을 많이 들었을 것입니다. 당연한 말처럼 들리지만 이것은 진실입니다! 모든 사람의 느낌은 자신의 욕구가 충족되거나 충족되지 못한 결과입니다. 누구나 자신의 행동에 책임을 져야 합니다. 다른 사람의 감정은 그들 자신의 책임이라는 사실을 인정해야 합니다. 그렇지만 나의 행동이 종종 타인이 겪는 고통에 자극이 될 수 있다는 점도 인정할 필요가 있습니다.

당신은 남동생의 어릴 적 이야기가 너무 재미있고 남동생의 재치를 보여준다고 생각해 동생 여자친구가 집에 찾아온 날에 그 이야기를 꺼냅니다. 그러나 남동생은 그 이야기가 불편하고 창피합니다. 여자친구가 집에 인사하러 온 날 동생은 자신에 대한 존중과 배려를 원하기 때문입니다. 이 상황에서 동생은 여자친구와의 관계에서 누나가 보탬이 되려고 애쓰는 부분에 고마움을 느끼지 못합니다. 지금 남동생의 감정에 당신이 책임져야 할까요? 그렇지 않습니다. 남동생이 느끼는 감정은 남동생의 책임입니다. 그럼에도 지금 당신의 행동이 남동생에게 고통을 일으키는 자극이 되고 있다는 점을 인정하면서 당신의 아쉬움을 표현해야 합니다. 타인의 감정에 내가 책임질 필요는 없지만, 나의 행동이 타인에게 고통을 일으키는 자극이 될 수 있다는 단순한 원칙을 기억해야 합니다. 그러면 다른 사람이 느끼는 감정에 책임지지 않으면서 더 편안하게 자신의 행동에 책임질 수 있습니다. 이렇게 하면 당신의 관계도 더 발전하고 깊어질 것입니다.

 오늘은 당신이 다른 사람의 감정에 책임지려 할 때 그들의 감정은 그들 자신의 책임이라는 사실을 의식해 보세요.

↦ ↦ ↦ ↦ 8월 23일 ↤ ↤ ↤ ↤

사람의 능력도 진실, 아름다움, 콘택트렌즈와 마찬가지로
보는 사람의 눈에 달려 있다.
• 로렌스 J. 피터

비교하기

'저 여자, 너무 예뻐. 나도 저렇게 예뻤으면.' '저 남자 몸이 정말 탄탄한데. 나는 언제 저렇게 될까.' '그녀는 그보다 훨씬 똑똑해. 집안에서 최고 브레인이야.' '이 일은 내가 저 사람보다 잘 알아!' 오늘 당신의 기분이 좋다고요? 당신의 몸을 슈퍼모델과 비교해 보세요. 아니면 당신의 전문 기술을 해당 분야의 최고 실력자와 비교해 보세요. 이렇게 비교하는 것만으로 수치심과 죄책감, 실망감이 당신을 덮칠 것입니다. 지금 느끼고 있는 기쁨이 당장 달아날 것입니다.

자신을 타인과 비교하거나 사람들끼리 비교를 하면 고통과 절망의 문이 열립니다. 그러면서 자신과 타인 사이에 거리가 생깁니다. 그러니 비교하지 않으면서 자신을 평가하는 법을 배워 보세요. 가령 진행하던 프로젝트가 좀 더 깊이가 있었으면 하는 바람을 가졌기 때문에 당신이 실망감을 느낀다고 인정해 보세요. 또는 아주 수월하게 프로젝트를 완수했기 때문에 짜릿함을 느낀다고 인정해 보세요. 지금보다 체중을 9킬로그램이나 줄였으면 하는 진짜 이유가 아름다움에 대한 당신의 욕구가 충족되기 때문이라고 생각해 보세요. 또 살찐 사람을 보면 불편한 이유가 아름다움에 대한 당신의 욕구가 충족되지 않기 때문이라고 생각해 보세요. 비교하지 않으면서 자신의 느낌과 욕구를 인정해 보세요. 비교하지 않고 당신의 느낌과 욕구를 인정하는 것만으로 주변의 모든 사람이 더 편안함을 느낄 것입니다. 내가 장담합니다.

얼마나 자주 당신을 타인과 비교하는지 살펴보고, 이렇게 비교할 때 어떤 느낌이 드는지 보세요.

➳ ➳ ➳ ➳ 8월 24일 ⬳ ⬳ ⬳ ⬳

정직은 『지혜의 책』 1장의 제목이다.
• 토머스 제퍼슨

상대가 나의 솔직함을 달가워하지 않을 때

모든 사람이 당신의 솔직함을 달갑게 받아들이는 것은 아닙니다. 당신의 솔직한 말에 상대가 언짢아한다면 지금 그 사람의 욕구가 충족되지 못하고 있다는 표시입니다. 당신이 그 사람을 기분 나쁘게 '만든' 것이 아닙니다. 모든 느낌은 자신의 욕구가 충족되거나 충족되지 못한 결과라는 사실을 기억하세요. 특정 상황은 느낌을 일으킨 '원인'이 아니라 '자극'에 불과합니다. 상대가 당신의 솔직한 말을 언짢아한다면 그에게 공감을 해 보세요. 가령, 배우자의 몸에서 불쾌한 체취가 난다면 어떻게 해야 할까요? 당신은 이렇게 말합니다. "여보, 우리가 곁에 있을 때 당신 몸에서 좀 역겨운 냄새가 나요. 체취 제거제를 뿌리면 어때요?" 배우자는 당신의 말이 달갑지 않아 이렇게 대꾸합니다. "여보, 그 정도는 아냐. 그렇게까지 해야겠어?" 이제 당신이 그에게 공감할 차례입니다. "지금 당신은 언짢고 당혹스럽군요? 당신에겐 관계에서 서로 인내하는 게 중요한데 말이죠." "그래요. 게다가 몸에 화학제품을 뿌리는 게 나는 영 마뜩치 않아요!" "그러니까 당신에겐 건강이 중요하니까 체취 제거제를 뿌리고 싶지 않은 심정을 내가 이해해 주길 바라는 거죠?" "맞아요." "알겠어요. 당신의 몸이 소중하니까 화학제품을 몸에 뿌리고 싶지 않은 거군요. 그 점을 존중해요. 그렇지만 나는 당신 몸에서 나는 냄새 때문에 곁에 가기가 꺼려져요. 생활용품점에 가서 천연성분으로 된 체취 제거제를 찾아보면 어때요? 그리고 매일 샤워하고 옷을 갈아입는 것도 방법이겠어요." "좋아요. 내일 퇴근 후 생활용품점에서 천연성분의 체취 제거제를 찾아볼게요. 샤워는 지금 바로 하죠."

진실을 감추거나 거짓말을 하면 상대와의 감정적, 물리적 거리가 더 벌어집니다. 솔직하게 말할 때 관계가 더 튼튼해집니다.

 오늘은 당신의 행동이 상대의 느낌에 대한 '원인'이 아닌 '자극'으로 작용하는 순간을 의식해 보세요.

⤳ ⤳ ⤳ ⤳ **8월 25일** ⬿ ⬿ ⬿ ⬿

누구나 사랑받기 위해 태어났다.
사랑은 우리의 존재 원리이자 유일한 목적이다.

• 벤저민 디즈레일리

사랑은 느낌이자 욕구

비폭력대화에서 사랑은 느낌인 동시에 욕구입니다. 사랑에 대한 필요를 충족하기 위해 어떤 행동을 한다면 이때 사랑은 욕구입니다. 상대에게 책을 읽어주거나 숙제를 도와주거나 신체적 접촉을 하거나 연로하신 어머니의 빗질을 도와드리는 행동을 통해 우리는 사랑이라는 욕구를 충족합니다. 한편으로 우리는 사랑을 '느낌'으로 경험할 수도 있습니다. 따뜻함과 애정, 흥분이 느낌인 것처럼 말입니다. 아이가 배꼽 잡는 웃음을 터뜨릴 때 우리는 사랑을 느낍니다. 마룻바닥에 웅크린 채 잠든 강아지를 볼 때, 한동안 연락이 없던 친구에게 전화가 왔을 때, 마침 우울했는데 배우자가 DVD를 가지고 집에 들어올 때 우리는 사랑을 느낍니다. 언제나 그런 것은 아니지만, 우리는 사랑을 느끼는 것과 동시에 사랑에 대한 욕구를 충족할 수 있습니다.

 오늘은 당신이 사랑을 느끼는 때와 사랑의 욕구가 충족되는 때를 의식해 보고, 어떤 이유로 그렇게 되었는지 살펴보세요.

⤳ ⟶ ⤳ ⟶ **8월 26일** ⟵ ⟵ ⟵ ⟵

나는 지금까지 줄곧 즐거운 저녁을 보냈지만 오늘은 그날이 아니다.

• 그루초 막스

사랑에 대한 욕구 충족하기

우리는 사랑에 대한 자신의 욕구가 충족되지 않는 상황에 종종 처하고는 합니다. 예컨대 당신의 파트너는 당신의 문제에 대한 해결책을 제시하는 방식으로 자신의 사랑을 표현합니다. 하지만 당신이 정말로 원하는 것은 당신의 말을 들어주는 것뿐입니다. 다른 예로, 사랑을 나누기 위해 데려온 고양이가 새로 산 고급 카펫에 토를 해 얼룩이 남았습니다. 두 경우 모두, 사랑에 대한 당신의 욕구는 충족되지 못했습니다.

이럴 땐 어떻게 해야 할까요? 어떻게 하면 당신의 파트너가 사랑에 대한 당신의 욕구를 채워줄 수 있을지 생각해 보아야 합니다. 무엇보다 상대가 실행할 수 있는 방법을 요청해야 합니다. 파트너에게 30분 동안 당신의 말에 온전히 귀 기울이는 시간을 내어달라고 부탁하면 어떨까요? 파트너가 당신의 문제를 고쳐주길 바라는 게 아니라 그저 당신의 말에 귀 기울여 들어주면 된다고 분명하게 표현하는 것입니다. 상대가 자신의 느낌에 연결하지 못하는 상황에서 당신의 느낌에 연결해 달라고 요청하는 것은 피해야 합니다. 상대가 실행할 수 있는 것을 요청해야 합니다. 그렇다면 고양이는 어떻게 해야 할까요? 당신이 아끼는 카펫에 토를 하지 말라고 하면 고양이가 따를까요? 그럴 확률은 없어 보입니다. 대신에 쉬가 마려우면 당신에게 안기도록 고양이를 훈련시키면 어떨까요? 어떤 상황에 처하건, 사랑에 대한 우리의 욕구를 충족하는 방법을 명확히 표현하는 것은 우리의 몫입니다. 이때 사랑하는 상대가 당신의 부탁을 실행할 수 있는지도 고려해야 합니다.

 오늘은 사랑에 대한 당신의 욕구를 충족하는 시도로서 적어도 한 사람에게 부탁을 해 보세요.

⤳ ⤳ ⤳ ⤳ **8월 27일** ⟵ ⟵ ⟵ ⟵

청정한 생각으로 말하고 행동하는 자에게는 행복이 그림자처럼 따른다.

• 붓다

자신의 반응 선택하기

상대의 말이 아무리 듣기 거북해도 우리가 거기에 반응하는 방식에는 네 가지 선택이 있습니다. 누군가 당신에게 "그렇게 하지 말았어야 해요. 적절하지 못한 행동이었어요."라고 말했을 때 당신이 선택할 수 있는 네 가지 방식이 무엇인지 생각해 봅시다. 첫 번째는 상대를 비난하는 것입니다. "어떤 것이 적절한 행동인지 당신이 뭘 알아? 당신은 그렇게 말할 자격이 없어." 두 번째는 당신 자신을 비난하는 것입니다. "그래, 그 말이 맞아. 난 그렇게 하지 말았어야 해. 대체 내가 무슨 생각을 했던 거지? 난 늘 그 모양이야." 세 번째 선택은 당신의 느낌과 욕구를 알아보며 자신에게 공감하는 것입니다. "그 사람 말을 들으니 상처 받고 화난 느낌이 들어. 왜냐면 내가 이 일에 얼마나 많은 노력을 기울였는지 그의 이해와 인정이 필요하니까." 네 번째 선택은 화자인 상대의 느낌과 욕구에 귀 기울이며 공감하는 것입니다. "이 프로젝트가 당신에게 매우 중요하기 때문에 걱정이 되는군요? 당신은 이 일이 반드시 잘 되기를 바라고 있고요." 믿기지 않겠지만, 상대와 대화하는 어떤 경우에도 거기에 어떻게 반응할지 당신은 위의 네 가지 가운데 선택할 수 있습니다. 그 순간 당신이 충족하고자 하는 욕구에 기초해서 당신의 반응을 선택해 보세요.

 오늘은 상대의 말에 반응하는 네 가지 선택권을 의식한 뒤, 그 순간 당신이 충족하고자 하는 욕구에 기초해 어떻게 반응할지 선택해 보세요.

⤳ ⤳ ⤳ ⤳ 8월 28일 ⬿ ⬿ ⬿ ⬿

일어서라고 요청받기 전까지 우리는 자신이 얼마나 키가 큰지 알지 못한다.
• 에밀리 디킨슨

솔직하게 자신을 표현하기

상대에게 꼭 하고 싶은 말이 있는데 상대가 그 말을 언짢게 들을까봐 걱정이 됩니다. 이때 당신은 어떻게 하겠습니까? 어떻게든 입 밖으로 말을 꺼내겠습니까? 아니면 평화로운 관계를 유지하기 위해 말을 꺼내지 않겠습니까? 말을 꺼내지 않고 묻어둔다면 상대를 원망하는 마음이 일어날 것입니다. 솔직하게 말하는 것이 관계를 유지하는 최선의 방법입니다. 연민의 대화의 네 단계를 사용해 자신을 솔직하게 표현해 보세요.

당신은 아내가 당신이 듣고 싶어 하는 것보다 말을 많이 한다는 것을 알리고 싶습니다.

1단계는 관찰입니다. "여보, 당신이 이렇게 긴 시간 말을 하면"
2단계는 당신의 느낌을 표현합니다. "나는 진이 빠져."
3단계는 당신의 욕구를 표현합니다. "왜냐하면 내겐 새 정보를 처리할 시간이 필요하거든. 이렇게 많은 정보를 한꺼번에 소화 못해."
4단계는 부탁을 합니다. "내가 지금까지 들은 것을 말해도 괜찮을까? 당신이 내가 알았으면 하는 것을 내가 제대로 이해했는지 확인하고 싶으니까."

이런 방식의 소통은 간단하고 직접적이며 서로를 존중하는 방식입니다. 이런 방식으로 소통하면 상대가 당신의 말을 들어줄 가능성이 높아집니다. 만약 당신이 이렇게 말하는 것을 상대가 듣고 싶어 하지 않는다면 상대의 느낌과 욕구에 귀를 기울이며 상대에게 공감해 보세요. 몇 가지 팁을 소개합니다. 관찰은 상황에 관한 판단을 덧붙이지 않고 오직 사실만을 보는 것입니다. 느낌을 표현할 때는 상대의 느낌에 대해 말하기보다 당신 자신의 느낌을 이야기하세요. 욕구는 보편적입니다. 모든 사람이 동일한 욕구를 갖습니다. 방법 또는 수단은 구체적입니다. 당신의 욕구를 충족하는 데 도움이 되는 구체적인 행동을 부탁해 보세요.

 오늘은 연민의 대화 네 단계를 사용해 자신을 솔직하게 표현하는 기회를 가져보세요.

⤙⤙⤙⤙ 8월 29일 ⤚⤚⤚⤚

대부분의 사람은 끝까지 변명거리를 찾은 뒤에야 자신을 탓한다.

• 익명

자신의 화에 솔직해지기

화가 나면 내가 원하는 것과 얻어야 한다고 생각하는 것을 얻지 못할 확률이 높아집니다. 게다가 그것을 얻지 못하게 만드는 말을 내뱉기도 더 쉽습니다. 화를 내면서 상대를 비난하면 관계에서 내가 원하는 욕구를 충족하지 못하는 상황에 처하게 됩니다. 대신에 깊이 호흡한 뒤 아무 말도 하지 말아 보세요. 심호흡을 하면서 그 상황에서 충족되지 못한 당신의 욕구와 느낌을 말없이 알아봐 주세요. 이렇게 당신의 느낌과 욕구와 연결한 다음, 상대에게 말을 해야 합니다.

구체적인 예를 들어 봅시다. 상사가 당신에게 말합니다. "이 제안서는 도저히 안 되겠어. 30분 안에 다시 고쳐 와요!" 이때 당신은 숨을 쉬며 이렇게 생각합니다. '윽, 정말 빡치게 만드는군.

너무 깐깐해. 정확하게 지시도 안 했으면서 어떻게 자기 마음에 쏙 드는 제안서를 만들라는 거야.' 그런 다음 당신의 판단 아래에 있는 느낌과 욕구에 연결해 보세요. '정말 짜증나(느낌). 무엇을 원하는지 명확하게 해 줬으면 좋겠어(욕구).' 이렇게 당신의 느낌, 욕구에 연결한 뒤 상사에게 말합니다. "부장님 말씀을 들으니 절망감이 느껴져요. 왜냐하면 이 제안서는 부장님이 요청하신 대로 만들었거든요. 앞으로는 더 분명하게 말씀해 주셨으면 해요. 제안서의 어느 부분이 마음이 들지 않는지 정확하게 짚어 주시겠어요?" 이런 방식으로 소통할 때 명료함과 존중에 대한 당신의 욕구가 충족될 확률이 높아집니다.

 오늘은 화가 난 채로 상대에게 반응하기 전에 당신의 느낌, 욕구와 먼저 연결하는 연습을 해 보세요.

⇢ ˙⇢ ˙⇢ ˙⇢ 8월 30일 ⇠˙ ⇠ ˙⇠ ˙⇠

행복은 그 자체로 감사의 일종이다.

• 조셉 우드 크루치

지금 당신의 느낌은?

바로 지금 당신은 어떻게 느끼고 있나요? 당신의 욕구가 충족되었을 때의 느낌을 표현하는 말에는 이런 것들이 있습니다. '사랑을 주는, 행복한, 만족스러운, 흥분되는, 기쁨으로 가득 찬, 평화로운, 자신감이 넘치는, 고양된, 생기가 도는, 기쁜, 즐거운, 희망찬' 등입니다. 한편, 당신의 욕구가 충족되지 못했을 때의 느낌을 표현하는 말에는 이런 것들이 있습니다. '무서운, 걱정되는, 고통스러운, 혼란스러운, 짜증나는, 절망스러운, 화나는, 피곤한, 지친, 당황스러운, 어쩔 줄 모르는, 초조한, 다급한, 원망스러운' 등. 당신의 지금 느낌은 당신의 욕구가 충족되거나 충족되지 못한 결과라는 점을 기억하세요. 지금 당신이 어떤 느낌을 느끼는지 의식해 보세요. 그리고 그 아래에 있는 욕구가 무엇인지 살펴보세요. 이렇게 하면 더 큰 기쁨으로 살 수 있습니다.

 오늘은 당신의 느낌이 당신의 욕구와 어떻게 연결되고 있는지 의식해 보세요.

↷·↷·↷·↷ **8월 31일** ↶·↶·↶·↶

누군가를 미워하는 것은 쥐를 잡으려고 집을 모조리 태우는 것과 같다.

• 헨리 에머슨 파즈딕

정당하다고 느끼는 분노

당신의 행동이 평화와 안도감에 대한 당신의 욕구가 충족되지 '못하게' 방해하는 때가 없나요? 가령 당신이 내리는 판단을 예로 들어 봅시다. 판단을 많이 내릴수록 당신이 평화와 행복을 느끼기 어려워집니다. 원망과 분노도 마찬가지입니다. 원망하고 화를 낼 때 당신은 끔찍하다고 느끼지 않나요? 원망과 분노를 품은 채로 어떻게 평화와 안도감에 대한 당신의 욕구를 충족할 수 있을까요? 때로 우리는 스스로 정당하다고 느끼는 분노에 쉽게 끌립니다. 그러나 그것은 공허한 유혹이자 환영입니다. 스스로 정당하다고 느끼는 분노는 우리의 보편적 욕구를 조금도 충족하지 못합니다. 사실, 그것은 우리에게 고통을 일으키며 욕구 충족의 기회를 없앤다는 점에서 반(反) 해결책에 가깝습니다. 삶에서 당신이 충족하고자 하는 욕구에 계속 집중하세요. 그리고 그 욕구를 충족하는 데 도움이 되는 행동을 선택해 보세요. 판단을 내리고 원망하고 분노를 품는 것이 잘못되었다는 말이 아닙니다. 다만 이것들은 당신의 욕구를 충족하는 데 도움이 되지 않는다고 말하고 싶습니다. 판단, 원망, 분노가 일어나면 사랑의 마음으로 그것을 내려놓은 뒤 다른 행동을 선택해 보세요.

 오늘은 당신의 욕구를 더 잘 충족하기 위해 판단, 원망, 분노를 내려놓는 기회를 만들어 보세요.

9 월

명 상

9월 1일

사람들이 우리에게 다가왔을 때 그들을 알게 되는 것이 아니다.
우리가 먼저 다가가 그들이 누구인지 알아야 한다.

• 괴테

연결에 집중하기

지금 돌아보면 나의 옛 친구들은 커다란 에너지를 지닌 사람들이었습니다. 당시 나는 내 마음 주변에 높은 장벽을 둘러친 나머지, 친구들이 나와 연결하려면 그 장벽을 허물어야 했으니까요. 나와 연결하려고 했던 친구들의 노력이 정말 고맙습니다. 그러나 지금은 내 삶의 사람들이 더 이상 그런 노력을 쏟지 않아도 됩니다. 나는 내가 바라는 사람들과의 연결을 기꺼이 받아들이기 때문입니다. 이제 나는 사람들과 연결하는 데 집중하고 있습니다. 고통 받는 사람을 보면 기꺼이 다가갑니다. 가게에서 아는 사람을 만나면 먼저 다가가 인사합니다. 내 삶에 도움을 준 사람들에게 기꺼이 고마움을 표합니다. 지금과 달라졌으면 하고 바라는 것이 있으면 사람들에게 알립니다. 나는 현재에 존재하면서 사랑을 줍니다. 기꺼이 사람들과 연결하고자 합니다. 사람들이 연결을 원한다고 생각되어서가 아니라(물론 나는 사람들이 연결을 원한다고 믿습니다) '내가' 연결을 원하기 때문입니다. 나는 사람들이 서로를 돌보는 세상에 살고 싶습니다. 그래서 그런 세상을 적극적으로 만들고자 합니다. 어떤 사람을 알고 싶다면 그가 당신에 대해 알게 하세요. 누군가가 당신에게 연결하길 바란다면 그와 연결하세요. 이렇게 연결의 첫 단계를 밟는 것만으로 당신의 삶이 변화할 것입니다.

 오늘은 당신이 바라는 것을 직접 실천해 봄으로써 그것을 창조하는 기회를 만들어 보세요.

·ゝ·ゝ·ゝ·ゝ **9월 2일** ·く·く·く·く

맹신이란, 자신의 목적을 잊어버린 상태에서 노력을 배가하는 것을 말한다.
• 조지 산타야나

욕구에 집중해 삶을 풍요롭게 하기

수단 또는 전략은 우리의 근원적인 욕구를 충족하기 위해 사용하는 방법을 말합니다. 많은 사람이 욕구를 제대로 충족하지 못하는 이유는 효과가 없는 방법을 계속 고집하기 때문입니다. 우리는 특정 직업을 얻거나 승진을 하는 데 지나치게 집중합니다. 그런 나머지, 새로운 직책에서 충족하고자 하는 자신의 욕구를 알아보지 못합니다. 이 경우, 직업과 승진은 수단입니다. 그렇다면 욕구는 무엇일까요? 경제적 안정, 도전, 새 집단에 대한 소속감, 편안함 등이 아닐까요? 새 직업을 가지면 원하는 욕구가 충족될까요? 아니면 그 욕구를 충족하는 다른 방법이 있을까요?

대학에서 일할 당시, 나는 봉급 인상과 승진을 열심히 추구했습니다. 지금 생각해 보면 그때 나의 목표는 돈을 많이 버는 것이었습니다. 그러나 지금은 당시 나의 근원적인 욕구가 조직에서 존중받고 싶은 마음과 조직에 기여한다는 믿음이었다고 생각합니다. 지금은 그때보다 돈을 적게 벌지만 경제적으로 더 여유가 있으며 훨씬 행복합니다. 조직에서 내가 존중받고 있다는 사실도 압니다. 만약 계속 봉급 인상에만 몰두했다면 존중의 욕구를 충족하는 기쁨을 즐기지 못했을 것입니다. 경제적 안정 욕구를 충족하는 수단이 많다는 사실도 알지 못했을 것입니다.

수단에 몰두하기보다 당신이 충족하고자 하는 욕구에 초점을 맞춰 보세요. 욕구에 초점을 맞추면 지금까지 생각하지 못했던 의외의 수단이 나타날 수 있습니다. 이렇게 해서 당신의 근원적인 욕구를 향해 나아가세요. 그러면 당신의 욕구를 충족하는 즐거운 삶을 살아갈 수 있을 것입니다.

 오늘은 욕구를 충족하는 수단이 아니라 욕구 자체에 초점을 맞춰 보세요. 그렇게 하면 변화의 새로운 가능성이 열릴지 모릅니다.

›· › ·› ·› 　9월 3일　 ‹· ‹· ‹· ‹

삶이 막 시작된 것처럼 매일을 살라.

• 괴테

다르게 해 보기

바로 지금입니다. 다른 날은 없습니다. 바로 오늘이 사람들에게 마음을 열 때입니다. 자신을 드러낸다는 것은 두려운 일일 수 있지만 다른 방법은 없습니다. 똑같은 일을 똑같은 방식으로 한다면 결과는 달라지지 않습니다. 바로 지금 변화를 일으켜 보세요. 무언가 다르게 해 보세요. 지금 이 순간 당신의 가장 중요한 욕구는 무엇입니까? 사랑, 지지, 연민, 경제적 안정, 희망, 가족, 우정, 집, 음식인가요? 아니면 그 밖의 다른 무엇인가요? 당신의 욕구를 충족하는 데 도움이 되는, 바로 지금 할 수 있는 한 가지를 떠올려 보세요. 오늘은 그것을 해 보세요. 미루지 마세요. 지금이 당신의 삶입니다.

 오늘은 당신의 욕구 충족에 한 걸음 다가갈 수 있는 한 가지를 해 보세요.

⤳ ⤳ ⤳ ⤳ **9월 4일** ⬿ ⬿ ⬿ ⬿

신이 지나가는 것을 볼 때마다 그곳에 표시를 한 다음
창가에 가서 다시 앉으라.

• 헨리 워드 비처

효과가 있는 방법에 빛을 비추기

지금 당신의 삶에서 잘 되어가고 있는 부분은 무엇입니까? 지금 당신이 즐기고 있는 것은 무엇인가요? 지금 잘 되어가며 즐기고 있는 삶의 영역을 만들기 위해 당신은 지금껏 어떻게 해 왔나요? 그 원칙을 사용해 당신이 바꾸고 싶은 삶의 영역에 빛을 비춰 보면 어떨까요? 특정한 방법이 효과가 있었다면 그것을 기억해 두었다가 다시 실행해 보세요. 많은 경우에 우리는 효과가 있는 방법이 아니라 효과가 없는 방법에 지나치게 초점을 맞춥니다. 어떤 방법이 효과가 있고, 그 이유는 무엇인지 알아보는 것에 커다란 지혜가 깃들어 있습니다. 효과가 있는 방법에 대한 의식을 키우면 다음 두 가지 목적을 이룰 수 있습니다. 첫째, 현재 자신의 욕구를 어떤 방법으로 충족하고 있는지 분명히 알게 됩니다. 둘째, 지금 즐기고 있는 삶의 일면에 감사하는 마음이 생깁니다. 효과가 있는 방법에 빛을 비출 때 우리의 태도는 성공과 축하를 향해 이동합니다. 그러면서 편안함과 기쁨을 함께 경험할 수 있습니다.

 지금 당신의 삶에서 잘 되어가고 있는 부분은 무엇인지, 당신이 어떤 방식으로 성공을 실현하고 있는지 살펴보세요. 이 정보를 이용해 더 큰 기쁨을 일으키는 방법을 찾아보세요.

>·>·>·>·> **9월 5일** <·<·<·<·<

어떤 사람은 장미에 가시가 있다고 투덜대지만
나는 가시에 장미가 피었음에 감사한다.
• 알폰스 카

내가 사랑하는 것 실현하기

우리가 무엇에 초점을 맞추든 그것이 그대로 드러나게 마련입니다. 즉, 부정적인 것에 초점을 맞추면 부정적인 결과가 나오고, 긍정적인 것에 초점을 맞추면 성공을 경험할 수 있습니다. 자신이 사랑하는 것에 초점을 둔다는 것은 그것에 대해 확언하는 것입니다.

오래 전에 나는 확언 기법을 배워 '내 삶이 사랑으로 가득하다'며 매일 3분간 확언하는 시간을 가졌습니다. 그러나 실제로는 그 말을 믿지 않았기에 쓸데없는 짓이라고 여겼습니다. 나의 삶이 사랑으로 가득하지 않은데, 그런 거짓말이 무슨 도움이 될까 싶었습니다. 그런 방식의 확언은 내게 효과가 없었습니다. 그러나 지금은 그때와 다른 방식으로 확언을 합니다. 즉, 내가 사랑하는 욕구와 가치에 대해 확언합니다. 설령 내가 사랑하는 욕구와 가치가 아직 실현되지 않았다 해도 그것을 사랑한다고 정직하게 말할 수는 있습니다. 가령 누군가와 갈등이 있을 때면 나는 이렇게 확언합니다. "나는 관계 속에서 편안함과 연민, 열림을 원해." 지금 이 순간 내가 관계 속에서 편안함과 연민, 열림을 경험하지 못하고 있다 해도 내가 사랑하는 가치를 확언할 수는 있습니다. 이렇게 확언함으로써 삶에서 내가 원하는 것에 대해 우주에 알립니다.

살면서 실현하고 싶은 당신의 욕구와 가치는 무엇입니까? 그것을 사랑한다고 자신에게 말해 보세요. 그러면 보다 자연스럽게 실현될 것입니다.

오늘은 당신이 사랑하는 욕구와 가치를 표현한 다음, 그것이 당신에게 찾아 오도록 해 보세요.

⇀ ⇀ ⇀ ⇀ **9월 6일** ↼ ↼ ↼ ↼

그저 목숨을 유지하는 것은 고통이다. 중요한 것은 삶이다.

그리고 삶이 어디를 향하는가이다.

• 가이 프레고

삶을 사랑하기

나는 삶의 첫 35년을 그저 버티며 보냈습니다. 살면서 기쁨을 느끼지 못했습니다. 친구도 별로 없었고 열정도 부족했습니다. 그저 하루하루를 버티며 지냈습니다. 본질적으로 나의 느낌이나 욕구와 접촉하지 못한 채 내가 생각하는 사람들의 느낌과 욕구에 반응하며 삶을 보냈습니다. 그러나 지금은 삶에서 가장 중요한 것이 생생하게 살아 있는 것임을 압니다. 내가 무엇을 느끼고 무엇을 필요로 하는지 자각하지 못한 채 그저 시간만 보낸다면 삶을 온전히 경험하는 것이 아닙니다. 이것은 흑백의 삶을 사는 것과 총천연색 삶을 사는 것의 차이입니다. 총천연색으로 살 수 있는데 왜 그저 연명하며 살고 있나요? 깨어나세요. 생생하게 살아 있으세요! 누구의 것도 아닌 당신의 삶입니다. 당신 자신을 위해 살아가세요.

오늘 하루는 매순간 당신이 무엇을 느끼고 무엇을 필요로 하는지 온전히 알아차리며 지내보세요.

→ → → → 9월 7일 ← ← ← ←

우리는 항상 변화해야 하며, 쇄신해야 하며,
자신에게 새롭게 활기를 불어넣어야 한다. 그러지 않으면 굳어진다.

• 괴테

변화는 일어난다

한때 나는 사람은 감정을 충분히 느끼거나 표현하는 존재가 아니라고 생각했습니다. 그래서 나는, 내 표현대로 하자면 '밋밋해지기로' 결심했습니다. 그리고 이를 위한 가장 좋은 방법은 안정된 감정 상태를 유지하는 것이라고 생각했습니다. 그런데 그것은 나의 감정이 한곳에 고여 있다는 의미이기도 했습니다. 나는 아주 가끔씩만 기쁨을 느꼈습니다. 그러다 계속 이렇게 살면 과연 행복할 수 있을까, 어떻게 해도 기쁨을 느끼지 못할 거라는 생각이 들었습니다. 새로운 것을 시도하면서 내가 무엇을 좋아하고 좋아하지 않는지 알아보는 것이 삶을 경험하는 것이라는 생각은 하지 못했습니다. 정체되어 있을 때 삶은 쪼그라듭니다. 삶 자체가 변화입니다. 얼마나 다행스러운 일인가요! 새로운 것을 시도해 보고 즐겨 보세요. 각각의 활동에서 당신의 어떤 욕구가 충족되고 있는지, 충족되지 못하고 있는지 보세요. 당신의 욕구를 충족하는 방식으로 삶과 연결하세요. 당신에게 가장 도움이 되는 방법을 택해 보세요. 그러면 삶에서 더 큰 기쁨과 흥미가 일어날 것입니다. 반드시 그렇게 됩니다.

 오늘은 열린 마음으로 당신의 욕구 충족 방법에 변화를 줘 보세요.

⤳ ⤳ ⤳ ⤳ 9월 8일 ⬸ ⬸ ⬸ ⬸

우리가 살면서 저지르는 가장 큰 실수는 실수를 저지를까 봐
계속 두려워하는 것이다.

• 엘버트 허버드

도약하세요!

앞으로 나아가세요. 도약하세요. 그렇게 했을 때 당신에게 일어날 수 있는 최악의 일은 무엇입니까? 종종 우리는 자신의 삶을 향상시키는 변화 앞에서 주저하고는 합니다. 예측가능성에 대한 우리의 욕구 때문일 것입니다. 지금 살아가는 방식이 마음에 들지 않아도 예측이 가능하다면 우리는 거기에 안주합니다. 그러나 욕구를 충족하는 새로운 것을 시도하지 않으면 기쁨과 사랑, 재미를 누릴 기회도 없어지고 맙니다. 예측 가능성에 대한 우리의 욕구와 즐거운 삶에 대한 욕구는 서로 충돌하는 것처럼 보입니다.

그러나 우리가 가진 욕구들은 결코 서로 충돌하지 않습니다. 욕구 충족의 방법을 사려 깊게 선택한다면 우리의 모든 욕구를 조화롭게 충족할 수 있습니다. 당신이 가진 꿈 가운데 결코 이루어질 수 없을 거라고 자신에게 속삭이는 꿈은 무엇인가요? 그 꿈의 실현에 다가가는 동시에 예측 가능성에 대한 당신의 욕구도 함께 충족할 수 있는, 실천 가능한 한 가지 방법을 떠올려 보세요. 당신은 기꺼이 그 첫걸음을 떼겠습니까? 만약 첫걸음을 떼는 것을 주저한다면 이유는 무엇입니까? 당신 자신에게 공감해 보세요. 당신의 느낌과 욕구에 귀를 기울이면서 무엇이 당신의 꿈 실현을 방해하는지 살펴보세요. 이런 공감 과정을 통해 마음이 편안해졌다면 이제 첫걸음을 떼며 앞으로 나아가세요.

 오늘은 당신이 가진 꿈 하나를 선택해 그것을 실현하기 위한 첫걸음을 떼어 보세요.

···>·····>····>···> **9월 9일** <····<····<····<····<

당신이 본 것이 어떤 것의 최종물이라고 결코 생각하지 말라.
• 유도라 웰티

우리의 행동은 다른 사람에게 영향을 미친다

우리가 모두 같은 공기를 숨 쉬고 있다는 사실에 대해 생각해 보았나요? 실제로 우리가 내쉰 숨은 세상으로 퍼져 나갑니다. 그 숨은 어디로 갈까요? 당신의 이웃집으로, 유타 주로, 심지어 중국으로도 갈 것입니다. 머지않아 그 숨은 모든 상소에 이를 것입니다. 마찬가지로, 우리가 하는 행동도 온 세상에 영향을 미칩니다. 때로 우리의 행동이 미치는 영향이 우리가 내쉬는 숨만큼 분명해 보이지 않을 때도 있습니다. 하지만 눈에 보이지 않아도 우리가 하는 행동의 영향은 주변에 퍼져 나갑니다. 우리의 행동이 주변에 미치는 영향이 눈에 보이지 않으면 그 영향에 대해 잊기 쉽습니다. 그런데 이것은 위험한 일입니다. 세상을 평화로운 곳으로 만드는 데 있어 우리가 할 수 있는 역할과 접촉하지 못하게 된다는 점에서 그렇습니다.

힘든 하루를 보내고 집으로 귀가한 당신, 아이들에게 버럭 고함을 지르고 개를 걷어찹니다. 아이들은 당신의 이런 행동을 보고 배웁니다. 그러면서 아이들 자신이 짜증날 때면 다른 사람에게 고함을 지릅니다. 사람들은 짜증이 나고 화가 날 때면 은행 직원이나 가게 점원에게 쏘아붙입니다. 그러면 은행 직원과 가게 점원은 집에 가서 아이들에게 버럭 화를 냅니다. 이처럼 우리는 자신도 모르게 사람들에게 영향을 미칩니다. 이 사실을 자각하면서 우리가 바라는 결과와 조화되는 방식으로 자신의 행동을 선택해야 합니다.

 오늘은 만나는 사람들에게 행하는 당신의 행동이 어떤 식으로 세상에 퍼져 나갈지 생각해 보세요.

·→·→·→·→ 9월 10일 ←·←·←·←

요청받았을 때 주는 것도 좋지만,
요청받지 않더라도 이해하며 주는 것은 더 좋다.
• 칼릴 지브란

이해라는 선물

모든 사람이 상대의 이해를 간절히 원합니다. 이해를 전하기란
아주 간단한 일임에도 우리는 마음의 평화를 얻는 데 이해가 얼
마나 중요한지 충분히 깨닫지 못합니다. 당신의 남자친구가 당
신의 친구와 데이트 했다는 사실을 방금 들었다고 합시다. 당신
은 다른 친구에게 전화를 걸어 그 사실을 이야기합니다. 그러자
친구가 이렇게 말합니다. "정말 마음이 아플 거야. 친구들이 네게
정직하다고 믿고 싶었을 텐데 말이야." 친구는 지금 상황을 악화
시키지 않으면서 당신의 느낌과 욕구를 그저 되비쳐 주고 있습니
다. 이때 우리는 즉각적인 안도감을 느낍니다. 그것은 상대가 나
를 '이해해' 주었기 때문입니다. 나는 사람들이 나를 위로하기보
다 '이해해' 주기를 바랍니다. 이 경우 친구가 당신을 위로했다면
친구는 이렇게 말했을 것입니다. "저런! 믿을 수 없어. 어떻게 두
사람 다 그렇게 생각도, 배려도 없을까. 완전 배신인데?" 이런 말
은 당신을 돕는 것처럼 보이지만 실제로는 문제를 더 복잡하게
만들고 고통을 자극할 뿐입니다. 한편 상대에게 이해를 전하면
연결이라는 선물을 받게 되고, 그러면 모두가 이길 수 있습니다.

오늘은 당신이 상대를 위로하려는 마음을 알아차린 뒤 그것을 그에게 공감하는 기회로 바꿔 보세요.

→→→→ 9월 11일 ←←←←

세상에서 가장 위대한 일은 자기 자신이 되는 법을 아는 것이다.
• 몽테뉴

진정한 자아 찾기

오래 전 나의 자존감이 바닥을 치던 때가 있었습니다. 당시 나는 사랑받을 가치가 없는 존재라고 여겼습니다. 나는 그 생각에서 도망치느라 오랜 시간을 보냈습니다. 내가 무가치한 존재라는 뿌리 깊은 두려움을 감추기 위해 직장에서의 승진과 인정을 좇으면서 말입니다. 내가 무가치한 존재임을 '들킬까 봐' 전전긍긍했습니다. 그러던 어느 날, 그런 생각에서 도망치는 일을 멈추기로 했습니다. 내가 느끼는 두려움에 직면하기로 한 것입니다. 만약 내가 무가치한 존재임이 사실이라면 그 사실을 받아들인 뒤 그 현실 속에서 살아가는 법을 찾고자 했습니다. 만약 내가 가치 있는 존재라면 그 사실을 알고 싶었습니다. 머릿속에서 끊임없이 일어나는, 내가 무가치한 존재라는 메시지를 그칠 수 있도록 말입니다. 어떤 의미에서 나는 내가 전정으로 누구인지 알고 싶었습니다. 자신에게 속삭이는 내 모습이 아니라 진짜 나를 알고 싶었습니다. 나와 정직하게 대면하기로 한 그날부터 나의 느낌과 욕구, 가치를 찾아가는 여정에 올랐습니다. 그 여정을 통해 나는 모든 사람이 소중하고 사랑받을 가치가 있는 존재이며, 세상의 발전에 필요한 존재라는 사실을 깨달았습니다. 지금은 나의 욕구나 가치와 더 조화되는 방식으로 살고 있습니다. 이것이 나의 진정한 자아입니다.

 오늘은 당신이 소중하게 여기는 가치를 의식해 보고 그 가치에 따라 행동해 보세요.

·〉·〉·〉·〉 **9월 12일** 〈·〈·〈·〈

세상에서 영예롭게 사는 가장 간단하고 확실한 방법은
보이는 자기 모습 그대로의 현실 속에 사는 것이다.
• 소크라테스

자신의 모습 그대로 살기

이런 말을 들어본 적이 있나요? "네가 그렇게 화난 줄 몰랐어!" "정말? 넌 그 파티가 재미있었니?" 주변 사람이 당신의 느낌을 알아볼 때 자신의 본래 모습대로 살고 있는지 알 수 있습니다. 당신의 본래 모습대로 진실하게 사는 것은 쉬워 보이지만 용기와 정직성이 필요한 일입니다. 또한 현재에 존재하는 능력도 필요합니다. 많은 사람이 있는 그대로의 자기 모습과 느낌에 관하여 거짓말을 하는 데 익숙합니다. 데이트 하고 싶은 여성에게 전화가 왔습니다. 스키장에 가자고 합니다. 당신은 이렇게 말합니다. "물론이죠. 나 스키 좋아해요." 그러나 사실 당신은 스키가 재미없어 몇 년 전에 그만두었습니다. 당신은 당신이 스키를 좋아하지 않는다는 사실을 그녀가 알면 당신을 좋아하지 않을 거라고 스스로 생각하는 나머지, 거짓말을 하고 맙니다. 수용과 사랑에 대한 당신의 욕구를 충족하기 위해서입니다. 그러나 그와 동시에 진실함, 정직, 재미에 대한 당신의 욕구는 외면하게 됩니다.

자기 모습 그대로 살 때 마음이 한결 편해집니다. 숨길 것도, 구실을 댈 것도, 거짓말을 할 필요도 없습니다. 가슴을 짓누르던 무거운 짐을 덜어낸 것처럼 홀가분합니다. 다른 사람들이 당신을 어떻게 바라볼지 걱정하기보다, 그저 당신의 모습 그대로 살아 보세요.

 오늘은 당신의 모습 그대로 살겠다는 열망에 솔직해지는 기회를 가져 보세요.

⇢ ·⇢ ·⇢ ·⇢ **9월 13일** ⇠· ⇠· ⇠· ⇠

최악의 원수도, 최고의 친구도 모두 당신 안에 있음을 알게 될 것이다.

• 영국 속담

자신을 알기

중요한 것은 다른 사람이 당신을 어떻게 생각하느냐가 아니라 당신이 당신을 어떻게 생각하느냐입니다. 당신은 정말로 누구입니까? 우리는 자신에게 무엇이 중요한지 숙고하는 시간을 좀체 갖지 않습니다. 자신이 중요하게 여기는 가치에 대해 이미 알고 있다고 생각합니다. 그러면서 그 가치와 어긋나는 방식으로 행동하고는 합니다. 상대가 내 말을 잘 들어주기를 원하는 나머지, 더 크게 고함을 지릅니다. 그러나 조금만 생각해 보면 고함을 지르는 것은 상대가 내 말에 귀를 기울이게 만드는 효과적인 방법이 아님을 알 수 있습니다. 고함을 지르면 잠깐 주변의 주목을 받겠지만, 사람들이 제대로 귀를 기울이거나 달가워하지는 않을 것입니다. 당신의 가장 중요한 욕구는 무엇인가요? 그것은 수용, 이해, 사랑, 연결, 경청에 대한 욕구인지 모릅니다. 그렇다면 당신은 이 욕구들을 충족하기 위해 실제로 어떻게 하고 있나요? 지금 당신의 행동이 당신의 욕구를 충족하는 데 도움이 되고 있는지 살펴보세요. 당신의 행동이 당신의 욕구와 조화를 이룰 때 살면서 기쁨을 누릴 기회가 더 많아집니다.

 오늘은 당신의 행동이 당신에게 중요한 가치와 조화를 이루고 있는지 살펴보세요.

9월 14일

나는 지금 이 멋진 순간에 가장 중요한 것이
무엇인지 늘 자신에게 속삭인다.

• R. 버크민스터 풀러

지금 이 순간에 존재하기

당신은 지금 이곳이 아닌 다른 곳으로 자꾸 주의가 달아나는 자신을 보고 있나요? 설거지를 하면서도 마음은 내일 할 일에 가 있나요? 아기 기저귀를 갈면서도 그날 아침에 당신이 했던 말을 계속 되새기고 있나요? 친구와 대화를 나누는 중에도 다음 주에 떠날 여행을 걱정하고 있나요? 지금 이 글을 읽는 동안 당신의 주의는 어디에 가 있나요? 잠시, 당신 자신과 연결하는 시간을 가져 보세요. 내일은 오지 않았고, 어제는 이미 지나갔습니다. 바로 지금이 당신이 삶을 살 시간입니다. 지금 이 순간을 어떻게 보내는 것이 가장 좋을지 생각해 보세요. 당신이 할 수 있는 한에서 최대한 깨어 있으면서 현재에 존재해 보세요. 그러면 당신이 하는 모든 일에 더 큰 연결과 기쁨을 느낄 것입니다.

 오늘은 삶의 매 순간, 최대한 현재에 존재하고자 해 보세요.

→·→·→·→ **9월 15일** ←·←·←·←

나는 명예와 돈을 위해 성공을 추구한 적이 한 번도 없다.
성공에서 중요한 것은 재능과 열정이다.

• 잉그리드 버그만

희생하지 말아요

나의 성공으로 누군가 고통을 당한다면 그것은 '두 사람 모두' 지는 것입니다. 그것은 성공이 아닙니다. 한쪽이 이기면 한쪽이 지는 상황에서는 '양쪽 모두' 지게 됩니다. 나의 목표는 한 사람의 성공으로 인해 다른 사람이 고통 받지 않는 세상을 만드는 것입니다. 어느 누구의 욕구도 희생되지 않는 세상에 사는 것입니다. 세상에는 모든 이의 욕구를 충족할 수 있는 사랑과 공간, 시간이 충분합니다. 많은 회의론자들은 상대의 느낌과 욕구에 귀 기울이며 공감하는 데는 시간이 많이 걸린다고 말합니다. 그러나 실제로는 단 몇 분이면 됩니다. 그렇게 공감하고 나면 해결책은 금방 나타납니다. 그것도 아주 간단한 해결책이 나타납니다. 반면, 나와 의견이 다른 상대를 내 방식대로 납득시키자면 시간이 오래 걸립니다. 설령 납득시킨다 해도 상대가 계속해서 내 방식대로 하도록 어르고, 동기를 주고, 압력을 행사하느라 더 많은 시간이 필요합니다. 그러니 상대와 연결하고, 합의에 이르고, 동의를 구하는 과정에 충분한 시간을 들여 보세요. 그러면 당신의 삶이 더 부드럽고 편안하게 흘러갈 것입니다.

오늘은 상대와 합의에 이르는 기회를 가져 보세요.

✦ ✦ ✦ ✦ **9월 16일** ✦ ✦ ✦ ✦

사랑의 시작은 우리가 사랑하는 사람이 온전히

그 자신이 되도록 허용하는 것이다.

그 사람을 우리가 가진 이미지에 끼워 맞추지 않는 것이다.

그러지 않으면 그들에 비친 우리의 모습을 사랑하게 될 뿐이다.

• 토머스 머튼

실재를 지각하기

새로운 관계를 시작할 때 우리는 종종 자신의 욕구에 맞게 실재를 왜곡하고는 합니다. 당신은 새로 사귄 여자친구의 모든 면이 마음에 듭니다. 설령 그녀가 끊임없이 남을 험담하고 트림을 해도 그것을 그녀가 진실한 자신으로 살고 있음을 보이는 흥미로운 특징으로만 여깁니다. 얼마 전 직장에서 크게 승진한 당신은 상사가 사람들 앞에서 부하직원을 무시해도 모르는 체합니다. 그러면서 상황이 '그다지' 나쁘지 않다고 생각하기로 합니다. 그러나 사랑, 연결, 경제적 안정에 대한 욕구를 충족하려고 우리가 원하는 현실에 다른 사람을 끼워 맞춘다면 모든 사람이 고통을 겪게 됩니다. 그러기보다 당신 자신에게 초점을 가져오세요. 당신이 누군가와 함께 있는 동안 당신의 어떤 욕구가 충족되고 있는지, 또는 충족되지 않고 있는지 살펴보세요. '그 사람에' 대해 판단하지 말고, '당신의' 느낌과 욕구에 집중해 보세요. 그런 다음 앞으로 그 관계를 지속하는 것이 당신의 욕구를 충족해 줄지 생각해 보세요.

 오늘은 주변 사람이나 당신이 처한 상황에 관하여 당신 자신에게 솔직해 보세요.

⇢·⇢·⇢·⇢ 9월 17일 ⇠·⇠·⇠·⇠

누군가 나를 지루하게 만들고 있어. 생각해 보니 그건 바로 나야.

• 딜런 토머스

당신의 경험 창조하기

"저 강연자, 엄청 지루하군." 이렇게 말하기는 무척 쉽습니다. 자신의 느낌을 알아보고 인정하기보다 누군가에 대해 판단을 내린다면 핵심을 놓치게 됩니다. 상대에 대해 판단을 내린다고 해서 우리의 경험이 더 흥미롭게 바뀌는 것은 아닙니다. 사실, 그런 판단은 우리를 무력하게 만듭니다. 지루함에서 흥미로움으로 이동하는 가장 좋은 방법은 충족되지 못한 자신의 욕구에 초점을 맞추는 것입니다. 어쩌면 우리는 지친 나머지, 해당 주제에 관심이 없을 수도 있습니다. 아니면 그 주제가 나의 삶과 어떤 관련이 있느지 모를 수도 있습니다. 자신의 충족되지 못한 욕구와 연결하고 나면 그것을 충족할 방법을 찾을 수 있습니다. 잠시 강연장을 떠나 낮잠을 자며 휴식에 대한 당신의 욕구를 충족하고 나면 강연에 더 집중할 수 있을지 모릅니다. 아니면 강연에 흥미를 가질 수 있도록 그 주제가 나의 삶과 어떻게 연결되는지 알려달라고 강연자에게 요청할 수도 있습니다. 자신의 충족되지 못한 욕구와 연결되고 나면, 강연장을 떠나는 게 최선이라고 결정해도 좋습니다. 자신의 충족되지 못한 욕구와 연결하고 난 다음에야 자신의 경험을 바꿀 현명한 결정을 내릴 수 있습니다.

 오늘은 지루함을 느끼는 경우 당신의 충족되지 못한 욕구와 연결한 다음, 그 욕구를 충족할 수 있는 방법을 찾아보세요.

· › · › · › · › **9월 18일** ‹ · ‹ · ‹ · ‹ ·

모든 것이 달라졌다고 해서 반드시 어떤 것이 바뀌었다는 의미는 아니다.

• 아이린 피터

관점 바꾸기

오래 전 나는 아주 저렴한 집세로 세 들어 살고 있었습니다. 오랫동안 그 집에 살면서 집주인은 한 번도 세를 올리지 않았습니다. 그러다 지역 공기업에서 내가 내는 세의 세 배를 제안했다는 말을 집주인에게 들었습니다. 집주인은 나에게 아주 미안해하며 자신은 이 기회를 도저히 놓칠 수 없다고 했습니다. 나는 처음에 화가 났습니다. 비슷한 수준의 집을 마련할 경제 사정이 되지 않아 걱정도 되었습니다. 그래서 내가 처한 곤경에 대한 답을 달라고 기도를 했습니다. 한편으로는 주택 임대 광고를 수도 없이 뒤적였습니다. 당시 살던 집보다 훨씬 허름한 집이 내가 살던 집세의 두 배나 되었습니다. 주변에 조언을 구하자 모두들 이렇게 말했습니다. "차라리 집을 사는 게 나을 것 같아." 그럴 때마다 나는 대답했습니다. "도무지 그럴 형편이 안 돼!" 나는 집으로 돌아가서는 답을 달라고 다시 기도했습니다. 2주가 지나자 화가 나기 시작했습니다. 나의 기도는 이제 강요로 바뀌었습니다. "여보세요! 나 지금 도움이 필요하다고요. 내게 관심이 있기나 한 거예요?" 며칠 뒤 문득 이런 생각이 머릿속에 떠올랐습니다. "메리, 너 정말 집을 사야 할지도 모르겠어!" 아, 어쩌면 이것이 나의 기도에 대한 응답이었는지 모릅니다! 집을 사는 게 가능하다고 생각하지 않았지만 세 들어 살던 집을 나오기 전에 나의 첫 집을 구입하는 방법을 찾았습니다. 주택융자 상환액이 집세보다 저렴했던 것입니다. 나는 나의 미래에 투자하기로 했습니다.

종종 우리는 자신에게 필요한 것을 갖고 있으면서도 그 사실을 알지 못합니다. 당신이 처해 있는 상황을 반드시 바꿔야 하는 것은 아닙니다. 때로 당신의 관점을 바꾸는 것만으로 당신에게 필요한 것을 얻을 수 있습니다.

오늘은 당신이 즐기지 못하고 있는 삶의 영역에 초점을 맞춘 뒤 그것을 다르게 바라봄으로써 당신의 경험을 바꿔보세요.

›·› › › › 9월 19일 ‹ ‹ ‹ ‹·‹

지금 일에 충실하다면 신은 당신을 위해 미래를 준비할 것이다.

• 그레고리 T. 베델

현재 순간에 머물기

바로 지금 당신은 어떻게 느끼고 있나요? 지금 당신은 무엇이 필요한가요? 내일을 걱정하지 말고, 어제에 연연해하지 마세요. 지금 이 순간에 존재하세요. 당신의 욕구에 머물면서 당신에게 중요한 가치와 조화를 이루는 방식으로 행동해 보세요. 그러면 모든 것이 자리를 잡아갈 것입니다. 삶은 교향악과 같습니다. 음표 하나하나를 악보에 맞게 연주하는 한, 멋진 음악이 탄생할 것입니다. 반드시 그렇게 됩니다.

 오늘은 당신이 현재에 머물고 있는지 자주 살펴보세요. 그렇지 않다면 '지금' 무엇을 느끼고 무엇을 필요로 하는지 보세요. 그렇게 현재에 머물러 보세요.

9월 20일

비극은 사람들이 당하는 고통이 아니라,
경험하지 못하고 놓치는 것에 있다.

• 토마스 칼라일

경험을 변화시키는 행동 취하기

때로 우리는 자기 삶의 일면에 대해 불행하다고 느낍니다. 그리고 그렇게 느낄 때면 변화를 일으키기가 매우 힘들어 보입니다. 이처럼 우리가 계속 불행에 빠져 지내는 원인은 행동을 취하지 않은 결과라고 할 수 있습니다. 고등학교 시절 나는 부끄러움이 많아 사람들과 함께 지내는 것이 불편한 나머지, 사람들을 멀리했습니다. 이로써 보호와 편안함에 대한 나의 욕구가 충족되었습니다. 나는 몇몇 친한 친구만 사귀었을 뿐 사람들과 쉽게 어울리거나 대화를 나누지 못했습니다. 30대가 되어서야 고등학교 시절 수줍음에 대처한 나의 결정 때문에 내가 사람들로부터 멀어졌다는 사실을 깨달았습니다. 나의 외로움과 사람들에 대한 불편감은 고등학교를 졸업하고도 10년 넘게 계속되었습니다. 그것은 외로움과 불편감을 이겨내는 모험을 감당하지 않았기 때문입니다. 이후에 보호와 편안함의 욕구보다는 친밀감과 재미, 연결에 대한 욕구가 더 절실해졌습니다. 그래서 나를 보호하는 동시에 사람들과 연결할 수 있는 방법을 찾기 시작했습니다.

지금 당신에게 고통을 일으키는 삶의 일면이 무엇인지 생각해 보세요. 그 고통은 지금 발생한 일 때문에 생기는 고통인가요,

아니면 당신이 행동하지 '않아' 일어나는 고통인가요? 당신과 당신이 내린 결정에 대해 판단하지 말고, 당신의 경험을 변화시킬 수 있는 행동을 취해 보세요.

 오늘은 당신이 만족하지 못하는 삶의 일면에 대해 그 원인이 당신이 행동하지 않았기 때문은 아닌지 생각해 보세요.

❯❱❯❱❯❱❯ **9월 21일** ❰❰❰❰❰

내가 아는 세상의 유일한 독재자는,

나의 내면에서 생기는 나지막한 목소리다.

• 마하트마 간디

자기 내면의 비난자 알아보기

연민의 대화에서는 자기 머릿속에서 일어나는 비난의 목소리를 '자칼'이라고 부릅니다. 자칼은 당신에게 어떤 것을 '반드시 해야 한다'고 또는 '하지 말아야 한다'고 말합니다. 자칼은 당신과 타인에 대해 판단을 내립니다. 무엇보다 자칼은 당신이 변화를 꾀하는 것을 두려워합니다. 나 역시 한때는 나의 내면에서 일어나는 자칼의 목소리가 당혹스러웠습니다. 당시 나는 사람들에게 '반드시' 연민의 마음을 가져야 하며, 그들에 대해 판단해서는 안 된다고 생각했습니다. 그래서 나의 내면에서 일어나는 자칼의 목소리를 애써 무시하려 했습니다. 그러나 자칼의 목소리를 무시하자 녀석은 더 크게 소리 내어 울었습니다. 오랜 시간이 지난 뒤 나는 자칼의 목소리를 사랑하는 법을 알았습니다. 자칼의 울음은 나에게 충족되지 못한 욕구가 있다는 사실을 알려 주었습니다.

충족되지 못한 나의 욕구를 알려주는 자칼이 늘 반가웠던 것은 아닙니다. 한번은 45명의 군인을 상대로 비폭력대화 연수를 진행한 적이 있습니다. 내가 보기에 군인들은 하나같이 연민의 대화에 관심을 보이지 않는 듯했습니다. 연수가 절반쯤 진행된 상황에서 내 내면의 자칼이 목소리를 내기 시작했습니다. "이쯤에서 그만둬! 이들은 네가 하는 말에 전혀 관심이 없어. 시간 낭비일 뿐이야!" 그러나 만약 자칼의 목소리를 무시했다면 자칼은 더 크게 울어댔을 것이고 연수를 계속 진행하기도 힘에 부쳤을 것입니다. 그러나 나는 자칼의 목소리를 무시하지 않았습니다. 대신 녀석의 목소리에 공감하며 이렇게 생각했습니다. "참가자들의 삶에 기여하지 못해 당혹스럽고 무기력하게 느껴지니? 너 지금 편안함과 존중이 필요한 거지?" 이렇게 내 마음 밑바닥의 욕구와 연결하자 깨달은 사실이 있었습니다. 그것은 내가 만나는 모든 사람이 나의 욕구를 충족해 줄 수는 없다는 사실이었습니다. 어쩌면 이번 군인 집단에서는 나의 욕구를 조금도 충족할 수 없을지 모릅니다. 그렇지만 나의 욕구를 충족하는 참가자가 어쩌면 한 사람은 있을지도 몰랐습니다. 워크숍을 즐기는 듯 보이는 참가자를 살펴보자 실제로 몇 사람을 찾을 수 있었습니다. 실제로, 내 내면의 자칼에 공감하자 연수 참가자들 대부분이 즐거운 시간을 보내고 있다는 사실이 눈에 들어왔습니다. 자칼의 목소리에 연결하기 전에는 워크숍이 내키지 않는 몇몇 참가자들에게만 초점을 두고 있었던 겁니다.

우리 내면의 자칼은 우리를 위한 지혜를 갖고 있습니다. 녀석의 목소리에 귀 기울일 의지만 있으면 됩니다. 내면의 자칼을 알아보고 녀석의 욕구에 공감할 때 자신에 대한 통찰을 얻을 수 있습니다. 그러면 해결책도 더 분명히 드러나 보일 것입니다.

 오늘은 당신 내면의 자칼을 알아보고, 녀석이 당신에게 전하려고 하는 지혜가 무엇인지 생각해 보세요.

↭ ↝ ↝ ↝ **9월 22일** ↜ ↜ ↜ ↜

적이 간직한 비밀의 역사를 읽을 수 있다면
모든 사람의 삶에서 슬픔과 고통을 발견해
우리가 품은 모든 적의를 누그러뜨릴 수 있다.

• 헨리 워즈워스 롱펠로

인간적인 면과 연결하기

인간은 기본적으로 동일한 존재입니다. 우리는 누구나 사랑, 지지, 음식, 물, 감사, 가족에 대한 돌봄 등의 욕구를 똑같이 지니고 있습니다. 우리는 누구나 고통을 겪습니다. 우리는 누구나 웃고, 누구나 기쁨을 느낍니다. 우리 모두는 슬픔을 느낍니다. 우리는 모두 피를 흘리며, 사랑하는 사람이 다치거나 고통 속에 있으면 누구나 슬퍼합니다. 위험에 처하면 두려움을 느끼며, 안전하게 살아갈 방법을 찾지 못하면 절망에 빠집니다. 만약 당신이 누군가와 갈등이 일어난다면 당신과 그 사람의 다른 점에 대해서는 잊어버리고 비슷한 점에 연결해 보세요. 우리 모두가 가진 보편적인 욕구, 그리고 당신이 그 사람과 공유하는 인간적인 면에 연결해 보세요. 다른 사람이 지닌 인간적인 면과 연결할 때 폭력이 사라집니다.

 오늘은 당신이 다른 사람과 공유하는 인간적인 면을 의식해 보세요.

↣ ↣ ↣ ↣ 9월 23일 ↢ ↢ ↢ ↢

행복은 도달해야 하는 상태라기보다
그곳에 이르는 여정이라고 해야 한다.
• 새뮤얼 존슨

즐김을 다시 정의하기

삶의 목적은 정해진 지점에 도달하는 것이 아니라 그곳에 이르는 과정을 즐기는 것입니다. 지금껏 나는 해야 할 일을 '해치우며' 삶을 살아 왔습니다. 대부분의 시간 동안 비참하다고 느끼면서도 언젠가는 행복해질 거라고 스스로에게 속삭이며 살았습니다. 좋아하지 않는 일을 떠맡으라고 자신에게 강요했으며, 존중에 대한 욕구를 채워주지 못하는 남자와 사귀었습니다. 언젠가 이익이 된다는 생각에, 함께 있어도 즐겁지 않은 사람들과 친구로 지냈습니다. 문제는 그 '언젠가'는 결코 찾아오지 않았다는 사실입니다. 즐겁지 않은 일이었기에 그 일을 하면서 조금도 기쁘지 않았습니다. 그러던 어느 날, 지금 당장 삶을 즐기지 않으면 앞으로도 결코 즐길 수 없다는 생각이 들었습니다. 오늘이 당신이 가진 전부입니다. 어떻게 하면 오늘을 즐길 수 있을지 생각해 보세요.

 오늘을 즐기기 위해 할 수 있는 일을 해 보세요. 지금 이 순간보다 소중한 것은 없습니다.

⤳ ⤳ ⤳ ⤳ **9월 24일** ⬳ ⬳ ⬳ ⬳

자신을 존중할 기회를 가장 많이 선사하는 삶이 가장 행복한 삶이다.

• 새뮤얼 존슨

'착한 사람'은 잊으세요

비폭력대화는 '착한 사람'이 되어야 한다고 가르치지 않습니다. 그보다 상대가 귀를 기울이며 존중하는 방식으로 당신이 원하는 것을 요청하라고 힘을 실어 줍니다. 한때 나는 '착한 사람'은 응

당 어떠해야 한다는 이미지를 머릿속에 지니고 있었습니다. 착한 사람은 이를 악문 채 늘 "좋아요"라고 대답한다고 생각했습니다. 나에게 있어 '착하다'는 것은 나를 희생하는 대가로 상대가 원하는 것을 해 주는 것이었습니다. 나는 '착해야 한다'고 생각했습니다. 내 욕구보다 상대의 욕구를 더 중요하게 여기지 않으면 이기적인 사람이라고 생각했습니다. 그러나 지금은 다릅니다. 나의 욕구를 고려하지 않는 것이 오히려 이기적인 행동이라고 생각하게 되었습니다. 나를 소중하게 여기지 않으면 내가 맺고 있는 관계도 중요하게 생각할 수 없습니다. 관계의 한쪽이 비참하다고 느끼면 두 사람이 관계를 즐기기란 불가능합니다. 그러니 '착한 사람'이 되어야 한다는 생각은 내려놓으세요. 대신, 당신이 맺고 있는 관계 속의 모든 사람이 지닌 욕구와 연결해 보세요. 이렇게 해서 존중, 사랑, 연결, 친밀감이라는 당신 자신의 욕구와 연결해 보세요.

 오늘은 당신 자신의 욕구를 돌보지 않을 때 당신이 맺고 있는 관계가 어떻게 힘들어지는지 의식해 보세요.

›·›·›·› **9월 25일** ‹·‹·‹·‹

언제 새벽이 올지 모르기에 나는 모든 문을 열어둔다.

• 에밀리 디킨슨

'고장 나지 않은 것은 손대지 말라'

'고장 나지 않은 것은 손대지 말라'는 속담을 들어본 적 있나요? 대화도 이와 비슷합니다. 당신의 대화와 행동에 큰 문제가 없다면 굳이 바꾸려고 노력하지 않아도 좋다는 의미입니다. 그러나 만약 당신이 관계에서 힘들어하고 있다면 당신의 대화 방식이 문제일 가능성이 있습니다. 어쩌면 그것이 가장 큰 원인일 수도 있습니다.

한때 나는 대화란 내가 사람들에게 '말하는' 방식이라고만 생각했습니다. 내 의사를 분명히 표현하는 스마트한 나는, 대화에 관해 배워야 할 게 많지 않다고 생각했습니다. 얼마나 큰 착각이었던가요! 몇 년간 비폭력대화를 배우고 가르친 뒤에야 대화란 자신을 표현하는 방식의 총체란 점을 알게 되었습니다. 단어 사용, 내면의 목소리, 몸짓언어, 태도, 삶을 바라보는 관점 등이 모두 대화를 구성하는 요소입니다. 이 모든 요소들이 우리의 대화, 즉 다른 사람이나 자신과 상호작용하는 능력에 영향을 줍니다. 대화를 구성하는 한 가지 측면을 바꾸는 것만으로 나를 표현하는 방식과 타인이 나를 인식하는 방식에 변화가 일어납니다.

대화하는 법에 관해 더 배워보고 싶다면 비폭력대화를 권합니다. 비폭력대화는 전 세계의 수많은 사람에게 커다란 영향을 준 삶의 방식입니다.

 오늘은 당신 자신이나 타인과의 소통을 최대한 만족스럽게 변화시킬 수 있는 방법을 찾아보세요.

→·→·→·→ 9월 26일 ←·←·←·←

질투는 모든 것을 확대경으로 들여다본다.
작은 것을 큰 것으로, 난장이를 거인으로, 의심을 진실로 확대시킨다.

• 미구엘 드 세르반테스

가정 내려놓기

모든 사람이 가정(假定)을 내리지 않으면 어떻게 될까요? 많은 사람이 섣불리 가정을 내리지 않는다면 세상의 폭력은 크게 줄어들 것입니다. 모든 살아 있는 존재는 자기 경험의 총체입니다. 우리가 지금 하고 있는 경험이 합쳐져 우리의 현재 실재를 형성합니다. 평화롭고 사랑이 넘치는 가정에서 자란 당신의 경험과, 폭력이 일상인 가정에서 자란 사람의 경험은 다를 것입니다. 박사학위를 딴 뒤 해외에서 2년을 지낸 당신의 경험과, 중학교를 마친 뒤 길에서 2년을 보낸 사람의 경험은 다를 것입니다. 서로의 차이를 알았다고 해서 그 사람들과 그들의 경험에 대해 판단해야 하는 것은 아닙니다. 그보다, 각자 서로 다른 렌즈를 통해 삶을 바라본다는 사실을 인정할 수 있습니다. 다른 사람들이 당신과 똑같은 방식으로 세상을 본다고 섣불리 가정하지 마세요. 그들이 당신과 같은 방식으로 사건을 경험할 거라고 지레짐작하지 마세요. 다른 사람에 관하여 당신이 내리는 가정은 정확하지 않을 수 있습니다.

오래 전에 내가 사귄 남자가 있었습니다. 나는 우리 두 사람이 당연히 일부일처제를 지지한다고 가정하고 있었습니다. 그러다 나의 가정이 틀렸음을 알고는 깜짝 놀랐습니다. 처음에는 존중에 대한 나의 욕구가 채워지지 않아 마음의 상처를 입었고 화도 났습니다. 그러나 생각해 보니 두 사람이 나의 가정에 대해 이야기를 나눈 적은 한 번도 없었습니다. 나는 그 남자가 당연히 나처럼 일부일처제를 존중할 거라고 가정했습니다. 한편 그 남자역시 내가 자신과 같은 연애관을 가졌다고 가정하고 있었습니다. 각자 서로 다른 가정을 내림으로써 우리 두 사람은 커다란 고통을 겪었습니다. 만약 둘 중 한 사람이라도 이 주제를 꺼냈었다면 서로를 더 잘 알 수 있었을 것입니다. 삶의 한 순간도 가정에기대어 살지 마세요. 그것은 그만큼의 가치가 없습니다. 그보다수월한 해결책이 있습니다. 상대에게 그의 진실이 무엇인지 직접물어보는 것입니다. 이렇게 상대에게 확인하는 과정을 통해 당신과 그 사람을 함께 존중할 수 있습니다.

 오늘은 당신이 어떤 사람에 대해 내리고 있는 가정이 정확한지 그에게 직접 확인해 보세요.

·⇢·⇢·⇢·⇢ **9월 27일** ↞·↞·↞·↞

냉소주의자란 어떤 사람인가? 어떤 것에 대해 치르는 비용만 알 뿐,
그것이 지닌 가치는 조금도 모르는 사람이다.

• 오스카 와일드

비용보다 가치 알아보기

그 수업은 당신에게 얼마만큼의 가치가 있나요? 그 파란색 블라우스와 새 지갑은요? 많은 사람이 어떤 것의 외면적인 영향만을 보고서 그것의 가치를 판단합니다. 그러나 이제부터는 금전 지출 결정을 내릴 때 그 물건과 서비스에서 당신이 얻는 가치를 기준으로 결정해 볼 것을 제안합니다. 우리 집에 방문하는 마사지 치료사가 있습니다. 그녀가 제공하는 마사지는 내가 받아 본 것 중에 최고입니다. 그녀는 90분 마사지에 45달러를 청구하는데 나는 60달러를 지불합니다. 반드시 그러지 않아도 되지만, 그녀가 제공하는 마사지에서 그만큼의 값어치를 얻는다고 여기기 때문입니다. 45달러만 낸다면 진실성에 대한 나의 욕구가 채워지지 못합니다. 이와 비슷하게, 내가 비폭력대화 트레이너 교육을 받을 때 다른 도시에 사는 트레이너에게 훈련을 받은 적이 있습니다. 그는 내 인턴십의 일부로 모든 훈련 과정을 무료로 해 주었습니다. 그렇지만 나는 그 수업이 내게 커다란 가치가 있다고 생각해 여러 차례 수업료를 냈습니다. 트레이너의 삶에 보탬이 되고 싶다는 바람도 있었습니다. 물건과 서비스에 대해 우리가 느끼는 개인적 가치에 연결한다면 돈을 주고받는 자원 교환이 더 촉진되며 그에 대해 더 큰 감사의 마음을 가질 수 있습니다. 당신의 초점을 물건과 서비스에 치르는 비용으로부터 그것이 당신 삶에 가져다주는 가치로 옮겨 보면 어떨까요.

오늘은 어떤 물건과 서비스를 구매할지 고민될 때 그것이 당신에게 주는 가치에 대해 생각해 보세요.

·-〉·-〉·-〉·-〉 **9월 28일** 〈·-〈·-〈·-〈·-

잘 듣는 것은 잘 말하는 것만큼이나 강력한 영향력 행사의 방법이다.

• 중국 속담

경청의 힘

나의 수업에서 사람들은 종종 이렇게 말합니다. "맞아요. 그런데 내가 그렇게 말하면 상황이 더 악화되지 않을까요?" 최근의 어느 수업에서도 이런 질문이 나왔습니다. 이런 질문을 던진 남자는 아내에게 단단히 화가 나 있었습니다. 나는 내가 생각한 그의 느낌과 욕구를 그에게 되비쳐 주었습니다. 그 즉시 남자는 울음을 터뜨렸습니다. 자신이 하고 싶었던 말을 누군가 이해해 주었다는 사실이 그렇게나 감격스러웠나 봅니다. 남자는 오랜 시간 어떤 일로 아내와 갈등을 겪고 있었습니다. 내가 공감해 주는 순간, 남자는 누군가가 자신의 말을 처음으로 들어준다고 느꼈습니다. 상대의 느낌과 욕구에 귀를 기울이는 것은, 내가 아는 한, 분노를 해소하고 해결책의 공간을 마련하는 가장 효과적인 방법입니다. 상대의 느낌과 욕구에 귀 기울이는 것이 처음에는 어색할지 모릅니다. 이런 식으로 상대와 이야기하는 것이 익숙하지 않기 때문입니다. 그러나 어색하다고 느껴도 괜찮습니다. 어떻게든 해 보세요. 숨 쉬는 것처럼 이내 자연스러워질 것입니다.

 오늘은 상대에게 공감하는 기회를 가져 보세요.

·≫·≫·≫·≫ **9월 29일** ≪·≪·≪·≪

증오는 증오로 멈추지 않는다. 오직 사랑으로만 멈출 수 있다.
이것은 변하지 않는 법칙이다.
•붓다

평화가 평화를 만든다

많은 사람이 상대를 힘으로 굴복시킬 수 있다고 믿습니다. 한 나라가 다른 나라를 침공할 때, 한 사람이 다른 사람에게 힘을 행사할 때 이런 생각이 바탕에 깔려 있습니다. 우리는 힘이야말로 사람들을 강제로 복종시키는 최상의 방법이라고 생각합니다. 한 사람과 민족을 정복하면 그들을 일시적으로 순응하게 만들 수는 있어만 결코 장기적인 평화를 가져오지는 못합니다. 수백 년에 걸친 전쟁이 이 사실을 증명합니다. 폭력은 폭력을 멈추지 못합니다. 증오는 증오를 그칠 수 없습니다. 사실, 폭력과 증오는 더 큰 폭력과 증오를 일으키는 연료입니다. 평화를 원한다면 상대가 폭력적이어도 당신 자신이 평화로워야 합니다. 사랑을 원한다면 상대가 증오에 가득 차 있어도 당신이 사랑을 주어야 합니다. 이것은 인간세계의 역설입니다. 사람과 국가가 이 사실을 이해할 때 세계는 평화를 누릴 것입니다. 그러니 우리 자신으로부터 시작할 것을 제안합니다. 가정의 평화를 원한다면 당신이 먼저 평화롭게 지내야 합니다. 직장 내 조화를 원한다면 당신이 먼저 조화롭게 일해야 합니다. 그러면 머지않아 이런 의식 변화가 어떤 효과를 가져 오는지 느낄 것입니다.

 오늘은 당신이 하는 모든 행동에서 평화롭게 살고자 다짐해 보세요.

·→ ·→ ·→ ·→ 9월 30일 ←· ←· ←· ←·

그들이 한 발 물러선 것은 오직 앞으로 나아가기 위해서였다.

• 몽테뉴

앞으로 나아가기

때로 앞으로 나아가지 못하고 있다고 느끼는 때가 있습니다. 심지어 뒤로 후퇴하는 것처럼 보이기도 합니다. 그러나 그것은 어떻게 보느냐에 따라 다릅니다. 지난달, 지난해에 당신이 어디에 있었는지 그리고 지금에 이르기까지 얼마나 진전이 있었는지 살펴보세요. 그러면서 자신에게 휴식을 주세요. 감정적 성장은 일직선의 과정이 아닙니다. 언제나 눈에 띄는 향상이 확인되는 것은 아닙니다.

오래 전에 나는 일 마무리가 확실하지 않은 사람들과는 가까이하지 않기로 결심한 적이 있습니다. 그들은 존중, 신뢰, 재미에 대한 내 욕구를 충족해 주지 못했습니다. 그럼에도 그들과 함께해야 하는 상황이 계속되었습니다. 그것 때문에 나는 오랜 시간 골머리를 앓았습니다. 그들에 대해 매우 부정적인 판단을 내리고 있었음에도 나는 연인과 친구, 사업 동료인 그들에게 왠지 끌렸습니다. 그러던 어느 날 내 안의 무언가가 변하는 것을 느꼈습니다. 아주 생생한 느낌이었습니다. 나는 그들의 일 마무리 방식에 문제가 없다는 사실을 처음으로 알았습니다. 내가 일하는 방식에도 문제가 없었습니다. 사실 그들도 나도 신뢰, 성공, 재미 등 같은 것을 원하고 있었습니다. 핵심은 욕구 충족을 위해 선택한 방법이 달랐다는 점이었습니다. 게다가 나는 그들과 달리 예측가능성의 욕구가 컸습니다. 그 순간, 나의 예측가능성 욕구에 대한 죄책감 때문에 그들에게 계속 끌린다는 사실을 알았습니다. 그리고는 그들과 '나'에 대한 판단을 내려놓았습니다. 그러자 신뢰와 예측가능성 욕구를 충족하지 못하는 사람들과 함께하는 것을 내가 그저 좋아하지 않을 뿐이라는 사실을 단순히 인정할 수 있었습니다.

이런 깨달음이 있고 얼마 지나지 않아 그들 중 한 명이 나에게 자기와 함께 일하지 않겠느냐고 하였습니다. 그러나 함께 일하는 첫날부터 그는 준비가 되어 있지 않았습니다. 여러 이유를 댔지만 사실 합의한 대로 실행하지 않았습니다. 나는 신뢰에 대한 욕구가 충족되지 않았다며 분명하게 그러나 사랑을 담아 나의 실망감을 표시했습니다. 그 일에 관해 이야기를 나누던 중 그가 말했습니다. 자기는 합의한 대로 정확하게 일을 마무리하는 업무 환경이 불편하다고 했습니다. 그러면서 자신에게는 자율성과 자연스러운 흐름이 더 중요하다고 했습니다. 우리는 서로에게 사랑과 연민의 마음을 품고 헤어졌습니다.

때로 두 발 물러나 한 발밖에 나아가지 못한다고 느끼는 때가 있습니다. 그러나 우리가 깨닫지 못해도 모든 발걸음은 앞으로 나아갑니다. 당신은 어느 날 문득 멀리까지 왔다는 사실을 알고 놀랄지 모릅니다. 감정적 성장은 조금씩 나아가는 점진적인 과정입니다.

 오늘은 당신이 바꾸려고 노력하는 한 가지 문제를 떠올린 뒤 지금 어떻게 나아가고 있는지 의식해 보세요.

10 월 명상

⤳ ⤳ ⤳ ⤳ 10월 1일 ↤ ↤ ↤ ↤

매 순간이 지닌 새로움을 붙잡아라. 기쁨을 미리 준비하지 말라.

• 앙드레 지드

지금의 행복에 초점 맞추기

당신은 나중에 삶이 더 좋아질 거라 기대하며 지금 '즐겁지 않은' 일을 하고 있지 않나요? 그러기보다 지금 즐길 수 있는 일을 하기 바랍니다! 내일은 가능성일 뿐입니다. 중요한 것은 오늘입니다. 감정적 회복의 어느 시점에 나는 대부분의 시간 동안 내가 불행하다고 느낀다는 걸 알았습니다. 그때부터 나의 관점을 바꾸는 데 집중했습니다. 다른 사람에 대해 판단을 내리지 않으려 했고, 그들의 흠이나 별난 부분, 잘못된 행동을 특정 범주에 집어넣지 않으려 했습니다. 대신 나 자신을 들여다보기로 했습니다. 그 과정을 통해 나는 나의 느낌에 책임질 수 있었습니다. 누군가에게 짜증이 날 때면 그 이면에 자리 잡은 나의 욕구가 무엇인지 살펴보면서 짜증을 내기보다 그 욕구를 충족하고자 했습니다. 그리고 마침내 행복은 내가 선택할 수 있는 무엇임을 알게 되었습니다. 잘 되고 있지 않은 부분보다 잘 되고 있는 부분에 초점을 맞출 수 있었습니다. 나중에 행복해지려 하지 말고 지금 바로 행복해야 합니다. 당신의 관점을 바꾼다면 삶의 경험을 변화시킬 수 있습니다.

오늘은 당신이 삶을 바라보는 관점을 의식해 보고, 당신의 하루를 즐기는 데 더 초점을 맞춰 보세요.

⤐ ⟶ ⤐ ⟶ 10월 2일 ⟵ ⥽ ⟵ ⥽

사람들이 외로움을 느끼는 이유는
자기 주변에 다리를 놓지 않고 벽을 세우기 때문이다.

• 조셉 F. 뉴턴

삶의 경험을 변화사키는 행동 선택하기

나는 내 삶의 처음 몇 십 년을 나와 주변 사람 사이에 벽을 세우는 데 보냈습니다. 사람들에 대해 판단을 내렸으며, 나의 전투적 태도 때문에 사람들에게 도움을 청하는 일이 거의 없었습니다. 그러면서 끊임없이 나의 가치를 증명하고자 했습니다. 이런 식으로 나와 주변 사람들 사이에 벽을 세웠습니다. 나의 이런 행동은 보호에 대한 내 욕구를 채워 주었습니다. 내가 둘러친 딱딱한 껍질을 뚫고 들어와 '진짜 나'를 알려고 하는 사람은 많지 않았습니다. 마음은 편했지만, 한편으로 커다란 외로움을 느꼈습니다. 나를 보호하느라 여념이 없던 터라, 사랑과 연결과 친밀감과 수용에 대한 나의 욕구는 제대로 충족되지 못했습니다. 그러나 내가 느끼는 외로움은 내가 선택한 욕구 충족 방법에 따른 자연스런 결과였습니다. 그러다 알게 된 사실이 있었습니다. 내가 주변에 벽을 둘러치고 있다면 그 벽을 허물 수 있는 힘도 내게 있음을 알았던 것입니다. 그렇게 하면 내가 갈구하던 따뜻한 관계를 얻을 수 있다는 것을 깨달았습니다.

때로 우리는 한 가지 욕구를 충족하는 데 지나치게 집중하는 나머지, 충족되지 못한 다른 욕구들에 대해서는 잊어버리곤 합니다. 당신이 특정 상황에서 충족하고자 하는 모든 욕구를 생각해 보세요. 무엇이든 좋으니 그 욕구를 충족하는 방법을 떠올려 보세요. 애초의 두려움 때문에 주저하지 마세요. 몇 가지 욕구만을 충족하는 데서 그치지 않아도 됩니다. 당신이 가진 모든 욕구를 충족하며 살 수 있습니다.

 오늘은 당신의 다른 욕구들을 희생하면서 특정 욕구만을 충족하고 있지 않은지 살펴보세요.

$\rightsquigarrow \rightarrow \rightsquigarrow \rightarrow$ 10월 3일 $\leftarrow \leftsquigarrow \leftarrow \leftsquigarrow$

옳은 일을 하기에 적절한 때는 없다. 언제나 적절한 때이다.
• 마틴 루터 킹 주니어

진실성

당신에게 진실성이란 어떤 의미입니까? 모든 사람이 '진실성'에 대해 각자 다른 정의를 갖고 있습니다. 나에게 진실성이란 나에게 중요한 가치와 조화를 이루며 사는 것을 말합니다. 만약 당신이 표현의 자유를 중시한다면 관료적 조직에서 일하는 것은 진실성에 대한 당신의 욕구를 채워 주지 못할 것입니다. 예측가능성을 중시하는 당신이라면 주식 판에 뛰어들지 않을 것입니다. 우리는 누구나 자신에게 중요한 가치를 선택할 수 있습니다. 중요한 것은 그 가치에 따라 매일의 삶을 살고 있느냐입니다. 가게 점원이 당신을 짜증나게 할 때, 수리하지 않는 편이 나을 정도로 배우자가 자동차를 박살냈을 때, 진실성에 대한 당신의 욕구를 충족하려면 당신은 어떻게 대응해야 할까요? 그런 때가 중요합니다. 당신이 어떤 일을 당하든, 당신에게 중요한 가치에 따라 행동하는 것이 중요합니다. 그럴 때 진실성을 지니고 살 수 있고, 그럴 때 당신은 자유와 평화를 느끼며 살 것입니다.

 오늘은 당신에게 중요한 가치를 떠올려 보고 그것에 따라 살아 보세요. 그렇게 해서 진실성에 대한 당신의 욕구를 충족해 보세요.

>· ·>· ·>· ·> **10월 4일** <· ·<· ·<· ·<

죄는 미워하되 죄를 저지른 사람은 사랑하라.

• 마하트마 간디

분노 아래 욕구 파악하기

비폭력대화 트레이너인 나의 친구는 감정적 고통을 당하는 사람에게 자연스럽게 다가가는 세상에 살고 싶다고 말한 적이 있습니다. 그는 신체적 고통을 당하는 사람을 돕는 것처럼 감정적 고통을 당하는 사람에게도 자연스레 다가가고 싶다고 했습니다. 나는 친구의 이런 생각이 마음에 듭니다. 분노에 대해 생각해 봅시다. 분노는 자신의 감정적 고통을 표현하는 한 가지 방식입니다. 누구나 화난 상태에서 내뱉은 말을 나중에 후회한 적이 있을 것입니다. 상대가 화를 내면 우리는 뒤로 물러섭니다. 두렵기도 하고 자신을 방어하기 위해서이기도 합니다. 그런데 이때 뒤로 물러서지 않는 방법이 있습니다. 상대가 표현하는 분노의 이면에 자리 잡은 그의 느낌과 욕구에 귀를 기울이는 것입니다.

다른 운전자가 당신이 새로 산 차를 뒤에서 박았습니다. 당신은 무척 화가 납니다. 대부분의 운전자들은 자기변명을 늘어놓거나 차에서 나오지도 않은 채 경찰에 전화할 것입니다. 그런데 이 운전자는 당신에게 이렇게 말합니다. "새 차를 즐기실 겨를도 없이 당신 차를 박았으니 얼마나 화가 나시겠어요!" 이런 말을 들으면 당신은 기분이 어떨까요? 상대 운전자가 당신의 느낌과(얼마나 화가 나시겠어요), 욕구를(새 차를 즐기는 것) 짐작해 주는 것만으로 당신의 화는 스르르 녹을 것입니다. 이토록 간단한 방법이 그토록 커다란 치유를 가져온다는 사실이 놀랍습니다. 사람들의 행동 이면에 무엇이 자리 잡고 있는지 살펴보세요. 상대가 고통을 크게 호소할수록 그 이면에 자리 잡은 욕구의 충족이 그만큼 절실하다는 의미입니다.

 오늘은 상대가 분노를 표현할 때 그 이면에 자리 잡은 그의 느낌과 욕구에 연결하는 기회를 가져 보세요.

>· >· > ·> ·> **10월 5일** <· <· <· <· <·

인간사에 대처하는 데 자기 절제보다 훌륭한 규칙은 없다.
• 노자

'옳은 싸움'에 말려들지 않기

화를 낼 때 우리는 갈림길에 서게 됩니다. 즉, 화를 내는 순간 우리는 해결책에 한발 다가가거나 아니면 상황을 더 악화시키는 갈림길에 섭니다. 남편이 당신에게 차 운전을 부탁합니다. 그런데 어디서 턴을 하고 어디에 주차해야 하는지 시시콜콜 지시합니다. 남편의 이런 행동에 짜증이 난 당신은 당장이라도 쏘아붙일 태세입니다. 왜 그럴까요? 당신 혼자 얼마든지 운전할 수 있다는 사실을 보이고 싶기 때문입니다. 당신은 이렇게 말할지 모릅니다. "당신이 잘하고 있다고 생각할지 몰라도 나는 30년을 운전한 사람이에요. 천 번도 넘게 혼자 주차해 봤다고요." 당신이 이런 말을 하는 이유는 당신 스스로 상황을 다룰 수 있음을 남편에게 보이고 싶기 때문입니다. 결국, 이것은 당신이 '옳음'을 주장하고 싶은 욕망입니다. 이런 말을 할 때 당신은 '옳은 싸움'에 말려 듭니다. 당신은 당신의 옳음을 고집하는 한편, 남편은 남편 나름의 옳음을 주장합니다. '옳은 싸움'은 무척 유혹적이지만, 평화적 해결책에 이르거나 당신의 처음 욕구(능력 있는 사람으로 보이고 싶은 욕구)를 충족해 주지 못합니다. 옳은 싸움에 말려들지 않는 방법이 있습니다. 당신 자신을 솔직히 표현하는 것입니다. "내가 어떻게 운전하고 어디에 주차해야 하는지 당신이 일일이 지시하면 나는 마음이 불편해요. 왜냐면 내게는 당신의 존중이 중요하거든요. 내가 운전하는 동안은 그냥 잠자코 있어 줄래요?" 이렇게 직접적이고 솔직하게 말하면 당신의 욕구가 충족될 가능성이 높아집니다. '옳은 싸움'에 말려들지 않도록 하세요. 옳은 싸움 외에 다른 방법이 없다고 생각되면 아무 말도 하지 말고 그냥 있어 보세요. 마음이 가라앉고 나면 그때 문제로 다시 돌아오세요.

 오늘은 '옳은 싸움'에 말려들고 싶은 유혹을 의식해 보고, 당신의 욕구를 충족하는 부탁을 상대에게 직접적으로 해 보세요.

⤳ ⤳ ⤳ ⤳ 10월 6일 ⬰ ⬰ ⬰ ⬰

꿈과 목표의 차이는 구체적인 시간표가 있느냐이다.

• 필 맥그로 박사

욕구 분석은 욕구 충족의 방법을 찾는 과정

자신이 충족하고자 하는 욕구와 조화되는 행동을 의식적으로 할 때 안도감과 기쁨을 느낄 것입니다. 비폭력대화 수업에 처음 참석했을 때 우리 트레이너는 우리들에게 각자 자신의 가장 중요한 욕구를 찾도록 했습니다. 여덟 명의 참가자가 자신의 욕구를 확인하였고, 그렇게 자신에 관하여 알게 된 것에 무척 놀랐습니다. 욕구 충족을 위해 자신이 실제로 어떻게 하고 있는지 확인하자 참가자 모두가 자신에게 중요한 욕구를 충족하지 못하게 방해하는 행동을 하고 있다는 사실을 알았던 것입니다. 나의 경우, 가장 중요한 욕구는 사람들과의 연결이었습니다. 그러나 실제로 나는 사람들과 거리를 만들고 있었습니다. 나는 욕구를 충족하지 못하는 방식으로 살았다는 사실에 낙담했습니다. 그때 트레이너가 말했습니다. "잠깐만요. 괜찮습니다. 비폭력대화는 우선 자신에게 가장 중요한 욕구를 찾게 합니다. 그런 다음 그 욕구를 충족하는 방법을 찾도록 도와주지요." 이것이 비폭력대화가 나에게 해 준 것입니다. 비폭력대화는 나의 욕구를 발견한 뒤 그것을 충족하는 방법을 찾게 하였습니다. 비폭력대화라는 간단한 방법으로 나의 삶은 크게 변화하였습니다.

 오늘은 지금 당신에게 가장 중요한 욕구가 무엇인지 찾아보고 그것을 충족하기 위한 행동을 해 보세요.

우리가 할 일은 충분한 증거가 있는지 확인하는 것이다.
증거가 충분치 않다면 판단을 유보해야 한다.

• 존 러벅

분노 변화시키기

다른 사람을 판단하거나 비난할 때면 우리는 분노를 느낍니다. 상대가 지금과 다르게 행동하거나 말했어야 한다고 생각하는 순간, 그 사람은 틀렸고 나는 옳다고 확신합니다. 그러나 상대의 결점에 계속 초점을 맞추면 치유의 기회는 적어지거나 완전히 사라지고 맙니다. 한편, 우리 자신의 충족되지 못한 욕구에 초점을 맞추면 치유의 기회가 만들어집니다.

아내가 오늘 저녁에 베이비시터를 부르겠다고 합니다. 오랜만에 당신과 데이트를 할 계획인 모양입니다. 그런데 저녁에 집에 와 보니 아내가 깜빡 잊고 베이비시터를 부르지 않았다고 합니다. 당신은 화가 납니다. 그러면서 아내가 자신의 말을 반드시 지켜야 한다고 속으로 생각합니다. 아내가 미덥지 못한 사람으로 보입니다. 아내가 당신만큼 부부의 데이트를 중요하게 여기지 않는다고 생각합니다. 이 모든 이유로 당신은 화가 납니다. 만약 당신이 계속해서 아내에게 초점을 맞춘다면 당신이 느끼는 감정은 결국 곪아 터질 것입니다. 만약 그러지 않고 당신의 충족되지 못한 여러 욕구에 공감한다면 당신 자신과 아내에게 연민을 느낄 것입니다. 이 상황에서 당신은 이렇게 말할 수 있습니다. "당신이 베이비시터를 부르지 않아서 꽤나 실망했어요. 왜냐면 나는 우리 둘만의 저녁 데이트를 정말 원했거든요. 게다가 당신이 자신의 말을 지킨다고 믿고 싶었고요. 우리 둘의 저녁 데이트가 당신에게도 중요하다고 말해 줄 수 있나요?" 당신이 아내에게 표현한, 충족되지 못한 욕구는 저녁 데이트였습니다. 그리고 아내가 자신의 말을 지킨다고 믿고 싶은 바람이었습니다. 또 질문 형식의 부탁을 통해 당신은 아내에게 무엇이 중요한지에 관하여 정보를 얻을 수 있습니다. 이제 문제 해결의 문이 열립니다. 그 결과로, 당신의 욕구를 자연스럽게 그리고 사랑의 마음으로 충족할 가능성이 커집니다. 이것은 분노를 치유하는 강력한 방법입니다.

 오늘은 화가 날 때 그것을 당신의 느낌과 욕구로 바꿔 말해 보세요.

↷ ↷ ↷ ↷ 10월 8일 ↶ ↶ ↶ ↶

당신이 가진 도구가 '망치'뿐이라면 세상 모든 것이 '못'으로 보인다.
• 에이브러햄 매슬로

대화 도구 확장하기

나는 최근에 일련의 웹 강좌를 만들어 진행하고 있습니다. 처음 이 프로젝트를 시작했을 때는 웹 강좌를 경험해 본 적도 없었고, 어떻게 만드는지도 막연했습니다. 완전히 새로운 도구와 용어, 자료를 배워야 했습니다. 웹 강좌를 만들지 않기로 했다면 새로운 것을 배울 필요도 없었을 것입니다. 그러나 성공에 대한 나의 욕구를 충족하기 위해 나는 기술과 지식을 확장했습니다. 인간관계도 마찬가지입니다. 누군가와 맺고 있는 관계에서 제한된 관계 맺기 기술로 인해 연결, 친밀감, 재미에 대한 당신의 욕구가 충족되지 않고 있나요? 그렇다면 새로운 관계 기술을 익혀 보세요. 당신의 관계 맺기 도구 상자를 확장해 보세요. 상황에 따라 필요한 관계 맺기의 자원이 다를 수 있습니다. 선택의 폭이 좁으면 자신과 관계의 질이 떨어지게 됩니다. 비폭력대화는 관계 맺기 기술을 습득하는 데 도움이 되는 도구 중 하나입니다. 비폭력대화는 전 세계 수천 명의 관계를 변화시켰습니다.

 오늘 하루는 당신의 관계 맺기 기술이 당신의 욕구를 충족하기에 적합한지 생각해 보세요. 만약 그렇지 않다면 새로운 관계 기술을 배워 보세요.

⇢ ⋅⇢ ⋅⇢ ⋅⇢ 10월 9일 ⇠⋅ ⇠⋅ ⇠⋅ ⇠⋅

나는 자라면서 타인이 원하는 사람이 되려고 애썼다.
다른 사람의 눈으로 나를 판단하지 않기까지 오랜 시간이 걸렸다.

• 샐리 필드

자신을 해방시키기

오래 전에 나는 처음으로 고향을 떠나 이사를 했습니다. 내 인생에서 가장 고통스럽고 힘들었지만 그만큼 큰 깨달음을 얻은 시기이기도 했습니다. 누구도 나에 관한 선입견을 갖지 않은 곳에서 살았습니다. 내가 만난 모든 사람이 나를 처음 보았습니다. 그곳에서 나는 이름 없는 새로운 존재였습니다. 나는 이 기회를 통해 여러 겹의 습관적인 행동 이면에 숨어 있는 진짜 내 모습을 발견할 수 있었습니다. 새로운 환경에서 지내는 처음 몇 년 동안 나는 내 안에 있는지도 몰랐던 깊이와 재능, 용기를 발견했습니다. 의지할 가족도 없었기 때문에 무엇이든 스스로 해 나가며 독립하는 법을 배웠습니다. 내가 운동신경과 체력이 뛰어나다는 사실도 알게 되었습니다. 다른 사람의 시선이 아닌 나의 눈으로 나를 보기 시작했습니다. 그렇게 나 자신을 해방시켰습니다. 당신에 대한 사람들의 선입견 때문에 불편하다면 그 상황에서 벗어나 보세요. 반드시 다른 도시나 국가로 이사할 필요는 없습니다. 직업이나 직장을 바꾸어도 좋고, 여행을 떠나 새로운 사람들을 만날 수도 있습니다. 새로운 환경에서 당신이 정말 누구인지 발견하는 방법을 찾아보세요. 자신이 누구인지 알면 다른 사람이 당신을 규정할 가능성도 줄어듭니다.

 오늘은 당신에 관해 사람들이 어떻게 생각하는지 의식해 보고, 그것이 당신이 생각하는 자신에 관한 생각과 일치하는지 알아 보세요.

⤳ ⤳ ⤳ ⤳ **10월 10일** ⬺ ⬺ ⬺ ⬺

진정한 자신이 되는 데 필요한 것은
당신의 삶에서 일어나는 일이 전부이다.

• 플로리다 스코트-맥스웰

축하할 이유 찾기

한때 나는 생일, 졸업, 결혼 등 큰일이 있어야만 축하를 할 수 있다고 생각했습니다. 이런 생각 때문에 결과적으로 자주 축하하지 못했습니다. 내가 처한 상황이 축하할 만한 것이 못 된다고 여겼습니다. 그만한 가치가 없다고 느꼈습니다. 그러나 지금은 삶의 '모든' 일이 축하할 가치가 있다는 사실을 압니다. 교통 체증 없이 시애틀 시내를 운전하는 것은 축하할 일입니다. 맑고 화창한 날씨의 워싱턴 해안에서 주말 이틀을 보내는 것도 축하할 일입니다. 이 책의 333번째 명상을 쓰고 있는 것도 축하할 이유입니다! 나는 다양한 방법으로 축하에 대한 나의 욕구를 충족합니다. 친구에게 전화를 걸어 행복을 나누기도 하고, 내가 좋아하는 날씨를 만들어 준 신에게 감사하기도 하고, 파티를 계획하기도 합니다. 중요한 것은 인생의 큰일뿐 아니라 작은 일에도 축하를 보내는 것입니다. 그렇게 하면 우리의 삶에서 잘 되어가는 일과 연결될 수 있습니다. 그러면 감사하는 마음이 일어날 것입니다.

 오늘은 당신의 삶에서 잘 되어가고 있는 한 가지 일에 대해 의식적으로 축하해 보세요.

10월 11일

타인을 정복하는 자는 그저 힘이 센 자이다.
자신을 정복하는 자가 진정으로 강한 자이다.

• 노자

자신을 신뢰하기

사람들에게 내 마음의 문을 닫아걸던 때가 있었습니다. 주고 싶지 않은 것을 요구할까 두려웠기 때문입니다. 나는 마음의 문을 닫아건 채 아주 소수의 사람만이 내 안에 들어오게 했습니다. 이런 태도로 살자 외롭고 슬펐으며 덫에 갇힌 것처럼 느껴졌습니다. 당신은 어떤가요? 지금은 내가 사람들에게 무엇을 줄지 스스로 선택할 수 있음을 압니다. 나의 욕구를 솔직하고 분명하게 표현하면서 모든 관계에서 자신을 돌보는 도구를 새롭게 익혔습니다. 그러자 자유가 찾아왔습니다. 내가 원하는 것보다 더 많이 주지 않아도 된다는 사실을 믿었고, 그러자 모든 사람을 나의 세계에 들여놓을 수 있었습니다. 이로써 내 삶은 더 풍요롭고 다양해졌으며 더 큰 기쁨에 넘치게 되었습니다.

 오늘은 상대와의 관계에서 상대에게 무엇을 줄지 당신 스스로 선택해 보세요.

10월 12일

모든 위대한 발견은 느낌이 생각보다 앞선 사람들에 의해 이루어졌다.

• C. H. 파크허스트

갈등 해소

당신이 상대와 갈등에 빠졌다면 그것은 내면의 근원적 욕구에 연결하지 못하고 특정 방법을 놓고 서로 다투는 것일 가능성이 큽니다. 갈등은 특정 방법을 놓고 싸우는 것입니다. 이 단순한 사실을 인식하는 것이 중요합니다. 따라서 갈등 해소의 첫 단계는 욕구를 충족하는 방법이 아니라 그 이면에 자리 잡은 욕구를 알아보는 것입니다. 이렇게 욕구를 알아보는 것만으로 해결책이 나타날 수 있습니다. 갈등 해소의 두 번째 단계는 모든 사람의 욕구를 존중하겠다고 다짐하는 것입니다. 즉, 누군가의 욕구를 희생하는 대가로 당신 방식대로 하지 않겠다고 다짐하는 것입니다. 갈등 해소의 세 번째 단계는 모든 부탁의 이면에 자리 잡은 욕구를 발견하는 것입니다. 크리스마스 휴가에 당신의 배우자는 가족 방문을 원합니다. 하지만 당신은 그냥 집에서 쉬며 당신의 욕구를 보살피고 싶습니다. 이때 배우자의 욕구는 재미, 가족과의 연결, 가족의 삶에 기여하고 싶은 바람일 것입니다. 한편 당신의 욕구는 휴식, 편안함, 재미일 것입니다. 갈등 해소의 네 번째 단계는 모든 이의 욕구를 존중하는 다른 해결책을 떠올리는 것입니다. 양자택일의 선택(크리스마스에 가족을 방문하거나 집에 머물거나)에만 초점을 맞추기보다 그 밖의 다른 방법은 없을까요? 충족하고

자 하는 자신의 실제 욕구를 알아보지 못하면 욕구 충족의 수단
과 방법에 가로막히기 쉽습니다. 자신과 상대가 충족하려는 욕
구를 알아볼 때 더 많은 선택권이 열립니다.

 오늘은 모든 이의 욕구를 찾고 충족하는 데 초점을 맞추지 못하고 특정 방법
을 놓고 다툴 때 갈등이 일어난다는 사실을 의식해 보세요.

〉‧〉‧〉‧〉 10월 13일 〈‧〈‧〈‧〈

자신과 타협하지 말라.
당신이 가진 모든 것이 당신이다.
• 재니스 조플린

존중에 대한 욕구 충족하기

"내가 당신을 존중한다는 걸 알잖아요. 뭐가 문제에요?" 상대가
당신을 존중하는지를 놓고 다투는 상황에 처한 적이 있나요? 그
러나 상대가 당신을 존중하는지에 집중하면 이런 다툼은 절망감
을 안깁니다. 정말 중요한 문제는 상대가 당신을 존중하는가가
아니라 존중에 대한 당신의 욕구가 충족되고 있는가입니다.

내 남성 친구 중 하나는 동성 친구들이 소프트볼 시합에서
공을 놓치는 등 어설픈 실수를 할 때면 입버릇처럼 이렇게 말합
니다. "계집애처럼!" 친구의 이 말을 들을 때마다 나는 마음이 매

우 불편합니다. 존중에 대한 나의 욕구가 충족되지 않기 때문입니다. 이 점을 말하면 친구는 이렇게 대답합니다. "오, 메리. 내가 널 존중한다는 걸 알잖아. '너를' 염두에 둔 말이 아니라고. 단지 밥의 행동이 계집애 같다는 말을 하는 거야." 이제 우리 두 사람은 그가 나를 존중하는지를 놓고 다투는 상황이 됩니다. 이런 대화는 우리 둘 모두에게 만족스럽지 못합니다. 그래서 한번은 내가 이렇게 말했습니다. "네가 친구들의 행동이 마음에 들지 않아 '계집애처럼!'이라고 말할 때마다 나는 마음이 불편해. 왜냐면 내겐 모든 사람에 대한 존중이 중요하거든. 내가 곁에 있을 땐 다른 식으로 실망감을 표현해 줄래?" 친구는 다시 한 번 나를 존중한다고 말했습니다. 그러나 나는 친구의 말에 이렇게 대답했습니다. "네가 나를 존중한다는 건 알겠어. 하지만 '계집애처럼'이라는 말을 들으면 '여성으로 존중 받고 싶은 나의 욕구'가 충족되지 않아. 내가 곁에 있을 때 친구들에 대한 실망감을 다른 식으로 표현해 주겠니?" 나의 뜻을 분명히 하자 친구는 그러겠다고 했습니다.

　자신이 존중받고 있는지 아닌지를 놓고 다툼을 벌이는 것은 시간 낭비입니다. 상대의 특정 행동으로 존중에 대한 당신의 욕구가 충족되고 있지 않다는 것, 그리고 당신의 욕구가 충족되려면 무엇을 원하는지 상대에게 분명히 밝히는 것이 더 효과적인 방법입니다. 당신의 목표는 상대가 당신에 대한 존중을 다른 방식으로 표현해 주는 것입니다. 이 경우, 친구에게 당신과 함께 있는 동안은 자신의 실망감을 다른 식으로 표현하도록 부탁해 보세요. 그러면 당신이 원하는 것에 계속 집중할 수 있을 것입니다.

오늘은 존중에 대한 당신의 욕구가 충족되지 않는 경우에 당신의 느낌과 욕구를 분명히 표현해 보세요.

↣ ↣ ↣ ↣ 10월 14일 ↢ ↢ ↢ ↢

경고: 통계에 따르면 전쟁 중 군대 사망률이
눈에 띄게 증가하는 것으로 나타났다.
• 알퐁스 알레

지금 당신의 행동은 당신에게 도움이 되고 있나요?

알버트 아인슈타인은 '미친 짓'을 이렇게 정의했습니다. '같은 행동을 반복하면서도 다른 결과를 기대하는 것'이라고 말입니다. 나는 이 정의가 우리의 대화 패턴에도 그대로 적용된다고 생각합니다. 우리 중 많은 이가 어렸을 때 익힌 존재 방식을 어른이 되어서도 의심하지 않고 그대로 지니고 삽니다. 그렇게 살다가 결국엔 인간관계와 직업, 삶의 여러 측면에서 행복하지 않은 자신을 발견하고는 합니다. 자신이 비참하다고 느끼면서도 행동에 변화를 주기를 주저합니다. 왜일까요? 불행하긴 해도 지금까지 죽 그래 왔기 때문입니다. 지옥은 지옥이지만 자신에게 '익숙한' 지옥이니까요.

그런데 지금과 다른 존재 방식을 몰라서 계속 불행한 삶을 사는 사람도 있습니다. 삶의 결과물을 바꾸고 싶다면 지금 당신의 행동을 바꿔 보세요. 먼저, 당신이 충족하고자 하는 욕구와 연결하세요. 당신이 과식을 하는 이유는 보호와 편안함, 안도감에 대한 욕구를 충족하기 위해서인가요? 자녀에게 고함을 지르는 이유는 수월함과 경청, 자녀의 삶에 기여하고 싶은 욕구 때문인가요? 충족하고자 하는 당신의 욕구가 무엇인지 분명해졌다면 이제 그 욕구를 충족하는 다른 방법을 찾아보세요. 그 밖에 연결과 조화, 배려 등 당신이 가진 다른 욕구에 대해서도 생각해 보세요. 당신이 바꾸려는 행동이 대단한 것일 필요는 없습니다. 무언가를 그저 다른 방식으로 해 보세요. 한 가지 행동, 한 가지 태도, 한 가지 활동을 바꾸는 것만으로 당신의 나아가는 길이 크게 달라질 수 있습니다.

 오늘은 당신이 변화시키고 싶은 행동을 하나 택한 뒤, 당신이 충족하고자 하는 욕구와 연결해 보세요. 그 욕구를 더 잘 충족하려면 지금과 다르게 어떻게 해야 할지 생각해 보세요.

⟩ ⟩ ⟩ ⟩ 10월 15일 ⟨ ⟨ ⟨ ⟨

숲은 당신이 어떻게 부르느냐에 따라 그에 맞춰 대답한다.

• 핀란드 속담

성적 표현에 대한 욕구 충족하기

당신의 성적 욕구가 충족되지 않고 있다고 배우자에게 말해 본 적이 있나요? 이런 대화는 자칫 상대의 방어적 태도를 일으키고 기분을 상하게 할 가능성이 있습니다. 특히 당신이 자신의 욕구에 집중하지 않은 채 배우자의 '기술 부족'을 들먹인다면 더욱 그러합니다. 구체적으로 부탁을 하는 것도 중요합니다. 상대와 사랑을 나누는 것이 즐겁지 않다고 말하는 것은 대화를 시작하는 데 효과적인 방법이 아닐 수 있습니다. 대신에 그녀에게 이렇게 말해 보세요. "지난 몇 차례 우리가 사랑을 나누는 동안 당신이 예전만큼 집중하지 않는 것처럼 느껴졌어요. 난 우리 둘이 함께 집중하며 사랑을 즐기던 그때의 연결감이 그리워요. 당신도 그 연결감을 즐겼나요?" 이렇게 말하면 당신이 지금까지 배우자와 사랑을 나누며 즐거웠던 부분을 표현할 수 있으며 상대도 그런 연결감이 좋았다고 말할 기회가 생깁니다. 이제부터는 상대가 사랑을 나누는 데 집중하지 못하는 이유를 살펴보면서 상황을 낫게 만드는 방법을 생각해 볼 수 있습니다. 이런 대화에서 두 사람 모두 이로움을 얻을 것입니다.

 오늘은 당신의 성생활이 얼마나 만족스러운지 생각해 보고 그것을 향상시킬 수 있는 부탁을 상대에게 해 보세요.

⸳⟶ ⸳⟶ ⟶ ⸳⟶ **10월 16일** ⟵ ⸳ ⟵ ⸳ ⟵ ⸳ ⟵

인간의 욕구를 이해하는 것은 욕구 충족의 절반을 차지한다.
• 애들레이 스티븐슨

통제는 욕구가 아니라 수단

사람들이 통제에 대한 욕구 때문에 어떤 일을 했다고 말하는 것을 종종 듣습니다. 그러나 통제는 사실 욕구가 아니라 욕구를 충족하는 수단입니다. 아내가 운전을 하겠다고 나섭니다. 당신은 아내에게 통제에 대한 욕구가 있다고 생각할지 모릅니다. 그러나 지금 아내의 욕구는 안전과 편안함, 재미일 수 있습니다. 아내가 자신의 이런 욕구를 충족하는 수단이 '누가 운전하는지'를 통제하는 것입니다. 다른 예로 당신은 상사가 통제에 대한 욕구를 충족하기 위해 사사건건 당신의 업무에 간섭한다고 여길지 모릅니다. 그러나 이 경우에도 상사의 욕구는 업무를 제대로 해낼 수 있다는 확신과 예측 가능성, 존중인지 모릅니다. 상사는 당신과 함께하는 프로젝트를 거듭 살핌으로써 자신의 이런 욕구를 충족하고 있는 것입니다. 통제는 우리 내면에 깊이 자리 잡은 욕구를 충족하는 수단입니다. 통제는 욕구가 아니라 수단이라는 점을 아는 것은 중요합니다. 이로써 타인의 행동을 더 분명하게 이해할 수 있기 때문입니다. 또한 방법과 욕구를 혼동하지 않으면 더 큰 연민의 마음으로 상대와 연결할 수 있습니다.

오늘은 상대가 당신을 통제하려고 하는 이면의 욕구가 무엇인지 생각해 보세요. 상대의 욕구와 연결했을 때 그에게 연민을 느낄 수 있는지 보세요.

⤳ ⤳ ⤳ ⤳ 10월 17일 ⬳ ⬳ ⬳ ⬳

나는 그 여행이 최고의 여행 즉, 우리 내면을 향한 여행이 되기를 바랐다.

• 셜리 맥클레인

자신을 발견하기

나는 멋진 장소를 많이 다녀 보았습니다. 그러면서 열정적이고 세상 경험이 많은 사람들, 똑똑하고 유명한 사람들을 수없이 만났습니다. 멋진 해변을 거닐어 보았고, 코스타리카의 열대림에서 타잔처럼 나무도 타 보았습니다. 유럽의 고대 건축물과 문화도 실컷 즐겼습니다. 그러나 이들 여행 중 어느 것도 나 자신으로 향하는 여행만큼 신나고 예측불가능하며 뿌듯함을 안기는 여행은 없었습니다. 나에게로 여행을 떠나 자신의 느낌과 욕구에 연결하는 법을 익히자 나는 살면서 더 나은 결정을 내릴 수 있었습니다. 그러면서 내 삶의 모든 부분을 더 온전히 즐길 수 있었습니다. 정말입니다. 자신에게로 향하는 여행은 가장 짜릿하고 놀라움으로 가득하며 우리에게 힘을 주는 여행입니다. 자기에게로 떠나는 여행이 언제나 쉬운 것은 아닙니다. 하지만 그것이 주는 보상은 매우 큽니다.

오늘은 당신 자신을 더 잘 알기 위해 여행을 떠나 보세요. 그 모험을 즐겨 보세요.

✈ ✈ ✈ ✈ 10월 18일 ✈ ✈ ✈ ✈

살면서 두려워할 것은 아무것도 없다. 이해해야 하는 것들뿐이다.

• 마리 퀴리

느낌을 명확히 하기

느낌을 표현할 때는 당신의 생각이 아니라 감정을 전하는 단어를 사용해 보세요. 감정 단어에는 '슬픈, 행복한, 신나는, 기쁜, 두려운, 상처 받은' 등이 있습니다. 한편, '이용당했다, 나를 버렸다, 거부했다, 학대했다' 같은 단어는 감정 단어가 아니라 상대에 대한 판단을 드러내는 생각 단어입니다. 생각 단어들은 상대의 행동에 대한 당신의 의견을 나타냅니다. '나를 조종하려 했다, 학대하려 했다, 나를 버리고 거부했다' 같은 당신의 의견을 드러냅니다. 상대에 대해 판단하기보다 어떤 일에 대해 당신이 실제로 어떻게 느끼는지 표현하는 데 집중해 보세요. 그럴 때 상대가 당신의 말에 귀 기울일 가능성이 커집니다. 아내가 당신과 사전에 상의하지도 않고 주말 계획을 잡았을 때 당신은 짜증이 나고 마음에 상처를 입고 화가 나며 혼란스럽다고 느낄 것입니다. 이때 당신이 아내에게 '무시당했다'거나 '거부당했다'고 말하면 아내는 방어적인 태도로 나올 것입니다. 의견과 판단을 섞지 말고, 상대와 그리고 당신 자신과 연결하는 방식으로 당신의 감정을 표현해 보세요. 의견과 판단은 당신과 상대를 단절시킵니다. 단절은 다툼을 부르지만 연결은 해결책을 가져옵니다.

 오늘은 생각이 아닌 느낌을 표현하는 데 집중하면서 당신 자신 그리고 상대와 더 깊이 연결해 보세요.

·〉·〉·〉·〉 10월 19일 〈·〈·〈·〈·

진심으로 놀기를.

• 아나카르시스

놀이에 대한 욕구 충족하기

나에게 놀이는 충족하기 가장 어려운 욕구입니다. 나는 잘 노는 사람들이 부럽습니다. 남동생이 얼마 전 아내와 딸과 함께 떠난 여행에 대해 이야기했습니다. 남동생 가족은 골프와 미니골프를 쳤고, 풀장에서 수영을 했으며, 볼링도 치고, 멋진 레스토랑에서 식사도 했다고 합니다. 지역의 명소를 두루 다니며 낮잠도 실컷 잤다고 합니다. 나는 동생 가족이 길지 않은 휴가 기간에 여러 활동으로 놀이에 진심인 것을 보고 놀랐습니다. 나의 경우, 열심히 일하고 성취를 이루는 것에 대한 욕구는 충족했지만 놀이에 대해서는 잊고 지냈습니다. 당신은 어떤가요? 지금 이 순간 놀이에 대한 당신의 욕구가 충족되고 있나요? 그렇지 않다면 오늘 놀이에 대한 당신의 욕구를 충족하기 위해 무엇을 할 수 있을지 생각해 보세요. 맘껏 웃고 떠들 수 있는 친구와 점심을 먹는 건 어떨까요? 재미있는 영화를 보러 가는 건요? 오늘은 일에 대해 잊어버리세요. 롤러스케이트를 타도 좋고, 아이스스케이트를 타도 좋습니다. 말을 타도 좋고, 볼링이나 골프를 쳐도 좋습니다. 놀이에 대한 당신의 욕구를 충족하며 기쁨을 느낀다면 어떤 활동을 하는가는 문제가 되지 않습니다. 내 친구는 이렇게 말했습니다. "그냥 놀아!"

 오늘은 놀이에 대한 당신의 욕구가 충족되고 있는지 살펴보세요.

⇢ ⇢ ⇢ ⇢ **10월 20일** ⇠ ⇠ ⇠ ⇠

진지한 대범함은 언제나 내면에서 시작된다.

• 유도라 웰티

연민의 대화와 중독

사람들은 종종 나에게 연민의 대화(비폭력대화)가 중독에 어떤 효과가 있는지 묻습니다. 중독에 대한 손쉬운 해결책은 없습니다. 중독을 극복하도록 돕는 12단계 프로그램도 많이 있습니다. 그런데 우리가 하는 모든 행동은 자신의 욕구를 충족하려는 시도임을 기억할 필요가 있습니다. 연민의 대화는 사람들이 다른 프로그램에서 자신에 대해 알게 된 바를 보완해 줍니다. 즉, 연민의 대화는 그들이 자신의 욕구를 더 잘 충족할 수 있는 새로운 방법을 찾도록 도와줍니다. 중독에 빠진 사람을 볼 때 그들이 자신의 중독 행동으로 충족하고자 하는 욕구가 무엇일까 생각해 보세요. 아마도 그들의 중독 행동의 이면에는 언제나 수월함, 편안함, 안도감, 그리고 고통스러운 감정과 상황으로부터 보호받고 싶은 욕구가 있을 것입니다. 각자가 처한 상황은 다르지만 그 이면에 자리 잡은 욕구는 동일합니다. 중독 물질은 사람들이 자신의 욕구를 충족하기 위해 사용하는 방법일 뿐입니다. 그리고 대부분의 경우에 욕구를 더 잘 충족할 수 있는 중독 외의 다른 방법이 존재합니다.

모든 중독 행동의 이면에는 고통 받고 있는 사람이 있습니다. 그들의 느낌과 욕구에 귀를 기울이며 공감해 보세요. 그럴 때 그 사람과 당신의 관계에 커다란 안도감이 찾아올 것입니다. "그렇게 담배를 많이 피면 안 돼요."라고 말하기보다 이렇게 말하며 공감해 보세요. "담배를 끊으면 더 스트레스를 받을까 봐 걱정이 되나요?" 상대의 느낌과 욕구에 관해 이야기 나누었을 때 알게 되는 것에 당신은 놀랄지 모릅니다. 설령 상대가 중독 행동을 끊지 못하더라도 이제 두 사람은 서로 연결되었다는 느낌을 받을 수 있습니다. 중독에 대한 손쉬운 해결책은 존재하지 않습니다. 하지만 상대가 중독 행동을 통해 충족하려는 욕구와 연결할 때 회복의 문은 더 크게 열립니다.

 오늘은 사람들이 그들의 중독 행동으로 충족하고자 하는 욕구가 무엇일까 생각해 보세요.

╍╌➤╌➤╌➤╌➤ 10월 21일 ◀╌◀╌◀╌◀╌

회피하는 것은 고통이다. 관심을 기울일 때 치유의 마법이 일어난다.
고통에 충분히 관심을 기울이면 미처 의식하지 못한
중요한 질문에 대한 답이 떠오른다.

• 매릴린 퍼거슨

누구에게 공감할지 선택하기

어떤 사람에게 공감하려고 할 때 연결, 휴식, 기쁨에 대한 나의
욕구가 충족되지 않는 경우가 종종 있습니다. 이것은 그 순간 나
의 욕구가 상대의 욕구보다 더 크거나, 공감을 통해 충족하려는
욕구가 아닌, 다른 더 중요한 욕구가 내게 있기 때문일 것입니다.
어쨌거나 비폭력대화의 기본 철학 중 하나는 모든 사람의 욕구
를 똑같이 존중하는 것입니다. 나의 욕구도 상대의 욕구와 똑같
이 고려해야 합니다. 나의 욕구를 희생하는 대가로 상대에게 공
감한다면 비폭력대화 정신에 따라 산다고 할 수 없습니다. 상대
의 곁에서 그의 욕구에 공감하기 어려운 상황이라면 솔직하게 그

사실을 말해야 합니다. 그것이 진실성과 돌봄에 대한 나의 욕구를 더 잘 충족하는 방법입니다.

 오늘은 상대가 당신에게 정서적 지지를 요청할 때 당신에게 어떤 욕구가 있는지 의식해 보세요.

✙ ✙ ✙ ✙ 10월 22일 ✙ ✙ ✙ ✙

절대 화난 채로 잠자리에 들지 말라. 일어나 화를 풀어라.
• 필리스 딜러

완전히 이해할 때까지

최근에 부모님 댁을 방문했을 때 지난 크리스마스 장식을 대신 치워 드리겠다고 했습니다. 연로하신 부모님이 하기에 힘든 일이라는 걸 알고 있었기 때문입니다. 또 이로써 부모님의 삶에 도움을 주고 싶은 나의 욕구도 충족될 것이었습니다. 아버지는 나의 제안에 대해 약간 불편한 심기가 담긴 목소리로 이렇게 말했습니다. "크리스마스 장식을 넣는 커다란 상자가 다섯 개나 된단다. 어디에 뭘 넣어야 할지 아는 사람은 네 여동생뿐이야." 나는 아버지가 일을 수월하게 처리하려고 내가 정리하지 말고 그냥 두라는 의미로 받아들이고는 "알았어요."라고 대답했습니다. 그러나 20분 뒤 아버지의 말을 내 식대로 판단했다는 걸 깨닫고는 아버지에게 직접 확인했습니다. "아빠, 장식을 넣어야 할 상자가 다섯 개나 된다고 내가 말씀하셨을 때 내가 치우지 말고 그냥 두라는 의미였어요?" "아니, 그건 아니었어." 아버지가 말했습니다. "아, 그러면 장식을 어떻게 정리해야 하는지 내가 알도록 아버지가 돕지 못한다는 말씀이었어요?" "그렇단다. 어떤 게 어느 상자에 들어가야 하는지 나는 모르거든." "아, 그러면 어느 상자에 뭘 넣어야 할지 내가 안다면 내가 장식 정리를 해도 되는 거죠?" "물론이지." 아버지의 말을 잘못 이해했던 나는 하마터면 부모님의 삶에 기여할 기회를 놓칠 뻔했습니다. 연민의 대화의 정신에 따라 산다는 것은 다음 행동을 취하기 전에 우리가 상황을 제대로 이해했는지 기꺼이 확인하려는 의지이기도 합니다. 당신이 내리고 있는 가정을 확인해 보세요. 서둘러 대화를 끝내기 전에 상대와 연결하는 기회를 가져보세요. 상대와 연결하는 기회를 놓친다면 당사자 모두가 서로의 삶에 기여할 기회를 잃게 됩니다.

 오늘은 상대의 말에 대해 당신이 내리고 있는 가정을 상대에게 직접 확인해 보세요.

<hr>

→ → → → **10월 23일** ← ← ← ←

자신에게 하는 거짓말이 가장 큰 거짓말이다.

• 에릭 호퍼

자신에게 중요한 가치 알아보기

"오, 매주 마사지를 받을 여력이 안 돼요.""아뇨. 여행할 돈이 넉넉하지 않아요." 사람들이 어떤 것을 할 경제적 여건이 안 된다는 말을 얼마나 자주 하는지 보았나요? 이런 말은 우리가 실제로 그 돈을 다른 곳에 쓰기로 선택했다는 의미입니다. 우리는 자신에게 중요한 것에 관하여 선택을 내리며 삽니다. 매주 마사지를 받을 여력이 안 된다고 하면서 건강보험에 매달 60만원을 낸다면 미용보다 안정에 대한 욕구를 충족하기로 선택한 것입니다. 해외여행을 안 가는 대신 새 차에 4천만 원을 쓴다면 재미와 모험에 대한 욕구보다 예측가능성과 안전에 대한 당신의 욕구를 충족하기로 선택한 것입니다. 바깥에서 친구와 점심을 먹지 않는 대신 가족과 집에서 함께하는 저녁식사 비용을 마련한다면 친구와의 연결이라는 욕구보다 가족의 삶에 기여하고 싶은 욕구를 충족하기로 선택한 것입니다. 당신은 지금 어떻게 돈을 쓰고 있나요? 당신이 돈을 쓰는 방식은 당신에게 중요한 가치에 관하여 무엇을 말하고 있나요? 자신에게 중요한 가치와 일치하는 선택을 의식적으로 내릴수록 우리의 삶은 더 평화로워집니다.

 오늘은 당신이 돈을 쓰는 방식을 살펴보고, 그것이 당신에게 중요한 가치에 관하여 무엇을 말해 주는지 보세요.

친구의 이마에 앉은 파리를 쫓으려고 도끼를 쓰지 말라.

• 중국 속담

욕구 충족의 방법을 자신에게 중요한 가치와 조화시키기

당신에게 가장 중요한 가치는 무엇입니까? 지금 당신의 행동은 그 가치와 조화를 이루고 있나요? 한때 나는 진실성이 내게 가장 중요한 가치라고 여겼습니다. 그런데 내가 싫어하는 일을 5년 동안이나 매일 하고 있었습니다. 또 우정을 중시하면서도 힘든 상황에 처한 친구 곁에 있어 주는 것이 불편했습니다. 나는 진실성과 우정이라는 가치를 오랫동안 지녔다고 생각했지만 사실 나의 행동은 그것과 다른 가치를 드러내고 있었던 것입니다. 이런 불일치를 알아차렸을 때 나는 낙담했습니다. 어떻게 그토록 오랜 시간 나의 가치와 상반되는 삶을 살 수 있었을까요? 몇 달 후에 답을 알게 되었습니다. 그렇게 사는 것이 내가 아는 유일한 삶의 방식이었기 때문이었습니다. 사실 나의 행동이 나에게 중요한 가치와 일치하는지 제대로 살펴본 일이 한 번도 없었습니다. 그저 나에게 요구되는 대로 세상에 반응하며 살았을 뿐이었습니다.

지금 당신이 하고 있는 행동이 당신에게 중요한 가치와 조화되는지 살펴보세요. 만약 그렇지 않다 해도 낙담하지 마세요. 많은 사람이 가진 비생산적인 행동 양식은 성인이 되어 만들어진 것입니다. 지금부터라도 당신에게 중요한 가치와 일치하는 행동을 만들어 보세요. 당신의 삶에 다시 집중할 수 있을 것입니다.

오늘은 당신이 행동을 통해 드러내는, 당신에게 중요한 가치가 무엇인지 의식해 보세요.

⇢ ⇢ ⇢ ⇢ **10월 25일** ⇠ ⇠ ⇠ ⇠

배 주위를 뛰어다니면 물에서 조금도 앞으로 나아가지 못한다.
• 익명

직접적으로 부탁하기

종종 '무엇을' 부탁하느냐보다 '어떻게' 부탁하느냐가 더 중요합니다. 최근에 어느 부부가 이런 대화를 나누는 것을 들었습니다. 남편이 아내에게 정수기를 사 주었습니다. 그러나 아내는 정수기를 원하지 않았습니다. 남편은 화가 나 이렇게 말했습니다. "내가 뭘 사줘도 당신이 좋아하지 않는다는 걸 이제 알겠군요. 당신에게 물건 사주는 일을 내가 왜 그만두지 않는지 모르겠어요." 아내가 대답했습니다. "정수기가 왜 필요해요? 우린 30년 동안 수돗물을 먹었다고요!" 나는 이 대화에서 남편이 아내가 아니라 '자신이' 원하는 선물을 사 주었음을 알고 안타까웠습니다. 아내가 선물을 좋아하지 않자 남편은 화가 났습니다. 마음에 상처를 입었고 낙담도 했습니다. 깨끗한 물을 마시고 싶은 남편의 욕구는 결국 충족되지 않았고 두 사람 사이에 더 큰 긴장감이 생겼습니다. 이때 남편이 자신이 원하는 바를 간단히 요청했더라면 남편의 욕구가 충족될 수 있었을 것입니다. "여보, 난 우리가 마시는 물속에 든 중금속이 걱정돼요. 이제부터 정수기 물을 마시면 어떨까요?" 이것은 직접적이고 솔직한 부탁입니다. 자신의 의도에 솔직하지 않은 채 자신이 원하는 바를 사람들에게 시키려 한다면 상대를 조종하려는 각본에 빠지게 됩니다. 이것은 종종 역효과를 부릅니다. 이렇게 되면 관계의 당사자 누구도 만족감을 느끼지 못합니다. 나에게 무엇이 필요한지 직접적이고 솔직하게 표현할 때 자신의 욕구를 더 잘 충족할 수 있습니다.

 오늘은 상대를 조종해 당신의 욕구를 충족하려고 하는 때를 의식해 보고, 잠시 멈춰 상대에게 직접적으로 부탁해 보세요.

⇢ ⇢ ⇢ ⇢ **10월 26일** ⇠ ⇠ ⇠ ⇠

운명에서 달아나려는 시도는 우리를 운명으로 더 깊이 끌고 갈 뿐이다.

• 랄프 왈도 에머슨

행동은 욕구를 반영한다

당신이 누구이든, 어떻게 자랐건, 어디에 살건, 우리가 하는 모든 행동은 자신의 욕구를 충족하려는 시도입니다. 최근 내가 여행을 떠났을 때 우리 집 고양이들을 돌봐줄 사람이 필요했습니다. 나는 사람을 고용해 고양이들에게 마른 사료를 먹이도록 부탁했습니다. 이틀 후 그녀가 내게 전화를 걸어 고양이들이 마른 사료가 아니라 통조림 사료를 먹고 싶어 한다고 했습니다. 마침 집에 통조림 사료가 조금 있어 고양이들에게 주었는데, 통조림 사료를 더 사 먹여도 되느냐고 물었습니다. 나는 깜짝 놀랐습니다. 고양이들이 어떻게 통조림을 달라고 요청했는지 궁금했기 때문입니다. 그녀가 대답했습니다. "녀석들은 의사표현이 아주 분명했어요. 마른 사료를 먹고 나서는 밥그릇 옆에서 계속 야옹거리더군요. 다른 사료를 먹고 싶은 것 같아 냉장고와 찬장을 뒤졌더니 통조림 사료가 보여서 녀석들에게 주었죠. 그러자 녀석들은 더 이상 야옹거리지 않았어요. 얼마나 소통을 잘 하는지 녀석들이 사랑스럽지 않나요?" 나는 소통을 잘 하는 녀석들이 정말 사랑스러웠습니다. 열린 마음으로 고양이들의 욕구를 알아본 그녀 또한 얼마나 사랑스럽던지요.

동물들을 포함해 우리와 가까운 이들이 우리가 알아보기 어려운 방식으로 자신을 표현하는 때가 있습니다. 시간을 들여 그들을 이해하고자 할 때, 또 표면적인 말 이면에서 충족하고자 하는 그들의 욕구를 알아볼 때 우리의 관계는 향상할 것입니다. 이보다 값진 일이 또 있을까요.

 오늘은 상대가 하는 말 이면에 자리 잡은 그 사람의 욕구를 알아보는 기회를 가져 보세요.

→·→·→·→ **10월 27일** ←·←·←·←

오른손으로만 박수를 치려고 하면 소리가 나지 않는다.
• 말레이 속담

삶에서 기쁨 창조하기

연민의 대화에서는 자신에게 기쁨을 주는 행동을 해야 한다는 생각을 중요시합니다. 그런데 이런 생각을 처음 접한 사람들은 그것을 곧이곧대로 받아들이고는 이렇게 말합니다. "그럼, 회의에 참석하고 싶은 마음이 들면 참석할게요." "함께 갈 계획이었지만 막상 닥치고 보니 가고 싶지 않네요. 안 갈래요." 그런데 이렇게 말하고 행동하는 사람은 연민의 대화에서 중요한 한 가지 원칙을 놓치고 있습니다. 그것은 '모든 사람의 욕구를 똑같이 중요하게 여긴다'는 원칙입니다. 나는 내가 말한 대로 행동하는 데서만이 아니라, 친구의 삶에 기여하고 싶은 욕구를 충족하는 데서도 기쁨을 느낍니다. 만약 친구와 같이 세운 계획을 변경하고 싶다면 그의 욕구도 함께 고려해야 합니다. 상대의 욕구를 고려하려면 직접 물어보는 수밖에 방법이 없습니다. "조앤, 오늘 저녁함께 영화 보러 가기로 했었잖아. 근데 내가 좀 피곤해. 내일 저녁에 가도 괜찮을까?" 자신에게 기쁨을 가져오는 행동을 하는 것은 중요합니다. 그러나 모든 사람의 욕구를 동등하게 존중하는 것 또한 중요합니다. 다른 사람의 욕구보다 자신의 욕구를 우선하는 순간, 관계에 벽이 만들어집니다.

오늘은 상대의 욕구보다 당신의 욕구를 우선하는 때를 알아차려 보세요. 그리고 두 사람의 욕구를 함께 존중할 수 있는 방법을 찾아보세요.

→·→·→·→·→ **10월 28일** ←·←·←·←·←

오늘을 내일 기억하고 싶은 날로 만들어라.

• 에미티 벅스톤

자신의 몸 사랑하기

당신은 신체적 외모와 체중, 먹는 음식 때문에 자신에게 실망한 적이 있나요? 그렇다면 이런 것들로 자신을 두들겨 패는 데 에너지를 쓰기보다, 그런 행동으로 충족하고자 하는 당신의 욕구가 무엇인지 살펴보세요. 우리가 하는 모든 행동은 욕구를 충족하기 위한 시도라는 점을 기억하세요. 지금 당신은 몸이 필요로 하는 것보다 더 많이 먹고 있나요? 그렇다면 이런 행동으로 충족하려는 당신의 욕구는 무엇일까요? 나는 평생토록 과식을 해 왔습니다. 그런 나에게 과식은 예측가능성의 욕구를 충족해 주었습니다. 또 과식은 나의 안도감 욕구도 충족해 주었습니다. 음식에 집중하는 동안은 예민한 감정을 느끼지 않아도 되었으니까요. 그 밖에도 과식은 편리함과 보호에 대한 나의 욕구를 충족해 주었습니다. 그렇지만 마음 깊은 곳에서 나는 이것이 착각임을 알고 있었습니다. 고칼로리 패스트푸드를 사먹을 때 편리함에 대한 나의 욕구가 충족되는 이유는 내가 그만큼 식사 준비에 시간을 들이지 않았기 때문이었습니다. 한편, 열심히 몸을 움직여야 할 때나 옷을 쇼핑할 때는 편리함의 욕구가 충족되지 못합니다. 마찬가지로, 과식으로 나의 건강이 위험에 처하면 보호에 대한 나의 욕구가 충족되지 못합니다. 과식으로 충족되지 못하는 나의 다른 욕구에는 자기 존중감, 내 몸에 대한 사랑, 건강, 재미, 친밀감, 희망 등이 있습니다.

식습관을 바꾸고 싶다면 당신이 가진 욕구에 초점을 맞춰 보세요. 다음번에 샐러드 대신 햄버거와 감자튀김을 주문하고 싶을 때면 버거와 감자튀김으로 충족하고자 하는 당신의 욕구가 무엇인지 생각해 보세요. 그런 다음 그 욕구를 충족할 수 있는 더 건강한 방법은 없는지 자신에게 물어보세요. 안도감이 필요하다면 다른 방법을 떠올려 보세요. 힘든 문제에 대해 친구에게 전화를 걸어 이야기하거나, 충분한 시간 동안 목욕을 하거나, 체육관에 가서 운동을 하거나, 아니면 낮잠을 잘 수도 있을 것입니다. 안도감에 대한 당신의 욕구를 충족할 다른 방법이 얼마든지 있다는 사실을 믿고, 버거와 감자튀김이 아니라 샐러드를 주문할 의향이 없는지 자신에게 물어보세요. 평생의 습관을 바꾸는 데는 시간이 필요합니다. 하루아침에 되는 일이 아닙니다. 오랫동안 체중 때문에 힘들었다면 당신이 할 수 있는 가장 큰 사랑의 행위는 먼저 자신과 연결하는 것인지 모릅니다. 자신의 느낌을 알아보고, 당신이 충족하고자 하는 욕구에 공감해 보세요. 그러면서 자신에게 충분한 시간을 허락해 주세요.

오늘은 당신이 지금의 식습관으로 충족하고자 하는 욕구가 무엇인지 알아차려 보세요.

·→ ·→ ·→ ·→ **10월 29일** ←· ←· ←· ←·

잠자는 숲속의 공주가 깨어났을 때 그녀는 쉰 살이 다 되었다.

• 맥신 쿠민

자신의 몸과 연결 유지하기

나는 삶의 많은 시간을 나의 몸과 단절된 채 보냈습니다. 이것은 질병이 나를 심하게 타격하기 전까지 내가 병에 걸렸음을 알아채지 못했다는 의미입니다. 나는 심한 통증이 있고 나서야 병원에서 검사를 받고는 했습니다. 나는 오랫동안 내 몸이 싫었습니다. 신체적 외모뿐 아니라 떨어진 몸의 기능도 마음에 들지 않았습니다. 그래서 몸이 필요로 하는 것을 외면했습니다. 솔직히, 다른 사람이 내 몸을 살펴 주기를 바랐습니다. 그러던 중 내가 내 몸을 얼마나 소홀히 하고 있는지, 그 과정에서 '나 자신'을 얼마나 소홀히 대하고 있는지 깨달았습니다. 그러나 나를 대신해 내 몸을 돌봐줄 사람은 아무도 없었습니다. 내 몸을 돌보는 것은 오롯이 내가 해야 할 일이었습니다.

건강에 좋은 음식과 운동, 건강관리를 통해 자기 몸을 돌보지 않는다면 자신에게 폭력을 행사하는 것과 같습니다. 그럴 때 우리는 평화롭게 지낼 수 없습니다. 자신의 몸과 연결하는 시간을 매일 가져 보세요. 좋지 않은 느낌이 드는 신체 부위에 공감해 보세요. 그 부위가 건강하고 편안해지려면 지금 무엇이 필요한지 자신의 몸에 귀를 기울여 보세요. 우리는 자신의 모든 욕구를 충족하면서도 사랑과 돌봄으로 자기 몸을 대할 수 있습니다.

 오늘은 당신의 몸에서 충족되지 못하고 있는 욕구와 연결해 보세요.

⇢ ⇢ ⇢ ⇢ 10월 30일 ⇠ ⇠ ⇠ ⇠

지옥에서는 젓가락 길이가 1미터나 되어, 먹는 사람의 입에 닿지 못한다.
그런데 천국에서는 똑같은 길이의 젓가락으로 서로가 서로를 먹여준다.

• 베트남 속담

비폭력대화와 돈

비폭력대화에서 돈을 분배할 때는 필요에 바탕을 두고 분배합니다. 다섯 사람에게 50달러를 분배하는 경우에 모든 사람에게 똑같이 10달러를 나눠 주지 않습니다. 그것이 공평함에 대한 욕구를 반드시 충족하는 방법은 아니기 때문입니다. 공평함은 모든 사람의 욕구가 똑같이 존중될 때 구현됩니다. 비폭력대화에서는 각자의 경제적 필요가 어떤 상태인지 먼저 확인합니다. 다섯 사람 중 한 사람은 오늘 저녁 가족이 먹을 음식과 우유를 살 돈이 없을 정도로 궁핍한 상태일 수 있습니다. 반대로, 다른 사람은 현금이 넘쳐날 수 있습니다. 또 한 사람은 지금은 돈 사정이 빠듯해도 일주일만 지나면 호전될 수 있습니다. 이렇게 각자의 경제적 필요와 연결한 다음, 50달러를 어떻게 분배할지 결정합니다. 어떤 각본도 가능합니다. 옳거나 틀린 답은 없습니다. 돈이 많은 사람은 그룹의 다른 사람들에게 기여하고 싶은 욕구를 충족하기 위해 일정 금액을 분배받지 않기로 선택할 수도 있습니다. 돈 사정이 빠듯한 사람은 오늘 밤 25달러를 요청한 뒤 다음 주 상황이 호전되면 20달러를 갚을 수도 있습니다. 우유와 저녁식사를 살 돈이 필요한 사람은 지금 당장 30달러를 요청해 가족의 안녕에 기여하고 싶은 욕구를 충족하는 데 사용할 수 있습니다. 나머지 두 사람도 자신의 필요에 기초해 돈의 분배를 요청할 수 있습니다. 집단은 이런 논의를 계속해 합의에 이른 뒤 최종 결정을 내립니다. 이 활동을 하는 중에 모든 이의 욕구를 존중하면서 이 과정을 신뢰한다면 그렇게 도출한 결과에 모든 사람이 만족할 것입니다. 이것은 대부분의 사람에게 익숙한 공평함과 다른 형태의 공평함입니다. 기계적으로 똑같이 나누는 것이 아니라 각자의 필요에 맞게 자원을 분배하는 방식입니다. 이 공평함은 또한 사람들이 매 순간 다른 필요를 갖는다는 사실을 인정하는 방식입니다. 모든 사람이 연민의 마음으로 서로 주고받기 원한다는 사실을 인정하는 방식이며, 자원을 쓸데없이 쌓아둘 이유가 없다는 사실을 인정하는 방식입니다.

오늘은 사람들의 욕구와 연결하고 그것을 존중함으로써 공평함에 대한 당신의 욕구를 충족하는 기회를 가져 보세요.

10월 31일

콩 심은 데 콩 나고 팥 심은 데 팥 난다.
좋은 나무에서 좋은 열매가 열린다.
땅이 안 좋으면 거기 심은 작물도 제대로 자라지 못한다.

• 마거릿 생어

합의에 이르기

사람들은 합의에 이르는 데 너무 많은 시간이 걸린다고 생각합니다. 그러나 당신이 개인적 관계와 직업적 관계를 소중히 여긴다면 합의는 아주 멋진 방식입니다. 이것은 당신의 에너지를 어디에 사용할 것인가의 문제입니다. 만약 당신이 원하는 대로 프로젝트를 진행하고자 상대에게 강요한다면 그 과정에서 자신과 사람들의 상처 입은 감정을 다독이고, 반발하는 이들에 대응하는 데 에너지를 써야 합니다. 또 프로젝트를 철저히 통제하는 데 에너지를 쏟아야 할 것입니다. 그와 달리 당신은 처음부터 모든 이의 의견을 경청하고 모두가 동의하는 결정에 이를 수도 있습니다. 그렇게 한다면 사람들을 감독하는 데 에너지를 쏟지 않아도 됩니다. 어느 경우든 시간이 필요합니다. 당신은 어떤 방식을 택하겠습니까? 나라면 관계를 최우선으로 하겠습니다. 모든 사람의 의견을 취합한 뒤 그들의 욕구를 존중하는 결정을 내리는 것이 내가 가진 시간을 더 효율적으로 사용하는 방법입니다. 이런 방식으로 살기 시작한 뒤로 나와 사람들의 감정이 폭발하거나 기분이 상하는 일이 거의 없었습니다. 이렇게 시간을 보낸 직접적인 결과로 나의 삶은 전체적으로 더 평화로워졌습니다.

 오늘은 상대와 합의를 통해 결정을 내리는 기회를 만들어 보세요.

11월 명상

·→·→·→·→ 11월 1일 ←·←·←·←

모든 것은 자기성찰에서 시작한다.
자기를 살핀 뒤에야 다른 사람을 깊이 알고 공감할 수 있다.
• 셜리 매클레인

욕구 분명히 하기

우리는 바꾸고 싶은 자신의 오래된 행동에 자기도 모르게 빠져
들고는 합니다. 그 이유는 매번 같은 상황에서도 그것에 반응하
는 새로운 계획을 갖고 있지 않기 때문입니다. 당신은 함께 일하
는 사람이 말이 너무 많아 불편합니다. 처음 30분은 예의 바르게
들으려고 노력하지만 그 시간이 넘어가자 짜증이 올라와 퉁명스
럽게 쏘아붙이고 맙니다. "밥, 나 지금 일해야 해!" 이렇게 말할
때마다 당신은 후회합니다. 그러면서도 다르게 반응하지 못합니
다. 이때 자신을 꾸짖거나 밥을 끊임없는 떠벌이로 규정하기보
다 잠시 당신의 충족되지 않은 욕구가 무엇인지 살펴보면 어떨
까요? 이때 충족되지 않은 당신의 욕구는 시간, 관심, 배려일 수
있습니다. 이 욕구를 충족하려면 지금 당신에게 무엇이 필요할까
요? 상대가 조금 더 짧게 이야기해 주면 좋을까요? 아니면 당신
이 더 긴 대화에 준비가 되었으면 하나요? 당신의 충족되지 못한
욕구와 연결한 다음 그것을 충족하려면 무엇이 필요한지 생각해
보세요. 그런 다음 상대에게 이렇게 부탁해 보세요. "밥, 이야기
가 생각보다 길어져 좀 불편하고 걱정이 돼. 내가 지금 마감을 앞
두고 있거든. 일을 해야 할 것 같아. 내가 좀 한가할 때 시간을 따

로 잡아 이야기하면 어떨까?" 자신에게 도움 되지 않는 방식으로 계속 행동하고 있다면 그 상황에서 당신의 충족되지 못한 욕구가 무엇인지 살펴보세요. 그런 뒤 그 욕구를 충족할 수 있는 다른 방법을 떠올려 보세요.

 오늘은 당신이 오래된 낡은 행동 습관에 빠져드는 때를 관찰해 보세요. 이때 당신의 충족되지 못한 욕구와 연결한 다음 상황에 더 적합한 새로운 욕구 충족의 방법을 떠올려 보세요.

⤳·⤳·⤳·⤳ 11월 2일 ⬸·⬸·⬸·⬸

잠시 멈춰 두려움을 정면으로 마주하라.
그 경험을 통해 힘과 용기, 자신감을 얻을 수 있다.

• 엘리너 루스벨트

느낌과 욕구에 연결하기

바로 지금 당신은 어떻게 느끼고 있나요? 당신은 행복한가요? 그렇다면 지금 이 순간 당신의 욕구가 충족되고 있는 것입니다. 만약 슬프고 피곤하고 화가 나고 마음의 상처를 입었고 실망한다면 지금 당신의 욕구가 충족되지 못하고 있는 것입니다. 잠시 자신을 살펴보세요. 지금 당신에게 무엇이 필요한가요? 지금 당신의 욕구는 무엇인가요? 사랑, 지지, 확신, 희망, 휴식, 안전, 존중, 이해, 인정인가요? 만약 지금 당신의 느낌의 근원에 이런 욕구들이 없다면 거기에 어떤 욕구가 있는지 계속 탐색해 보세요. 이렇게 하는 것만으로 많은 사람이 커다란 안도감을 느낍니다.

　　이제 당신의 욕구를 충족하기 위해 지금 이 순간 무엇을 할 수 있을지 생각해 보세요. 친구에게 전화를 걸어 약속을 잡은 다음 고민을 나눌 수도 있고, 휴식에 대한 욕구를 충족하기 위해 잠시 낮잠을 잘 수도 있을 것입니다. 아니면 운동을 하거나 놀이 약속을 잡을 수도 있습니다. 어떻게 할지 분명히 계획을 세웠다면 이제 당신이 느끼는 느낌을 다시 살펴보세요. 더 깊은 안도감을 느낄 것입니다. 아니면 당신의 욕구를 충족하는 간단하고 직접적인 방법이 없다는 사실을 알게 될 수도 있습니다. 그런 경우라면 그 결과로 당신이 지금 얼마나 슬프고 절망적인지 인정해 보세요. 그런 다음 당신의 충족되지 못한 욕구에 대해 애도해 보세요.

　　우리가 느끼는 느낌의 근원에는 욕구가 자리 잡고 있습니다. 충족되지 못한 자신의 욕구와 연결할 때 우리는 안도감을 느낍니다. 그리고 그 욕구를 충족할 계획을 세우면 더 깊은 안도감을 느낄 수 있습니다. 만약 욕구를 충족할 방법이 없다는 사실을 알았다면 그에 대해 애도함으로써 깊은 안도감을 느낄 수 있습니다. 이런 식으로 자신과 연결할 때 우리는 언제든 사용할 수 있는 강력한 치유 도구를 갖게 됩니다.

 오늘은 당신의 느낌을 알아차려 보고 그 느낌을 일으키는 충족되지 못한 (또는 충족된) 욕구가 무엇인지 살펴보세요. 그런 다음 욕구를 충족할 계획을 세워 보세요. 충족할 수 없는 욕구라면 그것에 대해 애도해 보세요.

·ᐅ·ᐅ·ᐅ·ᐅ **11월 3일** ᐊ·ᐊ·ᐊ·ᐊ

늘 '스위치를 켠' 상태로 있어야 한다.

주변 사물에 대한 감수성을 활짝 열어두어야 한다.

선입견은 이 과정에 치명적인 방해물이다.

이 과정에는 연약함이 내재되어 있다. 고통을 피해 갈 수는 없다.

• 앤 트루이트

상처 입은 느낌 극복하기

지금 당신은 마음에 상처를 입었고 실망했으며 화가 났나요? 때로 이런 느낌들은 당신이 주변 사람들의 인정과 알아봄에 대한 욕구를 지녔음을 나타내는 신호입니다. 느낌의 근원에 자리 잡은 당신의 욕구에 대해 생각해 보세요. 당신은 그 욕구들을 충족할 방법이 없다고 여길지 모릅니다. 그러면서 자신을 까다로운 사람이라고 스스로 속삭이며 계속해서 불편한 느낌을 가질지도 모릅니다.

그러나 당신은 다른 방법을 시도할 수 있습니다. 당신의 욕구를 충족할 방법이 없다고 자신에게 속삭이기보다 당신의 욕구가 무엇인지 이해하고자 해 보세요. 잠시 가만히 앉아 슬픔 속에 머물러 보세요. 주변의 인정을 받고 싶은 당신의 욕구에 머물러 보세요. 주변의 인정을 얻는 방법을 떠올릴 수 없다 해도, 인정을 원하는 것 자체에는 아무런 문제 없습니다. 방법이 없다고 자신에게 속삭인다면 해결책이 나타날 가능성이 더 줄어듭니다. 당신의 충족되지 못한 욕구에 공감할 때, 또 그것 때문에 일어나는 느낌에 공감할 때 해결책은 자연스럽게 나타날 것입니다. 인정에 대한 욕구를 충족하는 한 가지 방법이 있습니다. 그것은 상대에게 당신과 함께 있을 때, 그리고 당신을 친구로 두어 즐거운 한두 가지 이유를 말해 달라고 부탁하는 것입니다. 구체적으로 물어보세요. 그냥 '당신이 재미있어서'가 아니라 당신을 재미있다고 생각하는 이유를 콕 집어 말해 주도록 부탁하는 것입니다. 더 많은 정보를 얻을수록 당신은 더 큰 안도감을 느낄 것입니다. 모든 사람이 인정을 필요로 합니다. 누구나 주변의 인정에 대한 욕구를 갖고 있습니다. 상대에게 이런 정보를 요청하는 것이 처음에는 어색할 수 있지만, 틀림없이 상대도 당신만큼 이 연습을 재미있어 할 것입니다.

 오늘은 적어도 한 사람에게 당신과 함께 있어 즐거운 이유를 두 가지 물어보세요.

∙→ ∙→ ∙→ ∙→　11월 4일　←∙ ←∙ ←∙ ←∙

우리의 시선은 바깥을 향해 있다. 다른 사람이 가진 선함을 알아보면서도 자기 내면의 선함은 알아보지 못한다. 시선을 안으로 돌려 우리 내면의 선함을 알아보는 것이 깨어남이다. 길을 잃은 채 두려움에 떠는 병사인 우리의 의식은 이렇게 해서 마침내 자신과 만난다.

∙ 나탈리 골드버그

욕구 이면의 아름다움 알아보기

모든 사람이 사랑, 지지, 돌봄, 음식, 물, 존중, 친밀감, 기쁨 등의 보편적 욕구를 똑같이 갖습니다. 우리가 하는 모든 말과 행동은 이 욕구들을 충족하기 위한 시도입니다. 때로 후회하는 말과 행동을 할 때 우리는 자신의 말과 행동이 아름답고 보편적인 욕구를 충족하기 위한 시도라는 사실을 잊고 맙니다. 다음번에 당신이 후회되는 말과 행동을 할 때는 자신을 꾸짖기보다 당신이 충족하고자 하는 욕구가 무엇인지 생각해 보세요. 바로 앞 운전자에게 손짓으로 몹쓸 욕을 던졌다면 당신은 안전과 배려에 대한 욕구를 충족하려 했던 것인지 모릅니다. 마트 점원에게 불쑥 화를 냈다면 효율성과 편리함에 대한 당신의 욕구가 충족되지 못한 것일 수 있습니다. 자녀에게 입 닥치라고 고함을 질렀다면 당신에게는 평화와 협조가 필요했던 것일 수 있습니다. 충족하고자 했던 자신의 욕구가 무엇인지 알면 다음번에 욕구를 충족하기 위해 어떻게 해야 할지 더 잘 알 수 있습니다. 자신의 욕구에 대해 알면 이미 저지른 행동이라도 그것을 바로잡기 위해 어떻게 해야 하는지도 알 수 있습니다.

 오늘은 당신의 말과 행동 이면에 자리 잡은 욕구가 무엇인지 의식해 보세요.

·→ ·→ ·→ ·→ 11월 5일 ←· ←· ←· ←·

저 멀리 햇볕 속에 나의 가장 높은 열망이 있다.

그곳에 닿을 수 없어도 그곳을 바라보며 그곳의 아름다움을 알아볼 수 있다.

그곳을 믿을 수 있으며 그곳이 이끄는 대로 따라가고자 노력할 수 있다.

• 루이자 메이 알코트

행복과 연결하기

당신은 지금 행복하고 만족스러우며 흥분되나요? 모든 느낌은 욕구의 산물입니다. 만약 당신이 지금 행복하다고 느낀다면 그와 연관된 당신의 욕구가 무엇인지 생각해 보세요. 지금 충족되고 있는 당신의 욕구는 사랑, 재미, 친밀감인가요? 돌봄, 배려, 도전의 욕구인가요? 아니면 지금 당신의 느낌 아래에는 그 밖의 다른 욕구가 자리 잡고 있나요? 당신이 행복, 흥분, 사랑을 느낄 때마다 당신의 욕구가 충족되고 있는 것입니다. 당신이 슬프고 상처입고 실망하고 화가 날 때마다 당신의 욕구가 충족되지 않고 있는 것입니다. 느낌 너머에 있는 욕구를 보아야 합니다. 행복하건 슬프건, 느낌 너머에 있는 욕구를 볼 때 자기 자신과 연결됩니다. 그럴 때 우리의 욕구가 충족되고 있는지, 충족되지 않고 있는지 알 수 있습니다.

 오늘은 기쁨과 행복의 느낌 이면에서 당신의 어떤 욕구가 충족되고 있는지 의식해 보세요.

→ → → → **11월 6일** ← ← ← ←

우리는 우리를 아프게 하는 것을 차단함으로써 자신을 고통에서
지킬 수 있다고 생각한다. 하지만 이렇게 새운 벽은 성장을 방해한다.
그것은 고통보다 더 큰 아픔을 준다. 고통을 참고 견디면 곧 지나갈 것이다.
그러나 벽을 세우면 그것은 그대로 남는다.

• 앨리스 워커

욕구 충족하기

자신의 느낌을 추동하는 충족되지 못한 욕구를 알아내는 작업은
해결책의 일부에 지나지 않습니다. 해결책의 나머지 부분은 그
욕구를 충족하려면 무엇이 필요한지, 욕구를 충족시키는 부탁을
하려면 어떻게 해야 하는지 아는 것입니다. 당신의 친구가 어젯
밤 파티에서 인종차별적 농담을 던져 당신은 마음이 불편합니다.
이때 존중과 배려에 대한 당신의 욕구가 충족되지 못했다고 아
는 것은 문제 해결의 시작에 불과합니다. 다음 단계는 그 욕구를
충족하려면 어떻게 해야 하는지 결정하는 것입니다. 이때 당신
은 친구에게 이렇게 말할 수 있습니다. "어젯밤 파티에서 네가 던
진 농담에 나는 마음이 아프고 불편했어. 왜냐면 내겐 모든 사람
에 대한 존중과 배려가 중요하거든. 또 좀 당혹스럽기도 했어. 우
리 집에 오는 모든 사람이 편안했으면 좋겠기 때문이야. 앞으로
내가 곁에 있을 땐 인종이나 성과 관련된 차별 발언은 좀 자제해
주겠니?" 친구에게 이렇게 부탁하지 않으면 당신이 내릴 수 있는
선택의 폭이 좁아지고 맙니다. 당신은 앞으로는 절대 친구를 파

티에 초대하지 않을지 모릅니다. 아니면 어쩔 수 없이 초대하지만 친구가 무슨 말을 할까 밤새 노심초사할지 모릅니다. 더 나쁜 시나리오는 당신이 이 사건 때문에 오랫동안 친구에게 원망을 품으면서도 친구는 두 사람의 관계가 이렇게나 변한 까닭을 전혀 모를 수 있다는 것입니다. 상대에게 부탁을 하면 상황이 더 악화되기 전에 문제를 해결할 수 있습니다. 내가 원하는 바를 명확히 밝힐 때 당사자 모두가 이로움을 얻습니다.

 오늘은 당신의 충족되지 못한 욕구가 무엇인지 살펴보세요. 그 욕구를 충족하려면 어떻게 해야 하는지, 상대에게 어떻게 부탁해야 하는지 생각해 보세요.

⟫ ⟩ ⟫ ⟩ 11월 7일 ⟨ ⟪ ⟨ ⟪

지금 비용을 치르지 않으면 나중에 더 크게 치러야 한다.

• 매켄지 조던

지금 처리하세요!

한때 내게는 껌을 세게 씹으며 껌 풍선을 터뜨리는 친구가 있었습니다. 친구가 껌을 씹을 때마다 나는 불편했습니다. 집에서 함께 영화를 보건, 콘서트에 가건, 교회를 가건 친구는 마찬가지였습니다. 친구의 껌 씹는 소리 때문에 나는 짜증이 났습니다. 그래도 친구의 다른 면은 괜찮았으므로 나는 친구의 껌 씹는 습관에 대해 내가 느끼는 바를 드러내지 않기로 했습니다. 어차피 그리 중요한 문제도 아니라고 생각했으니까요. 물론 처음엔 큰 문제가 아니었습니다. 그런데 친구의 껌 씹는 소리가 점점 더 거슬렀습니다. 친구와 함께 있을 때면 나는 친구의 껌 씹기에 관해 많이 생각했습니다. 친구의 턱 근육이 얼마나 튼튼하길래, 저렇게 씹다가 이가 상하지나 않을까, 저렇게 세게 씹는 습관 때문에 이가 더 튼튼해진 건가 별별 생각을 다 했습니다. 어떤 때는 친구의 껌 씹는 습관을 통제하려고도 해 보았습니다. 껌이 하나 생기면 친구가 달라고 할까봐 안 보이게 슬쩍 숨기고는 했습니다. 친구가 껌을 씹으면 나는 무엇에도 집중할 수 없었습니다. 함께 간 콘서트나 영화를 즐길 수도 없었고 둘의 대화에 집중하기도 어려웠습니다. 이런 상황이 2년이나 계속되었습니다. 이제 더 이상 그녀와 친구로 지내기 어렵다고 판단하는 지경에까지 이르렀습니다. 그러던 어느 날 저녁, 우리 둘이 다른 친구 하나와 함께 영화를 보러 갔습니다. 아니나 다를까 친구는 껌을 입에 털어넣더니 그 즉시 격렬히 씹어대기 시작했습니다. 함께 간 다른 친구가 그녀에게 슬쩍 몸을 기울이더니 이렇게 말했습니다. "있잖아, 네 껌 씹는 소리에 내 집중력이 약간 흐려지거든? 조금 조용히 씹어 줄래? 아니면 입에서 껌을 빼 주면 좋겠어." 친구가 대답했습니다. "물론이지. 그럴게." 나는 친구의 껌 씹는 소리 때문에 2년을 불편해 하던 중 친구관계를 거의 끝낼 뻔했습니다. 껌을 그만 씹어 달라고 친구에게 간단히 부탁하면 그만인 것을 말입니다! 이 일로 나는 처음엔 대수롭지 않게 보이는 문제라도 그 즉시 다루지 않으면 나중에 감정이 쌓여 서로가 고통스러워진다는 사실을 알게 되었습니다.

 오늘은 당신의 진실을, 사랑의 마음을 담아 상대에게 표현해 보세요.

>→ ·>→ ·>→ ·>→ **11월 8일** ←‹· ←‹· ←‹· ←‹

멋진 일이 얼마나 순식간에 일어나는지 알면 놀랄 것이다.
• 프랜시스 호지슨 버넷

기쁨: 한 번에 한걸음씩

많은 사람이 먼 미래의 목표에 대해 생각하고는 주눅이 들어 목표를 이룰 수 있다는 희망을 잃고 맙니다. 오래 전 나의 목표는 사람들과 사랑하는 관계를 만드는 법을 배우는 것이었습니다. 당시에는 그것이 불가능한 목표처럼 보였지만 어쨌든 나는 목표를 향해 나아가기로 했습니다. 나는 사랑의 관계를 얻으려고 여러 가지를 시도했습니다. 그러면서도 결코 성공하지 못할 거라는 생각이 자꾸 들었습니다. 그러다 비폭력대화와 그 밖의 몇몇 프로그램을 배우고 나서 깨달은 사실이 있었습니다. 목표 달성을 향해 한걸음씩 밟을 때마다 성공이 가까워진다는 사실이었습니다. 당장 목표를 달성하기는 어려울지 몰라도 목표에 이르는 과정을 오늘 시작할 수는 있습니다. 현재 순간에 존재하면서 한걸음씩 내딛을 수 있습니다. 그럴 때마다 삶이 변화하고 그것이 기쁨을 가져온다는 사실을 알면 놀랍습니다. 지금 주변을 둘러보며 당신의 삶에 존재하는 아름다움과 사랑, 기쁨을 찾아보세요. 아름다움과 사랑, 기쁨은 지금 여기에 존재하고 있습니다. 그러나 그것을 알아보지 못한다면 당신은 그것을 누릴 수 없습니다.

 오늘은 기쁨, 사랑, 아름다움에 대한 당신의 욕구를 충족해 주는 삶의 세 가지 영역을 찾아 그것을 즐겨 보세요.

⇢ ⇢ ⇢ ⇢ **11월 9일** ⇠ ⇠ ⇠ ⇠

자신을 믿는 순간, 어떻게 살아야 할지 알게 된다.

• 괴테

안전에 대한 욕구 충족하기

많은 사람이 '안전'이라는 개념을 잘못 이해하고 있습니다. 자신을 다른 사람으로부터 방어하거나 안전한 사람을 선택하면 안전을 얻을 수 있다고 생각하는 것입니다. 그러나 실제로 안전은 스스로를 돌보는 자신의 능력을 믿을 때 얻을 수 있습니다. 만약 내가 원하는 대로 다른 사람이 나를 대하는 것에 의지한다면 우리가 딛고 선 토대는 너무도 허약해집니다. 게다가 우리와 함께 사는 사람들도 커다란 압박감을 느낄 것입니다. 자신의 삶과 자신이 내리는 선택에 스스로 책임지면서 자신의 욕구를 더 잘 충족하는 선택을 내려야 합니다. 그렇게 하는 순간, 우리는 자유로워집니다. 그리고 우리 주변의 사람들도 자유로워집니다.

젊었을 때 나는 안전하다고 생각되는 남자들만 사귀었습니다. 안전에 대한 나의 감각은 남자들의 선의에 의지하고 있었습니다. 나는 그들이 내게 원하는 모습이 되고자 했습니다. 그렇게 해야만 그들이 우리 둘의 관계를 좋아할 것 같았기 때문입니다. 때로 이런 방법은 한동안 효과가 있었습니다. 어떤 때는 10분간만 효과가 있는 때도 있었습니다. 그런데 언제나 내가 이용당했다는 생각이 들었습니다. 나는 안전에 대한 나의 욕구를 충족하는 것은 오롯이 나의 몫임을 깨달았습니다. 그러자 내가 맺고 있는 관계가 더 즐거워졌고 상대를 더 이상 나를 이용하는 사람으로 보지 않았습니다. 그렇게 나에게 힘이 생겼고, 나의 파트너가 진 짐도 한결 가벼워졌습니다.

 오늘은 스스로를 돌보는 능력이 아니라 다른 사람을 통해 안전을 구하려는 당신의 성향을 의식해 보세요.

·→ ·→ ·→ ·→ 11월 10일 ←· ←· ←· ←·

당신은 어떻게 죽을지, 언제 죽을지 선택할 수 없다.
당신이 선택할 수 있는 것은 지금 어떻게 살 것인가 뿐이다.

• 조안 바에즈

이것이 당신의 삶이다

"오늘은 당신의 남은 인생의 첫 날이다."라는 말을 들어 보았나
요? 처음 이 말을 들었을 때 나는 무슨 의미인지 잘 몰랐습니다.
그러나 지금은 내 삶의 모든 것을 선택하며 살 수 있음을 압니다.
우리의 본래 모습인 자율적인 존재로 살 때 우리는 새로운 렌즈
로 삶을 경험할 수 있습니다. 그럴 때 '해야 하는 일'이 '하기로 선
택한 일'이 됩니다. 설령 나중에 후회하더라도 자신의 선택에 책
임을 지므로 더 이상 자신을 희생자로 느끼지 않습니다. 매일 사
랑과 평화를 만들어 갑니다. 그것이 당신이 원하는 바이기 때문
입니다. 오늘은 당신의 날입니다. 바로 지금입니다. 완벽하지 않
을지 몰라도 지금이 곧 당신의 삶입니다. 당신은 지금 이 순간을
어떻게 살겠습니까? 오늘을 즐기세요.

 오늘은 당신이 갖고 있는 선택권을 의식해 보고 당신의 꿈을 이루는 데 도움
이 되는 결정을 내려 보세요.

→ ·→ ·→ ·→   **11월 11일**   ←· ←· ←· ←·

나의 마음은 지쳤다. 아무리 용감하고 용기가 있다 해도,
지금 당장 안도감을 얻지 못하면 지쳐 떨어지는 순간이
불가피하게 다가옴을 느낀다. 그럴 땐 누군가 다가와
나를 구해 주어야 한다.

• 메리 맥로드 베튠

도움에 대한 욕구 충족하기

우리는 누구나 다른 사람의 도움을 얻기 위해 손을 내밀어야 하는 때가 있습니다. 그런데 자신이 처한 불행한 상황을 상대가 알면 창피하다고 느낄 수도 있습니다. 상대에게 보이는 당신의 이미지가 중요해서일 수도 있고, 상대가 당신을 받아들이는 것이 중요하기 때문일 수도 있습니다. 그런데 상대에게 도움을 얻으려고 손을 내밀 때 우리는 '모든 사람이 도움을 필요로 한다'는 사실을 잊기 쉽습니다. 또 우리가 택할 수 있는 여러 가지 선택권이 존재한다는 사실도 쉽게 잊습니다. 이때 우리는 배우자나 친한 친구가 자신을 도와주기를 원합니다. 그러나 그들이 우리를 돕지 못한다면 도움에 대한 욕구를 충족하는 다른 방법을 떠올릴 수 있습니다. 가령 치료사를 찾는다던가, 다른 친구나 가족에게 전화를 한다던가, 아니면 전화 상담 서비스를 받을 수도 있습니다. 지금 도움이 필요하다면 당신에게 도움을 줄 수 있는 누군가를 떠올려 보세요. 만약 그 사람이 지금 도움을 줄 수 없다면 도움에 대한 당신의 욕구를 충족할 수 있는 다섯 가지 다른 방법

을 떠올려 보세요. 이 방법 중 어느 것도 당신이 좋아하는 사람에게 전화를 거는 것만큼 만족스럽지 않을지 모릅니다. 그렇더라도 마음이 한결 편해질 수는 있습니다.

 오늘은 도움에 대한 당신의 욕구를 충족할 수 있는 다양한 방법을 떠올려 보세요.

╌ᐧ→ᐧ→ᐧ→ᐧ→ 11월 12일 ←ᐧ←ᐧ←ᐧ←

의사에게 묻지 말라. 환자에게 물어라.

• 유대 속담

자신의 지혜 활용하기

내 삶에서 연민의 대화를 실천하며 얻은 가장 값진 결실 중 하나는 나 자신과 나의 직감을 신뢰하게 되었다는 점입니다. 어떤 일을 하는 데 있어 '옳은' 방법이나 '좋은' 방법이 있다는 잘못된 생각을 내려놓자 그 과정이 시작되었습니다. 나는 나의 경험에 대한 느낌과 충족되거나 충족되지 못한 욕구를 토대로 나의 경험을 이해하는 법을 배웠습니다. 이렇게 하자 전에 없던 방식으로 나 자신을 신뢰하게 되었습니다.

최근 어떤 사람과 개인 상담을 진행했습니다. 처음에는 그 남자와 그의 이야기가 다소 무서웠습니다. 과연 상담을 진행하는 동안 내가 안전할까 걱정될 정도였습니다. 그런데 그런 생각이 마음에 들어오는 순간, 나는 그가 자신의 삶에서 겪고 있는 커다란 고통에 초점을 맞추었습니다. 그렇게 그와 연결하자 그가 가진 아름다움이 눈에 들어왔습니다. 나는 우리 두 사람이 인간으로서 사랑, 배려, 이해, 지지 등의 동일한 욕구를 갖고 있음을 다시 한 번 확인했습니다. 그는 나에게 새로운 의사소통 도구를 가르쳐 줄 것을 요청하고 있었습니다. 나는 그가 아름다운 사람임을 알았기에, 그리고 도전적인 상황에서도 나 자신을 돌볼 수 있음을 믿었기에 내가 안전하다는 걸 알았습니다. 나는 그 젊은이를 좋아하게 되었고 또 존경하게 되었습니다. 그러면서 그가 큰 걸음을 내딛으며 이전과 다른 방식으로 자신의 삶에 다가가는 것을 지켜보았습니다. 그와 함께 한 상담 작업은 사람은 원한다면 얼마든지 변화할 수 있다는 희망을 주었습니다. 그리고 인간에 대한 사랑이라는 나의 욕구를 충족해 주었습니다. 또한 자신의 경험 때문에 커다란 고통을 겪을 수 있다는 점에 대한 이해의 욕구도 충족해 주었습니다. 자신에게 귀를 기울이며 스스로를 신뢰해 보세요. 옳은 답은 없습니다. 당신이 자신에게 줄 수 있는 가장 큰 선물은 자신을 신뢰하는 것입니다. 이 선물은 또한 당신이 만나는 사람들의 삶을 변화시킬 것입니다.

 오늘은 당신 자신의 직감을 신뢰하지 않는 때를 의식해 보세요. 그리고 그랬을 때 어떤 느낌이 드는지 보세요.

11월 13일

사람들은 시간이 모든 걸 바꾼다고 하지만,
실제로는 당신이 모든 걸 바꿔야 한다.
• 앤디 워홀

특정 상황의 모든 욕구 고려하기

당신은 자신의 행동을 바꾸려고 시도해 본 적이 있나요? 하지만 습관이 되어버린 행동을 바꾸기란 쉽지 않음을 당신은 잘 알 것입니다. 행동의 변화를 시작하는 효과적인 방법이 있습니다. 그것은 그 행동을 통해 충족되거나 충족되지 못하고 있는 자신의 욕구를 깊이 들여다보는 것입니다. 우리가 하는 모든 행동은 욕구를 충족하기 위한 시도라는 점을 기억하세요. 자신의 욕구에 연결하고 나면 그 상황에서 다른 사람이 가진 욕구도 알아볼 수 있습니다.

　당신은 직장 회의에 참석했습니다. 상사는 당신이 새 프로젝트를 맡기를 원합니다. 그러나 당신은 이미 지쳐 있어 다른 일을 추가로 떠맡는 것이 걱정됩니다. 그래서 팔짱을 끼고 눈살을 찌푸린 채 짤막하고 퉁명스럽게 대답합니다. 이런 행동으로 지금 당신은 어떤 욕구를 충족하고 있나요? 아마 자기 보호에 대한 욕구일 것입니다. 그렇다면 이 행동으로 충족되지 못하는 당신의 욕구는 무엇일까요? 연결, 지지, 협조, 존중, 배려, 이해일 것입니다. 한편 이 상황에서 상사의 충족되지 못한 욕구는 무엇일까요? 수월함, 연결, 지지, 협조, 존중, 배려가 아닐까요? 어떤 상황에서

500　평화로운 삶

든 우리가 충족하길 원하는 모든 욕구와 연결하고 나면, 그 욕구
들을 충족할 수 있는 행동을 더 잘 선택할 수 있습니다.

 오늘은 당신의 행동으로 충족하고자 하는 욕구를 의식해 보세요. 만약 그 행
동이 당신의 욕구를 충족해 주지 못하고 있다면 그 상황에서 당신의 모든 욕
구를 충족할 수 있는 다른 방법을 생각해 보세요.

⟩·⟩·⟩·⟩ **11월 14일** ⟨·⟨·⟨·⟨

행복은 당신의 생각과 말, 행동이 조화를 이룰 때 찾아온다.
• 마하트마 간디

보호 vs. 친밀감과 연결

어렸을 때 나는 마음에 상처를 입거나 화가 나거나 슬프거나 연
약하다고 느낄 때면 나와 사람들 사이에 벽을 세우고는 했습니
다. 그러나 성인이 되어서는 내가 충족하고자 하는 욕구에 더 집
중했습니다. 자신을 보호하려고 벽을 세우는 나를 볼 때면 그 상
황에서 정말 보호가 필요한지 스스로에게 물었습니다. 그러자 대
부분의 경우에 내가 위험하지 않다는 사실을 알았습니다. 나를
보호한다는 구실은 오래된 습관에 불과했습니다. 나는 충족하고
자 하는 욕구에 집중하면서 정말 나에게 보호가 필요한지 자주
물었습니다. 그러자 나를 방어하려는 습관도 줄었습니다.

오늘은 보호에 대한 당신의 욕구를 충족하려는 때에 보호가 아닌, 더 집중하고 싶은 다른 욕구가 없는지 자신에게 물어보세요.

⇝ ⇝ ⇝ ⇝ 11월 15일 ⇜ ⇜ ⇜ ⇜

항구에 정박한 배는 안전하다.
그러나 항구에 정박해 두려고 배를 만든 것은 아니다.

• 속담

자기 보호라는 환상

상사가 봉급 인상을 제안합니다. 그러나 당신은 상사의 동기가 미심쩍습니다. 그래서 팔짱을 끼고 앉은 채 심드렁하게 대합니다. 아니면 당신의 십대 아들이 시키지도 않았는데 마당의 잔디를 깎기 시작합니다. 당신이 말합니다. "너 왜 그러니? 엄마에게 또 무슨 부탁을 하려고?" 두 경우에 당신이 충족하고자 하는 욕구는 무엇일까요? 아마도 자기 보호에 대한 욕구일 것입니다. 당신은 상대와의 관계에서 자신을 보호하려고 애쓸 때 어떤 일이 일어나는지 보았나요? 한때 나의 좌우명은 '보호, 보호, 보호'였습니다. '어떤 일이 있어도 나를 보호하라!'였습니다. 어디를 가든 이 좌우명을 잊지 않았습니다. 전혀 위험하지 않을 때에도 말입니다. 그런데 나를 보호하려는 욕망이 다른 사람들에게는 아마도 방어, 분노, 배려 부족으로 비쳤을 것입니다. 게다가 나를 보호하는 데 너무 열심이었던 나머지, 나의 다른 욕구들, 가령 친밀감, 사랑, 협조, 재미 등에 대한 욕구를 충족하지 못했습니다. 신체적으로 지극히 위험한 상황이 아니라면, 자신을 보호하고자 지나치게 애를 쓰면 연결과 친밀감, 사랑과 조화에 대한 욕구를 충족할 기회를 잃게 됩니다.

 오늘은 당신의 삶에서 자기 보호의 환상을 갖는 순간을 의식해 보세요.

·→·→·→·→ **11월 16일** ←·←·←·←

침묵은 가장 효과적인 소통 방식 중 하나다.

•속담

말없는 공감

당신은 지금 커다란 고통을 겪고 있는 친구가 들려주는 말을 듣고 있습니다. 당신은 친구에게 정말로 공감하고 싶습니다. 그러나 당신이 가진 공감 기술이 그다지 미덥지 않습니다. 이럴 때는 '말없는 공감'이라는 방법을 고려해 보세요. 말없는 공감 역시 일반적인 공감과 정확히 동일한 과정을 거칩니다. 즉, 상대의 느낌과 욕구에 귀를 기울이는 과정입니다. 다만, 말을 하지 않는다는 점이 다를 뿐입니다. 말을 하지 않으면서 상대의 느낌과 욕구에 귀를 기울일 때 상대에게 심오한 치유와 연결을 선사할 수 있습니다. 대부분의 사람은, 당신이 말이 없어도 얼굴 표정과 몸의 기운만으로 그들과 연결하고 있음을 알아봅니다.

 오늘은 적어도 한 번의 대화에서 상대에게 말없이 공감하는 기회를 가져 보세요.

↬ ↬ ↬ ↬ **11월 17일** ↫ ↫ ↫ ↫

스스로 정직해지고 정직하게 행동할 때마다
성공의 힘은 당신을 더 큰 성공으로 이끈다.
한편, 사소하고 악의 없는 거짓말을 할 때마다
강력한 힘이 당신을 실패로 몰고 간다.

• 조셉 슈거맨

구체적으로 부탁하기

당신은 일 년 동안 남자친구를 사귀었지만 그와의 성생활이 조금도 만족스럽지 못합니다. 당신은 흔히 하듯이 넌지시 암시를 던집니다. "자기야, 우리 사랑 나누는 시간이 더 길면 어떨까?" 남자친구가 대답합니다. "알았어." 그러나 다음번 사랑을 나눌 땐 5분이 10분으로 길어지는 정도입니다. 이럴 경우 당신의 욕구가 충족될 거라는 희망을 완전히 버려야 할까요? 마음이 여린 사람에게 쉬운 일은 아니지만, 그래도 해결책은 있습니다. 바로, 상대에게 구체적으로 부탁하는 것입니다. 당신이 무엇을 원하는지,

얼마나 오랜 시간 원하는지, 어떤 순서로 원하는지 구체적으로 이야기하는 것입니다. 당신은 남자친구가 형편없는 연인이라고 생각하지 않으면서 이렇게 요청할 수 있나요? 그리고 그가 이 정도는 당연히 알아야 한다고 단정하지 않으면서 요청할 수 있나요? 당신은 남자친구와의 즐거운 성생활을 원하기에 그렇게 요청하는 것입니다. 그리고 요청하는 과정에서 남자친구에 대해 판단하지 않아야 합니다. 이렇게 요청하는 것이 처음엔 쑥스러울 수 있지만, 따뜻한 사랑의 마음으로 부탁할 수 있다면 당신의 성생활은 물론, 남자친구와의 전반적인 관계가 더 풍요로워지고 튼튼해질 것입니다.

 오늘은 쑥스럽더라도 상대에게 적어도 한 가지의 구체적인 부탁을 해 보세요.

↝ ·↝ ↝ ↝ **11월 18일** ↜ ↜ ↜· ↜

남자는 자기 말에 귀 기울이는 여자라면
이미 절반은 그녀와 사랑에 빠져 있다.

• 브렌던 프랜시스

사랑의 마음으로 상대의 말 끊기

당신이 듣고 싶은 것보다 더 많이 말하는 사람이 주변에 있나요? 그럴 때 당신은 마음의 문을 살짝 (아니면 완전히) 닫아 버리나요?

그러나 이렇게 마음의 문을 닫을 때마다 상대는 우리가 가진 현존감과 연결이라는 선물을 받지 못하게 됩니다. 또한 우리는 자신이나 상대와 연결할 기회를 잃고 말지요. 한때 나는 상대의 말을 중간에 끊는 것은 무례한 행동이라고 생각했습니다. 그러나 지금은 연결과 진실성에 대한 자신의 욕구를 충족하기 위해 상대의 말을 끊는 것은 사랑의 표현이라는 것을 알게 되었습니다.

그렇다면 어떻게 하면 상대의 말을 사랑의 마음으로 끊을 수 있을까요? 연로하신 이모와 전화 통화를 하는데 이모가 말이 너무 많습니다. 당신은 이모의 말에 집중하기가 점점 힘들어집니다. 딴생각이 일면서 슬슬 짜증이 올라옵니다. 이때 이모에게 이렇게 말하면 어떨까요? "베티 이모, 말을 끊어서 미안해요. 지금 내가 이모와 대화에 집중이 잘 안 돼요. 이모 말에 정말로 집중하고 싶은데 말이죠. 내가 이모 말을 되돌려 말할 시간을 잠시 가지면 어때요? 그렇게 하면 이모 말에 더 집중할 수 있을 거예요." 어떤 때는 당신이 상대에게 집중하지 못하는 이유가 상대가 말이 많아서가 아니라, 당신과 무관한 사람의 삶과 느낌에 대해 상대가 이야기하기 때문일 수도 있습니다. 이럴 때는 이렇게 말할 수 있습니다. "베티 이모. 이웃집 사람이 지금 크게 고통 받고 있다는 건 알겠어요. 그 사람에게 일어난 일에 대해 '이모가' 어떻게 느끼고 있는지 말해 줄래요?" 이런 식으로 상대의 말을 끊는다면 상대와의 연결이 튼튼해지면서 둘의 관계도 더 깊어질 것입니다.

 오늘은 사랑의 마음으로 상대의 말을 끊음으로써 대화의 질을 높여 보세요.

민주주의는 평범한 보통 사람들을 향해 있다.

• 제임스 페니모어 쿠퍼

공평함을 바라보는 새로운 방식

한때 나는 공평함이란 무엇이든 균등하게 배분하는 것이라고 생각했습니다. 나의 이런 생각은 가족의 재산, 디저트로 먹으려고 준비한 파이, 그리고 집안일에도 두루 적용되었습니다. 공평함에 관해 이런 생각을 가진 나였기에 상대가 자기 몫의 일을 제대로 하고 있는지, 자기 분량보다 많이 먹지 않는지, 자기 몫보다 더 소비하지 않는지 살피는 데 많은 시간을 들였습니다. 나는 공평함이란 모두가 똑같이 몫을 나눠 갖는 것이라고 철석같이 믿고 있었습니다. 그러다 내 삶에서 비폭력대화를 실천해 가면서 공평함에 대한 나의 생각도 바뀌었습니다. 비폭력대화에서 공평함이란 사람들의 욕구와 관련이 있습니다. 음식을 제공할 때면 누가 가장 배고픈지, 음식을 사 먹을 여유가 되는 사람은 누구인지, 일정 때문에 지금 당장 밥을 먹어야 하는 사람은 누구인지 고려합니다. 집안일을 분담할 때도 누가 어떤 집안일을 좋아하는지, 다른 식으로 가족의 삶에 기여하는 방법은 없는지, 신체적 문제 때문에 집안일을 할 수 없는 사람은 누구인지 고려합니다. 이런 식으로 수월함, 즐거움, 집안일에 대한 전반적인 기여, 건강 등 모든 이의 욕구를 고려합니다. 이렇게 욕구를 고려하는 과정을 거치면 관련된 모든 이의 연결과 기쁨, 참여와 노력이 더 커집니다.

오늘은 관련된 사람들의 욕구와 연결하는 방식으로 일과 물건을 나누어 보세요. 그리고 이 방식이 기계적으로 균등하게 나누었을 때와 어떻게 다른지 느껴 보세요.

→ → → → 11월 20일 ← ← ← ←

"누가, 무엇을 받을 자격이 있는가"의 관점에
기초한 사고는 연민의 대화를 방해한다.

• 마셜 B. 로젠버그 박사

욕구에 기초한 협상

대학에서 일하던 당시 나는 연봉 인상과 진급 협상에 상당한 시간과 에너지를 쏟았습니다. 당시 나의 입장은 업계 사람들과 나를 비교하며 나의 오랜 경험과 내가 공평하다고 생각하는 부분에 초점을 맞추었습니다. 나는 내가 그 분야에서 경험이 많고 대학에서 오랜 시간 일했으므로 다른 사람보다 더 많은 돈을 받을 자격이 있다고 여겼습니다. 그리고 내가 할 일은 내가 급여 인상을 받을 자격이 있다는 것을 상사에게 납득시키는 것이라고 생각했습니다. 한편, 상사의 욕구를 고려할 생각은 조금도 하지 못했습니다. 즉, 복잡한 예산을 조정하는 일이라든지, 여러 사람의 욕구를 균형 있게 조정하는 것, 팀 멤버들이 각자 일에 성공하도록 동기를 부여하는 것 등은 생각하지 않았습니다. 또 상사에게 강요나 최후통첩을 하지 않으면서 그 상황에서 나의 욕구를 솔직히 표현한다는 생각도 하지 못했습니다. 나는 양측 모두가 '지는' 상황으로 계속 몰아가고 있었습니다. 즉, 급여 인상과 승진에 관한 내 요구를 대학 측이 받아들이지 않으면 나는 화가 나고 마음에 상처를 입을 것이었습니다. 한편, 대학 측이 그 요구를 받아들이면 나의 압력에 굴복하는 형국이 되었습니다. 그러나 이제는 상사를 포함한 다른 사람에게 부탁할 때 열린 마음으로 솔직히 말하면서 상대의 욕구를 존중할 때, 그리고 쌍방의 욕구를 함께 존중하는 해결책을 찾을 때 나의 부탁이 성공할 수 있는 가장 좋은 기회가 열린다고 믿습니다. 누군가의 욕구를 희생하는 대가로 다른 사람의 욕구를 중시하는 상황에서는 반드시 누군가가 지는 결과가 만들어집니다. 그보다는 쌍방이 함께 이기는 윈-윈의 해결 방식이 모든 당사자에게 더 만족스러운 해결책이 됩니다.

 오늘은 모든 이의 욕구를 존중함으로써 서로가 이기는 윈-윈의 해결책을 만들어 보세요.

→ ·→ ·→ ·→ **11월 21일** ←· ←· ←· ←

사람이 하는 모든 행동에서 가장 강력하고 즐거운
내적 동기는 자신과 타인의 욕구를 충족하고자 하는 열망이다.

• 인발 카슈탄

연민의 대화 과정으로 돈 요청하기

연민의 대화 과정을 사용해 처음 급여 지급을 요청했을 때 내가 고려한 욕구는 현재와 퇴직 후의 경제적 안정, 그리고 지속가능성에 대한 우리 조직의 필요성이었습니다. 그러다 내가 생각한 금액이 상호성과 직장에서 일하는 기쁨의 욕구를 충족하는지 생각해 보았습니다. 이 점에 대해 생각한 뒤에 나는 대학에서 받던 금액의 절반만 요청했습니다. 높은 급여가 싫었던 것이 아닙니다. 나도 급여가 많은 걸 좋아합니다. 그러나 연민의 대화 플래그스태프 센터가 예산이 빠듯한 신생 조직이란 사실을 알았던 나는 우리 조직이 자체 유지가 가능한 더 발전하는 조직이었으면 하는 필요성도 존중하고 싶었습니다. 나는 절반의 급여를 받는 것에 조금도 후회하거나 억울하지 않았습니다. 사실, 급여를 절반만 요청하자 나는 더 힘이 났고 더 큰 만족감을 느꼈습니다. 그것은 진실성, 기여, 공평함, 연민에 대한 나의 욕구가 충분히 충족되었기 때문이었습니다.

 오늘은 금전 거래에 있어 모든 사람의 욕구를 함께 고려하는 기회를 가져 보세요.

11월 22일

'눈에는 눈'의 방식은 온 세상을 눈멀게 한다.

• 마하트마 간디

상대에게 공감해 자신의 연결 욕구 충족하기

내 안의 상처를 건드리는 사람에게도 공감을 해야 할까요? 아니오. 그렇지 않습니다. 누구에게도 의무적으로 공감을 해야 하는 것은 아닙니다. 공감은 상대의 욕구를 충족하기 위해서가 아니라 연결에 대한 당신의 욕구를 충족하기 위해 스스로 내리는 선택입니다. '상대를 위해' 공감한다고 자신에게 속삭인다면 당신이 충족하고자 하는 욕구와는 단절되고 맙니다. 만약 지금 당신의 관계가 혼란스럽거나 상대와 연결이 되지 않는다고 느낀다면, 그리고 지금 당신의 관계를 변화시키고 싶다면 상대와 '함께' 공감해보세요. 상대의 욕구를 충분히 들어주고 나면 상대는 당신의 느낌과 욕구에 귀를 열 것입니다. 그러면 연결, 조화, 안도감에 대한 당신의 욕구도 충족될 것입니다. 상대의 느낌과 욕구에 귀 기울이는 감정의 여유 공간이 열릴 때 얼마나 큰 치유가 일어나는지 알면 놀랄 것입니다. 그것은 심오한 치유를 가져옵니다.

 오늘은 적어도 한 사람과 함께 공감하면서 연결과 기여에 대한 당신의 욕구가 충족되는지 살펴보세요.

불가능한 일을 하는 것은 재미있는 놀이와 같다.

• 월트 디즈니

호기심을 다루는 법

살면서 도저히 이해할 수 없는 행동을 하는 사람을 볼 때가 있습니다. 그럴 때 우리는 이렇게 생각합니다. "저 사람, 도대체 무슨 생각을 하고 있었던 거야? 완전히 말을 뒤바꿨잖아. 뭐가 뭔지 모르거나 마음을 다쳤거나 아니면 완전히 미친 건지도 몰라." 우리는 상대의 행동 뒤에 무엇이 있는가에 관하여 우리 마음대로 이야기를 지어내는 경향이 있습니다. 상대가 무슨 생각을 하고 있는지 지레짐작하고 상대를 비난하는 데 커다란 에너지를 쏟습니다. 그러면서 슬퍼하고 마음에 상처를 입고 화를 내고 억울해합니다. 상대에게 한 번도 명확하게 묻지 않아 오랜 시간 고통 속에 지내는 사람을 나는 많이 보았습니다.

이제 다른 방법을 제안합니다. 상대에게 지금 무슨 일이 일어나고 있는지 직접 물어봄으로써 자신의 호기심을 다루는 방법입니다. 가령 당신은 이렇게 물어볼 수 있습니다. "방금 당신이 화를 냈을 때 나는 어리둥절했어요. 왜냐하면 나는 우리가 혼다 자동차를 구입하기로 지난주에 합의한 걸로 알거든요. 당신 의사가 더 분명했으면 좋겠어요. 당신이 혼다 자동차를 사기로 한 결정을 바꿔야만 했던 다른 정보가 있었나요?" 이 발언은 당사자 누구에게도 비난을 향하지 않습니다. 단지 당신의 혼란스러운 마음과 더 많은 정보를 얻고 싶은 바람을 표현할 뿐입니다. 대부분의 경우에 더 많은 정보를 요청하는 순간 그것을 얻을 수 있습니다. 아주 간단합니다. 우리는 상대에게 일어나는 일을 지레짐작하면서 마음대로 이야기를 지어낼 수도 있고, 아니면 직접 물어봄으로써 자신에게 더 정확한 정보를 제공할 수도 있습니다.

 오늘은 적어도 한 사람에게 그의 생각을 지레짐작하기보다 그에게 무슨 일이 일어나고 있는지 직접 물어보는 방법으로 당신의 호기심을 다루어 보세요.

⇀·→·⇀·→ 11월 24일 ↽·↼·↽·↼

내가 할 일은 내가 하는 일에 열정을 유지하는 것뿐이다.

• 레오나르도 디카프리오

당신은 변화를 일으킬 수 있습니다

나는 최근에 우리 동네 풀뿌리 자치 조직의 성공 사례를 보고 커다란 영감을 받았습니다. 지역 협동조합과 마을 정원이 만들어졌습니다. 한때 저소득 우범지대였던 동네가 완전히 탈바꿈하였습니다. 범죄가 줄었고 거리가 깨끗해졌으며 다양성과 공동체를 존중하는 동네로 거듭났습니다. 지방 정치에 영향을 미치는 공통의 목소리도 마련되었습니다. 소규모 비영리단체들은 자원과 기술을 모으고 꿈을 키워 젊은이와 노인들의 삶에 긍정적인 영향을 주고 있습니다. 때로 세상에서 벌어지는 폭력이 우리를 아연실색케 하는 때가 있습니다. 그럴 때면 살아 있는 모든 생명을 연민으로 대하는 세상에서 평화를 일구고 싶은 나의 희망은 불가능한 일처럼 보입니다. 그러나 내가 하는 일이 평화를 진작한다는 사실을 기억할 때, 그리고 지역의 풀뿌리 자치 조직이 이토록 성공적으로 운영되고 있다는 사실을 기억할 때 나는 영감을 받고 희망을 느낍니다. 평화로운 세상을 창조하는 일은 지금 여기, 나로부터 시작합니다. 우리는 평화로운 삶을 살기로 각자 선택할 수 있습니다. 우리 동네와 세계 전역의 사람들이 이런 꿈을 함께 가진 것에 너무도 고마운 마음입니다.

 오늘은 당신의 행동이 세계 평화에 어떻게 기여하고 있는지 의식해 보세요. 그리고 그런 당신을 축하해 주세요!

⇢ ⇢ ⇢ ⇢ **11월 25일** ⇠ ⇠ ⇠ ⇠

아무것도 변하지 않은 곳으로 돌아가
자신을 변화시키는 것보다 훌륭한 일도 없다.
• 넬슨 만델라

자신을 바꿔 관계를 변화시키기

사람들은 상대가 행동과 태도를 바꾸지 않으면 그 관계에 희망이 없다고 말하고는 합니다. 나 역시 한때 이것을 진실로 믿었습니다. 그러나 지금은 관계의 한 쪽이 바뀌면 관계 자체가 완전히 변화할 수 있음을 압니다. 나의 친구 가운데 자신의 삶과 주변 사람들의 좋지 않은 부분에만 초점을 맞추는 친구가 있었습니다. 나는 그녀를 부정적인 사람으로 판단했습니다. 관계에서 자신이 늘 희생자로 남으려는 욕망이 끝도 없다고 생각했습니다. 그렇게 시간이 흘러 나는 그녀와 친구 관계를 끝내야겠다고 생각했습니다. 그녀와 대화하고 나면 항상 기분이 우울했기 때문입니다. 그러나 나는 관계를 끝내기보다 내가 내리는 판단과 나의 태도를 들여다보기로 했습니다. 그녀에 관하여 내리는 나의 판단에 스스로 공감하면서 그녀를 어떻게 다르게 볼 수 있을까 생각했습니다. 시간이 필요했지만 그녀를 있는 그대로 보는 순간이 찾아왔습니다. 나는 그녀의 세계관 뒤에 있는 느낌과 욕구에 가만히 머물 수 있었습니다. 그녀는 조금도 변하지 않았지만, 그녀에 대한 나의 판단과 기대를 바꾸었기에 가능한 일이었습니다. 이제는 나 자신과 그녀에게 사랑과 기쁨을 느낍니다. 이처럼 자신에게 초점을 맞추는 것만으로 관계를 크게 변화시키는 힘이 생깁니다.

 오늘은 상대를 비난하기보다 그 사람에 대해 당신이 갖고 있는 판단과 기대가 무엇인지 살펴보세요.

11월 26일 ‹ ‹ ‹ ‹ ‹

생각을 바꾸면 세상을 바꿀 수 있다.

• 노먼 빈센트 필

관대함 키우기

한때 나는 치와와는 멍청한 개, 불독은 못생긴 개라고만 생각했습니다. 그러다 친구 하나가 틸리라는 이름의 긴 털 치와와를 들였습니다. 다른 친구는 엠마라는 이름의 잉글리시 불독을 들였습니다. 나는 이 녀석들이 얼마나 사랑스러운지 알게 되었습니다. 두 녀석과 사랑에 빠지는 데는 오랜 시간이 걸리지 않았습니다. 사랑에 빠지고 나니 녀석들이 얼마나 아름다운지 볼 수 있었습니다. 틸리는 귀가 우스꽝스럽게 솟아 있고 긴 머리카락이 삐져나와 있습니다. 열정적으로 나를 바라볼 때면 귀를 똑바로 세운 채 머리카락이 얼굴 주위에 부채를 만듭니다. 녀석의 머리카락은 카라멜색과 흰색이 섞인 검은색이며 촉감이 아주 부드럽고 실크처럼 빛이 납니다. 엠마는 누런색입니다. 걸을 때면 팽팽한 피부 아래 움직이는 근육이 보입니다. 녀석의 태도는 부드럽고 사랑스럽지만 신체적으로는 얼마나 강한지 느낄 수 있습니다. 녀석의 피부색은 화려하고 부드러운 황갈색과 흰색입니다. 나는 두 녀석에게 큰 사랑을 받고 있으며, 녀석들은 나를 볼 때면 늘 반갑게 인사합니다. 관대함과 수용이란 모든 것에 깃든 아름다움을 사랑하는 것입니다. 모든 생명체가 아름다움을 갖고 있으며, 그들이 지구상에 존재하는 이유가 있다고 믿는 것이기도 합니다. 판단을 내려놓으면 세상은 더 아름답고 사랑스러운 곳이 됩니다.

 오늘은 관대함과 수용의 태도로 당신의 관계에 다가가 보세요.

→ ·→ ·→ ·→ 11월 27일 ← ·← ·← ·←

살아 있는 한 우리는 결코 열망과 바람을 포기할 수 없다.
아름답고 선한 것들이 분명 존재하며, 우리는 그것을 갈구하기 때문이다.
• 조지 엘리엇

당신의 가장 중요한 욕구 발견하기

나는 내 삶의 가장 큰 욕구가 사람들과 깊이 연결하는 것이란 사실을 마흔한 살이 되어서야 깨달았습니다. 우리는 자기 행동의 근저에 자리 잡은 욕구를 오랜 기간 의식하지 못한 채 지내기도 합니다. 그래서 그 욕구를 충족하지 못한 채로 살아갑니다. 당신이 지난번에 누군가와 다툼을 벌인 세 번의 경우를 잠시 떠올려 보세요. 그것은 한 사람과 벌인 다툼일 수도 있고, 각기 다른 사람과 벌인 다툼일 수도 있습니다. 그리고 세 경우에 공통되는 근본 주제가 없는지 살펴보세요. 그런 다음 이 책의 맨 앞에 소개한 '욕구 목록'을 참조해 당신의 그 욕구가 어느 것에 해당하는지 확인해 보세요. 아마도 세 다툼이 동일한 욕구의 결과일 가능성이 높을 것입니다. 어쩌면 그것이 당신의 가장 중요한 욕구일 수 있습니다. 이제 지금부터 몇 차례에 걸쳐 당신이 벌이는 다툼에 주의를 기울여 보세요. 그러면서 그 다툼들이 같은 욕구에서 비롯되지 않는지 살펴보세요. 만약 그렇다면 상대와 갈등을 일으키지 않으면서 그 욕구를 충족할 수 있는 다른 방법을 자유롭게 떠올려 보세요. 이렇게 해서 당신의 가장 중요한 욕구를 충족하는 방식으로 살아가는 첫 걸음을 내딛을 수 있습니다.

 당신이 겪은 지난 세 차례의 다툼을 잠시 돌아보세요. 그 다툼들 모두 당신의 충족되지 못한 동일한 욕구에서 비롯한 것은 아닌지 살펴보세요.

﹀·﹀·﹀·﹀ 11월 28일 ﹋·﹋·﹋·﹋

가슴은 머리가 알지 못하는 것을 이해한다. 그러니 당신의 가슴을 신뢰하라.

• 속담

절충 피하기

당신이 하고 싶지 않은 일을 누군가가 부탁하는 때가 있을 것입니다. 그럴 때 그 사람은 그 일이 자기에게 얼마나 큰 의미가 있는지 당신에게 말할 것입니다. 그러면 당신은 그의 삶에 기여하고 싶은 바람을 갖게 됩니다. 그러면서 당신이 느끼는 느낌도 바뀔 수 있습니다. 이럴 때 당신의 욕구에 변화가 일어납니다. 내게도 얼마 전 이런 일이 있었습니다. 친구가 나에게 어느 모임에 참석해 달라고 부탁했습니다. 나는 가고 싶지 않았습니다. 모임에 참석하는 것이 편안함에 대한 내 욕구를 충족해 줄지 알 수 없었고, 모임에서 다루는 주제도 나에게 그리 의미 있는 것이 아니었기 때문입니다. 그런데 친구는 이 그룹이 정직과 사랑을 담아 사람들과 연결할 것이라는 비전을 갖고 있다고 말했습니다. 그러면서 내가 그룹에서 그런 에너지를 일으키는 데 도움을 줄 거라고도 했습니다. 친구는 자신의 꿈에 대해 매우 열정적이었습니다. 나는 친구가 충족하고자 하는 욕구, 그리고 친구가 가진 열정과 연결하였습니다. 그러자 나의 욕구가 편안함과 의미로부터 친구의 삶에 기여하고 싶은 진정한 바람으로 옮겨가는 것이 느껴졌습니다.

한편, 절충은 다른 사람의 욕구를 위해 자신의 욕구를 포기하는 것을 말합니다. 그저 친구를 기쁘게 하기 위해 모임에 참석했다면 친구의 욕구 충족을 위해 나의 욕구를 포기하는 것이 됩니다. 이렇게 절충하면 상대의 욕구에 굴복하게 됩니다. 이것은 관련 당사자 모두에게 고통을 안깁니다.

 오늘은 욕구 충족에 있어 절충을 피해 보세요. 대신에 당신의 욕구에 솔직한 변화가 일어날 수 있는지 보세요.

11월 29일

사람은 자신의 문제를 상황 탓으로 돌리는 것을 멈추고,
자신의 의지를 사용하는 법을 배워야 한다.
즉 믿음과 도덕의 영역에서 스스로 책임지는 법을 다시 배워야 한다.

• 알버트 슈바이처

책임에 대한 부정

"오, 안 돼. 오늘 저녁은 나갈 수 없어. 남편이 싫어해." "죄송해요, 부인. 그 책은 내일 다시 오셔서 확인하셔야 합니다. 도서관 운영 시간이 2분 전에 종료되었어요." "네, 고객님. 6주 전에 항공권 예약하신 걸로 알고 있습니다. 하지만 지금 비행기 하중이 꽉 찼어요. 고객님 성함이 탑승자 명단 맨 위에 있으니 내일 아침 첫 비행기에 탑승하시도록 조치하겠습니다."

당신은 이런 말들을 들어 보았나요? 그때 어떤 느낌이 들었나요? 나의 경우 실망하고 짜증나고 화도 나고 혼란스럽다고 느꼈습니다. 반대로, 이런 말을 해야 하는 입장이면 어떨까요? 자신의 행동에 책임지지 않은 채 이렇게 말할 때면 상대와의 사이에 벽이 세워집니다. 자신의 행동에 대한 책임을 회사 정책이나 그곳에 없는 다른 사람에게 떠넘긴다면 살아 있는 인간과 연결할 수 없습니다. '안 된다'고 말해야 할 때 그렇게 말하는 자신의 느낌과 욕구를 알아보고 인정해 보면 어떨까요? 그렇게 하면 '안 된다'는 말에 담긴 에너지의 성질이 완전히 바뀝니다. 자신의 행동에 책임지면서, 상대의 부탁에 따르지 않기로 한 당신의 인간

적인 모습을 보일 때 변화가 일어납니다. 위의 경우, 당신이 외출하지 않기로 한 이유가 남편이 싫어해서일 수도 있지만, 남편을 화나게 할까 봐 걱정이 되기 때문이라고 말할 수 있습니다. 또 도서 대출이 불가한 이유가 도서관이 2분 전에 문을 닫기도 했지만, 당신이 늦게 귀가해 베이비시터에게 불편을 끼치고 싶지 않기 때문이라고 말할 수도 있습니다. 비행기 탑승의 경우, 탑승 불가의 이유가 회사 정책 때문이라고 둘러댈 수도 있지만, 고객의 요구에 그대로 응하면 직장을 잃을지 모른다고 말하는 것이 듣는 사람에게 더 와 닿을 수 있습니다. 자신의 행동에 책임을 질 때 상대는 우리의 인간적인 면모와 연결하게 됩니다. 결과는 바뀌지 않을지라도 관련된 사람 모두가 합의에 이를 수 있고 마음도 한결 편안해집니다.

 오늘은 당신이 내린 선택에 스스로 책임지지 않으려 하는 때가 없는지 살펴보세요.

·⇢ ·⇢ ·⇢ ·⇢ **11월 30일** ⇠· ⇠· ⇠· ⇠·

욕구가 충족되지 않을 때 우리는 구체적인 부탁을 함으로써
관찰, 느낌, 욕구가 드러내는 바를 따라간다.
즉, 자신의 욕구를 충족할 수 있는 행동을 부탁한다.

• 마셜 B. 로젠버그 박사

욕구와 부탁의 차이

비폭력대화에서는 욕구를 보편적인 것으로 봅니다. 이것은 모든 사람이 사랑, 지지, 연결, 자원, 음식, 살 곳 등의 욕구를 똑같이 갖는다는 의미입니다(책 앞의 '욕구 목록' 참조). 한편, 부탁은 욕구를 충족하기 위해 상대에게 요청하는 구체적인 행동을 말합니다. 나는 누군가와 함께하는 것이 필요할 때면 친구에게 주말 동안 나와 함께 시간을 보내달라고 부탁합니다. 지지가 필요할 때면 집 안 청소를 도와줄 것을 파트너에게 부탁합니다. 욕구는 보편적이며, 부탁은 욕구를 충족하는 구체적인 방법입니다.

 오늘은 우리가 가진 보편적인 욕구와, 욕구를 충족하는 구체적인 부탁이 어떻게 다른지 의식해 보세요.

12
월
명
상

12월 1일

느낌을 표현한다는 것은 우리 안에 살아 있는
어떤 것과 연결하는 기회이다.
그런데 이렇게 하려면 진정으로 느낌을 표현하는 말과
그렇지 못한 말을 구분해야 한다.

• 레이첼 램

느낌 vs. 생각이 섞인 느낌

느낌은 어떤 일이 우리에게 미치는 영향을 보여줍니다. 누군가 나에게 고함을 지르면 나는 무서운 느낌, 상처 받는 느낌을 받습니다. 친구가 저녁식사 약속을 잊으면 식당에 앉아 기다리는 중에 걱정과 화를 느낍니다. 그런데 이런 느낌들에 생각을 뒤섞으면 상대의 행동에 관한 판단으로 우리의 느낌이 흐려지고 맙니다. 누군가 고함을 지르면 당신은 그가 당신을 업신여기며 당신을 비난한다고 '생각'합니다. 식당에서 30분간 친구를 기다리는 중에 당신은 친구가 당신을 배신했다고, 당신을 배려하지 않는다고 '생각'합니다. 상대가 당신을 업신여기고 비난하고 조종하고 배신했다고 '생각'할 때 당신은 느낌을 표현하는 것이 아닙니다. 이때 당신은 그 사람에 대한 판단(또는 생각)을 드러내고 있습니다. 이때 당신의 진짜 느낌은 상처, 분노, 슬픔, 두려움입니다. 느낌과 생각을 구분해야 합니다. 상대와 열린 마음으로 솔직하게 연결하려면 자신의 느낌을 명확하게 표현하는 것이 중요합니다.

오늘은 당신이 생각과 판단이 뒤섞인 느낌을 표현하는 때와, 순수한 느낌만을 표현하는 때를 구분해 보세요.

⤳ ⤳ ⤳ ⤳ ⤳ **12월 2일** ⬿ ⬿ ⬿ ⬿

인간 본성의 가장 깊숙이 자리 잡은 원칙은
상대가 알아봐 주길 바라는 갈망이다.

• 윌리엄 제임스

감사 vs. 승인과 칭찬

누군가의 행동이 우리의 삶에 긍정적인 영향을 주었음을 말하는 것은 곧 감사를 표현하는 것입니다. 한편, 감사가 아니라 승인과 칭찬을 전할 때 우리는 상대의 행동 '때문에' 그를 '좋은 사람'으로 규정합니다. 우리는 연민의 대화의 네 단계를 사용해 감사를 표현할 수 있습니다. "우와! 내가 독감에 걸렸을 때 당신이 닭고기 수프를 만들어 줘서 너무 고마웠어요. 건강과 돌봄에 대한 내 욕구가 충족되었거든요." 이 사례에서 화자는 1) 관찰을 표현하고 있습니다("내가 독감에 걸렸을 때 당신이 닭고기 수프를 만들어 줘서…") 2) 느낌을 표현하고 있습니다("너무 고마웠어요.") 3) 욕구를 표현하고 있습니다("건강과 돌봄에 대한 내 욕구가 충족되었어요.").

한편 이렇게 말한다면 어떨까요. "우와! 닭고기 수프를 만들어 주다니 당신은 정말 좋은 사람이군요!" 이 표현은 상대의 행동이 당신의 삶에 어떤 영향을 주었는지 표현하지 않습니다. 당신은 상대의 행동을 근거로 그를 '좋은 사람'으로 규정하고 있습니다. 사소한 차이처럼 보여도 상대를 '좋은 사람' '나쁜 사람'으로 규정하기보다 자신의 충족된 욕구를 드러낼 때 마음이 더 명료해집니다. 그러면 자신과 상대에 대한 연결이 더 깊어집니다.

 오늘은 상대의 행동이 당신에게 준 영향을 표현함으로써 상대에게 감사를 전하는 기회를 가져 보세요.

12월 3일

'안다'고 주장하면 삶이 주는 최고의 것들을 지나치고 만다.

• 존 세일즈

추측하기 vs. 알기

연민의 대화에서는 상대의 느낌과 욕구를 '추측'한 다음 그 짐작이 정확한지 상대에게 확인하는 과정을 거칩니다. 그러지 않고 당신이 상대의 느낌과 욕구를 '안다'고 주장하면 상대는 이것을 자신에 대한 판단과 억측으로 받아들일 것입니다.

상대에게 공감하면서 그의 느낌과 욕구를 추측할 때 우리는 이렇게 말합니다. "두려운 거니? 너의 욕구가 존중받고 있다는 확신이 필요한 거야?" 이 경우 당신은 상대의 느낌(두려움)과 욕구(자신의 욕구가 존중받고 있다는 확신)에 대해 추측하고 있습니다. 한편 이렇게 말한다면 어떨까요. "넌 지금 두려운 거야. 그건 네 욕구가 존중받고 있다는 확신이 필요해서 그래." 이 말은 당신이 상대의 느낌을 '알고 있다'는 말로 들립니다. 당신이 상대의 느낌을 '안다'고 말하면 상대는 방어와 분노로 반응할 것입니다.

상대의 느낌과 욕구를 '안다'고 하지 말고 그것에 대해 '추측'해 본다면 상대가 더 잘 받아들일 것입니다. 만약 당신의 추측이 틀렸다면 상대는 더 많은 정보를 제공해 당신이 그의 느낌과 욕구에 대해 더 분명히 알게 해 줄 것입니다. 이 방법으로 상대와의 연결이 더 깊어집니다. 반면, 상대의 느낌과 욕구가 무엇인지 '안다'고 말하면 당신과 상대 사이에 거리감이 생깁니다.

 오늘은 적어도 한 사람의 느낌과 욕구에 대해 추측해 보세요. 그렇게 했을 때 상대가 어떻게 반응하는지, 그리고 당신에게 어떤 느낌이 드는지 보세요.

⇀·→·⇀·→ **12월 4일** ↼·←·↼·←

우아하게 권력을 행사하는 리더는
자신의 내면에서 출발해 바깥으로 향한다.

• 블레인 리

권위에 대한 존경 vs. 권위에 대한 두려움

대학에서 일할 때 나의 상사는 혼자 일하는 걸 좋아하는 사람이었습니다. 그런데 모든 일을 자기 식대로 하길 원해서 내가 진행하는 프로젝트에 대해서도 구체적이고 자세한 지시를 일일이 내리고는 했습니다. 나는 상사의 지시에 따르지 않을 경우에 일어날 결과가 두려워 상사의 요구를 그대로 따랐습니다. 당연히 나의 업무에서 생기와 창의성, 재미를 느끼기 어려웠습니다. 문제가 생겼을 때 스스로 해결하겠다고 자발적으로 나서는 일도 없어졌습니다. 이것은 권위에 대한 두려움을 보여주는 예입니다.

또 다른 상사가 있었습니다. 그 상사는 늘 나의 의견을 구했습니다. 나의 프로젝트에 대해 솔직하게 이야기를 나누었으며, 프로젝트의 진행 방식에 관하여 내 의견을 개진할 여지를 주었습니다. 내가 요청하면 조언을 주었고, 내가 능력을 발휘하면 고마움을 표시했습니다. 내가 그 상사의 지시를 따른 것은 그의 지위를 존경했으며, 그의 지식과 기술을 믿었기 때문이었습니다. 나는 그를 파트너로 여겼습니다. 그러면서 나의 행동과 결정에 책임을 졌습니다. 나는 그 상사와 일하는 것이 즐거웠습니다. 권위를 존중한다는 것은 그 사람이 가진 지위와 지식, 기술을 존중한다는 의미입니다. 한편, 권위를 두려워한다는 것은 그 사람이 가진 지위를 두려워하는 것입니다. 그의 지시를 따르지 않을 경우에 일어날 결과를 두려워한다는 의미입니다.

 오늘은 당신이 권위를 존경하고 있는지 아니면 두려워하고 있는지 살펴보세요.

훗날 삶을 돌아볼 때 당신이 진정으로 산 순간은
사랑의 마음으로 산 순간이었음을 알게 될 것이다.

• 헨리 드러몬드

생명력과 연결된 vs. 생명력과 단절된

사람들과 연결하면서 그들에 대한 연민을 키우는 행동을 할 때
우리는 생명력과 연결됩니다. 한편 사람들과 거리감을 일으키는
행동을 할 때마다 우리는 생명력과 단절되고 맙니다. 생명력과
연결되는 행위에는 공감하기, 자신을 솔직하게 표현하기, 모든
사람의 욕구를 자신의 욕구처럼 존중하기 등이 있습니다. 한편,
생명력과 단절되는 행위에는 다른 사람을 '좋은 사람', '나쁜 사
람'으로 규정하기, 험담하기, 자신과 타인을 비교하기, 자신의 행
동에 책임지지 않는 것 등이 있습니다.

가령, 당신이 평소보다 한 시간 늦게 집에 들어왔습니다. 배
우자는 화가 나서 이렇게 말합니다. "어디 있다 이제 오는 거야?"
이때 생명력에서 단절되는 방식으로 대응한다면 당신은 이렇게
말할 것입니다. "왜 또 트집 잡고 그래? 당신도 항상 늦게 들어오
잖아!" 한편, 생명력과 연결되는 식으로 대응한다면 당신은 자신
과 배우자의 욕구에 초점을 맞추며 이렇게 말할 것입니다. "내게
혹시 무슨 일이라도 있었을까 봐 걱정돼서 그러는 거야?" 또는
"저런, 집에 들어와 옷을 벗기도 전에 당신이 그렇게 말하는 걸
들으니 깜짝 놀라 마음이 불편하네. 난 배려와 돌봄이 필요한 상

태거든. 지금 내게 들은 말을 다시 말해 줄래요?" 생명력과 연결된 활동을 많이 선택할수록 상대와의 연결도 더 깊어집니다.

 오늘은 상대와 더 깊이 연결하는 행동을 해 보세요.

-> -> -> -> **12월 6일** <- <- <- <-

무엇을 자주 하는가, 그것이 곧 우리가 누구인가를 결정한다.
따라서 탁월함이란 행동보다 습관에 가깝다.
• 아리스토텔레스

삶의 방식으로서 비폭력대화

사람들은 예기치 못하게 감정이 폭발하는 상황에서 어떻게 대처해야 하는지 묻고는 합니다. 배우자가 집에 들어와 벌컥 화를 내거나 불친절하고 무뚝뚝한 점원을 대할 때처럼 상대가 뜻밖의 반응을 보일 때 어떻게 대처해야 할까요? 나는 이런 상황에 처하면 비폭력대화를 습관처럼 사용합니다. 나는 다소 수월한 상황에서 비폭력대화 의식(意識)을 연습하는데, 이렇게 하면 더 버거운 상황에서도 사용할 수 있기 때문입니다. 친구가 신나는 소식을 전하기 위해 전화가 오면 나는 친구의 느낌과 욕구에 귀 기울이며 공감합니다. 그러면서 축하에 대한 우리 두 사람의 욕구를 함께 충족합니다. 누군가 내게 전화를 걸어 슬픔을 표현하면 나는 그에게 공감하면서 연결과 연민에 대한 나의 욕구를 충족합니다. 다른 사람에 대해 판단하고 있는 나를 볼 때면 그 판단과 생각을 나의 느낌과 욕구로 바꾸어 해석하려고 노력합니다. 가령 "저 덩치 큰 SUV가 너무 싫어. 운전자는 저 차가 기름을 얼마나 많이 먹는지 모르는 걸까?"라고 말하지 않습니다. 대신 "저렇게 큰 SUV를 볼 때면 지구의 지속가능성이 걱정 돼. 자원을 낭비하는 것 같기도 하고 말야."라고 말합니다. 슬픔을 느낄 때면 나 자신에게 공감하거나, 상대가 나에게 공감해 주도록 부탁합니다. 행복을 느낄 때면 축하를 표현합니다. 이제는 비폭력대화를 실천하며 사는 것이 습관이 되었습니다. 만약 힘든 상황에 닥쳐서만 비폭력대화 의식을 연습했다면 다양한 상황에 대처할 기술을 익히지 못했을 것입니다. 편안한 상황에서 꾸준한 연습을 통해 나는 연결, 연민, 소통이라는 튼튼한 습관에 의지할 수 있게 되었습니다. 그렇게 해서 힘든 상황에서도 진실성에 대한 나 자신의 욕구를 충족하는 방식으로 상황을 해결할 수 있었습니다.

 오늘은 상대에게 공감함으로써 비폭력대화를 당신의 습관으로 만들어 보세요.

12월 7일

한때 나는 아침을 먹기도 전에 그날 불가능한 일을
여섯 가지나 떠올리고는 했다.

• 루이스 캐럴

풍요롭게 살기

우리는 하루를 지내면서 자신이 원하는 것을 부탁하려 하다가도
불가능하다 여기며 관두는 일이 얼마나 많은가요? 어떤 것을 원
했지만 상대에게 부탁하기가 불편했던 때를 떠올려 보세요. 친구
에서 연인으로 발전하고 싶었던 때, 상사가 승진을 고려해 주었
으면 하는 때 말입니다. 이제, 불가능하다고 생각했지만 어쨌거
나 그것을 부탁해 얻었던 경우를 떠올려 보세요! 그 순간들은 당
신에게 기쁨을 가져다주었을 것입니다. 그렇지 않나요?

어떤 것을 상대에게 부탁해 얻기 전에 자신이 무엇을 원하
는지 알아야 합니다. 이에 나는 '풍요로움 운동'을 시작할 것을
제안합니다. 이 운동에서 우리는 세상에 사랑과 지지, 인정이 넉
넉하다는 사실을 믿습니다. 모든 사람의 욕구를 충족할 자원이
세상에 충분하다는 사실을 가슴 깊이 믿습니다. 만약 나의 욕구
를 충족해 주지 않으려는 사람을 만난다면 다른 창의적인 방법
으로 나의 욕구를 충족할 수 있습니다. '풍요로움 운동'에서 우리
는 자신의 욕구를 충족하는 데 집중할 뿐, 특정 방법과 수단에 연
연하지 않습니다. 어떤 사람이 나와 데이트하길 원치 않는다면
다른 사람을 찾으면 된다는 것을 압니다. 내가 아플 때 어떤 사람

이 수프를 만들어 줄 시간과 의지가 없다면 다른 방법으로 수프를 먹을 수 있습니다. 직장에서 더 큰 책임을 떠맡고 싶다면 반드시 승진이 아니어도 자신의 경력을 확장할 방법을 찾을 수 있습니다. 한편 우리는 자신의 욕구를 충족하는 데서 멈추지 않습니다. 풍요롭고 새로운 세상에서 우리는 모든 이의 욕구를 자신의 욕구와 똑같이 존중합니다. 더 이상 상대의 욕구를 희생해 가며 자신의 욕구를 충족하려고 하지 않습니다. 멋진 일이 아닐까요? 사실 풍요로움 운동은 이미 존재하고 있습니다. 그 운동의 다른 이름은 '연민의 대화'입니다!

 오늘은 모든 이의 욕구를 존중하고자 노력하면서 이 세상의 풍요로움에 대해 의식해 보세요.

⇢·⇢·⇢·⇢ **12월 8일** ⇠·⇠·⇠·⇠

예의의 출발점은 언제나 진실이어야 한다.
• 랄프 왈도 에머슨

진실함

다른 사람에게 당신의 솔직한 모습을 보이는 것이 힘들었던 때가 있었나요? 수용과 공동체에 대한 욕구를 충족해야 한다며 자신을 검열하는 때는 없었나요? 버스를 탄 모든 사람이 산으로 가고 싶어 하는데, 당신 혼자만 바닷가에 가고 싶어 한다면 난처할 테지요! 그러나 실은 당신이 산에 가고 싶다고 말한다 해서 바다에 가고 싶은 다른 사람들에게 계획을 바꾸라고 요구하는 것은 아닙니다. 당신은 그저 당신이 좋아하는 것을 표현하면서 대화의 문을 열고 있을 뿐입니다. 혹시 당신은 다른 사람들 모두 산보다 바다를 좋아한다고 가정하고 있지 않나요? 어쩌면 그들 중 어떤 이는 산을 바다만큼 또는 바다보다 더 좋아하는지도 모르는데 말입니다. 물론 당신을 제외한 모든 사람이 바다를 좋아한다는 당신의 가정이 맞을 수도 있습니다. 이제 당신은 어떻게 하겠습니까? 이 문제가 당신에게 얼마나 중요한지 그리고 그룹의 필요에는 얼마나 중요하지 생각해 보세요. 모든 이의 욕구를 고려해 본 다음에 떠올린 당신의 해결책은 무엇입니까? 당신 혼자 산에 가는 것은 어떨까요? 당신의 바다 여행이 더 재미있어지도록 그룹에 요청할 수 있는 일은 없을까요? 선크림을 사러 잠시 내린다던가, 가는 길에 있는 오래된 교회에 들른다던가 하는 것 말입니다. 또 모든 사람이 얼마나 바다를 보고 싶어 하는지 알면 당신은 그들의 욕구에 기여하는 데서 기쁨을 느낄지도 모릅니다. 당신의 솔직한 모습에 진실해 보세요. 그럴 때 모든 사람과 당신의 욕구를 충족할 수 있는 더 좋은 기회가 만들어집니다. 당신의 진실을 단순하게 표현할 때 당신의 욕구를 타인의 욕구만큼 존중할 수 있습니다.

 오늘은 수용에 대한 당신의 욕구가 충족되지 못할지라도 당신의 솔직한 모습을 드러내 보세요.

12월 9일

사람이 품위를 지키는 것이 아니다. 품위가 그 사람을 지켜준다.

• 랄프 왈도 에머슨

윤리적 행동

얼마 전 내담자 한 사람과 식당에서 만나 식사를 했습니다. 이전 세션에서 상담료를 지불하지 않았던 그녀는 그날 내게 현금으로 상담료를 건넸습니다. 나는 음식을 주문하고는 그날 받은 상담료를 음식 값으로 지불했습니다. 그런데 조금 뒤 이 거래가 불편하게 느껴지기 시작했습니다. 상담료는 사실 비영리단체인 연민의 대화 플래그스태프 센터에 귀속되어야 할 돈이었습니다. 센터에서 나에게 급료를 지불하므로 엄밀히 말해 그 상담료는 내 돈이 아니었습니다. 나는 며칠 동안 이 문제를 놓고 어떤 것이 윤리적으로 바른 행동인지 고민했습니다. 그러다 내가 윤리적 행동에 대해 모르는 게 많다는 사실을 알고는 이 주제에 관하여 지역 대학에서 강좌를 들어 볼까 생각도 했습니다. 그런데 오래지 않아, 나의 윤리적 행동을 다른 사람의 기준으로 결정하고 있는 나를 보았습니다. 나의 내면에서 이렇게 말하는 목소리가 들렸습니다. "메리, '너'는 어떤 느낌이 드니? 좋은 느낌이 든다면 진실성에 대한 네 욕구가 충족되고 있는 거고, 좋은 느낌이 들지 않으면 진실성의 욕구가 충족되지 못하고 있는 거야. 그 밖에 어떤 정보가 필요해?" 너무도 자주, 나는 특정 행동이 윤리적으로 바르고 바르지 못한지에 관하여 다른 사람에게 의존하고 있었습니다. 그러나 이제는 나의 내면을 단순하게 들여다보며 답을 찾습니다. 위 사례에서 나는 내담자에게 받은 상담료를 센터 계좌로 이체하였습니다.

 오늘은, 진실성 문제로 고민되는 상황에서 당신이 어떻게 느끼는지, 당신의 욕구는 무엇인지 살펴보세요. 그런 다음 당신에게 중요한 가치와 조화되는 결정을 내려 보세요.

·>·> ·>·> 12월 10일 <·<· <·<·

아주 간단하다. 당신이 지금 행복하고 기쁘고 만족스럽다면
당신의 욕구가 충족되고 있는 것이다. 지금 슬프고 외롭고 우울하다면
욕구가 충족되지 않고 있는 것이다.

• 메리 매켄지

느낌은 욕구와 연결되어 있다

느낌은 우리의 욕구가 충족되거나 충족되지 않은 데 따른 직접적인 결과물입니다. 한편, 다른 사람의 행동은 우리의 느낌을 일으키는 자극일 수는 있어도 그것의 원인은 아닙니다. 가령 당신이 마트 계산대에서 10분 동안 줄을 선 뒤 계산을 했습니다. 어떤 날에 당신은 줄서서 기다리면서 만족스럽고 편안하고 활기가 넘칩니다. 다음 목적지까지 아직 시간 여유가 있어 효율성에 대한 당신의 욕구가 충족되었기 때문입니다. 한편, 다른 날에는 똑같

이 10분을 기다리면서도 짜증이 나고 화가 납니다. 효율성에 대한 당신의 욕구가 충족되지 못했기 때문입니다. 자극은 동일했습니다. 10분간 줄을 서서 기다린 것입니다. 그러나 효율성에 대한 당신의 욕구가 충족되었는지 여부에 따라 두 경우에 느낌은 완전히 달랐습니다. 느낌과 욕구의 이런 역동을 이해하면 지금 자신의 어떤 욕구가 충족되지 못하고 있는지 분명히 알 수 있고 그런 자신에게 공감하며 욕구를 충족시키는 다른 방법을 선택할 수 있습니다. 위 사례에서 당신은 다른 줄에 설 수도 있고, 나중에 다시 마트에 들를 수도 있습니다. 느낌을 일으키는 자극과 느낌이 일어나는 원인을 구분하면 욕구를 충족하는 행동을 더 자유롭게 선택할 수 있습니다.

 오늘은 당신의 느낌이 욕구가 충족되거나 충족되지 못한 표시라는 점에 대해 생각해 보세요.

꙾꙾꙾꙾ **12월 11일** ꙾꙾꙾꙾

눈으로는 어디든 보라. 그러나 영혼으로는 많은 것을 보지 말라.
오직 하나만 보라.

• V. V. 로지노프

다른 사람의 아름다움 알아보기

사람은 누구나 내키지 않는 방식으로 자기를 표현하는 때가 있습니다. 연민의 대화에서는 사람들의 행동에 초점을 맞추기보다 그 행동을 통해 충족하고자 하는 그들의 욕구를 알고자 합니다. 그렇다고 해서 사람들의 행동을 무조건 좋아해야 한다는 의미는 아닙니다. 단지 그들의 행동이 특정 욕구를 충족하려는 시도임을 알아본다는 의미입니다. 마음에 들지 않는 사람들의 행동에 초점을 두기보다 그들이 충족하고자 하는 욕구에 초점을 맞춰 보세요. 그들이 사용하는 방법과 수단이 마음에 들지 않아도 그 이면의 욕구를 알아볼 수 있다면 그 사람 안에 있는 아름다움도 알아볼 수 있을 것입니다.

 오늘은 마음에 들지 않아도, 사람들이 그들의 행동을 통해 욕구를 충족하고자 한다는 사실을 의식해 보세요.

⇢ ⇢ ⇢ ⇢ **12월 12일** ⇠ ⇠ ⇠ ⇠

모든 행동의 조상은 생각이다.

• 랄프 왈도 에머슨

분노 이면의 충족되지 못한 욕구

분노를 느낄 때 우리는 자신과 다른 사람에 대해 판단을 내리게 됩니다. 화가 날 때 우리는 상대가 지금 하고 있지 않은 어떤 것을 '해야 한다'고 생각합니다. 또 상대가 지금 하고 있는 것을 '해서는 안 된다'고 생각합니다. 판단은 생각입니다. 판단 아래에 있는 우리의 충족되지 못한 욕구, 예컨대 지지, 사랑, 연결, 이해, 배려 같은 것들을 발견할 때 화를 긍정적인 행동으로 변화시키는 좋은 기회를 만들 수 있습니다. 외삼촌이 당신에게 듣기 싫은 소리를 합니다. 그러나 엄마는 당신 편을 들어 주지 않습니다. 그래서 당신은 화가 납니다. 이때 당신의 판단은, 엄마가 당신 편을 들며 외삼촌에게 한마디 쏘아붙여야 한다는 것입니다. 또는 엄마가 저토록 겁쟁이여서는 안 된다는 것입니다. 그러나 엄마는 살면서 자신이든 다른 사람이든 방어하기 위해 외삼촌에게 맞선 적이 한 번도 없었습니다. 그런 엄마가 당장 당신을 위해 나설 것 같지는 않습니다. 이제 당신은 계속 화난 채로 있든가 아니면 다른 방법을 택해야 합니다. 이때 당신의 충족되지 못한 욕구는 무엇일까요? 아마도 지지, 이해, 연민, 사랑이 아닐까요? 엄마가 당신을 방어해 주리라 기대하는 것 외에 당신이 이 욕구들을 충족할 수 있는 다른 방법은 없을까요? 엄마의 욕구는 무엇일까도 생각해 보세요. 그런 다음, 엄마에게 어떻게 부탁하면 좋을지 생각해 보세요. 엄마에게 이렇게 말할 수 있을 것입니다. "엄마, 외삼촌이 나더러 게으르다고 할 때 엄마가 아무 말도 하지 않아서 난 정말 마음에 상처를 입었어. 난 엄마의 지지가 필요했거든. 외삼촌이 나 보고 게으르다고 할 때 엄마는 어떤 느낌이 드는지 말해 줄래?" 이런 간단한 부탁만으로 당신은 엄마에 대해 판단을 내렸다면 가능하지 않았던 방식으로 엄마와 연결할 수 있습니다. 이렇게 엄마와 연결할 때 당신의 분노도 한결 줄어들 것입니다.

 오늘은 화가 날 때 당신이 다른 사람을 비난하는 경향이 없는지 살펴보세요. 그런 다음 상대를 비난하기보다 당신의 충족되지 못한 욕구와 연결하려고 시도해 보세요.

···→ ··→ ·→ → **12월 13일** ← ·← ··← ···←

이것이 나의 단순한 종교입니다. 사원도, 복잡한 철학도 필요하지 않습니다.
우리 자신의 머리, 우리 자신의 가슴이 곧 우리의 사원입니다.

• 달라이 라마

자신에게 중요한 가치와 조화롭게 살기

미국의 군대가 전쟁포로를 학대했다는 사실을 알았을 때 나는 가슴이 무너져 내렸습니다. 또 기자들과 미국의 정치 지도자들이 "악랄한 정도로 치자면 미국의 행동은 '저들'이 저지른 행동의 절반에도 미치지 않는다."고 말할 때 나는 크게 낙담했습니다. 우리가 저지른 행동이 다른 나라 사람들의 행동만큼 악랄하지 않다는 사실은 내게 조금도 위안이 되지 못했습니다. 나는 우리 미국인이 그들과 똑같은 기준으로 자신을 평가해서는 안 된다고 생각합니다. 그것은 나 개인의 삶에서도 마찬가지입니다. 나는 나의 행동이 '나에게' 중요한 가치를 반영하기를 바랍니다. 이렇게 할 때 진실성에 대한 나의 욕구가 충족됩니다. 나는 타인과 자신에 대한 학대를 받아들일 수 없습니다. 비록 다른 사람들은 그것을 받아들인다 해도 말입니다. 나는 나의 가슴을 따릅니다. 이것이 평화롭게 사는 길입니다.

 오늘은 타인이 아니라 당신에게 중요한 가치를 중심으로 결정을 내리며 하루를 지내보세요.

⇢ ⇢ ⇢ ⇢ **12월 14일** ⇠ ⇠ ⇠ ⇠

인간은 있는 그대로의 자기를 받아들이지 않는 유일한 생명체다.

• 알베르 카뮈

자연스러운 존재 방식 vs. 습관적인 존재 방식

자연스러운 존재 방식이란 우리가 날 때부터 갖고 태어나는 태도를 말합니다. 한편, 습관적인 존재 방식이란 가정, 학교, 사회 등 주변 환경에서 습득한 태도를 말합니다. 이것은 중요한 구분입니다. 사람들이 비폭력대화를 '부자연스럽다'고 말하는 것을 종종 듣습니다. 아마도 처음 비폭력대화를 배울 때면 어색하다고 느끼기 때문일 것입니다. 그러나 나는 우리는 누구나 연민의 마음으로 서로 주고받으려는 열망을 갖고 태어난다고 생각합니다. 연민의 마음으로 서로 주고받는 것은 자연스러운 존재의 상태입니다. 이 점이 의심스럽다면 마지막 남은 사탕 한 개나 가장 좋아하는 장난감을 선뜻 동생에게 내어주는 어린아이를 보십시오. 그런데 이 아이는 몇 살만 더 먹으면 자기 물건에 집착하며 그것을 나눠 갖지 않으려 합니다. 어느 시점에 아이는 연민의 마음으로 살지 않는 법을 배운 것입니다. 우리 중 많은 이가 성인이 될 즈음이면 우리의 참된 연민의 본성에 따라 사는 법을 잊고 맙니다. 이것은 비극이며, 이런 비극이 우리 사회에 만연해 있습니다. 비폭력대화를 실천하며 살 때 우리의 자연스러운 존재 방식으로 돌아갈 수 있습니다.

 오늘은 습관에 따라 사는 것과 당신의 자연스러운 삶의 방식이 어떻게 다른지 의식해 보세요.

✧ᐧ→ ᐧ→ ᐧ→ ᐧ→ **12월 15일** ←ᐧ ←ᐧ ←ᐧ ←ᐧ

같은 세상도 어떤 사람에게는 지옥, 어떤 사람에게는 천국이다.

• 랄프 왈도 에머슨

가치에 따른 판단 vs 도덕주의적 판단

가치에 따른 판단이란 자신의 경험과 자신에게 중요한 가치에 따라 판단을 내리는 것을 말합니다. 한편, 도덕주의적 판단이란 어떤 사람을 '착하다' 또는 '나쁘다'로 판단하는 것을 말합니다.

베티 이모와 시간을 보내는 중에 이모가 이웃집 사람이 마음에 들지 않는 온갖 이유를 늘어놓습니다. 이때 나에게 중요한 가치에 따라 판단을 내린다면 이런 모습일 겁니다. "베티 이모가 이런 식으로 말할 때 나는 기운이 빠지고 마음이 불편해. 왜냐면 나에게는 타인에 대한 존중과 배려가 중요하거든." 한편, 도덕주의적 판단을 내린다면 이렇게 말할 것입니다. "베티 이모는 매사 부정적이고 참을성이 없는 사람이야." 도덕주의적 판단을 내릴 때 나는 이웃을 험담하는 베티 이모에게 '문제'가 있다고 판단을 내립니다. 자신에게 중요한 가치에 따라 판단을 내릴 때 상대를 비난하지 않을 수 있습니다.

 오늘은 당신에게 중요한 가치에 따라 판단을 내릴 때와 도덕주의적 판단을 내릴 때 느낌이 어떻게 다른지 관찰해 보세요.

⇢·⇢·⇢·⇢ 12월 16일 ⇠·⇠·⇠·⇠

커다란 향상을 이루었다고 말하는 사람들은 대개
질이 아니라 양으로 그것을 측정한다.

• 조지 산타야나

향상 알아보기

변화는 놀라운 것입니다. 우리의 행동과 태도를 바꾸는 데는 몇 달 아니 몇 년이 걸리기도 합니다. 그런데 향상하는 도중에 있는 동안은 자신이 향상하고 있다는 사실을 잘 알아보지 못합니다. 그러다 어느 날 문득 자신의 행동과 태도가 바뀐 것을 깨닫고는 합니다. 이런 과정은 마치 마술처럼 느껴집니다.

자신이 얼마나 향상하고 있는지 확인하고 싶다면 한동안 만나지 못한 오랜 친구나 가족을 만나 보세요. 그들과 함께 시간을 보내면서 이전과 어떻게 다른 느낌이 드는지 보세요. 이런 자각으로 당신이 개인적으로 성장하는 모든 순간을 축하해 주세요. 아니면 친구나 가족에게 당신이 예전과 어떻게 달라졌는지 직접 물어보는 방법도 있습니다.

몇 년 전 연민의 대화 플래그스태프 센터에서 잠시 지내다 온 나를 보고 언니가 이렇게 말했습니다. "메리, 우리는 너의 새로운 자아 속에서 옛날의 너를 찾는 중이야. 네가 많이 바뀌어서 옛날의 너를 표현하는 말들은 더는 맞지 않는 것 같아. 넌 정말로 바뀌었어." 이 말을 듣고 나는 마음속 깊이 느껴지는 것이 있었습니다. 그 말을 듣기 전까지만 해도 내가 제대로 향상하지 못하고 있다고 자신에게 속삭이고 있었기 때문입니다. 그러나 이제는 압니다. 행동을 변화시키려고 노력하는 매 순간이, 비록 성공하지 못한다 해도, 나의 궁극적인 변화에 보탬이 된다는 사실을요. 이처럼 향상은 매순간 계속되는 과정입니다.

 오늘은 오랜 친구나 가족을 만나 당신이 그동안 얼마나 향상했는지 확인해 보세요.

12월 17일

배에 타기 전까지 나는 난파된 상태였다.

• 세네카

다른 사람과의 갈등 중재하기

두 동료가 특정 사안을 놓고 다툼을 벌인다면 당신은 어떻게 하겠습니까? 다툼의 당사자가 아닌 당신은 두 사람이 상황을 원만하게 해결하도록 돕고 싶습니다. 이때 효과가 있는 방법 하나를 소개합니다. 우선 두 사람의 다툼 속으로 들어가 당신이 바라는 것을 표현하세요. "지금 두 사람 모두 힘들 거예요. 상황을 해결하도록 내가 돕고 싶은데 괜찮을까요?" 두 사람 모두 이에 동의한다면 이제부터는 중립적인 입장을 취합니다. 중재자로서 제 역할을 하려면 한 쪽을 편들어서는 안 됩니다. 다툼의 쌍방 모두가 당신이 그들의 최선의 이익을 염두에 두고 있다고 믿을 수 있어야 합니다. 쌍방의 다툼 이면에 있는 각자의 근본 욕구를 찾도록 도와주세요. 이때 기억할 것은, 다툼을 벌이는 두 사람은 자신들의 욕구가 아니라 욕구 충족의 방법을 놓고 다투는 것일 가능성이 높다는 점입니다. 욕구 충족의 방법에는 구체적인 행동 순서, 타이밍, '옳은 방법은 하나밖에 없다'는 생각도 포함됩니다.

　　다툼을 벌이는 쌍방의 욕구를 이렇게 되비쳐(반영해) 주세요. "앨버트, 그러니까 당신은 우편물 대량 발송 프로젝트를 다음 주까지 마무리했으면 하는 거죠? 이유는 연휴가 시작되면 반송률이 높아진다는 거고요. 한편 진, 당신은 한 달 정도 여유를 가지면서 우편 광고물의 문제되는 부분을 해결하고 싶군요? 그렇게 하면 반송률이 낮아질 거라 예상하고 있고요. 그러니까 두 사람 모두 이번 우편물 대량 발송에서 가장 큰 효율성을 기대한다는 점은 같군요. 맞나요?" 이렇게 두 사람 모두의 욕구를 알아봐 주면 두 사람이 실은 같은 것을 원하고 있다는 사실을 알 수 있습니다. 다음 단계는 두 사람의 욕구를 함께 충족할 수 있는 해결책을 떠올리는 것입니다.

때로 중재에서 가장 어려운 부분은 각 당사자의 근본 욕구가 무엇인지 알아내는 과정입니다. 욕구를 알아내는 데는 시간이 걸릴 수 있습니다. 그렇지만 염려할 필요는 없습니다. 왜냐하면 중재자가 쌍방의 욕구를 찾는 과정에서 양측 사이에 신뢰가 쌓이고 상황을 더 명료하게 이해할 수 있기 때문입니다. 쌍방의 욕구를 찾는 데 들이는 시간은 그만한 가치가 있습니다. 물론 쌍방이 서로 다른 욕구를 갖는 경우도 있지만 그래도 괜찮습니다. 단지 각자의 욕구를 알아보고 인정해 주면서 그것을 존중하는 해결책을 찾아보세요. 중재에는 시간과 노력이 듭니다. 하지만 서로가 흡족한 해결책에 이르도록 돕는 일은 기쁨으로 가득한 경험입니다.

 오늘은 두 사람 사이의 다툼을 목격했을 때 그들의 욕구에 초점을 맞춰 상황을 해결하도록 도움을 주세요.

⤳ ⤳ ⤳ ⤳ 12월 18일 ⬳ ⬳ ⬳ ⬳

지난날을 돌아볼 때 후회되는 것이 있다.
사랑하면서도 사랑한다고 말하지 못한 때가 너무 많았다는 사실이다.
• 데이비드 그레이슨

다른 사람의 삶에 기여하는 방법 찾기

당신은 사람들이 어떤 일을 함께 하자고 당신에게 부탁하는 이유가 궁금했던 적이 없나요? 아니면 당신은 그럴 자격이 못 되는 사람이라고 생각하나요? 몇 년 전 나는 어느 위원회의 의장을 맡아 달라는 부탁을 받았습니다. 그렇지만 그 그룹은 내가 잘 알지도 못하고 관심도 없는 문제를 논의 중이었습니다. 세 차례 회의를 가진 뒤 나는 내가 그룹에 해 줄 수 있는 것이 아무것도 없다는 생각에 마음이 불편했습니다. 실은 나의 부족한 경험이 위원회의 발전을 방해하고 있다는 생각마저 들었습니다. 나는 위원회 의장직에서 물러나려고 마음먹고는 위원회의 한 사람에게 말하기로 했습니다. 내가 처한 딜레마에 대해 이야기한 뒤 이렇게 말했습니다. "내가 위원회를 주재하면 당신들의 어떤 욕구가 충족되나요? 만약 당신들의 욕구가 충족되지 않는다면 위원회의 발전을 위해 내가 기꺼이 물러나겠습니다." 그런데 그의 대답에 나는 깜짝 놀랐습니다. 그는 내가 신뢰와 존중에 대한 자신의 욕구를 충족해 주었다고, 내가 모든 이의 의견을 경청하는 것을 중시한다고 믿고 있었습니다. 또한 사람들이 자기 목소리를 충분히 내도록 해 준다고 믿고 있었고 완전한 합의를 위해 노력하며 서로 존중하는 태도로 갈등을 해결한다고 믿고 있었습니다. 내가 말했습니다. "아, 당신들은 이 분야에서 리더가 아닌 중재자를 찾고 있군요." 그의 의도를 이해하자 그들이 내게 의장을 맡긴 이유를 알 수 있었습니다. 다음 회의에서 나는 그룹의 다른 사람들에게 내가 처한 딜레마에 대해 이야기했습니다. 나는 그들이 내가 중재자로 활동하길 원하는지, 그리고 내가 이 분야의 경험이 없어도 괜찮은지 물었습니다. 알고 보니, 모든 사람이 처음부터 나를 중재자로 여기고 있었습니다.

때로 우리는 자신이 잘 모르는 상황에 처하는 때가 있습니다. 그럴 때는 그 상황에서 도망가기보다 당신이 그 상황에 참여함으로써 관련 당사자들의 어떤 욕구가 충족되고 있는지 그들에게 물어보세요. 그들의 대답에 당신을 놀랄지 모릅니다. 당신 자신에 관해 몰랐던 무언가를 알게 될 것입니다. 그리고 당신의 가슴은 더 따뜻해질 것입니다!

 오늘은 적어도 한 사람에게 당신이 함께해 그의 삶이 향상된 구체적인 이유를 세 가지 말해 주도록 부탁해 보세요.

⇢ ⇢ ⇢ ⇢ **12월 19일** ⇠ ⇠ ⇠ ⇠

살면서 해야 할 중요한 일은 멀리 희미한 곳을 보는 것이 아니다.
지금 여기에 분명히 있는 것을 실천하는 것이다.

• 토마스 칼라일

당신의 욕구에 연결하기

어디에 살건, 돈을 얼마나 벌건, 어떤 언어를 쓰건, 남성이든 여성이든 상관없이 모든 사람은 동일한 기본적 욕구를 갖습니다. 이것은 보편적인 법칙입니다. 욕구에는 다음과 같은 것들이 있습니다. 자율성, 선택, 사랑, 살 곳, 음식, 물, 우정, 지지, 돌봄, 연민, 놀이, 기쁨, 유머, 휴식, 안전, 성적 표현, 접촉, 영감, 편안함, 아름다움, 평등 등. 물론 이 목록이 전부는 아닙니다. 특정 욕구가 보편적인지 알고 싶다면, 세상 모든 사람이 어떤 형식으로든 그 욕구를 가지고 있는지 스스로에게 물어보세요. 그에 대해 '그렇다'고 답한다면 그것은 보편적인 욕구일 것입니다. 대부분의 사람에게 필요하지만 모든 사람이 필요로 하는 것이 아니라면 '욕구'가 아니라 '방법'일 가능성이 높습니다. 당신이 슬프고 우울하고 화가 나고 마음에 상처를 입었다고 느낀다면 그 순간 당신의 욕구가 충족되지 않고 있는 것입니다. 당신이 행복하고 기쁘고 흥분되고 사랑과 재미를 느끼고 있다면 당신의 욕구가 충족되고 있는 것입니다. 이 순간 당신의 욕구와 연결하는 시간을 가져보세요. 당신의 경험을 변화시키는 기회를 가질 수 있을 것입니다.

 오늘은 보편적인 욕구와 그 욕구를 충족하기 위해 당신이 사용하는 방법이 어떻게 다른지 알아보세요.

⤳ ⤳ ⤳ ⤳ 12월 20일 ⟵ ⟵ ⟵ ⟵

당신이 배운 모든 것을 다시 살펴보라.
신의 영혼을 모욕하는 것은 떨쳐버려라.
영혼을 만족시키는 것이면 무엇이든 진실이다.

• 월트 휘트먼

자신의 느낌 존중하기

당신은 어떤 것에 대해 당신이 느끼는 것을 인정하기 부끄러웠던 적이 없나요? "그렇게 느끼면 안 돼"라고 자신에게 말한 적은요? 그런데 느낌은 좋은 느낌, 나쁜 느낌이 따로 있지 않습니다. 긍정적인 느낌과 부정적인 느낌, 중요한 느낌과 사소한 느낌이 따로 있는 것이 아닙니다. 느낌은 '그저' 당신이 그렇게 느끼는 것뿐입니다. 누군가 실수로 당신을 팔꿈치로 쿡 찌르면 당신은 아픔을 느낄 것입니다. 그 사람이 일부러 찌르지 않았음을 알아도 아픈 건 달라지지 않습니다. 하지만 어떻게 통증을 표현하는가는 사람마다 다를 수 있습니다. 어떤 사람은 소리 높여 고함을 지릅니다. 어떤 사람은 간단히 "아야" 하고 말하고는 팔꿈치를 치워 줄 것을 부탁합니다. 그렇지만 어떻게 통증을 표현하든 통증의 느낌은 그대로입니다.

감정도 이와 비슷합니다. 당신이 감정을 너무 크게 느낀다거나 당신의 감정이 너무 과한 것이 아닙니다. 감정을 표현하는 방식이 과할 수는 있어도, 감정 자체는 과한 것이 아닙니다. 한때 나는 나의 열정 때문에 사람들이 떨어져 나가는 것을 보고는 나의 열정이 과하다고 생각했습니다. 그런데 내 친구 하나는 만약 내가 열정을 줄인다면 내 성격의 가장 긍정적인 부분을 잃는 거라고 말했습니다. 몇 년 뒤 나는 주변 사람들이 떨어져 나가는 원인이 나의 열정이 아니라 내가 열정을 표현하는 방식이라는 사실을 알게 되었습니다. 따라서 내가 바꿀 것은 열정이라는 느낌이 아니라 나의 행동이었습니다. 다음번에 당신이 자신의 느낌을 깎아내리거나 자신의 느낌이 당혹스럽다면 느낌은 '그저 그렇게 존재할 뿐'이라는 사실을 떠올리세요. 그런 뒤 느낌을 표현하는 당신의 방식에 변화를 줄 수 있는지 보세요.

 오늘은 당신이 느낌을 표현하는 방식에 주의를 기울여 보세요. 그런 다음 당신에게 더 효과적인 새로운 기술을 만들 수는 없는지 보세요.

⋅⟩ ⋅⟩ ⋅⟩ ⋅⟩ **12월 21일** ⟨⋅ ⟨⋅ ⟨⋅ ⟨⋅

사랑의 기술은 대부분 끈기의 기술이다.
• 앨버트 엘리스

끈기 vs. 강요

끈기는 상대와 연결을 계속 유지한 채 욕구를 충족하고자 하는 적극적인 시도입니다. 한편, 강요는 부정적인 결과를 피하려는 목적으로 상대가 어떤 것을 반드시 해야 한다고 우기는 것을 말합니다. 당신은 친구와 여행을 가고 싶습니다. 그러나 친구는 돈이 충분치 않다고 말합니다. 이 경우 당신이 이렇게 말한다면 친구에게 강요를 하고 있는 것입니다. "넌 돈이 넉넉한 때가 한 번도 없구나. 어쨌거나 이번 여행은 꼭 가야 해. 평생 있을까 말까 한 기회야. 이번 기회를 절대 놓치기 싫어!" 한편 끈기는 친구에게 공감하는 것입니다. "너 정말 돈이 걱정되는구나? 청구서 지불이 어려워지는 상황을 원치 않는 거지?" 친구가 대답합니다. "그래, 맞아. 그리고 넌 항상 비싼 여행만 계획하더라? 난 돈을 많이 쓰는 게 두려워!" "안심되는 예산을 벗어난 여행을 내가 계획할까 봐 걱정되는구나?" "맞아, 그게 걱정 돼." "그 말을 들으니 난 기뻐. 나와 함께 가는 여행에서 네가 돈 걱정 하는 걸 나도 원치 않거든. 함께 예산을 짜 보자. 그 예산 내에서 여행 계획을 세우는 거야." 이 사례에서 당신은 끈기 있게 친구의 욕구에 귀를 기울이며 두 사람의 욕구를 함께 충족할 해결책을 모색하고 있습니다. 이처럼 끈기를 가지고 모든 이의 욕구를 함께 고려할 때 욕구를 충족할 가능성이 높아집니다. 많은 경우에 이렇게 하면 서로가 이기는 윈-윈의 해결책을 찾을 수 있습니다.

 오늘은 당신이 상대에게 강요를 하고 있지 않은지 살펴보세요.

⤳ ⤳ ⤳ ⤳ 12월 22일 ⬿ ⬿ ⬿ ⬿

인간의 모든 악행과 잘못, 불안, 슬픔과 범죄의 치료책은
'사랑'이라는 한 단어에 있다. 어디에나 존재하는 사랑은
생명을 낳고 회복시키는 신성한 활력이다.

• 리디아 마리아 차일드

그룹 내에서 자신의 욕구에 대해 발언하기

자신의 욕구가 중요하다는 사실을 처음 알았을 때 사람들은 그
것을 충족하고자 과한 열정을 부리기도 합니다. 가령 어떤 사람
이 그룹 내에서 경청과 이해에 대한 자신의 욕구가 충족되지 않
음을 알고는 그룹 프로세스를 중단시킵니다. 그는 경청에 대한
자신의 욕구를 충족하려는 급박감에 그룹이 달성하고자 하는
큰 그림을 보지 못합니다. 자신의 욕구를 충족할 방법이 얼마든
지 존재한다는 사실도 잊고 맙니다. 이것은 매우 안타까운 일입
니다. 내 경험으로 볼 때 그룹의 한 사람, 한 사람이 그룹 전체에
소중한 기여를 할 수 있기 때문입니다. 이 점에서 그룹 프로세스
에 온전히 현존하지 못하는 구성원은 그룹의 성공에 방해가 되
기도 합니다. 그룹 구성원이 자신의 욕구 충족을 위해 그룹 프로
세스를 방해한다면 그룹의 전체적인 방향 감각이 흐려집니다. 이
때 구성원은 어떻게 해야 할까요? 자신의 충족되지 못한 욕구와
느낌에 말없이 연결하면서 스스로에게 공감할 수 있습니다. 그런
다음, 그룹 프로세스를 중단하면서 공감을 더 많이 얻는 것이 과
연 자신과 '그룹에' 그만한 가치가 있는지 생각해 보아야 합니다.

또 그룹의 진행을 방해하지 않는 식으로 자신의 욕구를 충족하는 방법은 없는지 살펴야 합니다. 중요한 것은 구성원 한 사람이 아니라 그룹 내 모든 사람의 욕구를 존중하는 것입니다. 당신이 이런 경우에 처한다면, 모든 사람의 욕구를 충족하는 방법이 없을까 생각해 보세요. 욕구를 충족하는 방법은 무수히 많다는 사실을 기억하세요. 즉석에서 나온 자동반사적인 해결책은 모든 이의 욕구를 존중하지 못하는 경우가 많습니다.

 오늘은 당신이 그룹에 어떤 식으로 참여하고 있는지 의식해 보세요. 그룹 프로세스에 온전히 현존하며 참여하고 있나요? 당신의 욕구와 그룹의 욕구를 함께 충족하려면 어떻게 해야 하는지 생각해 보세요.

·→ ·→ ·→ ·→ **12월 23일** ←· ←· ←· ←·

사랑으로 모든 일을 하라.

• 오그 만디노

방법이 아닌 욕구에 초점 맞추기

연민의 대화에서는 모든 사람의 욕구를 똑같이 존중하고자 노력합니다. 어떤 사람은 연민의 대화를 통해 자신의 욕구를 존중하는 법을 태어나서 처음으로 배우기도 합니다. 그는 지금껏 다른 사람의 욕구에만 초점을 맞춰 살아온 나머지, 자신의 욕구에 대해서는 의식하지 못했습니다. 모든 사람의 욕구를 똑같이 존중한다는 것은 다른 사람의 욕구 충족을 돕기 위해 자신의 감정 공간을 여는 것이기도 합니다. 당신은 이 스펙트럼의 어디에 위치해 있나요? 어디에 위치해 있건, 이제 당신은 자신과 세상을 이전과 다른 방식으로 보게 되었습니다. 이 점에서 지금까지 지녀 온 당신의 기본 태도를 바꾸는 것은 고통스러운 일일 수 있습니다. 환경의 지속가능성이 중요한 당신은 소형차를 원합니다. 한편, 키가 2미터인 남편은 편안함과 안락함이 중요해 덩치 큰 SUV를 원합니다. 이때 당신은 어떻게 해야 할까요? 두 사람의 욕구를 함께 충족하고자 노력해야 할까요, 아니면 소형차를 사야 한다고 우겨야 할까요? 당신에게 중요한 가치에 반하는 행동을 그저 묵인하라는 의미가 아닙니다. 욕구 충족을 위한 사람들의 방법이 설령 마음에 들지 않아도, 모든 사람의 욕구를 똑같이 존중해야 한다는 의미입니다. 모든 사람의 욕구를 존중하고자 마음을 여는 것만으로 우리의 의식에 커다란 변화가 일어날 수 있습니다.

 오늘은 모든 사람의 욕구를 똑같이 존중하는 기회를 만들어 보세요.

12월 24일

사람의 본성은 대개 비슷하다.
사람들을 차이 나게 만드는 것은 각자의 습관이다.

• 공자

욕구는 보편적인 것

우리 모두는, 세계의 모든 사람은 동일한 욕구를 갖습니다. 사랑, 살 곳, 양육, 지지, 돌봄, 기쁨 같은 욕구를 생각해 보세요. 하나같이 보편적인 욕구들입니다. 그런데 우리가 모두 동일한 욕구를 갖는다면 세상에는 왜 이토록 많은 갈등이 존재할까요? 그것은 욕구를 충족하기 위해 선택하는 방법이 서로 다르기 때문입니다. 대부분의 사람은 욕구가 아니라 그것을 충족하는 방법을 주장합니다. 2001년 알카에다의 세계무역센터 폭격을 생각해 보세요. 당신은 그들의 행동이 자주성과 연대, 경청에 대한 그들의 욕구를 충족하려는 노력이었다고 생각할 수 있나요? 그런데 사실 세계의 모든 지도자는 자신의 국가를 위해 이러한 욕구를 갖고 있지 않나요? 팔레스타인과 이스라엘 사이에 벌어지고 있는 갈등을 생각해 보세요. 당신은 양측이 평화, 존중, 이해, 자유, 안전, 영토 소유 등 비슷한 욕구를 가졌다고 생각할 수 있나요? 자녀가 다닐 학교를 놓고 다툼을 벌이는 부부도 실은 두 사람 모두 경제적인 안정, 자녀의 안전과 학업, 재미 등의 욕구를 충족하기 위해 노력하는 것일 수 있습니다. 당사자 모두가 동일한 욕구를 충족하려 애쓰지만 욕구 충족의 방법이 다른 경우를 주변에서 흔히 볼 수 있습니다. 이 점을 이해한다면 방법이 아닌 욕구에 초점을 맞추어 상대와의 협상을 진행할 수 있을 것입니다. 이럴 때 당사자 모두 평화롭고 상호 만족스런 해결책에 이를 가능성이 커집니다.

 오늘은 대화의 초점을 욕구 충족의 방법에서 욕구 자체로 옮겨 보세요.

·→·→·→·→ **12월 25일** ←·←·←·←

자녀에게 설교하는 내용을 스스로 실천하지 않는 부모는
결코 자녀를 가르칠 수 없다.

• 속담

상대에 대한 존중으로 자신의 존중 욕구 충족하기

얼마 전 한 어머니와 열다섯 살 딸이 내가 진행하는 일요일 저녁 수련회에 찾아왔습니다. 딸은 그룹에서 멀찌감치 떨어진 채 문 앞에 앉았습니다. 엄마가 한숨을 쉬며 말했습니다. "쟨 가까이 오지 않을 거예요." 나는 딸에게 우리와 함께할 수 있는지 물었습니다. 그리고는 자신의 불만을 그룹에 공유할 수 없는지 물었습니다. 딸이 말했습니다. "내가 왜 여기에 왔는지 모르겠어요. 멍청한 짓이에요. 엄마와 나의 소통에는 문제가 없어요." 나는 딸의 말에 공감해 준 뒤, 딸이 일요일 저녁 일주일에 단 하루 혼자만의 시간을 갖는다는 사실을 알았습니다. 딸은 그 시간에 숙제와 빨래를 하고, 친구와 전화로 수다를 떨며, 혼자만의 시간을 가졌습니다. 그런 일요일 저녁 시간에 엄마는 딸에게 연민의 대화 수련회에 '갈 거라고' 말했습니다. 딸은 다른 선택의 여지가 없었습니다. 내가 또 알게 된 사실은 엄마가 딸에게 하이킹, 캠핑, 낚시 등 딸이 좋아하지 않는 활동을 하도록 자주 요구했다는 사실이었습니다. 딸이 하기 싫다고 하면 엄마는 화를 냈다고 합니다. 내가 엄마에게 공감해 준 뒤 알게 된 사실이 있었습니다. 엄마는 딸이 자신과 함께 시간을 보내지 않는 것이 매우 섭섭했다는 사실이었습니다. 딸은 가족보다 친구에게 더 마음이 가는 발달 단계에 있었습니다. 엄마도 그것이 정상이라는 것을 이해하면서도 딸에 대한 섭섭한 마음은 그대로였습니다. 그러면서 딸과 함께 시간을 보낼 방법을 이것저것 내놓았습니다. 나는 10분 동안 엄마와 딸에게 공감해 주었습니다. 그러자 두 사람 모두 서로의 욕구에 대해 분명히 알 수 있었고 각자 욕구를 충족하는 방법 때문에 상황이 더 악화되었다는 사실도 알았습니다. 이 점을 이해하자 두 사람은 의견을 맞출 수 있었습니다. 딸은 일주일에 주말 하루를 둘이 즐길 수 있는 활동을 하며 엄마와 함께 보내기로 했습니다. 우선 해볼 수 있는 몇 가지 아이디어를 떠올렸습니다. 또 서로 소통하는 방법을 개선해 보겠다고 했으며, 딸이 혼자만의 시간을 가질 수 있도록 일요일 저녁 수업은 듣지 않기로 했습니다. 이 모든 과정이 단 20분 만에 일어났습니다.

상대를 존중하지 않으면 존중에 대한 자신의 욕구를 충족하기 어렵습니다. 아니, 불가능합니다. 자녀들이 부모의 욕구를 존

중하고 충족해 주길 바란다면 부모가 먼저 존중이라는 선물을
자녀에게 주어야 합니다.

 오늘은 관계에서 당신에게 가장 중요한 것이 무엇인지 생각해 보고, 상대에게 그것을 선물해 주세요.

>﹀ ﹀ ﹀ ﹀ 12월 26일 ﹤ ﹤ ﹤ ﹤

당신의 최고의 모습은 순간순간 변한다.
건강할 때와 아플 때가 다르다. 그러나 어떤 상황에서도
최선을 다한다면 자기 판단과 자기 학대, 후회는 없을 것이다.

• 돈 미겔 루이스

최선을 다할 뿐

당신이 어떤 것을 알아야만 한다고 스스로에게 말하는 순간, 그
영역에서 발휘하는 당신의 기술이 떨어지는 것을 느낀 적이 있나
요? 나는 처음 비폭력대화 과정을 사람들에게 가르치기 시작했
을 때 '훌륭한 연민의 모범'을 보여야 한다고 생각했습니다. 스스
로에게 그렇게 말하는 순간, 나는 압박감을 느끼면서 연민의 마
음을 일으키는 능력이 떨어졌습니다. 참된 진실함이란, 자신에게
중요한 가치와 조화를 이루며 살고자 노력하는 것을 말합니다.
자신이 바라는 만큼 이루지 못하더라도 자신의 결점을 인정하
고 사랑하면서 다시 시도하는 것을 말합니다. 우리는 완벽한 존

재가 아닙니다. 그러니 완벽해야 한다는 압박감을 내려놓읍시다. 대신, 우리에게 중요한 가치에 따라 살고자 최선을 다합시다. 이렇게 살 때 우리는 더 겸손해지면서 평화와 기쁨에 머물 수 있습니다. 당신도 그렇게 생각하나요?

 오늘은 당신에게 중요한 가치에 따라 살겠다고 다짐한 뒤 당신이 이룬 성공을 축하해 주세요.

↠ ↣ ↣ ↣ **12월 27일** ↢ ↢ ↢ ↢

사람은 생각의 산물이다. 사람은 자신이 생각하는 대로 된다.

• 마하트마 간디

자신을 사랑하기

자신이 사랑받을 가치가 없는 존재라고 생각한다면 무척 고통스러울 것입니다. 우리 중 많은 이가 어릴 적에 이런 메시지를 받으며 자랐습니다. 그러나 성인이 되어서도 이런 메시지를 계속 지니고 산다면 자신의 모든 생각과 행동에 영향을 미칩니다. 나의 경우, 내가 사랑받을 가치가 없는 존재라는 생각은 나 자신이나 타인과 맺고 있는 관계에 영향을 주었습니다. 내가 무가치한 존재라고 생각될 때 나는 분노와 적의, 상처와 좌절감을 느꼈습니다. 내가 사랑받지 못하는 존재라는 생각이 들면 무섭고 슬펐으며, 마음에 상처를 입었고 좌절감을 느꼈습니다. 나는 사랑에 대한 욕구를 충족하기 위해서라면 무엇이든 하려고 했습니다. 그것을 위해서라면 신뢰, 존중, 배려 등 나의 다른 욕구를 충족해 주지 못하는 남자와도 사귀었습니다. 사랑받을 만한 존재가 되기만 하면 사람들이 나를 좋아할 거라고 믿었습니다. 그러면서 사람들이 나를 좋아하게 만드는 것이야말로 내가 할 일이라고 여겼습니다. 그렇게 나는 다른 사람들의 느낌에 초점을 두었습니다. 나와 함께 있을 때 그들이 좋아하는지, 약속 장소에 제때 나타나는지, 나를 괜찮은 사람이라고 생각하는지 늘 신경을 곤두세웠습니다. 그러나 연민의 대화 과정을 실천하는 오랜 시간의 개인적 작업을 통해 나는 사람들의 행동은 그들 자신의 욕구를 충족하기 위한 것임을 알았습니다. 만약 누군가 나에 대해 험담한다면 그는 아마 수용이라는 자신의 욕구를 충족하려 애쓰고 있다는 사실을 알았습니다. 사람들의 행동은 내가 가치 있는 존재인지 아닌지를 반영하지 못합니다. 이제는 사람들과 함께 있을 때면 '내가' 어떻게 느끼는지, '나의' 어떤 욕구가 충족되고 있는지 주목합니다. 그러면서 존중, 배려, 재미, 신뢰 등 '나의' 욕구를 충족하는 사람들과 시간을 보내고자 합니다. 나의 이런 욕구를 충족하지 못하는 사람들이 다가온다면 왔다 가도록 그냥 둡니다. 다만 사랑으로, 그들에 대해 판단을 내리지 않으면서 그렇게 합니다. 그들에게 문제가 있다고 말하지 않아도 좋습니다. 내가 사랑받을 만한 존재임을 그들과 나 자신에게 증명할 필요도 없습니다. 모든 사람이 가치 있는 존재이듯이 나 또한 가치 있는 존재임을 나는 압니다. 모든 사람이 사랑 받을 만한 존재이듯이 나 역시 사랑 받을 만한 존재임을 나는 압니다. 또 모든 사람이 사랑에 대한 나의 욕구를 충족해 줄 수 없다는 사실도 압니다. 내가 할 일은 나를 사랑하는 사람을 찾는 것입니다. 그리고 그들이 내 곁에 있음을 소중히 여기는 것입니다.

 오늘은 평소 함께하지 않는 사람과 시간을 보내며 어떤 느낌이 드는지 보세요. 이때 당신의 충족되거나 충족되지 못하는 욕구가 무엇인지 살펴보세요. 이것은 당신에 관하여 무엇을 말해 주나요?

⇢ ⇢ ⇢ ⇢ 12월 28일 ↞ ↞ ↞ ↞

사랑이 있는 곳에 삶이 있다.

• 마하트마 간디

사랑이 답이다

몇 년 전 나의 언니가 친한 친구의 임종을 곁에서 지킨 적이 있었습니다. 그날 저녁에 언니는 내게 전화를 걸어 자신의 경험에 대해 이야기했습니다. 내가 알던 언니의 모습과 너무 다른 것에 나는 깜짝 놀랐습니다. 언니의 태도는 무척 부드러웠고 사랑과 희망으로 가득했습니다. 몇 년 전 그 친구와 사이가 틀어졌는데, 친구가 급성 암 진단을 받은 뒤로는 서로 다시 친해졌다고 했습니다. 그러면서 친구가 마지막 숨을 거두는 순간, 언니는 친구의 눈을 들여다보며 사랑과 연민의 마음으로 가득했다고 했습니다. 그리고 그 순간, 자신이 모든 것을 용서했음을 알았다고 했습니다.

가장 중요한 것은 우리가 서로 사랑하는 것입니다. 의도했던 것보다 퉁명스러운 자신을 볼 때, 모든 사람의 욕구를 함께 존중하기 어려울 때, 판단을 내릴 때, 그런 자신을 용서한 다음 앞으로 나아가세요. 그리고 다음번엔 다르게 하고자 노력해 보세요. 최선을 다해 자신과 타인을 사랑하세요. 사랑은 갈등을 해결하고 세계에 평화를 가져옵니다. 사랑은 우리 내면의 고통을 치유하기 위해 우리가 할 수 있는 가장 중요한 일입니다.

 오늘은 당신의 모든 상호작용에서 사랑을 중심에 두고자 의식적으로 노력해 보세요.

>→ >→ >→ >→ **12월 29일** ←< ←< ←< ←<

삶에는 속도를 높이는 것보다 더 중요한 것이 있다.

• 마하트마 간디

시간을 어떻게 사용할지 결정하기

사람들이 이렇게 말하는 것을 자주 듣습니다. "이 프로세스는 우리 사업에 적용할 수 없어요. 시간이 너무 많이 걸립니다!" 또는 "어떻게 하면 되는지 직원들에게 지시하겠습니다. 그것에 관해 논의할 시간은 없어요." 이런 말을 들을 때마다 나는 슬프기도 하고 우습기도 합니다. 우리가 속도와 효율성의 욕구를 충족하려고 노력한다면서도 실은 착각인 경우가 많기 때문입니다. 우리는 직원들이 할 일을 지시하기만 하면 시간을 절약할 수 있다고 생각합니다. 그러나 실은 직원들의 상처 입은 느낌과 반항적인 태도, 강요 때문에 생긴 분노를 처리하는 데 더 오랜 시간이 걸립니다. 몇 일, 몇 주, 몇 달, 심지어 몇 년이 걸리기도 합니다. 반면, 애초부터 상대와 합의에 이르는 데 시간을 들인다면 프로젝트는 훨씬 자연스럽게 흘러갈 것입니다. 관련 당사자 모두 합의에 따른 결과를 내기 위해 노력할 것이기 때문입니다. 십대 딸에게 코에 피어싱을 하면 안 된다고 말했을 때 어떤 일이 일어나는지 보세요. 또 직원들에게 회사가 구조조정 중이니 조만간 다른 직책으로 이동할 거라고 말할 때 어떤 일이 일어나는지 보세요. 두 경우 모두 연결과 공감을 통해, 그리고 모든 이의 욕구를 존중하는 방법으로 모두가 만족하는 합의에 이를 수 있습니다. 합의에 이르기까지는 시간이 걸리지만 일단 합의에 이르고 나면 다음 단계는 합의한 내용을 실행하는 것밖에 남지 않습니다. 사람들이 자발적으로 합의에 이르는 경우엔 웬만해선 부정적인 반발이 발생하지 않습니다. 우리는 그런 선택을 내릴 수 있습니다. 당신은 시간과 노력을 어디에 쏟을 것인가요? 모든 이의 욕구를 존중하는 상호 만족스런 해결책에 이르는 데 쏟을 것인가요, 아니면 사람들이 당신의 방식대로 하도록 강요하는 데 쏟을 것인가요?

오늘은 당신이 어디에 시간과 노력을 쓰고 있는지 살펴보세요. 그 방식은 당신의 욕구를 충족하고 있나요?

∻ ∻ ∻ ∻ ∻ 12월 30일 ⟵ ⟵ ⟵ ⟵

어리석은 짓: 똑같은 행동을 계속 반복하면서 다른 결과를 기대하는 것

• 알버트 아인슈타인

행동을 변화시켜 욕구 충족하기

당신은 비슷한 상황에서 매번 같은 방식으로 반응하는 자신을 본 적이 없나요? 그러면서 늘 똑같은 결과가 나오는 것에 실망하나요? 나의 경우, 사람들과 깊은 연결을 원하면서도 그들과의 사이에 감정의 벽을 세우며 삶의 대부분 시간을 지냈습니다. 상처 입고 무섭고 연약하다고 느낄 때면 감정의 문을 닫아걸거나 어떤 식으로든 발끈하고는 했습니다. 한번은 친구들과 지역 비영리단체를 후원하는 달리기 경주에 참가한 적이 있었습니다. 나는 우리 그룹에서 제일 느리게 달렸습니다. 두 친구가 나를 앞질렀고 한 친구가 나와 함께 달렸습니다. 친구들이 나를 앞지르는 순간부터 3킬로미터 레이스가 끝날 때까지 나는 줄곧 불안하고 창피했으며 마음에 상처를 입었습니다. 내가 한심하고 너무 느리고 건강도 형편없다고 스스로에게 속삭였습니다. 함께 달린 여성들 모두 나보다 열세 살이나 많다는 사실 때문에 나에게 내리는

평가는 더욱 가혹했습니다. 괴로운 생각이 커질수록 내가 느끼는 좌절감도 더 커졌고, 그럴수록 내 안으로 더 깊이 숨어들었습니다. 나는 이야기를 나누기도 어려운 지경이 되었습니다. 이틀 뒤 그날 내가 어떻게 했는지 깨달았습니다. 불안하고 연약하다고 느끼는 순간, 나는 내 안으로 들어가 감정의 문을 단단히 닫아걸었습니다. 그때 나의 진짜 욕구는 수용, 연결, 이해였지만 감정의 문을 닫아걸자 그 욕구들을 충족할 기회가 사라지고 말았습니다. 이 사실을 깨달은 나는 함께 뛴 친구들에게 전화를 걸어 그날 나에게 무슨 일이 일어났는지, 나의 느낌이 어떠했는지 이야기 나눴습니다. 대화를 통해 나는 달리기 당일에 충족하지 못한 욕구들을 충족할 수 있었습니다. 때로 자신의 행동 패턴을 변화시키는 일은 매우 고통스럽습니다. 하지만 그 패턴을 가만히 들여다보면 자신의 욕구를 충족하는 데 도움이 되지 않는 것들이 많다는 사실을 알게 될 것입니다. 그런 행동 패턴들은 매번 똑같은 결과를 가져옵니다. 슬픔, 절망, 외로움, 수치심이 그것입니다.

 오늘은 자기방어 행동으로 당신이 충족하려는 욕구가 무엇인지 살펴보세요. 만약 그 행동의 결과가 만족스럽지 않다면 앞으로 비슷한 상황에서 어떻게 다르게 대응할 수 있을지 생각해 보세요.

⤳ ⤳ ⤳ ⤳ 12월 31일 ⤲ ⤲ ⤲ ⤲

웃어라. 그러면 잘 지낼 수 있으리니.

• 매튜 그린

유머, 훌륭한 치유자

크게 실컷 웃는 것만으로 기분이 좋아지지 않나요? 나는 생활하는 데 여념이 없어 웃음을 잃고 사는 때가 종종 있었습니다. 무언가를 성취하느라 지나치게 노력할 때 나는 그 순간에 존재하지 못합니다. 그리고 확실히 그 순간을 즐기지도 못합니다. 연민의 대화에서는 마음챙김(mindfulness)을 가르칩니다. 마음챙김은 매 순간 자신이 내리는 선택 그리고 우주의 풍요로움과 함께하는 것입니다. 나에게 필요한 것은 무엇이든 우주가 제공해 줄 것이라는 사실을 알면 편안한 마음으로 삶을 즐길 수 있습니다. 수련회가 끝난 뒤 자동차를 후진하다 나무에 들이박은 일이 있습니다. 나는 창피하게 여기기보다 사람들의 얼굴에 나타난 표정을 보고 재미있다고 느꼈습니다. 이때 나의 욕구는 삶을 즐기는 것입니다. 그렇다고 다른 감정들을 틀어막거나 다른 욕구를 무시하는 것이 아닙니다. 다만, 내가 삶을 즐길 수 있게 해 주는 것들에 초점을 둔다는 의미입니다. 나는 매일 누릴 수 있는 유머의 풍요로움에 초점을 맞추고자 합니다.

 오늘은 배꼽을 잡을 정도로 크게 한번 웃어 보세요.

감사의 말

나의 글쓰기 파트너인 로나 맥레오드에게 진심으로 고마움을 전한다. 그녀의 안정성과 힘, 전문성과 공감은 이 책이 성공적으로 출간되는 데 반드시 필요했다. 샬럿 뱁콕에게도 고마움을 전한다. 그녀는 수많은 시간에 걸쳐 편집상 도움과 조언, 사랑, 격려를 아낌없이 베풀어 이 책이 세상에 나오도록 힘써 주었다. 나의 사랑스런 자매 바바라 카츠에게도 깊이 감사한다. 이 책의 편집을 도와준 그녀의 사랑과 지지는 내게 언제나 커다란 영감의 원천이다. 그간 나의 개인적 성장에 영감을 주고 이끌어 준 모든 이에게 감사를 전한다. 그중에는 데브 베넷, 제이미 윌런, 샌디 레이프, 케이시 램프로스, 그리고 사랑하는 가족들, 나의 사랑스런 오랜 친구들이 있다. 내 삶을 바꾼 비폭력대화 과정을 창안한 마셜 로젠버그에게도 감사드린다. 또 평화의 마음으로 사는 법을 가르쳐준 연민의 대화 모든 지도자에게도 고마움을 전한다. 그중에는 루시 루, 리브 몬로, 실비아 해스크비츠, 수라 하트, 게리 바란, 웨스 테일러, 조애너 밀스, 진 라이언, 조지 루비오, 대럴드 밀리

건, 로버트 곤잘레스, 수잔 스카이, 미키 카슈탄, 그 밖에도 여러 분이 있다. 마지막으로 척 맥두걸에게 진실한 감사를 드리지 않는다면 이 감사의 말은 불완전할 것이다. 그는 연민의 대화를 애리조나에 소개해 주었고, 지금까지도 지속적으로 후원하고 있다.

비폭력대화 프로세스 사용법

상대를 비난하거나 비판하지 않고 나의 상태를 분명히 표현	상대의 말 속에서 나에 대한 비난과 비판을 듣지 않고, 상대의 상태를 공감으로 받아들임
관찰	
1. 나의 안녕에 도움이 되(지 않)는, 내가 관찰한 내용(나의 평가를 배제한 상태에서 내가 보고, 듣고, 기억하고, 떠올린 내용): "내가 …를 보았을(들었을) 때"	1. 상대의 안녕에 도움이 되(지 않)는, 상대가 관찰한 내용(상대의 평가를 배제한 상태에서 상대가 보고, 듣고, 기억하고, 떠올린 내용): "당신이 …를 보았을/들었을 때" (공감을 전할 때는 때로 침묵 속에서)
느낌	
2. 내가 관찰한 것과 관련해 내가 어떻게 느끼는지(생각이 아닌 감정과 감각): "나는 …한 느낌이 들어요."	2. 상대가 관찰한 것과 관련해 상대가 어떻게 느끼는지(생각이 아닌 감정과 감각): "당신은 …한 느낌이 드는군요."
욕구(필요)	
3. 나의 느낌을 일으키고 있는, (선호나 특정 행동이 아니라) 나에게 필요하고 중요한 것: "왜냐하면 나에게는 …가 필요하기 (중요하기) 때문이에요."	3. 상대의 느낌을 일으키고 있는, (선호나 특정 행동이 아니라) 상대에게 필요하고 중요한 것: "왜냐하면 당신에게는 …가 필요하기 (중요하기) 때문일 거예요."
부탁	
4. 내가 상대에게 바라는 구체적인 행동: "…해 주겠어요?"	4. 상대가 나에게 바라는 구체적인 행동: "내가 …해 주었으면 좋겠어요?" (공감을 전할 때는 때로 침묵 속에서)

찾아보기

메리 매켄지 Mary Mackenzie

대화(NVC） 공인 트레이너로서 개인, 부부, 가족, 자녀들을 상대로 변혁적
말하기, 듣기 기술을 가르치는 비영리단체인 '연민의 대화 플래그스태프
상임이사로 활동하고 있다. 특히 영성, 회복, 감정적 고통의 치유 작업 사
다리를 놓아 사람들이 자기 자신 그리고 세상과 온전히 연결하도록 돕는 데
고 있다. 이를 위해 영성 기반의 자선활동, 12단계 프로그램을 심화하는 대
련, 신체 이미지 향상과 만성통증 완화 프로그램을 비롯한 수많은 워크숍을
어 진행해 왔다. 현재 자기 공감, 공감, 갈등 해결, 중재 등 비폭력대화를 주
책을 쓰고 있으며, 키티 걸과 렉스라는 이름의 고양이 두 마리와 몰리 캐서
라는 집토끼 한 마리와 살고 있다. 수영, 독서, 크게 웃기, 캠핑, 친한 친구들
깊이 연결하는 것을 좋아한다.

옮긴이 이재석

서울대학교 노어노문학과를 졸업하였고, 불교 명상에 대한 관심으로 보리수선
원, 서울불교대학원 심신치유학과에서 수련하고 공부했다. 영어권의 좋은 책을
번역하고 소개하는 일에 재미와 보람을 느낀다. 옮긴 책으로『불교는 왜 진실인
가』,『마음이 아플 땐 불교 심리학』,『지금 바로 시작하는 마음챙김 명상』,『불교
를 알면 삶이 자유롭다』등이 있다.

평화로운 ___ 삶
Peaceful Living

펴낸날	초판 1쇄 발행 ǀ 2025년 1월 6일
지은이	메리 매켄지
옮긴이	이재석
펴낸이	캐서린 한
펴낸곳	한국NVC출판사
편집장	김일수
마케팅	권순민, 고원열, 구름산책
본문 디자인	이경은
표지 디자인	정정은
인 쇄	천광인쇄사
용 지	페이퍼프라이스
출판등록	제312-2008-000011호 (2008. 4. 4)
주 소	(03035) 서울시 종로구 자하문로 17길 12-9(옥인동) 2층
전 화	(02) 3142-5586 팩스 ǀ (02) 325-5587

홈페이지 www.krnvcbooks.com   **인스타그램** kr_nvc_book   **블로그** blog.naver.com/krnvcbook
유튜브 youtube.com/@nvc   **페이스북** facebook.com/krnvc   **이메일** book@krnvc.org

ISBN   979-11-85121-56-7 03180